中国法制史考证续编

第一册

杨一凡 主编

历代例考

杨一凡 刘笃才 著

社会科学文献出版社
SOCIAL SCIENCES ACADEMIC PRESS (CHINA)

图书在版编目（CIP）数据

历代例考／杨一凡，刘笃才著. 一北京：社会科学文献
出版社，2009.8

（中国法制史考证续编；第一册）

ISBN 978 - 7 - 5097 - 0821 - 7

Ⅰ. 历… Ⅱ.①杨…②刘… Ⅲ. 法制史－研究－中国
Ⅳ. D929

中国版本图书馆 CIP 数据核字（2009）第 104746 号

总　序

　　清末以来，经几代学者辛勤耕耘，中国法律史学已成为一门独立的学科，并在多个领域取得了重要的学术成就。但是，山于多数法律文献还没有进行整理和研究，不少领域有待开拓，一些关系到学科发展的全局性重大问题需要深入探讨，很多重要的史实和疑义有待考证，这门学科仍需要继续发展和完善。如何科学地认识中国法律发展史，全面和正确地揭示中国历史上法制的本来面目，仍是当代学者面临的重大课题和肩负的历史责任。

　　为了给这门学科的发展打下更为坚实的基础，从 1983 年起，我们制订了"珍稀法律文献整理与法史考证"科研规划，与学界同仁一道，完成了大量的稀见法律文献的整理，进行了一些法史专题的考证和研究。1988 年 3 月，我所在的中国社会科学院法学研究所法制史研究室，把基本法律文献的整理、基础研究、学科科学体系的创建确定为本室科研工作的三大基础工程，《中国法制史考证》是本室规划的重大课题之一。1994 年，我主持的《中国法制史考证》（28 卷本，分为甲、乙、丙、丁四编编辑）列为所重点项目，该课题开始付诸实施。1997 年 5 月，《中国法制史考证》被中国社会科学院确定为院精品战略项目。之后不久，该项目又被列为国家"十五"重点图书规划出版项目。

经参加该项目的国内外学者的多年努力，《考证》前三编已于2003 年 9 月由中国社会科学出版社出版。其中：甲编为《历代法制考》，是当代中国学者撰写的有关历代法制考证的著作，分为 7 册编辑；乙编为《法史考证重要论文选编》，收入近百年来中国学者考证法史的有创见的论文 112 篇，分为 4 册编辑；丙编为《日本学者考证中国法制史重要成果选译》，收入日本学者考证中国法制史的重要论文 50 篇，分为 4 册编辑。《考证》丁编是中国学者撰写的法史考证系列专著，这次出版时，因篇幅较大，更名为《中国法制史考证续编》。

《中国法制史考证续编》共 13 册，收入我国 15 名学者撰写的考证专著。这些成果是他们在长期研究的基础上，又历时多年的精心撰写和修改完成的。书中所述，均系作者的独立见解。现把各专著的内容和创见简述于后。

第一册：《历代例考》

杨一凡、刘笃才著。该成果对历史上各类例的起源、内容、演变及其在各代法律体系中的地位和功能作了系统考证。其创新之处是：（1）对例的前身决事比和故事的形成、演变进行考证，揭示了例的渊源；（2）对长期流传的所谓秦"廷行事"、清"成案"即判例的观点提出质疑，厘正了前人的不确之论；（3）对学界存有争议的汉代的"比"、宋元的"断例"、清代的省例的性质作了考辨；（4）对前人未曾研究的元代的分例和明代的榜例、则例等进行了探讨；（5）对唐代至明清的条例、事例和元代的格例以及清代的则例、《大清律例》中的附例等进行了考证；（6）突破"以刑为主"研究法史的传统模式，对各代刑例之外的行政、经济、民事、军政、学校管理等方面的诸例进行了比较全面的考述，阐明了例的体系；（7）论证了历史上的律例关系理论。

第二册：《律注文献丛考》

张伯元著。律注是我国古代法律解释学、古代律学的重要组成部分。该著作以法律文献及其注疏为研究对象，从不同的侧面考证和阐述了我国古代律注文献的概况。全文由 22 篇组成，分别就秦汉时期的律注文献、魏晋和唐代律注文献、明代律注文献、刑法类书目及清代律注文献、有关律令及法律用语等进行了扎实的考证。作品内容涉及面较广，有注文的考析，有佚注的辑考，有版本的考异，时出新见，多为前人所未发。

第三册：《碑刻法律史料考》

李雪梅著。在我国丰富的碑刻法律史料中，记载了历代许多地方长官颁发的禁令、告示以及民间乡约、族规、行规、宗教规约和讼案记事等。这些为正史所未载的珍贵史料，从多个方面反映了中国历史上的法律制度特别是地方实施法律的情况，是国家与社会、法律与民俗互动的真实写照。该著作是作者多年搜集、研究碑刻法律史料的成果，内容由上、中、下三篇组成。上篇是对碑刻法律史料的现状、分类及时代演进的概述，中篇分别对族规与乡约碑、告示碑、会馆与行规碑、教育与学规碑以及清代台湾碑刻法律史料的考述，下篇是先秦至明清古代碑刻法律史料的简目。

第四册：《典权制度源流考》

郭建著。该著作所言的"典权"，专指支付典价、占有他人的不动产而为使用及收益的权利。作者运用丰富的资料，就古代社会中典权这一民事制度的起源及其发展史作了系统的考证。认为典权起源于北齐时期的"帖"，唐代将此类交易性质混同于动产质押，改称为"质"，作为"均田制"下被有条件允许的土地转移方式。由于唐代"典"、"质"字义可以互换，至盛唐以后的立法中一般将土地出质改称"典"。五代与北宋的法律规定了出典交易的详细程序，明确了出典人双方的权利、义务和出典人无限期的收赎权。元、明、清各代在沿袭宋代的典权制度的基础上，又有创新和发展。

第五册：《汉代律家与律章句考》

龙大轩著。汉史素称难治，汉律亦然。欲厘清汉律，必厘清汉代的律章句。该成果于前人言犹未及或意犹未尽处着力，考据汉代律家与律章句之要旨。作者综罗汉史资料，用心爬梳剔抉，考证了 15 名汉代律家的生平及著述；辑录汉律章句 543 条，其中钩沉 2 项，立新 45 项，补漏 14 项，纠错 9 项。作者就汉代律学提出了新的见解，对于两汉法律的细枝末节，也有所厘清，为恢复汉律的本来面目提供了丰富的史料。

第六册：《隋代法制考》

倪正茂著。隋代法制，乏人问津，古今著述，涉笔寥寥。究其原因，盖在史料奇缺，且隋祚短暂。然隋律为唐律之蓝本，创新颇多，其确立的十恶大罪、五刑之制等，为唐及以后各代所承袭，故隋代法制在中国法律史上具有承前启后的重要地位。该著作考证隋代律、令、格、式的渊源流变，剖析前人立论的成败得失、真伪谬当；对于隋代行政、刑事、民事、诉讼法律制度及司法实践亦作了细致的考察，比较客观和全面地展现了隋代法制的面貌。

第七册：《唐律与唐代法制考辨》

钱大群著。该著作就学界研究唐律及唐代制度研究中的一些重大争论及疑义，精心考证，发表了作者的独到见解。内容涉及唐代法律体系、唐律的性质定位、唐律的内容结构、刑罚与行政处罚、特权剖析、重要罪名与刑罚、制敕断罪与死刑覆奏、法律时效与词语分辨，以及著名典籍《龙筋凤髓判》的刑律适用，《唐六典》的性质与"行用"等一系列重要问题。作者数十年致力于唐律研究，本作品是其研究精华的结集，对于唐史及法史教学与研究有重要的参考价值。

第八册：《唐式辑佚》

霍存福著。唐式是唐代的基本法律形式之一，是以行政法为主体的非刑事性法律，只惜久已散佚。该著作从 26 种唐宋旧籍、7 种日本古籍及敦煌、吐鲁番出土文书辑佚唐式，在吸收国内外前贤成果的基础上，依唐式曾存在过的 35 个篇目，复原唐式旧文 207 条，占约 1000 条唐式的五分之一。该著作"论述篇（唐式研究）"，就唐式的发展史及研究史进行专题论述；"复原篇（唐式佚文复原及考证）"各条复原式文后分述引据资料、按语、参考，并尽可能考定复原式文年代和篇名。书中同时收集了唐格佚文，附于相关式文之下，便于读者理解格、式关系。该作品搜罗宏富，体例完整，考证精详，是第一部复原唐式的著作，也是迄今为止研究唐式最详尽的学术成果。

第九册：《金元法制丛考》

曾代伟著。该著作以金代和蒙元时期法制为考证对象，其中包括：金代职官法制，民事法制中的身份制度、财产关系、婚姻、继承制度，刑法原则的变化和罪名，经济法制中的田制与田赋制度、"物力通检推排法"，币制、禁榷制度，狱讼官署与诉讼审判制度，元代基本法典《大元通制》之谜解读，蒙元刑制，窦娥冤狱与蒙元司法，蒙元"义绝"等。书中对许多问题有开创性的考辨，厘正了史籍记载的错误，具有正本清源的学术价值。

第十册:《明大诰研究》

杨一凡著。明太祖朱元璋亲自编纂的四编《大诰》,以用刑酷烈、禁令新奇、案例众多和版本珍贵称著于世。《明大诰研究》曾于1988年出版,本书系原作的修订本。笔者对《大诰》成书的动机、条目和诰文渊源、《大诰》是否具有法律效力、实施的真相、被废止之谜、《大诰》的版本以及围绕《大诰》研究的争论问题等进行了考证。书后附有明《大诰》点校本和《明〈大诰〉人名索引》。为了使读者全面了解明《大诰》颁行的背景,正确评价朱元璋在明初法制建设中的地位和作用,修订本附录了笔者新作《明太祖与洪武法制》。

第十一册:《秋审条款源流考》

宋北平著。该著作以清末修律时修订的《秋审条款》的条文为经线,以清代历朝代表性的秋审条款为纬线,按照源流变迁的先后,将其条文分别附列于官修的条款之下,然后逐条逐句地进行考证,阐述了每一条款的产生、发展、变化的历史过程。作者在精心比较、研究的基础上,就诸多历史悬疑问题提出了见解,并对与秋审相关的一些问题做了比较深入的探讨。该著作依据大量的史料,旁征博引,系统地揭示了清代秋审制度的形成和发展。

第十二册:《中国近代法律文献与史实考》

张希坡著。该著作由上下两篇组成。上篇分为6个专题,对中国近代法律文献和史实需要澄清的问题进行了考证。下篇分为14个专题,对广州、武汉国民政府的法律制度进行了扎实、深入的考察。本作品是新中国成立后我国学者首次系统考证中国近代法律文献的专著,书中所述,无论是对法律、法律文献记载的错误的厘正,或是对新发现的法律资料的诠释,或是对一些重要问题的探讨，都是作者在长期研究的基础上形成的见解，是这一领域研究的力作。

第十三册：《法制史料考释》

张国福、冯卓慧、王沛著。本册收入王沛著《琱生裘卫诸器铭文集释》、冯卓慧著《唐宋石刻法制资料考析》、张国福著《〈组织临时政府各省代表会纪事〉考证》三部考证著作。《琱生裘卫诸器铭文集释》就传世已久的琱生二篹和新出土的琱生尊铭文，集众多学者的考释意见，加以整理，写成按语，就诸家释读分歧提出新解。《唐宋石刻法制资料考析》由《唐〈御史台精舍碑〉碑铭评注》、《〈盟吐蕃碑〉识读》、《〈劝慎刑文〉及〈慎刑箴〉碑铭考译》等部分组成，就这些石刻中反映的唐宋法制及相关疑义进行了论证。《〈组织临时政府各省代表会纪事〉考证》系作者以刘星楠遗稿《辛亥各省代表会日志》为主要佐证资料，以当时经常登载会议消息的《民立报》、《申报》等作为参证资料，对吴景濂编《组织临时政府各省代表会纪事》每一天的纪事的内容作了详实考证，纠正了史籍记载的失误，对于辛亥革命与中华民国乃至近现代中国法制史的研究，颇有裨益。

在《中国法制史考证续编》出版之际，我向承担本书各专著撰写的作者表示衷心的致谢。多年来，他们以对社会、读者和历史负责的态度，广泛阅读资料，刻苦钻研，反复探讨，有些作品甚至几易其稿，力图使考证的结论符合历史的真实；其中有一半以上学者年事已高，仍不辞劳苦，潜心治学。所有这些，都令我感动。还有几册书稿，早在五、六年前就已定稿，因编入《考证续编》专著系列出版，直到今日才与读者见面。对此，我深表歉意。

本书的出版，得到了北京法律文化研究中心和社会科学文献出版社的大力支持。北京法律文化研究中心为本书的印制提供了资助。该中心的宋国范和吴小云女士、杨谦虚先生自始至终参加了本书的有关编务工作，并承担了各册书稿的校对。社会科学文献出版社的宋月华、魏小薇同志审阅了书稿，为保证本书的质量付出了辛勤的劳动。在此，我向为本书出版作出奉献的单位和个人表示诚挚的感谢。

我期望《中国法制史考证续编》的出版，能够为提升中国法律史学的研究水平发挥积极的作用。也热切希望广大读者，对本书中的错误和不妥之处多加指正。

中国法律史学的研究正处在一个重要的发展时期。近十多年来，法史学界在前人研究的基础上，围绕"如何科学地认识法律史"这一重大命题进行了大胆的探索，逐步走出了长期禁锢人们思想的认识上的误区，取得了前所未有的重大学术突破。在法史研究中，坚持实事求是的认识论，注重史料，注重对多种法律形式结合研究，注重对历史上立法、执法、司法情况的综合考察，注重创新，已成为广大学者的共识。我们有充分的理由深信，今后数十年内，在学界同仁尤其是中青年学者的共同努力下，实现中国法律史学走向科学的目标一定能够实现。

杨一凡

2009 年 6 月

目　录

绪　论

　　在中国古代法律体系中，例作为重要的法律形式，曾经为许多朝代所采用。例的前身是秦汉的比和故事，魏晋至唐、五代时期，例从成为法律用语到被统治者确认为国家的一种法律形式，经历了漫长、曲折的演变过程。唐、五代以条例、则例、格例的形式，制定了不少行政、经济管理方面的法规。宋、元两朝，例作为国家的补充法，名目繁多，其中"断例"的制定和适用影响尤深。明代注重制例、编例，于律典之外，形成了以条例、则例、事例、榜例为内容的完整的例的体系，例的法律地位得到了新的提升。这一时期，刑例进一步完善，以例补律，以例辅律，律例并行；在刑例之外，又制定了吏、户、礼、兵、工诸例。清代在沿袭明制的基础上又多有新创，特别是在以则例为主体的行政例的制定方面成绩斐然。清王朝在"以《会典》为纲，则例为目"的法律框架下，制定和颁布了大量的单行行政法规，全面地完善了国家的行政法制。明清两代制例数量之多，为历代所不及，仅现存的这两代制定的单行条例、则例和例的汇编性文献就达上千种。在中华法制文明发展史上，例具有其他法律形式不可替代的独立存在的价值，在国家社会生活中发挥了极其重要的作用。

　　对于中国古代例的研究，国内外学界已发表了不少论文，提出了许多见解。我国较早研究例的学者是陈顾远先生。1947 年，他在《复旦学报》第 3 期发表了《汉之决事比及其源流》一文，又于 1951 年在《大陆杂志》第 2 卷发表了《条例之得名及其特质考》，对于例及其前身决事比的特质及例在历史上的流变进行了探讨。此两文虽然篇幅不大，但内容丰富，颇有见地。在此之后到 20 世纪 80 年代末的近 30 年间，我国学界几乎没有研究例的文章面世。为什么会出现这种现象？究其原因，除了新中国成立后曾在一段相当长的时间内不重视法制建设、不注重包括法律史学在内的法学研究外，就中国法律史这一学科的研究状况而论，多年流行的认为古代例的作用是"以例破律，以例坏律"的观点，以及不重视基本史料研究的浮躁学风，无疑是造成这一领域研究滞后的症结之一。20 世纪 80 年代末以来，例的研究重新受到学界关注，一些学者以实事求是的态度对古代的例进行探讨，发表了一些新的成果，认为例在历史上主要发挥的是积极作用的观点，也逐渐为学界所公认。在推动古代例的研究的进程中，出现了多篇具有学术价值的论文，如王侃的《宋例辨析》、[①]他和吕丽合写的《明清例辨析》，[②] 对通行于高等法律院校教科书中的某些似是而非的观点提出商榷。郭东旭的《论宋代法律中"例"的发展》、[③] 苏亦工的《律例关系考辨》[④]等论文，也

---

① 王侃：《宋例辨析》，《法学研究》1996 年第 2 期；《宋例辨析（续）》，《法学研究》1996 年第 6 期。又见杨一凡总主编、尤韶华卷主编《中国法制史考证》甲编第 5 册，中国社会科学出版社，2003，第 132 ~ 191 页。

② 王侃、吕丽：《明清例辨析》，《法学研究》1996 年第 2 期。又见杨一凡总主编、苏亦工卷主编《中国法制史考证》甲编第 7 册，中国社会科学出版社，2003，第 196 ~ 215 页。

③ 郭旭东：《论宋代法律中"例"的发展》，《史学月刊》1991 年第 3 期。

④ 苏亦工：《律例关系考辨》，收入《中国法制史考证》甲编第 7 册，中国社会科学出版社，2003，第 216 ~ 284 页。

对如何正确地认识古代的例等一些问题发表了重要见解。①

　　日本学者也很重视中国古代例的研究。有关研究论文翻译成中文的有：加藤雄三的《明代成化、弘治的律与例——依律照例发落考》，谷井俊仁的《督捕则例的出现——清初的官僚制与社会》，谷井阳子撰《清代则例省例考》，中村茂夫的《比附的功能》，小口彦太的《清代中国刑事审判中成案的法源性》、②小林高四郎的《元代法制史上之"旧例"》、③获原守的《清代蒙古审判事例》④等。还有一些日本学者研究例的论文未翻译成中文。⑤

　　应该指出，对于中国古代例的研究，至今仍是法史研究的薄弱环节，还存在许多问题。以往在古代例的研究方面存在的缺陷主要是：其一，对历代例的文献资料大多没有进行研究和涉及，有关各种例的名称、概念、性质、功能及相互之间的区别的阐述尚有不少失错，有些论文混淆了条例、则例与事例的区分，有的甚至把案例当做判例进行论述。其二，对明代以前例的表述望文生义的问题较为突出，实证研究不够，存疑较多，如秦汉的"廷行事"、唐代的"法例"、宋元的"断例"和清代"成案"

①　我国大陆学者发表的研究古代例的重要论文还有：杨一凡、曲英杰的《明代〈问刑条例〉的修订》（《中国法律史国际学术讨论会论文集》，陕西人民出版社，1990），吕丽的《汉魏晋"故事"辨析》（《法学研究》2002年第6期），赵姗黎的《问刑条例考》（见杨一凡主编《中国法制史考证》甲编第6册，中国社会科学出版社，2003）等。

②　以上四文均见杨一凡总主编、寺田浩明卷主编《中国法制史考证》丙编第4册，中国社会科学出版社，2003。

③　〔日〕小林高四郎：《元代法制史上之"旧例"》，潘世宪译，《蒙古学资料与情报》1990年第4期。

④　〔日〕获原守：《清代蒙古审判事例》，哈刺古纳译，《蒙古学资料与情报》1991年第2期。

⑤　没有翻译为中文的日本学者的论文还有：池田温的《唐代法例小考》（中国唐代学会·台湾编辑委员会编：《第三届中国唐代文化学术研讨会论文集》，1997）、川村康的《宋代断例考》（东洋文化研究所纪要126，1995），陶安あんど的《律と例の间——明代赎法を通じてみた旧中国法の一斑》（东洋文化研究所纪要138，1999），寺田浩明的《清代の省例》（滋贺秀三编《中国法制史——基本资料の研究》，东京大学出版会，1993）等。

性质等，都需要予以考证和探讨；对例的渊源、演变及沿革关系，也有待深入研究。其三，局限于刑例的研究，忽视"刑例"之外的有关行政、经济、民事、军政、文化教育等方面的例的探讨，未能全面地揭示历史上例的体系。其四，对于历代的则例、事例、榜例及清代的省例等还基本没有进行研究，亟待加强。

如何评价例的作用，也是一个需要继续探讨的问题。传统观点对例的作用大多持否定的态度，把例作为律的对立面加以评述，好像例在历史上基本上扮演的是消极角色，没有多少积极因素可言。近年来，也有一些学者提出了相反的观点，肯定例在古代法制建设中的积极作用。由于例的种类和功能不同，各朝法制建设的状况不同，我们应当在总体上肯定例这一法律形式存在的必然性及其在古代法制建设中发挥过重要作用的同时，对于不同历史时期例的制定、实施的利弊进行具体的分析。

在中国古代法律文献中，例的含义至少有四个义项：一是作为法律的代称。晋人杜预说："法者，盖绳墨之断例，非穷理尽性之书也。"①这里的断例就是法律的代称。二是名例的简称。《唐律疏议》以《名例》置于卷首。唐代以前各朝制定的一些律典中，也设有名例篇或法例，用以表述刑名的有关规定。《唐律疏议》云："名者，五刑之罪名；例者，五刑之体例。"②又云："律虽无文，即须比例科断。"③这里所说的例，即指名例。三是

---

① 《晋书》卷三四《杜预传》，中华书局，1982，第1026页。
② （唐）长孙无忌等撰，刘俊文点校：《唐律疏议》卷一《名例》，中华书局，1983，第2页。
③ （唐）长孙无忌等撰，刘俊文点校：《唐律疏议》卷一四《户婚》"奴娶良人为妻"条。另据杜佑《通典》卷一六七《刑五·杂议下》："（后魏）河东郡人李怜坐行毒药，按以死坐。其母诉称：'一身年老，更无周亲，例合上请。'检籍不谬。及怜母身亡，州断三年服终后乃行决。主簿李玚驳曰：'按《法例律》：诸犯罪，若祖父母、父母年七十以上，无成人子孙，旁无周亲者，具状上请。流者鞭笞，留养其亲，终则从流，不在原赦之例。'"

具有法律效力的单个事例。《说文》云："例，比也。"① 清人袁
枚云："若夫例者，引彼物以肖此物，从甲事以配事也。"② 因一
时一事而立法，成为以后依此为则的事例、榜例、断例、罪例
等，均属此义。四是具有独立法律地位的单行法规，如明清两代
经统治者精心编纂或修订的条例、清代编纂的则例。例，列也，
类也。它是对某一类事项列举条文进行规定。三、四两项是本书
研究的对象。

　　历史上例的名称有条例、则例、格例、事例、榜例、断例
等，与例的内涵、功能相同的法律形式还有决事比、故事等，可
谓五花八门。为了使读者了解各类例的产生途径和存在形态，有
必要提出一些分类标准。本书在表述中采用了下述分类标准：其
一，以例的构成数量为分类标准。古代的例有些只是一件事例或
一个案例，是以单数的形式出现的；有些则包括多个事例或案
例，是以复数形式出现的，故从构成数量角度可把它们区分为单
数或复数。其二，以例的内容表述形式为分类标准。古代的例有
些是采取具体的阐述事例或案例的表述方式，有些则是以抽象
的、概括的条文表述的，故从内容表述形式角度可把它们区分为
具体与概括两类。其三，以例产生和形成的途径为分类标准。古
代的例有些是通过立法程序制定的，有些则是由某一行政作为产
生的，或是在司法审判过程中形成的，因而可以把它们的生成途
径分为行政、司法、立法三个方面。基于以上所述，我们把历史
上曾广泛行用的例的产生途径和存在形态列表于后（见表1）。

　　长期以来，人们对历史上各种名称的例之间的区分尚不清
晰，常常混淆乃至张冠李戴，为此，很有必要就决事比、故事、

---

① （汉）许慎撰、（清）段玉裁注：《说文解字注》，上海古籍出版社，1984，第381页。
② （清）袁枚撰：《答金震方先生问律例书》，载《小仓山房文集》卷一五。

事例、断例、条例、格例、则例、榜例、省例及成案的内涵作一简要阐述。

表1 例的法律形式

例的法律形式 类　别		决事比	故事	事例	断例	条例	格例	则例	榜例
生成途径	司　法	√							
	行　政		√				√		
	立　法					√		√	
	生成途径不一			√	√				√
构成数量	单　数		√						
	复　数					√	√	√	
	单数为基本形态汇编本为复数	√		√	√				√
内容表述形式	具　体	√	√						
	概　括					√	√	√	
	表述形式不一			√	√				√

（1）决事比。以已经生效的法律判决为以后判决案件的比照，这就是决事比。秦汉时期，"决事比"除主要是指司法判例外，还包括比照行政先例处理各种事务的含义。由于这一历史时期作为行政先例的决事比极少使用，故决事比也可以说是司法判例的专称。一些学者认为，决事比是秦汉时代的判例，这是有其道理的。汉代的死罪决事比是审判过程中比照已判决的死刑案例的选择适用，因当时的死罪案件一般要经过最高统治者批准，所以死罪决事比的判例性质及合法性是不言而喻的。决事比是一个个的具体案件，在结构上属于单数。当然，为了方便各级官吏阅读、利用方便，决事比也会被编纂在一起，这类决事比在结构上

就成了一个复合体。

（2）故事。故事就其本义而言，是指从前发生的某一件事情。但作为古代法律体系中一种法律形式的故事，则有其特定的含义，它是指历史上对人们的行为具有重要影响的各种先例。故事不是前人有意识的创制，而是后人反复选择适用的结果。历代的君主、大臣和著名人物在其治国实践及社会活动中，都有其行为、行动，并为处理实际事务和解决各类问题作出决定，其中有极少数的行事具有示范效用，存在供人们效仿的价值，被后人征引，作为提出建议、进行论证以及作出决策或者决定的根据。这些行事也只是潜在地具有成为故事的可能性，只有当后人将其从历史的记忆中选择出来，它们才被激活，潜在的可能性才转化为现实性，成为故事。故事是行政先例。一般的说，故事应该是时间、地点、人物、情节各种要素俱全。但因实际的情况千差万别，并非所有的故事都是如此。故事的产生途径是行政作为，其结构方式是单数，存在形态是具体的。故事中也不是绝对没有司法判例，但极为罕见。

（3）事例。事例的本义是"以前事为例"。它是在行政或审判活动中，通过处理某一事件或某一案例形成的并被统治者确认为具有法律效力的定例。魏晋时期，事例是以单数之例的形式出现的，如曹魏的钟毓事例、东晋的蔡谟事例等，并可以与故事相互替代，是从故事、旧事向旧例过渡中的一种称呼。《元史·刑法志》说到《大元通制》的编纂时指出："大概纂集世祖以来法制事例而已。"这里的事例已具有个案的意义。明朝时，统治者针对国家社会生活中出现的新问题，因事适时立法，颁布了大量的各类事例。明代的事例大多是以事为例，属于单数结构。《明实录》等官修史书及《皇明条法事类纂》、《嘉靖事例》等私家编纂的法律文献记述或辑录的事例，基本上都是这类事例。但也有少数诸如《节行事例》等以"事例"命名的单行法规，是由若干事例汇编而成，属于复数结构，是以概括的法律条文表述的。这类事例与条例属于同一性质，也称为条例。明代还把各类因事立法而形成的行政事例附于会典之后，称之为"会典事例"。会典事例的形态是概括性的，它的编纂体例是以官统事，以事隶官，即把事例按其性质分类编于吏、户、礼、兵、刑、工六部以及都察院、通政使司、大理寺等门之下。明代会典事例的编纂方法已达到了很高的水平。其编纂原则和方法是："采辑各衙门造报文册及杂考故实，则总名之曰事例，而以年月先后次第书之。"①"事例出朝廷所降，则书曰诏，曰敕。臣下所奏，则书曰奏准，曰议准，曰奏定，曰议定。或总书曰令，或有增革减罢者，则直书之。若常行而无所考据者，则指事分款，以凡字别之。其事系于年或年系于事者，则连书之。繁琐不能悉载者，则略之。"②清代事例的制定和编纂在沿用明制的基础上多有发展，特别是在会典事例的编纂方面成绩斐然。清王朝为使各级衙门和官吏的活动有典有则，知所遵守，康熙、雍正、乾隆、嘉庆、光绪五朝曾纂修《清会典》。康熙、雍正两朝《会典》一依《明会典》体例，乾隆朝实行典、例分编。嘉庆、光绪两朝在纂修《清会典》的同时，按年编载行政实例，一事一例，编定嘉庆《会典事例》920卷，光绪《会典事例》1220卷。会典事例的大规模编纂，全面完善了清代的行政法制。

---

① （明）申时行等重修：《明会典》卷首"洪武间凡例"，中华书局，1989，影印本，第5页。

② （明）申时行等重修：《明会典》卷首"洪武间凡例"，中华书局，1989，影印本，第5页。

（4）断例。《晋书·刑法志》载杜预之语，曰："法者，盖绳墨之断例。"晋代时，断例一词乃法之通称。断例在两宋时期成为刑事法律汇编的名称，有刑名断例、法寺断例、特旨断例之别。从字面上理解，这三种断例可能分别是指刑名案例、司法机关判决的案例、皇帝裁决的案例的汇编，因文献阙失，对它们各自的内容及相互区别，尚难论定。元朝编纂的《大元通制》由三部分组成：一曰诏制，二曰条格，三曰断例。其中断例由717个条目组成，属于复数结构。对于元代断例的形态是采取具体的还是概括的方式，学者的认识颇不一致。笔者经过考察认为，断例中有的条目是概括性的通例，但也不排除有的条目是具体的案例。《大元通制》中的断例虽然散失，无从确证，然《通制条格》仍在，可以使人们对这一时期断例的内容和编纂方式有所了解。条格就是由概括性的条文和具体的案例混合编成的。《元典章》中许多条目以断例为名，内容是概括性法律规定，也有一些断例是具体案例。那种认为断例是纯粹的案例，或者认为断例完全是概括性的通例的观点，缺乏有力的根据。

（5）条例。条例是通过一定的立法程序制定出来的规范性文件。它是复数结构，一般情况下由多个条文构成。其形态上表现为概括的方式，不是针对某个具体的人或事。"条例"一词在汉代已经出现，主要运用于经学研究，《后汉书》中就有贾逵"作《左氏条例》二十一篇"的记载。[1] 这里所谓的"条例"，条是分条列举的意思，例指的是体例和凡例，条例就是分条列举的体例和凡例。条例作为法律用语最初出现在南北朝时期，是被作为刑事律条的代称，如北魏廷尉少卿杨钧在上书中就把魏律的

① 《后汉书》卷三六《贾逵传》，中华书局，1982，第1234页。

条文称为"条例"。① 在唐代，仍有把律典条文称为条例的情况，《唐律疏议》中就有"诸篇罪名，各有条例"② 之语。不过，唐朝的条例多是指律外的特定立法，即行政方面特别是选举方面的法规。《唐会要》有"帖经条例"等名目，还有制定盐法条例的记述。就其内容和功能而言，此时的条例多是行政方面的实施细则。宋代王安石变法时期，条例被赋予特殊的使命，设条例司为变法机关，条例成为推行变法的暂行立法，乃至在某些特定场合成为条与例的合称、法律的代称。在执法实践中，"有条以条决之，有例以例决之，无条例者酌情裁决"。③条例被确认为国家法律体系中的基本法律形式始于明代。明代在法制建设中注重编例，不仅在刑事法律领域实行律例合编、律例并用，而且于刑事条例之外制定了不少吏、户、礼、兵、工类条例。由朝廷编修的"条例"，其含义是指"分条"编纂、列举"奏定之例"，是"条"与"例"两事合称意义上的法律用语。明代的例是由条例、事例、则例、榜例组成的一个完整的例的体系，在这一体系中条例作为经朝廷精心修订、具有稳定性的法律形式，处于核心的地位。清代沿袭明制，又有所变革。如果说明代颁行的单行条例大多属于行政类法律、法规的话，清代的条例则是主要用以表示刑事法规，除《钦定科场条例》等极少数单行行政法规仍沿用了"条例"的称谓外，条例这一法律形式通常用于刑事立法，当时人们把《大清律例》中的附例和续纂的刑例称为条例。条例在明清时期的治国实践中，发挥了特别重要的作用。

---

① 《魏书》卷一一一《刑罚志》，中华书局，1984，第2881页。
② （唐）长孙无忌等撰，刘俊文点校：《唐律疏议》卷二六《杂律》篇首，中华书局，1983，第479页。
③ 《宋史》卷三七一《徐处仁传》，中华书局，1997，第11520页。

　　中国古代条例的概念有狭义和广义两种。上述所说的条例，是立法中对这类规范性和稳定性较强的法律文件的称谓，即严格意义上的、狭义性质的条例。由于古人往往把各种形式具有"条举事例"特征的例都泛称为条例，从广义上讲，事例、则例、格例、榜例也都属于条例的范畴。

　　（6）格例。格例最初出现于唐代，这与格是当时重要的法律形式之一有关。它是复数的结构，概括的形态。在唐、五代时期，格例是在行政过程中产生的，主要用于官吏的选举和管理方面。宋代史籍中，也有格例的零星记载，其内涵和作用与唐代相同。元代的许多文献都提到格例，不过这一时期的格例的概念是格与例的合称，格是指条格，例是指断例。条格和断例是元代法律的主要形式，格例是元代法律的总称。

　　（7）则例。"则"是法则、准则或规则之意，"例"是指先例、成例或定例。清人文壁在论及"则例"的含义时说："聚已成之事，删定编次之也。"① 则例是通过立法程序制定出来的，是通过删定编次先例、成例和定例并经统治者确认的行为规则。则例属于复数结构，具有概括性形态。则例之名起于唐、五代时期，当时还只是偶尔用之，其内容大多是有关官吏俸禄及钱粮等方面的规定。宋代有驿券则例、锄田客户则例、推恩则例、中书则例、商税则例、苗税则例等。元朝《至元杂令》中有笞杖则例、诸杖大小则例。② 明以前各代，则例不是主要的法律形式，它只是一些国家机关或地方政府在实施某些行政和经济法律制度的过程中，因实际需要而制定的细则，在国家社会生活中的作用

① （清）文壁等纂修：《钦定内务府现行则例》书首文壁等题本，故宫博物院藏清咸丰内府抄本。

② 黄时鉴辑：《元代法律资料辑存》，浙江古籍出版社，1988，第43～45页。

是有限的。明代时，则例作为国家各项事务管理中与钱物和财政收入、支给、运作相关的法律实施细则，被广泛适用于行政、经济、军政管理等领域。当时朝廷颁行的则例种类甚多，有赋役则例、商税则例、开中则例、捐纳则例、赎罪则例、宗藩则例、军政则例、官吏考核则例及钱法、钞法、漕运、救荒等方面的则例。清代时，则例的法律地位有了新的提升。清代的则例是在以《会典》为纲、例为实施细则的法律体系框架下制定的，它是国家机关活动和重大事务管理的规则，其内容以行政立法为主体，涉及的领域十分广泛。这一时期，朝廷不仅制定了《六部则例》、各部院则例，中央机构各司制定的各类细则也多以则例为名，则例成为规范清代行政法律制度的主要法律形式。

（8）榜例。中国古代在信息传播技术不够发达的情况下，榜文成为君主向民众公布法律、政令和上情下达的重要载体。榜文是兼有法律和教化双重功能的官方文书，就其内容功能而言，大体可分为两类：一是以告谕、教化为宗旨，内容是指陈时弊，申明纲常礼教和治国之道，意在使人知所警觉，趋善避恶。二是公布国家法律和地方官府制定的政令、法令，要求臣民一体遵守。后一类榜文具有法律的规范性和强制性，其作为有法律效力的文书，是国家法律体系的有机组成部分，也是古代法律的形式之一。制定和发布榜文在中国有悠久的历史，然"榜例"作为法律用语和朝廷的重要法律形式始于明初。明王朝把以榜文形式发布的事例、则例、条例等称为榜例。《军政备例》所载73条榜例，就是明宣宗宣德三年（1428年）至孝宗弘治三年（1490年）间发布的有关军政事宜的部分榜例。①榜例是针对时弊和某

---

① （明）赵堂撰：《军政备例》，天津图书馆藏清抄本。

种具体事项，向百姓和特定的社会群体公开发布的定例。榜例发布时大多为单数结构，也大多是具体的事例，其内容是概括性法律条文的榜例较少。然经过删定汇编成单行法规的榜例，则表现为复合形态，也被称为条例。榜例与其他形式的例，既关系密切又有区别。用以公布某一事例或某一则例、条例的榜例，它与所公布的"例"的内容是重合的，是同一种法令、法规的不同称谓，也可以把其称为某一事例或某一则例、条例。榜例与其他形式例的不同之处，仅在于它是采用榜文这一特定形式颁布的，具有公开性的特色。

除了上述各种例之外，在清代中后期地方立法成果编纂中，"省例"的纂辑、刊印标志着我国历史上的地方法制建设已进入比较成熟的阶段。鉴于由长官个人发布的条约、告示、檄文、禁约等存在"人去政亡"的弊端，缺乏长久的约束力，清代出现了"省例"这一新的地方法规的发布和汇编形式。省例是省级政府以各种法律形式制定的用以规范地方事务的法规、政令的统称，其含义既是指用以发布地方法规、政令的法律文书或这类文书的汇编，也是指刊入这些文书或汇编中的每一种法规、法令或具有法律效力的规范性文件。省例汇编类文献，其内容是以地方行政法规为主体，兼含少量朝廷颁布的地区性特别法；其编纂体例有的以制定衙门的不同分为"藩例"和"臬例"，有的是以吏、户、礼、兵、刑、工六部分类编排，也有的按照所规范、调整的事项分类编辑。省例不是一种独立的法律形式，但被称为省例的各种形式的地方法规、政令或具有法律效力的规范性文件，适用于当时省级政府管辖的地域，在本省范围内具有普遍的、相对稳定的法律约束力。现见的代表性省例汇编类文献有《湖南省例成案》、《粤东省例新纂》、《江苏省例》、《福建省例》等。

在以往的研究成果中，人们多是把成案视为"判例"进行论述，故我们在阐述古代例的种类时，有必要就成案的性质作一简要说明。成案是在处理行政、社会事务或司法审判过程中产生的，它的内容十分丰富，在司法成案之外，还存在着诸如吏治、安民、钱粮、学政、救荒、庶务、乡约、保甲等行政和经济管理方面的成案。成案的表述方式，有案例和抽象的条文两种。以往研究成果中阐述的成案，实际上只是指司法成案而言。司法成案通常是指已经办理终结的案件，其性质又有以下的区分：一类是经过审判已经完成了案卷整理、等待最后批准和结案的案件，另一类是经中央司法机构或皇帝批准允许在办案中援引、具有法律效力的案例。"判例"一词不是中国古代法律的法定用语。今人法史著述中所说的"判例"，是对古代司法审判中可援引作为判决依据的这类案例的现代表述。司法成案与判例之间有着密切的关系，它是判例产生的基础，但成案并不一定都是判例。司法成案是否会成为判例，取决于统治者是否赋予成案以法律效力，即它能否在司法审判活动中可援引适用。清代以前各代的判例，都有独立于成案之外的名称，比较容易把它与成案加以区分。学术界有关成案是否具有判例的法律效力的争论，主要是基于对清代成案性质的认识不同引起的。关于这个问题，需要注意的是以乾隆三年（1738年）颁布的禁止援引成案的定例为界限，统治者对司法审判中适用成案的态度发生了很大变化。在此之后，地方上报的案件，有时也出现把成案作为判决依据的情况，但一般都被刑部批驳。刑部在复核案件过程中，在所写的说帖中，有时也会拿成案作例证，证明自己论断的正确，但都是从参考、研究的角度使用成案的。清代中后期，成案只具有参考价值，没有法律效力，也不能作为审判的依据。所以，成案本身并非判例，也不是一种独立的法律形式，传统观点把成案作为例的一种形式的论断是不能成立的。

在中国古代法律体系中，存在着多种法律形式，其中律、令、例是最基本的、为历朝广泛采用的法律形式。秦汉以降，律（包括律典）属于刑事法律，其内容是关于犯罪和刑罚的规定。令是指君主颁布的制书、册书、诏、敕、诰、谕等各类形式的诏令和各种单行令，以及编纂成法典的"令典"之令。皇帝诏令多是针对治理国家的实际需要随时发布的。由于令典、律典处于"常经"地位，多是经过较长时间才进行修订的，君主发布的许多诏令又因形势的发展而无法继续适用，要有效地保障国家机器的正常运转，必须针对世情的变化，不断完善行政、经济、刑事、民事、军政、文化教育诸方面的法律制度，也需要制定各种法律制度的实施细则。历朝之所以注重制例，是因为它是实施国家的基本法律制度不可缺少的、最有效的法律形式。一部中国立法史表明，随着时间的推移和社会的进步，例在国家社会生活中发挥的作用就愈突出。特别是明清两代，制定了大量的条例和则例等，不仅律典需要通过以例补律、以例辅律的途径进行实施，国家社会生活的各个方面都需要以例规范。现存的中国古代法律法规中，有关例的文献占全部法律总数的一半以上，也可证明它在历史上法律中的地位是何等重要。可以说，不了解中国古代的例，就无法真正地懂得中国古代法制。要全面正确地阐述中国法律发展史，科学地揭示中国古代法制的面貌，必须注重历代例的研究。

一 秦汉比事考

秦朝是中国历史上第一个实行君主集权制度的王朝。继之而起的汉朝沿革秦制，国祚长达 420 余年。秦汉两代的立法定制对其后延绵近 2000 年的古代法律制度具有奠基作用。就"例"作为法律用语而言，它虽是后起的字，秦汉时期未见其名，但作为例的前身的决事比和故事已经出现。本文中所说的"比"，是"决事比"的简称；"事"指行事、故事和旧事。秦"廷行事"一直被学界视为"判例"，似有不妥，文中专列一节予以商榷。故事和旧事实为同一事物，本部分题名为"比事考"者，其意是对决事比、故事、行事兼而考之。

（一）秦汉时期的比

秦汉时期的比是例的前身。例是后起之字。《说文》云："例，比也。"① 从现存文献看，"比"最迟在战国末期的秦国已经使用，随着秦统一中国，统治者把它推向全国。因此，考察例的

---

① 《说文》卷八上，江苏古籍出版社，2001，第 167 页。

形成和演变，应从秦国和秦汉时代的"比"入手。

1. 律令之比

《睡虎地秦墓竹简》中记录的法律，是秦国法律制度的真实反映。它虽非秦律的全部，但对于研究秦国和秦王朝的法律制度有极高的价值。在秦墓竹简《法律答问》中，提及各种各样的比。

"害盗别徼而盗，驾（加）罪之。"可（何）谓"驾（加）罪"？五人盗，臧（赃）一钱以上，斩左止，有（又）黥以为城旦；不盈划一五人，盗过六百六十钱，黥劓（劓）以为城旦；不盈六百六十到二百廿钱，黥为城旦；不盈二百廿以下到一钱，罯（迁）之。求盗比此。①

这是关于犯罪人的身份之比。意思是"求盗"（亭中专司捕盗的人员）这种身份的人犯盗窃罪，可比照"害盗"（一种"捕盗"的职名）犯盗窃罪，同样加重处罚。又据《法律答问》记载："内公孙毋（无）爵者当赎刑，得比公士赎耐不得？得比焉。"②这也是一则身份之比。意思是没有爵位的宗室子孙应判处赎刑的，可比照"公士"（秦二十四等爵中最低一级的为公士）同样减刑，判处赎耐。

臣强与主奸，可（何）论？比殴主。③

---

① 睡虎地秦墓竹简整理小组整理：《睡虎地秦墓竹简》，文物出版社，1978，第150页。
② 睡虎地秦墓竹简整理小组整理：《睡虎地秦墓竹简》，文物出版社，1978，第231页。
③ 睡虎地秦墓竹简整理小组整理：《睡虎地秦墓竹简》，文物出版社，1978，第183页。

这是关于犯罪行为方式之比。意谓男奴隶强奸女主人的行为，可比照殴打主人罪论处。

斗折脊颈骨，可（何）论？比折支（肢）。①

这是关于犯罪的行为后果之比。斗殴折断了他人的颈脊骨，可比照折断他人四肢论处。又据《法律答问》：

或与人斗，夬（决）人唇，论可（何）殴（也）？比疻痏。②

或斗，啮人颊若颜，其大方一寸，深半寸，可（何）论？比疻痏。③

前一则答问的意思是：有人与他人斗殴，撕破他人嘴唇，可比照打人造成青肿或破伤论处。后一则答问的意思是：有人斗殴，咬伤他人颧部或延绵，伤口的大小是方一寸，深半寸，可比照打人造成青肿或破伤论处。这两则答问中的"比"，均属于后果之比。

"殴大父母，黥为城旦舂。"今殴高大父母，可（何）论？比大父母。④

① 睡虎地秦墓竹简整理小组整理：《睡虎地秦墓竹简》，文物出版社，1978，第183页。
② 睡虎地秦墓竹简整理小组整理：《睡虎地秦墓竹简》，文物出版社，1978，第188页。
③ 睡虎地秦墓竹简整理小组整理：《睡虎地秦墓竹简》，文物出版社，1978，第189页。
④ 睡虎地秦墓竹简整理小组整理：《睡虎地秦墓竹简》，文物出版社，1978，第184页。

这是犯罪侵犯对象的身份之比。"大父母"，是指祖父母；"高大父母"，是指曾祖父母。这句话的意思是：殴打祖父母，应黥为城旦舂。如殴打曾祖父母，可比照殴打祖父母论处。

> 铍、戟、矛有室者，拔以斗，未有伤殴（也），论比剑。①

这是犯罪工具之比，这句话的意思是：铍、戟、矛有鞘的，拔出来相斗，没有伤人，可比照与拔剑相斗论处。此外，《法律答问》中还记载有"罪名之比"，例如"比群盗"等等，不再列举。

上述的"比"，也可通称为律令之比，即后世所谓的比附。律令之比是对于法律、法令未明文规定的犯罪，通过法律解释，使之可以比照现行法律、法令定罪量刑。中国古代早期法律中的伤害罪，采取的是对于伤害部位、伤害程度及犯罪手段、使用工具等一一列举的方式，且伤害者和被伤害者的身份关系也被视为定罪量刑的重要因素，由此而造成需要填补的法律空白不胜枚举。云梦秦简《法律答问》中记载的秦律令之比，就是在这种情况下形成的。

汉代的法律较之秦朝有所发展，立法技术有所进步，很多法律空白得以填补，律令之比大大减少。但是，法律比附依然存在。有的论者认为汉代的比不是比附，② 否定律令之比的存在，这一观点未免有些绝对化。《汉书》载汉文帝遗诏：

> 其令天下吏民，令到出临三日，皆释服。无禁取妇嫁女

① 睡虎地秦墓竹简整理小组整理：《睡虎地秦墓竹简》，文物出版社，1978，第187页。
② 吕丽、王侃：《汉魏晋"比"辨析》，《法学研究》2000年第4期。

祠祀饮酒食肉。自当给丧事服临者，皆无践。绖带无过三寸。无布车及兵器。无发民哭临宫殿中。殿中当临者，皆以旦夕各十五举音，礼毕罢。非旦夕临时，禁无得擅哭。以下，服大红十五日，小红十四日，纤七日，释服。它不在令中者，皆以此令比类从事。①

这是在颁布法令的同时设定的律令之比。虽然遗诏中的"以此令比类从事"并未涉及定罪量刑，但说明汉代时仍存在律令之比。又据《后汉书》载汉光武帝诏书：

冬十二月甲寅，诏：益州民自八年以来被略为奴婢者，皆一切免为庶人；或依托为人下妻，欲去者，恣听之；敢拘留者，比青、徐二州以略人法从事。②

这道诏书设定的比无疑与定罪量刑相关。但与秦朝相比，汉朝的律令之比的数量确实较少。

2. 决事比及其存在形态

汉代的比中，最重要的是决事比。

何谓决事比？《周礼·大司寇》："凡庶民之狱讼，以邦成弊之。"郑注："邦成，谓若今时决事比也。弊之，断其狱讼也。"贾公彦疏云："先郑云'邦成谓若今时决事比也'者，此八者皆是旧法成例品式。若今律，其有断事，皆依旧事断之，其无条，

---

① 《汉书》卷四《文帝纪》，中华书局，1983，第132页。
② 《后汉书》卷一下《光武帝纪下》，中华书局，1982，第63页。

取比类以决之，故云决事比也。"①先郑指郑玄的父亲郑众，他是东汉经学家。"若今时决事比"，是说周代的"邦成"与郑众所生活的汉代的决事比相似。唐代人贾公彦疏说："若今律，其有断事，皆依旧事断之，其无条，取比类以决之，故云决事比也。"所谓"今律"，当指的是唐律；"其有断事，皆依旧事断之"，当指的是判例；"其无条，取比类以决之"，当指的是类推。决事比究竟是判例还是类推，或者既是判例又是类推，贾公彦的话不免含糊其辞。笔者认为决事比属于司法判例。汉代的决事比中史籍记述最多的是死罪决事比。顾名思义，死罪决事比是处理死罪案件时作为比照的案例。据史书记载，汉代死罪决事比最多时达到 13472 条。决事比的数目如此庞大，说明汉代司法判例已十分发达。

史籍中有许多关于汉代的决事比的记载。著名的例子是"腹诽之比"，见之于《史记·平准书》：

初，异为济南亭长，以廉直稍迁至九卿。上与张汤既造白鹿皮币，问异。异曰："今王侯朝贺以苍璧，直数千，而其皮荐反四十万，本末不相称。"天子不说。张汤又与异有隙，及有人告异以它议，事下张汤治异。异与客语，客语初令下有不便者，异不应，微反唇。汤奏当异九卿见令不便，不入言而腹诽，论死。自是之后，有腹诽之法比，而公卿大夫多谄谀取容矣。②

---

① 见（清）阮元校刻《十三经注疏》四《周礼注疏》卷三四《秋礼·大司寇》，中华书局，1996，影印本，第 871 页。
② 《史记》卷三〇《平准书》，中华书局，1999，第 1433～1434 页。

　　这一案例的大致情况是，颜异曾经公开表示反对朝廷造白鹿皮币，后来又查出他在与人谈话时，听到别人对此事的不满言论，不明确表态，而是轻微动了动嘴唇。张汤上奏皇帝说，颜异这样做，说明他内心对皇帝的决策有诽谤之意。于是，颜异被以腹诽罪论死。在此之后，就出现了"腹诽"这一死罪决事比。如果朝廷大臣有同样的行为，可比照颜异案论处。

　　汉代还有轻侮之比。见之于《后汉书·张敏传》："建初中，有人侮辱人父者，而其子杀之，肃宗贳其死刑而降宥之。自后因以为比。"① 这是说，今后如果有人杀死侮辱其父者，可以比照此案例免去死罪。在这个案例中犯者没有被判处死刑，说明凡是死刑性质的犯罪，即使本应判处死刑，因其他特殊原因从轻处理的，都属于死罪决事比的范畴。

　　近年来的出土文献，也实证了汉代死罪决事比的存在。著名的《王杖诏书》中就记载了几则这类判例。现引其文如下：

　　　　汝南太守谳廷尉，吏有殴辱受王杖主者，罪名明白。制曰：谳何，应论弃市。云阳白水亭长张熬，坐殴拽受王杖主，使治道。男子王汤告之，即弃市。高皇帝以来至本始二年，朕甚哀怜耆老。高年赐王杖，上有鸠，使百姓望见之，比于节；吏民有敢骂殴詈辱者，逆不道；得出入官府节第，行驰道中；列肆贾市，毋租，比山东复。②

　　　　长安敬上里公乘臣广昧死上书皇帝陛下：臣广知陛下神零（灵），复（覆）盖万民，哀怜老小，受王杖，承

─────────────

① 《后汉书》卷四四《张敏传》，中华书局，1982，第 1502 页。
② 沈颂金著：《20 世纪简帛学研究》附录三《简帛文选》，学苑出版社，2007，第 810 页。

诏。臣广未常有罪耐司寇以上。广对乡吏趣未辨，广对质，衣疆吏前。乡吏……下，不敬父母所致也，郡国易（亦）然。臣广愿归王杖，没入为官奴。臣广昧死再拜以闻皇帝陛下。制曰：问何乡吏，论弃市，毋须时；广受王杖如故。元延三年正月壬申下制诏御史：年七十以上杖王杖，比六百石，入官府不趋，吏民有敢殴辱者，逆不道，弃市。令兰台第卅三。①

汝南郡男子王安世，坐桀黠，击鸠杖主，折伤其杖，弃市。南郡亭长司马护，坐擅召鸠杖主，击留，弃市。长安东乡啬夫田宣，坐殴鸠杖主，男子金里告之，弃市。陇西男子张汤，坐桀黠、殴击王杖主，折伤其杖，弃市。亭长二人，乡啬二人，白衣民三人，皆坐殴辱王杖功，弃市。右王杖诏书令在兰台卅三 ②

　　《王杖诏书》中的这三段文字，前一段说的是汝南太守的谳狱报告，其内容涉及对殴辱受王杖主者的官吏如何处罚。皇帝的答复中引用了一个案例，即："云阳白水亭长张熬，坐殴拽受王杖主，使治道。男子王汤告之，即弃市。"明令如果案情明白，不需要请谳，可比照张熬案例处以死刑。
　　第二段记述的是"长安敬上里公乘臣广"的上书。他也是王杖受主，由于受到乡吏的侮辱，表示要退回王杖。皇帝批示，将该乡吏立即处死，上书者受王杖如故。

① 沈颂金著：《20世纪简帛学研究》附录三《简帛文选》，学苑出版社，2007，第810页。
② 沈颂金著：《20世纪简帛学研究》附录三《简帛文选》，学苑出版社，2007，第810～811页。

第三段列举了四个类似的案例。同时指出，当时有"亭长二人，乡啬二人，白衣民三人，皆坐殴辱王杖功，弃市"。

《王杖诏书》的真实性曾经受到质疑，因没有充分的证据而被悬置。日本学者大庭脩最早提出，"王杖法令"是有关死罪决事比的记录。① 从简文可以看出，前两段中皇帝的批示都引用了有关王杖的法令条文作为依据，判例的引用无疑增加了批示的说服力。

西汉廷尉增寿说："不道无正法，以所犯剧易为罪，臣下承用失其中，故移狱廷尉，无比者先以闻，所以正刑罚，重人命也。"② 这段话的意思是，由于"不道"这一罪名在法律中未明文规定，一些罪情会被轻易归结为"不道"，适用时难以做到准确无误。为了"正刑罚，重人命"，此类案件都应移送廷尉。没有"比"的，需事先报告皇帝。《王杖诏书》中记载的案例，犯罪者的行为属于"逆不道"。在当时处理这类案件时，"比"就得到了充分的运用。

除死罪决事比外，汉代处理不是死罪的案件，也会引用司法判例。张家山出土的汉代《奏谳书》中就有这类判例的记载：

> 三鞫（鞫）：阑送南，取（娶）以为妻，与偕归临菑（淄），未出关，得，审。疑阑罪，系，它县论，敢谳之。
>
> 人婢清助赵邯郸城，已即亡，从兄赵地，以亡之诸侯论。今阑来送徙者，即诱南。吏议：阑与清同类，当以从诸侯来诱论。或曰：当以奸及匿黥舂罪论。十年八月庚申朔癸亥，大仆不害行廷尉事，谓胡啬夫谳狱史阑，谳固有审，廷

---

① 〔日〕大庭脩著：《秦汉法制史研究》，林剑鸣等译，上海人民出版社，1991，第 281 页。
② 《汉书》卷七〇《陈汤传》，中华书局，1983，第 3026 页。

以闻，阑当黥为城旦，它如律令。①

当时在审判"阑送南，取（娶）以为妻，与偕归临菑（淄），未出关，得"这一案件时，援引了"人婢清助赵邯郸城，已即亡，从兄赵地，以亡之诸侯论"这一案例作为依据，阑被判处"黥为城旦"。

关于决事比存在的形态，从《王杖诏书》看，它是作为令的附录，记载于诸如"令兰台第卌三"中。但是，决事比也会以原始形态的司法记录存在于官府的司法档案中。前引《奏谳书》中的判例就是如此。

汉代的决事比，还以汇编的形式存在。汉代"比"的汇编文献见之于历史典籍的有以下三种。

一是《辞讼比》。此书为东汉陈宠所作、鲍昱奏定。史籍中关于该书的记载细节不完全一致：（1）《后汉书·鲍昱传》引《东观汉记》："时司徒辞讼久者至十数年，比例轻重，非其事类，错杂难知。（鲍）昱奏定《辞讼》七卷，《决事都目》八卷，以齐同法令，息遏人讼也。"②（2）《太平御览》卷二四九引华峤《后汉书》："（陈宠）又以法令繁冗，吏得生因缘，以致轻重，乃置撰科牒辞讼比例，使事相从，以塞奸源，其后公府奉以为法。"③（3）《后汉书·陈宠传》："转为辞曹，掌天下狱讼……宠为昱撰《辞讼比》七卷，决事科条，皆以事类相从。昱奏上之，其后公府奉以为法。"④（4）《北堂书钞》卷六八引

---

① 《二年律令与奏谳书》，上海古籍出版社，2007，第339页。
② 《后汉书》卷二九《鲍昱传》，中华书局，1982，第1023页。
③ （宋）李昉等撰：《太平御览》卷二四九《职官部四十七·府属》，中华书局，1985，影印本，第1176页。
④ 《后汉书》卷四六《陈宠传》，中华书局，1982，第1548～1549页。

《汉杂事》:"陈宠为司徒掾,科条辞讼,比率相从,撰为八卷,至今司徒治讼察吏,常以为法。"①

《太平御览》引《风俗通》佚文,有三则鲍昱决事的记录:

> 南郡谳:女子何侍为许远妻。侍父何阳素酗酒,从远假求,不悉如意,阳数骂詈,远谓侍:汝翁复骂者,吾必揣之。侍曰:共作夫妻,奈何相辱?揣我翁者,搏若母矣。其后,阳复骂远,遂揣之;侍因上堂搏姑耳再三。下司徒鲍宣。决事曰:夫妻所以养姑者也。今婿自辱其父,非姑所使。君子之于凡庸,不迁怒,况所尊重乎!当减死论。②

> 汝南张妙酒后相戏,遂缚捶二十下,又悬足指,遂致死。鲍昱决事云:原其本意,无贼心,宜减死。③

> 陈国有赵祐者,酒后自相署,或称亭长、督邮,祐复于外骑马将绛幡云:我使者也。司徒鲍昱决狱云:骑马将幡,起于戏耳,无他恶意。④

虽然我们没有充分的证据证明这就是《辞讼比》一书的内容,但这些记载仍不失为研究这一问题的宝贵资料。

二是陈宠之子陈忠编辑的《决事比》。《晋书·刑法志》载:

① (隋)虞世南辑:《北堂书钞》卷六八。
② (宋)李昉等撰:《太平御览》卷六四〇《刑法部六·决狱》,中华书局,1985,影印本,第2868页。
③ (宋)李昉等撰:《太平御览》卷八四六《饮食四·使酒》,中华书局,1985,影印本,第3783页。
④ (宋)李昉等撰:《太平御览》卷八四六《饮食四·使酒》,中华书局,1985,影印本,第3783页。

"（陈忠）奏上三十三条，为决事比，以省请谳之弊。又上除蚕室刑，解赃吏三世禁锢，狂易杀人得减重论，母子兄弟相代死听赦所代者，事皆施行。"① 可见收入这一判例汇编的"决事比"曾在司法审判活动中得到了运用。

三是应劭的《决事比例》和《议驳》30篇。据《晋书·刑法志》载：献帝建安元年，应劭表奏之曰："夫国之大事，莫尚载籍也。载籍也者，决嫌疑，明是非，赏刑之宜，允执厥中，俾后之人永有鉴焉。……臣窃不自揆，辄撰具《律本章句》、《尚书旧事》、《廷尉板令》、《决事比例》、《司徒都目》、《五曹诏书》及《春秋折狱》，凡二百五十篇，蠲去复重，为之节文。又集《议驳》三十篇，以类相从，凡八十二事。其见《汉书》二十五，《汉记》四，皆删叙润色，以全本体。其二十六，博采古今瑰玮之士，德义可观。其二十七，臣所创造。"②这里除了《决事比例》是判例汇编外，还提到"《议驳》三十篇，以类相从，凡八十二事"，当也是判例汇编性质的文献。

据《宋史》记载，南宋高宗时"吏部侍郎凌景夏言……尝睹汉之公府有辞讼比，尚书有决事比，比之为言，犹今之例"。③这段文字中的"睹"字意思含混，凌景夏是目睹了"比"之实物还是史书的记载，已无从得知，但这一记载也可作为汉代曾有判例汇编存在的佐证。

3. 决事比与春秋决事比

《晋书·刑法志》所载应劭表奏中还提及《春秋折狱》："故胶东相董仲舒老病致仕，朝廷每有政议，数遣廷尉张汤亲至陋

---

① 《晋书》卷三〇《刑法》，中华书局，1982，第920页。

② 《晋书》卷三〇《刑法》，中华书局，1982，第920~921页。

③ 《宋史》卷一五八《选举四》，中华书局，1997，第3714页。

巷，问其得失，于是作《春秋折狱》二百三十二事，动以《经》对，言之详矣。逆臣董卓，荡覆王室，典宪焚燎，靡有孑遗，开辟以来，莫或兹酷。今大驾东迈，巡省许都，拔出险难，其命惟新。"《春秋折狱》当即《春秋决事比》。

关于《春秋决事比》一书，《文献通考》引《崇文总目》曰："汉董仲舒撰。丁氏平，黄氏正。初，仲舒既老病，致仕，朝廷每有政议，武帝数遣廷尉张汤问其得失，于是作《春秋决疑》二百三十二事，动以经对。至吴太史令吴汝南丁季、江夏黄复平正得失，今颇残逸，止有七十八事。"①

程树德《九朝律考·春秋决狱考》② 中辑录的典型案例有：

> 甲无子，拾道旁弃儿乙养之，以为子。及乙长，有罪杀人，以状语甲，甲藏匿乙，甲当何论（律令无条）？仲舒断曰：甲无子，赈活养乙，虽非所生，谁与易之。……春秋之义，父为子隐，甲宜匿乙诏不当坐。

> 甲有子乙以乞（给）丙，乙后长大，而丙所成育。甲因酒色谓乙曰：汝是吾子。乙怒杖甲二十。甲以乙本是其子，不胜其忿，自告县官。仲舒断之曰：甲能生乙，不能长育，以乞丙，于义已绝矣。虽杖甲，不应坐。

> 甲父乙与丙争言相斗，丙以佩刀刺乙，甲即以杖击丙，误伤乙，甲当何论。……论曰：臣愚以父子至亲也，闻其

---

① （元）马端临撰：《文献通考》卷一八二《经籍考九》，浙江古籍出版社，2000，影印本，第1567页。
② 程树德著：《九朝律考》卷一《汉律考七·春秋决狱考》，中华书局，1988，第164页。

斗，莫不有怵怅之心，扶杖而救之，非所以欲诟父也。春秋之义，许止父病，进药于其父而卒，君子原心，赦而不诛。

甲夫乙将船，会海风盛，船没溺流死亡，不得葬。四月，甲母丙即嫁甲，欲皆何论。或曰甲夫死未葬，法无许嫁，以私为人妻，当弃市。议曰：臣愚以为春秋之义，言夫人归于齐，言夫死无男，有更嫁之道也。妇人无专制擅恣之行，听从为顺，嫁之者归也，甲又尊者所嫁，无淫行之心，非私为人妻也。明于决事，皆无罪名，不当坐。

从上述记载可以看出，春秋决狱主要是以经传中的经义作为判决案件的依据。当然，其中有的也引用了《春秋》一书中的记事，如"许止父病，进药于其父而卒"。但其目的并不是以其作为判例，而是从这个事例中引申出一条原则，即"君子原心，赦而不诛"，然后用这条原则为依据提出对具体案件的处理意见。春秋决狱是以经传作为判决依据的典型。《晋书·刑法志》载东晋主簿熊远言："凡为驳议者，若违律令节度，当合经传及前比故事，不得任情以破成法。"[1] 在熊远看来，判决案件的依据，一是律令，二是经传，三是前比故事。除此之外，便缺乏正当性。应该说，他的主张在很大程度上反映了汉代留传下来的司法传统。

"决事比"和"春秋决事比"虽是同一称谓，作用却有所不同。从《后汉书·刘恺传》可看出两者的区别：

_____

① 《晋书》卷三〇《刑法》，中华书局，1982，第939页。

安帝初，清河相叔孙光坐臧抵罪，遂增锢二世，衅及其子。是时居延都尉范邠复犯臧罪，诏下三公、廷尉议。司徒杨震、司空陈褒、廷尉张皓议依光比。恺独以为"《春秋》之义'善善及子孙，恶恶止其身'，所以进人于善也。《尚书》曰：'上刑挟轻，下刑挟重。'如今使臧吏禁锢子孙，以轻从重，惧及善人，非先王详刑之意也"。有诏："太尉议是。"①

在处理居延都尉范邠贪赃一案中，司徒杨震等主张比照清河相叔孙光坐臧抵罪案进行处理，即"增锢二世，衅及其子"；刘恺则主张依据"善善及子孙，恶恶止其身"的原则处理，止于其身。前者依据判例行事，是适用决事比的典型例证；后者依据的是春秋之义，即经义决狱。

一般来说，儒生出身的官僚，主张经义决狱，具有用刑从轻的倾向；文吏出身的酷吏，主张律令从事，"转相比况"，具有用刑从重的倾向。从逻辑上讲，决事比既可以轻比，也可以重比。所以，法吏有很大的回旋余地。《后汉书·陈宠传》载：陈宠曾祖父咸性仁恕，常戒子孙曰："为人议法，当依于轻，虽有百金之利，慎无与人重比。"② 这是善良人的想法和做法。遇到奸吏，往往是"所欲活则傅生议，所欲陷则予死比"。这样，决事比就成了奸吏营私舞弊的工具。

对于决事比的作用，我们应以实事求是的态度进行评价。决事比的运用，既有其数量浩瀚、前比与后比往往发生矛盾的弊端，也有其积极的功能。以秦汉"不道"罪为例。"不道"这一

---

① 《后汉书》卷三九《刘恺传》，中华书局，1982，第1308～1309页。
② 《后汉书》卷四六《陈宠传》，中华书局，1982，第1548页。

罪名实际上是一种"口袋罪",什么都可以往里装。其包罗之广,见诸史籍者有谋反、谋为大逆、祝诅、巫蛊、妖言、谋危宗庙、谋毒太子、诽谤、乱制度、匿反者、纵反者、非所宜言、无人臣礼、私为灾异书、执左道、臧百万以上、怨望诽谤政治、非议诏书、不如诏书、亏恩、毁先帝、不敬、大不敬、杀不辜一家三人、烹姬等,皆曾以"不道"论处,往往滥诛无辜。据《史记·酷吏列传》载:"……狱久者至更数赦十有余岁而相告言,大抵尽诋以不道以上。廷尉及中都官诏狱逮至六七万人,吏所增加十万余人。"①"不道"罪处刑苛重,动辄族刑、腰斩、弃市,造成无法弥补的严重后果。霍光以"不道"论侯史吴之罪,"杜延年乃奏记光争,以为'吏纵罪人,有常法,今更诋吴为不道,恐于法深。'"②《王杖诏书》中的判例,不问犯罪的背景、动机、手段和后果如何,只要有"殴鸠杖主"或"折伤其杖"的情节,就冠以"逆不道"的罪名,以"弃市"处置。在这种情况下,"决事比"的存在,使有"比"者据例可循,无"比"者须向朝廷奏闻,有助于限制"不道"罪的滥用,对于"正刑罚,重人命"有一定的积极作用。

4. 作为行政事例的比

决事比不仅仅是司法判例,有些"比"还具有行政事例的属性。

"决事比"中的"决事"二字的含义比较宽泛。凡是经判断是非并作出处理事务的决定都可以称作决事。例如:

《史记·秦始皇本纪》载:赵高说二世曰:"今陛下富于春

---

① 《史记》卷一二二《酷吏列传》,中华书局,1999,第3153页。

② 《汉书》卷六〇《杜周传》,中华书局,1983,第2663页。

秋，初即位，奈何与公卿廷决事？"①

《史记·陈丞相世家》："食其亦沛人。汉王之败彭城，西，楚取太上皇、吕后为质，食其以舍人侍吕后。其后从破项籍为侯，幸于吕太后。及为相，居中，百官皆因决事。"②

《汉书·刑法志》："时上常幸宣室，斋居而决事，狱刑号为平矣。"③

《汉书·朱博传》："迁廷尉，职典决疑，当谳平天下狱。博恐为官属所诬，视事，召见正监典法掾史，谓曰：'廷尉本起于武吏，不通法律，幸有众贤，亦何忧！然廷尉治郡断狱以来且二十年，亦独耳剽日久，三尺律令，人事出其中。掾史试与正监共撰前世决事、吏议难知者数十事，持以问廷尉，得为诸君覆意之。'"④

《汉书·外戚传》："（霍）光每休沐出，桀常代光入决事。"⑤

《后汉书·陈宠传》：陈宠上书曰："尚书决事，多违故典，罪法无例，诋欺为先，文惨言丑，有乖章宪。宜责求其意，害而勿听。"⑥

在记述秦汉法制的史籍中，有相当多的决事是指决狱，也有一些决事是泛指处理公务，对某些事项做出行政决定。与之相对应，决事比也分为司法判例、行政事例两类。

《汉书·陈汤传》记载了这样一则行政事例："后皇太后同

① 《史记》卷六《秦始皇本纪》，中华书局，1999，第271页。
② 《史记》卷五六《陈丞相世家》，中华书局，1999，第2060页。
③ 《汉书》卷二三《刑法志》，中华书局，1983，第1102页。
④ 《汉书》卷八三《朱博传》，中华书局，1983，第3398页。
⑤ 《汉书》卷九七《外戚传》，中华书局，1983，第3958页。
⑥ 《后汉书》卷四六《陈宠传》，中华书局，1982，第1547页。

母弟苟参为水衡都尉，死，子伋为侍中，参妻欲为伋求封，汤受其金五十斤，许为求比上奏。"①这里的比，指的就是先前类似的事例。

据《汉书》载，元帝时，"御史大夫李延寿卒，在位多举（冯）野王，上使尚书选第中二千石，而野王行能第一。上曰：'吾用野王为三公，后世必谓我私后宫亲属，以野王为比。'"②成帝时，"太后母李亲，苟氏妻，生一男名参……太后怜参，欲以田蚡为比而封之。上曰：'封田氏，非正也。'以参为侍中水衡都尉。"③所谓求比上奏，就是找到同一类事例，上奏皇帝，以满足求封者的要求。

作为行政事例的比，最早用于论功行赏。所谓"功比高陵侯"云云之类的比，在《史记·功臣表》中记载颇多。又据《汉书·杜周传》："宣帝即位……封所食邑凡四千三百户。诏有司论定策功，大司马大将军光功德过太尉绛侯周勃；车骑将军安世、丞相杨敞功比丞相陈平；前将军韩增、御史大夫蔡谊功比颍阴侯灌婴；太仆杜延年功比朱虚侯刘章；后将军赵充国、大司农田延年、少府史乐成功比典客刘揭，皆封侯益土。"④

《史记·外戚世家》载："窦皇后亲蚤卒，葬观津。于是薄太后乃诏有司，追尊窦后父为安成侯，母曰安成夫人，令清河置园邑二百家，长丞奉守，比灵文园法。"⑤又载："盖侯信好酒，田蚡、胜贪，巧于文辞。王仲蚤死，葬槐里，追尊为共侯，置园邑二百家。及平原君卒，从田氏葬长陵，置园比共侯园。"可见

① 《汉书》卷七〇《陈汤传》，中华书局，1983，第3025页。
② 《汉书》卷七九《冯野王传》，中华书局，1983，第3302页。
③ 《汉书》卷九八《元后传》，中华书局，1983，第4018页。
④ 《汉书》卷六〇《杜周传》，中华书局，1983，第2665页。
⑤ 《史记》卷四九《外戚世家》，中华书局，1999，第1973页。

比的适用范围相当广泛。

在上述叙事中，有些"比"是作动词使用。比的名词化乃是一个渐进的趋向。另外，在汉代还广泛存在所谓"故事"。故事作为先例，在处理行政事务过程中起着主要的作用，相对故事而言，比的作用不是很大。但是，行政事例的比作为"比"的一种类型，也应引起我们的注意。

（二）秦汉时期的故事

秦汉时期的故事与法令、政制有密切的关系。《旧唐书·经籍志》记有《汉建武律令故事》三卷，①并把它与刘邵撰《律略论》、应劭撰《汉朝驳义》、陈寿撰《汉名臣奏》以及《廷尉决事》、《廷尉驳事》等法律类书籍排列在一起，说明这些文献具有同类性质。据《唐六典》卷六"尚书刑部"曰："汉建武有《律令故事》上、中、下三篇，皆刑法制度也。"②然而，故事又不同于律令。《隋书》曰："汉时，萧何定律令，张苍制章程，叔孙通定仪法，条流派别，制度渐广。晋初，甲令已下，至九百余卷，晋武帝命车骑将军贾充，博引群儒，删采其要，增律十篇。其余不足经远者为法令，施行制度者为令，品式章程者为故事，各还其官府。搢绅之士，撰而录之，遂成篇卷，然亦随代遗失。"③这就是说，自汉至晋，故事一直处于律令之外，流传于社会上的这类私人著述也不受重视。

---

① 《旧唐书》卷四六《经籍上》，中华书局，1997，第2009页。
② （唐）李林甫等撰：《大唐六典》卷六《刑部尚书》，三秦出版社，1991，影印本，第138页。
③ 《隋书》卷三三《经籍二》，中华书局，1982，第967页。

1. 故事的概念

故事的本义指的是过去曾经发生的事情。但要弄清什么是故事，又不能不提及行事、旧事，并把三者结合起来探讨。

在先秦和秦汉时代，已经出现了由"行"和"事"两字结合而成的行事一词，它的基本含义是行为、行动、活动的意思。当人的行为、行动、活动已经完成，在时间上成为过去时，古人称之为往事。有些行为、行动、活动尽管过去了，但会留下痕迹，古人称之为事迹。将之记录下来，就成了史实，即历史事实。往事、事迹和史实都是行事一词的引申义项。

《后汉书·荀悦传》："占者天子诸侯有事，必告于庙。朝有二史，左史记言，右史书事。事为《春秋》，言为《尚书》。君举必记，善恶成败，无不存焉。下及士庶，苟有茂异，咸在载籍。或欲显而不得，或欲隐而名章。得失一朝，而荣辱千载。善人劝焉，淫人惧焉。"①由此可知，中国古代对记录天子、诸侯的"言"和"事"是何等重视。

由于以往的经验对于人们的实践活动具有重要的参考价值，所以记入历史典籍的行事，并没有退出现实生活，而是继续发挥着作用，供人们在处理问题时借鉴参考。为此，在以行事为记述对象的历史典籍的基础上，有人专门编选出来值得保存的"旧事"。见之于记载的，如汉末应劭整理了包括"尚书旧事"在内的文献凡250篇，"献帝善之，于是旧事存焉"。②

《隋书·经籍志》曰："古者朝廷之政，发号施令，百司奉之，藏于官府，各修其职，守而弗忘。《春秋传》曰：'吾视诸

① 《后汉书》卷六二《荀悦传》，中华书局，1982，第2061~2062页。
② 《后汉书》卷四八《应劭传》，中华书局，1982，第1613页。

故府’，则其事也。"①

《周礼·周官》："御史掌治朝之法，太史掌万民之约契与质剂，以逆邦国之治。然则百司庶府，各藏其事，太史之职，又总而掌之。"

《隋书·经籍志》所载的书籍中有《秦汉已来旧事》10卷，《汉魏吴蜀旧事》8卷，《晋东宫旧事》10卷，《晋宋旧事》135卷，《天正旧事》3卷，《梁旧事》30卷等。

从史书有关目录的编排看，故事和旧事指称的应是同一类东西。譬如，在《隋书·经籍志二》目录中故事和旧事就是排列在一起的。如《汉武帝故事》2卷，《晋故事》43卷，《晋建武故事》1卷，《晋咸和咸康故事》4卷，《晋修复山陵故事》5卷，《晋八王故事》10卷，《大司马陶公故事》3卷，《沔南故事》3卷，《皇储故事》2卷等。

旧事、故事与行事既有联系又有区别。大多数的故事、旧事是人们对历史典籍中的行事加以筛选编成的。行事是中性词。行事有好有坏，有经验也有教训。依法行事是褒，越权行事是贬，奉命行事不褒不贬。故事有两种类型，一类是作为书籍存在，它与旧事相似。另一类是可以单个拿来引用的故事，可作为当下人们进行各种实践活动的依据。单个拿来应用的故事，一定是被认为属于正确的做法，是前人留下的榜样，搬出故事来是要择善而从，以为借鉴。本文以后一类故事为研究对象。（有的名为"故事"的书实际是史书，例如《魏武故事》，不是本文探讨的对象。）

故事与比也有一定的联系。《晋书·刑法志》载熊远言：

---

① 《隋书》卷三三《经籍二》，中华书局，1982，第967页。

"凡为驳议者，若违律令节度，当合经传及前比故事，不得任情以破成法。"① 熊远把前比和故事两者相提并论。《礼记·王制》："疑狱氾与众共之；众疑赦之。必察小大之比以成之。"郑玄注曰："小大犹轻重。已行故事曰比。"②该书把故事等同于比。其实，故事与比还是有区别的：比大部分是司法判例，而故事并没有进入司法领域，它不是司法上的判例，也没有在司法中得到适用的机会。故事是惯例。惯例既是先例，又有习惯的意思，它不是某个人有意识地制定出来的，而是社会上层从事政治活动的人们通过对前人的行事进行筛选的结果。

2. 故事的形成

最早的故事出现在汉代。历史典籍中提及的汉代故事有：汉武故事、西河故事、孝文时故事、元鼎时故事、郎官故事、国家故事、安远侯郑吉故事、孝宣甘露石渠故事、建武永平故事、光武黜吕太后故事、长乐宫故事、孝惠皇帝纳后故事、霍光故事、征和元年故事。此外还有祖宗旧事、汉典旧事、尚书旧事、西都旧事、史汉旧事等旧事。这些故事或者以人名和地名命名，或者以年代和朝代命名，也有的是以其内容命名。通过这些名称不难看出，故事的内容是帝王将相等社会上层人物的各种政治活动。以汉武帝封宰相公孙弘为侯一事为例：

先是，汉常以列侯为丞相，唯弘无爵。上于是下诏曰："朕嘉先圣之道，开广门路，宣招四方之士，盖古者任贤而序位，量能以授官，劳大者厥禄厚，德盛者获爵尊。故武功

① 《晋书》卷三〇《刑法》，中华书局，1982，第939页。
② 见（清）阮元校刻《十三经注疏》六《礼记正义》卷一三《王制》，中华书局，1996，影印本，第1343页。

以显重，而文德以行褒。其以高成之平津乡户六百五十封丞
相弘，为平津侯。"其后以为故事，至丞相封自弘始也。①

　　这是君主利用权力创立新制度、相延而成为故事的例子。汉
武帝通过封公孙弘为平津侯一事，创立了丞相封侯的制度。制度
创新固然离不开权力的作用，但是阐述这一制度的合法性也很重
要。汉武帝大讲先圣之道和古者任用贤能褒奖有功的原则，盖在
于此。
　　丞相也可以改变制度，后来形成故事。如《汉书·丙吉
传》载：

　　　及居相位……上宽大，好礼让。掾史有罪赃，不称职，
　　辄予长休告，终无所案验。客或谓吉曰："君侯为汉相，奸
　　吏成其私，然无所惩艾。"吉曰："夫以三公之府有案吏之
　　名，吾窃陋焉。"后人代吉，因以为故事，公府不案吏，自
　　吉始。②

　　丙吉的做法及其阐发的原则，从此成为汉代乃至后代的一项
制度，即丞相等三公不再直接对属下官吏的不法行为进行惩治，
即使发现严重经济犯罪，也只是辞退了事。
　　又据《汉书·薛宣传》："宣为相，府辞讼例不满万钱不为
移书，后皆遵用薛侯故事。"③ 薛宣的这一做法，开创了按照诉
讼标的数额多少区别案件管辖和受理范围的惯例。

————————————

① 《汉书》卷五八《公孙弘传》，中华书局，1983，第 2620～2621 页。
② 《汉书》卷七四《丙吉传》，中华书局，1983，第 3145 页。
③ 《汉书》卷八三《薛宣传》，中华书局，1983，第 3393 页。

上述故事说明，大臣的行为特别是贤明丞相的作为，如果具有合理性，也可以因后人长期仿效，形成故事。在汉代，包括相制在内的一些政治制度处于草创时期，丞相的行为成为故事的做法，与相权的界限和尺度需要通过实践探索才能确定的情况有很大关系。

除了行为可以成为故事外，某些具有合理性的建议经过统治者的认可，形成为制度，也可以延续下去成为故事。如《后汉书·郑弘传》载：

> 建初（初）为尚书令。旧制，尚书郎限满补县长令史丞尉。弘奏以为台职虽尊，而酬赏甚薄，至于开选，多无乐者，请使郎补千石令，令史为长。帝从其议。弘前后所陈有补益王政者，皆著之南宫，以为故事。[①]

又如，《后汉书·左雄传》载："自雄掌纳言，多所匡肃，每有章表奏议，台阁以为故事。"[②]《后汉书·侯霸传》载："时无故典，朝廷又少旧臣，霸明习故事，收录遗文，条奏前世善政法度有益于时者，皆施行之。"[③] 这些朝臣的口头建议和书面条奏，不仅当时被采用，还成为后来处理同类事情的根据。

这里，有必要对故事的存在形态予以辨析。故事之成为故事，需要一个过程。包括那些改变制度的建议在内的人们的行为，在其出现的当时是否成为故事还是一个未知数。它出现之后，有的是以显在的形式成为一种制度；大多数则以潜在的形

① 《后汉书》卷三三《郑弘传》，中华书局，1982，第1155页。
② 《后汉书》卷六一《左雄传》，中华书局，1982，第2022页。
③ 《后汉书》卷二六《侯霸传》，中华书局，1982，第902页。

式，保存在人们的记忆中或者官方的档案里，也有的被载入史家撰写的典籍中。只有在一定的情势下被激活，再次成为人们言行的依据，被称为故事并发生作用，故事才成其为故事。

故事还处于潜在状态。见之于记载者，如《史记·外戚世家》："褚先生曰：臣为郎时，问习汉家故事者钟离生。"① 《史记·三王世家》："褚先生曰……窃从长老好故事者取其封策书，编列其事而传之，令后世得观贤主之指意。"② 这两则记载是故事保存在人们记忆中的例子。再如《后汉书·杨赐传》："会去位，事留中。后帝徙南宫。阅录故事，得赐所上张角奏及前侍讲注籍，乃感悟，下诏封赐临晋侯，邑千五百户。"③ 这是故事保存在官方档案里的例子。

《隋书·经籍志》曰："古者朝廷之政，发号施令，百司奉之，藏于官府，各修其职，守而弗忘。"④《汉书·爰盎传》注引应劭的话说："掌故，六百石吏，主故事 。"⑤ 说明很多官府内专门设有掌管故事的官职。

然而，收掌故事的专门所在是尚书台。故《后汉书·黄琼传》载："初，琼随父在台阁，习见故事。及后居职，达练官曹，争议朝堂，莫能抗夺。"⑥《后汉书·郭贺传》载："贺能明法，累官，建武中为尚书令，在职六年，晓习故事，多所匡益。"⑦《后汉书·樊宏、阴识传》载："准视事三年，以疾征，

---

① 《史记》卷四九《外戚世家》，中华书局，1999，第1981页。
② 《史记》卷六〇《三王世家》，中华书局，1999，第2114页。
③ 《后汉书》卷五四《杨赐传》，中华书局，1982，第1748页。
④ 《隋书》卷三三《经籍二》，中华书局，1982，第967页。
⑤ 《汉书》卷四九《爰盎传》，中华书局，1983，第2277页。
⑥ 《后汉书》卷六一《黄琼传》，中华书局，1982，第2033页。
⑦ 《后汉书》卷二六《郭贺传》，中华书局，1982，第908页。

三转为尚书令，明习故事，遂见任用。"①

　　民间把故事内容写成著述的也不乏其人。首先是历史学家。司马迁曾经写到："余所谓述故事，整齐其世传，非所谓作也。"②在他看来，《史记》就是一部故事总汇。上引《隋书·经籍志》曰："缙绅之士，撰而录之，遂成篇卷。"③ 表明从事故事编纂者于史学家之外还大有人在。

　　种种潜在形式保存下来的故事，总有一天会由于现实的需要而被激活。史籍中此类记载较多，如：

　　《后汉书·顺帝纪》："二月戊戌，诏以民入山凿石，发泄藏气，敕有司检察所当禁绝，如建武、永平故事。"④

　　《后汉书·孝桓帝纪》："癸卯，京师地震，诏公、卿、校尉举贤良方正、能直言极谏者各一人。诏曰：'……其舆服制度有逾侈长饰者，皆宜损省。郡县务存俭约，申明旧令，如永平故事。'"⑤

　　《后汉书·陈忠传》："至建光中，尚书令祝讽、尚书孟布等奏，以为孝文皇帝定约礼之制，光武皇帝绝告宁之典，贻则万世，诚不可改。宜复建武故事。"⑥

　　《后汉书·杨终传》："宣帝博征群儒，率定《五经》于石渠阁。方今天下少事，学者得成其业，而章句之徒，破坏大体。宜如石渠故事，永为后世则。"⑦

　　应该指出，故事的形成是人们反复选择的结果。在故事的形

① 《后汉书》卷三二《樊宏、阴识传》，中华书局，1982，第1129页。
② 《史记》卷一三〇《太史公自序》，中华书局，1999，第3299~3300页。
③ 《隋书》卷三三《经籍二》，中华书局，1982，第967页。
④ 《后汉书》卷六《顺帝纪》，中华书局，1982，第256页。
⑤ 《后汉书》卷七《孝桓帝纪》，中华书局，1982，第299页。
⑥ 《后汉书》卷四六《陈忠传》，中华书局，1982，第1560页。
⑦ 《后汉书》卷四八《杨终传》，中华书局，1982，第1599页。

成过程中，选择起着关键的作用。

故事也可以被置之度外，不加理会。如《汉书·谷永传》载："岁余，永病，三月，有司奏请免。故事，公卿病，辄赐告，至永独即时免。数月，卒于家。"① 虽然曾经存在公卿有病给假的故事，但在谷永患病时，却没有援用，他被立即免职。

又如《汉书·王嘉传》载："有诏假谒者节，召丞相诣廷尉诏狱。使者既到府，掾史涕泣，共和药进嘉，嘉不肯服。主簿曰：'将相不对理陈冤，相踵以为故事，君侯宜引决。'使者危坐府门上。主簿复前进药，嘉引药杯以击地，谓官属曰：'丞相幸得备位三公，奉职负国，当伏刑都市以示万众。丞相岂儿女子邪，何谓咀药而死！'嘉遂装出，见使者再拜受诏，乘吏小车，去盖不冠，随使者诣廷尉。廷尉收嘉丞相、新甫侯印绶，缚嘉载致都船诏狱。"② 这也是故事未被援用的例子。本来，丞相被下狱时，按照故事是应以自杀来谢罪的。丞相王嘉觉得受了冤枉，不顾惯例的存在，选择了对簿公堂的做法。

再如《后汉书·廉范传》载："故事，虏（人）〔入〕过五千人，移书傍郡。吏欲传檄求救，范不听，自率士卒拒之。"③ 这也是无视故事的存在而自行其事的例子。

仿效故事行事与无视故事的两种截然相反的例证，相互映照，就是我们所谓的选择。不同的人、不同的观点会导致不同的选择。保守的人对于故事采取敬畏的态度，奉行惟谨；革新者则可能对恪守故事痛心疾首，将之看作是进步的障碍。

《汉书·魏相传》："相明《易经》，有师法，好观汉故事及

---

① 《汉书》卷八五《谷永传》，中华书局，1983，第 3473 页。
② 《汉书》卷八六《王嘉传》，中华书局，1983，第 3501~3502 页。
③ 《后汉书》卷三一《廉范传》，中华书局，1982，第 1103 页。

便宜章奏，以为古今异制，方今务在奉行故事而已。数条汉兴已来国家便宜行事，及贤臣贾谊、晁错、董仲舒等所言，奏请施行之……"① 这是尊崇和主张仿效故事行事的例证。

《汉书·贡禹传》："至孝宣皇帝时，陛下恶有所言，群臣亦随故事，甚可痛也！故使天下承化，取女皆大过度，诸侯妻妾或至数百人，豪富吏民畜歌者至数十人，是以内多怨女，外多旷夫。及众庶葬埋，皆虚地上以实地下。其过自上生，皆在大臣循故事之罪也。"② 这是反对遵循故事行事的例证。

围绕着是否仿效故事出现的不同主张和做法，表明故事没有强制力，只是一种软性约束。当事人如果具有强势人格，无所顾忌，突破故事的约束并不难。《汉书·冯野王传》："于是野王惧不自安，遂病，满三月赐告，与妻子归杜陵就医药。大将军凤风御史中丞劾奏野王赐告养病而私自便，持虎符出界归家，奉诏不敬。"③ 当时，"二千石病赐告得归有故事，不得去郡亡著令"。但这些不仅没有阻止王凤罢免野王的职务，反而创造了一个新的先例："郡国二千石病赐告不得归家，自此始"。

《汉书·朱博传》："齐郡舒缓养名，博新视事，右曹掾史皆移病卧。博问其故，对言：'惶恐！故事：二千石新到，辄遣吏存问致意，乃敢起就职。'博奋髯抵几曰：'观齐儿欲以此为俗邪！'乃召见诸曹史书佐及县大吏，选视其可用者，出教置之。皆斥罢诸病吏，白巾走出府门。郡中大惊。"④ 长官到任视事需要向掾史吏存问致意的故事就这样失效了。

① 《汉书》卷七四《魏相传》，中华书局，1983，第3137页。
② 《汉书》卷七二《贡禹传》，中华书局，1983，第3071页。
③ 《汉书》卷七九《冯野王传》，中华书局，1983，第3303页。
④ 《汉书》卷八三《朱博传》，中华书局，1983，第3400页。

在选择机制的作用下，任何一项创新制度的行为都面临着两种命运：或成为故事，或被淘汰。也就是说，它可能被相似的情势激活，通过人们的反复实践检验成为历史借鉴；也可能尘封于故纸堆中，永远淡出人们的记忆。

3. 故事的作用范围

故事是对行为的正当性的论证依据，具有先例的意义。故事主要的作用范围是礼仪活动、职官管理、赏功罚过等方面。

首先，礼仪活动是故事发生作用的一个重要方面。这方面的例子最多，如：

《汉书·郊祀志下》："明年正月，上始幸甘泉，郊见泰畤，数有美祥。修武帝故事，盛车服，敬齐（斋）祠之礼，颇作诗歌。"①

《汉书·郊祀志下》："是时，美阳得鼎，献之。下有司议，多以为宜荐见宗庙，如元鼎时故事。"②

《后汉书·祭祀上》："建武元年，光武即位于鄗，为坛营于鄗之阳。祭告天地，采用元始中郊祭故事。六宗群神皆从，未以祖配。天地共犊，余牲尚约。"③

《后汉书·祭祀上》："二年正月，初制郊兆于雒阳城南七里，依鄗。采元始中故事。"④

《后汉书·祭祀上》："上许梁松等奏，乃求元封时封禅故事，议封禅所施用。"⑤

《后汉书·祭祀上》："二十五日甲午，禅，祭地于梁阴，以

---

① 《汉书》卷二五下《郊祀志下》，中华书局，1983，第 1249 页。
② 《汉书》卷二五下《郊祀志下》，中华书局，1983，第 1251 页。
③ 《后汉书》志第七《祭祀上》，中华书局，1982，第 3157 页。
④ 《后汉书》志第七《祭祀上》，中华书局，1982，第 3159 页。
⑤ 《后汉书》志第七《祭祀上》，中华书局，1982，第 3164 页。

高后配，山川群神从，如元始中北郊故事。"①

《后汉书·祭祀中》："延光三年，上东巡狩，至泰山，柴祭，及祠汶上明堂，如元和二年故事。"②

《后汉书·祭祀下》："章帝临崩，遗诏无起寝庙，庙如先帝故事。和帝即位不敢违，上尊号曰肃宗。"③

《后汉书·礼仪上》："立春之日……下宽大书曰：'制诏三公：方春东作，敬始慎微，动作从之。罪非殊死，且勿案验，皆须麦秋。退贪残，进柔良，下当用者，如故事。'"④

《后汉书·礼仪上》："凡斋，天地七日，宗庙、山川五日，小祠三日。斋日内有污染，解斋，副倅行礼。先斋一日，有污秽灾变，斋祀如仪。大丧，唯天郊越绋而斋，地以下皆百日后乃斋，如故事。"⑤

《后汉书·礼仪下》："……虎贲、羽林、郎中署皆严宿卫，宫府各警，北军五校绕宫屯兵，黄门令、尚书、御史、谒者昼夜行陈。三公启手足色肤如礼。皇后、皇太子、皇子哭踊如礼。沐浴如礼。守宫令兼东园匠将女执事，黄绵、缇缯、金缕玉柙如故事。"⑥

《后汉书·礼仪下》："诸侯王、列侯、始封贵人、公主薨，皆令赠印玺、玉柙银缕；大贵人、长公主铜缕。诸侯王、贵人、公主、公、将军、特进皆赐器，官中二十四物。使者治丧，穿作，柏椁，百官会送，如故事。"⑦

---

① 《后汉书》志第七《祭祀上》，中华书局，1982，第3170页。
② 《后汉书》志第八《祭祀中》，中华书局，1982，第3187页。
③ 《后汉书》志第九《祭祀下》，中华书局，1982，第3196~3197页。
④ 《后汉书》志第四《礼仪上》，中华书局，1982，第3102页。
⑤ 《后汉书》志第四《礼仪上》，中华书局，1982，第3104页。
⑥ 《后汉书》志第六《礼仪下》，中华书局，1982，第3141页。
⑦ 《后汉书》志第六《礼仪下》，中华书局，1982，第3152页。

礼制是古代社会的纲纪，具有类似近代宪法的性质。受君权神授的观念和家天下传统的支配，皇帝祭祀天地和祖宗，是为了证明其权力取得和授受的合法性。天人关系、神鬼人关系始终笼罩在神秘的氛围中，不受理性的支配。因此，在郊祀庙祭封禅活动中尽可能地遵循传统和习惯，就成为最少争议的选择方式。中国古代自先秦始，礼制就形成了庞大的成文规范体系，但在实践中却不断遇到一些新的问题。故事在解决这些问题方面所起的作用不可低估。

汉代的故事甚至关系到皇帝为自己选择接班人的行动，即政权的接续传递及其合法性问题。譬如，《汉书·史丹传》载："竟宁元年，上寝疾，傅昭仪及定陶王常在左右，而皇后、太子希得进见。上疾稍侵，意忽忽不平，数问尚书以景帝时立胶东王故事。是时，太子长舅阳平侯王凤为卫尉、侍中，与皇后、太子皆忧，不知所出。"① 汉元帝"数问尚书以景帝时立胶东王故事"，是想为更换政权接班人寻找历史先例作为依据，这使皇后、太子深感忧虑。

其次，在吏治方面，故事的作用范围涉及行政官吏的升迁选用职权及其间的关系等。如：

《汉书·孔光传》："窃见国家故事，尚书以久次转迁，非有踔绝之能，不相逾越。"②

《汉书·龚胜传》："自昭帝时，涿郡韩福以德行征至京师，赐策书束帛遣归。诏曰：'朕闵劳以官职之事，其务修孝弟以教乡里。行道舍传舍，县次具酒肉，食从者及马。长吏以时存问，常以岁八月赐羊一头，酒二斛。不幸死者，赐复衾一，祠以中

---

① 《汉书》卷八二《史丹传》，中华书局，1983，第 3377 页。
② 《汉书》卷八一《孔光传》，中华书局，1983，第 3361 页。

牢.'于是王莽依故事,白遣胜、汉。"①

《汉书·杨敞传》:"郎官故事,令郎出钱市财用,给文书,乃得出,名口"山郎"。移病尽一日,辄偿一沐,或至岁余不得沐。其豪富郎,日出游戏,或行钱得善部。货赂流行,传相放效。恽为中郎将,罢山郎,移长度大司农,以给财用。"②

《汉书·萧望之传》:"故事丞相病,明日御史大夫辄问病;朝奏事会庭中,差居丞相后,丞相谢,大夫少进,揖。"③

《后汉书·何进传》:"袁绍复说进曰:'……今大行在前殿,将军(宜)受诏领禁兵,不宜轻出入宫省。'进甚然之,乃称疾不入陪丧,又不送山陵。遂与绍定筹策,而以其计白太后。太后不听,曰:'中官统领禁省,自古及今,汉家故事,不可废也。'"④

《后汉书·杨秉传》:"尚书召对秉掾属曰:公府外职,而奏劾近官,经典汉制有故事乎?秉使对曰:春秋赵鞅以晋阳之甲,逐君侧之恶。传曰:'除君之恶,唯力是视。'邓通懈慢,申屠嘉召通诘责,文帝从而请之。汉世故事,三公之职无所不统。尚书不能诘。"⑤

故事也可以作为赏罚的参照系,用于赏功罚过。譬如:

《汉书·陈汤传》:"议者皆以为宜如军法捕斩单于令。匡衡、石显以为'郅支本亡逃失国,窃号绝域,非真单于'。元帝取安远侯郑吉故事,封千户,衡、显复争。乃封延寿为义成侯。

① 《汉书》卷七二《龚胜传》,中华书局,1983,第3083页。
② 《汉书》卷六六《杨敞传》,中华书局,1983,第2890页。
③ 《汉书》卷七八《萧望之传》,中华书局,1983,第3280~3281页。
④ 《后汉书》卷六九《何进传》,中华书局,1982,第2248~2249页。
⑤ 《后汉书》卷五四《杨秉传》,中华书局,1982,第1774页。

赐汤爵关内侯，食邑各三百户，加赐黄金百斤。"①

《汉书·杜周传》："故事，大逆朋友坐免官，无归故郡者，今（在）〔坐〕长者归故郡，已深一等……"②

《汉书·淮阳宪王刘钦传》："故事，诸侯王获罪京师，罪恶轻重，纵不伏诛，必蒙迁削贬黜之罪，未有但已者也。"③

职官管理及赏功罚过是关系到国家权力的系统配置和统治集团内部权益分配的重大问题。它们是行政事务，其中有些也具有宪法性质。从这个意义上讲，故事既是行政惯例，又是宪法性质的惯例。

4. 故事作用的特殊领域及特性

故事作为宪法性质的惯例，有时作用于特殊领域。有论者指出："遇到不经常或偶尔发生的大事、要事，特别是皇室之事，或者虽然经常发生但属于礼节，仪式等方面的大事，如祭祀、丧葬、封赠等事，在当朝法无明文，事无定制的情况下，往往都引故事作为处理的依据。"④ 指的就是这种情况。

故事在特殊领域的作用，表现在以下几个方面：

其一，故事在对外关系（和周边国家、周边民族的关系）中的作用。

《汉书·匈奴传下》："故事，单于朝，从名王以下及从者二百余人。单于又上书言：'蒙天子神灵，人民盛壮，愿从五百人入朝，以明天子盛德。'上皆许之。"⑤

《汉书·匈奴传下》："汉既班四条，后护乌桓使者告乌桓

---

① 《汉书》卷七〇《陈汤传》，中华书局，1983，第3020页。
② 《汉书》卷六〇《杜周传》，中华书局，1983，第2679页。
③ 《汉书》卷八〇《淮阳宪王刘钦传》，中华书局，1983，第3317页。
④ 吕丽：《汉魏晋"故事"辩析》，《法学研究》2002年第6期。
⑤ 《汉书》卷九四下《匈奴传下》，中华书局，1983，第3817页。

民，毋得复与匈奴皮布税。匈奴以故事遣使者责乌桓税，匈奴人民妇女欲贾贩者皆随往焉。乌桓距曰：'奉天子诏条，〔不〕当予匈奴税。'匈奴使怒，收乌桓酋豪，缚到悬之。"①

《后汉书·班彪传下》："北单于闻汉军出，遣使款居延塞，欲修呼韩邪故事，朝见天子，请大使。宪上遣固行中郎将事，将数百骑与虏使俱出居延塞迎之。"②

《后汉书·袁安传》："时窦宪复出屯武威。明年，北单于为耿夔所破，遁走乌孙，塞北地空，余部不知所属。宪曰矜己功，欲结恩北虏，乃上立降者左鹿蠡王阿佟为北单于，置中郎将领护，如南单于故事。"③

《后汉书·马援传》："援所过辄为郡县治城郭，穿渠灌溉，以利其民。条奏越律与汉律驳者十余事，与越人申明旧制以约束之，自后骆越奉行马将军故事。"④

其二，在处理外戚一类关系中的作用。

《汉书·外戚传上》："初，许后……五日一朝皇太后于长乐宫，亲奉案上食，以妇道共养。及霍后立，亦修许后故事。"⑤

《汉书·外戚传下》："又故事以特牛祠大父母，戴侯、敬侯皆得蒙恩以太牢祠。今当率如故事，唯陛下哀之。"⑥

《汉书·元后传》："是日，诏尚书奏文帝时诛将军薄昭故事。车骑将军音藉稿请罪，商、立、根皆负斧质谢……"⑦

其三，在处理特殊的君臣关系特别是弱君和权臣关系中的

① 《汉书》卷九四下《匈奴传下》，中华书局，1983，第3820页。
② 《后汉书》卷四〇下《班彪传下》，中华书局，1982，第1385页。
③ 《后汉书》卷四五《袁安传》，中华书局，1982，第1520页。
④ 《后汉书》卷二四《马援传》，中华书局，1982，第839页。
⑤ 《汉书》卷九七上《外戚传上》，中华书局，1983，第3968页。
⑥ 《汉书》卷九七下《外戚传下》，中华书局，1983，第3976页。
⑦ 《汉书》卷九八《元后传》，中华书局，1983，第4025页。

作用。

《汉书·元后传》："平帝崩，无子，莽征宣帝玄孙选最少者广戚侯子刘婴，年二岁，托以卜相为最吉。乃风公卿奏请立婴为孺子，令宰衡安汉公莽践祚居摄，如周公傅成王故事。太后不以为可，力不能禁，于是莽遂为摄皇帝，改元称制焉。"①

《汉书·王莽传》："始，风益州令塞外蛮夷献白雉，元始元年正月，莽白太后下诏，以白雉荐宗庙。群臣因奏言太后'委任大司马莽定策安宗庙。故大司马霍光有安宗庙之功，益封三万户，畴其爵邑，比萧相国。莽宜如光故事'。"②

《汉书·王莽传》："夫有法成易，非圣人者亡法。其令安汉公居摄践祚，如周公故事，以武功县为安汉公采地，名曰汉光邑。具礼仪奏。"③

《汉书·王莽传》："即作符命……言新室当分陕、立二伯，以丰为右伯，太傅平晏为左伯，如周召故事。"④

《后汉书·董卓传》："百僚大会，卓乃奋首而言曰：'大者天地，其次君臣，所以为政。皇帝闇弱，不可以奉宗庙，为天下主。今欲依伊尹、霍光故事，更立陈留王，何如？'公卿以下莫敢对。"⑤

故事之所以能够在这些领域里发挥特殊作用，是因为它具有特殊的性质。

（1）故事具有超越时代的效力。

在很多史书中能够查到前代故事被适用于后世的情况。汉代

---

① 《汉书》卷九八《元后传》，中华书局，1983，第4031页。
② 《汉书》卷九九上《王莽传上》，中华书局，1983，第4046页。
③ 《汉书》卷九九上《王莽传上》，中华书局，1983，第4079页。
④ 《汉书》卷九九中《王莽传中》，中华书局，1983，第4123页。
⑤ 《后汉书》卷七二《董卓传》，中华书局，1982，第2324页。

时常援用西周故事，而汉代故事又被其后各代经常引用。仅据《晋书》记载，两晋引用汉代故事达34次，其中，汉魏故事10次，霍光故事5次，汉故事4次，萧何故事3次，汉氏故事2次。此外，该书还提及引用汉时故事、汉世祖故事等10余处。而在例的适用中，很难看到援用前代例的情况。

（2）故事是惯例，不是人为制定出来的。

惯例既是先例，又有习惯的意思。它不是某个人人为制定的，而是集体通过对前人的行事反复选择的结果。例则不同。有些是皇帝法外施恩，特事特办，只针对个别人和事的特殊处置，不许以后处理同类事务时援用，所以发布时往往重申"后不得为比"、"后不得为例"，明确限制其适用。有些则是为了填补法律的空白，或者细化法律的规定，有利于以后的法律实施，可长期适用，故明确申明"以为比"、"著为例"。然而，从未见史籍中有"著为故事"、"后不得以为故事"的记载。因为故事被后人采用才成为故事，它既不能由首倡者预先规定后人必须援用，也没有事先明确限制其成为故事的必要。

（3）某些故事具有高于法律的地位。

《晋书·刑法志》载熊远言："凡为驳议者，若违律令节度，当合经传及前比故事，不得任情以破成法。"① 在熊远看来，某件事情如果有人反对依律令处理，那么他就必须提出根据，且能够作为根据的只能是经传和前比故事。也就是说，在法律适用过程中，经义和故事可以超越法律，故事的地位则低于经义，高于法律。如果引用故事适当，它就可能成为阻却某一法律规定适用的正当理由。而例虽也具有补充和细化法律的功能，但在

---

① 《晋书》卷三〇《刑法》，中华书局，1982，第939页。

整个法律体系中的地位低于法律。有些例在实践中也会代替成法，但在历史上往往被主张"遵循祖制"的人们所反对，受到消极评价。

总之，故事的作用主要是在礼仪、行政和某些特殊领域，多数情况下是对礼的补充，而非对法律的补充。故事以规定统治集团内部上层政治关系（官职）居多，社会经济（食货）关系较少。某些故事构成了特殊领域的规范，如天人关系、人鬼神关系、弱君和僭臣的关系、朝廷和外藩的关系以及君主和后妃外戚的关系领域。它所填补的空白，是法律没有规定的。也有少数故事，本身是不合礼也不合法的。然而，往往是上述的这些故事具有超越时代的效力，为后世所沿用。故事之所以具有高于法律的性格，很可能与此有关。全面考察秦汉时期的故事可以看出，它大多数属于行政先例，也有一部分故事带有古代宪法性惯例的性质。

（三）秦"廷行事"考

秦"廷行事"一直被作为判例看待，其源于云梦秦简出土后秦墓竹简整理小组（以下简称为整理者）关于《法律答问》的注释和说明。在注释中，整理者说："廷行事，法廷成例。"[①]在"说明"中又将其进一步推定为判例，说："《法律答问》中很多地方以'廷行事'，即办案成例，作为依据，反映出执法者根据以往判处的成例审理案件，当时已成为一种制度。……当法律中没有明文规定，或虽有规定，但有某种需要时，执法者可以

---

① 睡虎地秦墓竹简整理小组整理：《睡虎地秦墓竹简》，文物出版社，1978，第167页。

不依规定，而以判例办案。"① 这一观点发表后，长期以来一直
为法史学界接受，成为定论，鲜有异议者。②

1. 廷行事是判例吗？

关于廷行事的注释，整理者引用的根据有二：一是《汉
书·翟方进传》的记载："时庆有章劾，自道行事以赎论"注引
刘敞云："汉时人言'行事'、'成事'皆已行、已成事也。"二
是清人王念孙对"行事"一词的解释："行事者，言已行之事，
旧例成法也。汉世人作文言'行事'、'成事'者，意皆同。"③
云梦秦简的整理者正是据此在释文中把廷行事释为"成例"。但
后一个注释存在问题。后来，参加整理工作的裘锡圭先生对此做
了补正。他写道：

> 《汉书·陈汤传》记刘向因甘延寿、陈汤立功绝域，以
> 小过而迟迟未受封赏事上疏，疏中举旧事为况，其言曰：
> "昔齐桓公前有尊周之功，后有灭项之罪，君子以功覆过而
> 为之讳行事。贰师将军李广利捐五万之师，靡亿万之费，经
> 四年之劳，而廑获骏马三十匹，虽斩宛王毋鼓之首，犹不足
> 以复费。其私罪恶甚多。孝武以为万里征伐，不录其过，遂
> 封拜两侯、三卿、二千石百有余人……"颜师古注以"而
> 为之讳行事"为句，认为"行事谓灭项之事"。刘敞批评

---

① 睡虎地秦墓竹简整理小组整理：《睡虎地秦墓竹简》，文物出版社，1978，第149～150
页。

② 据笔者视界所及，国内学者中唯张铭新对此提出不同看法，他在《中国古代"法治"形
式的演进轨迹及特点》这篇文章的脚注中指出：廷行事，现在通行的解释是"秦朝的判
例"，恐怕值得商榷。查阅"云梦秦简"，凡是讲到"廷行事"者，没有一处涉及某一
具体的案件事实，而是指对某一类法无明文的犯罪在以前的审判中是如何处理的，比如
"斗杀人，廷行事为贼"，"廷行事，（仓）鼠穴三以上赀一盾"等。所以，说秦的"廷
行事"是"司法惯例"似乎更为准确。

③ 睡虎地秦墓竹简整理小组整理：《睡虎地秦墓竹简》，文物出版社，1978，第167页。

说："讳行事"非辞也。"讳"以上为句。"行事"者，言
已行之事，旧例成法也。汉世人作文，言"行事""成事"
者，意皆同。王念孙《读书杂志·汉书第十二》"行事"条
只是备申刘说，举证甚多。此说已成定论。①

　　裴锡圭先生的这个补正很重要，使我们清楚地了解到其所引
文献的来龙去脉：原来其发明者乃是宋代的刘敞，不是清人王念
孙，王念孙只是重申刘敞的旧说。尽管存在如上的错误，裴先生
在作出上述补充说明后，仍然认为整理者释"廷行事"为"法
廷成例"是正确的，断定"此说已成定论"。

　　刘敞是宋代著名的史学家，曾经协助司马光编辑《资治通
鉴》。王念孙是清代考据界巨擘。学术研究必须以前人的工作为
基础，我们似乎没有理由不相信像刘敞、王念孙这样的学者。不
过，这不等于我们完全放弃对其提供的证据材料的可靠性进行必
要的审查。特别是当我们面对的是这样重要的资料：它是从
"行事"到"旧例成法"，从"旧例成法"到"成例"，从"成
例"到"法廷成例"，从"法廷成例"到"判例"这一层层递
进的推论的基础，这一资料的可靠与否，关系到最终结论能否成
立。鉴于这一最终结论又有改写法制史的重大意义，我们就更不
能不谨慎从事。

　　为此我们查阅了王念孙的《读书杂志》，结果却并非裴锡圭
先生认为的"此说已成定论"。王念孙在《读书杂志》中是这样

---

① 裴锡圭：《读书札记四则》，见《人文与社会学报》2002 年第 1 期。该文注称：但王氏
误刘敞为刘敝。刘敞于"行事"亦有类似说法，且指出《论衡》亦言"行事"，见上引
《翟方进传》"自道行事以赎论"句下注，王氏文中亦已引及。三刘《汉书刊误》久佚，
但宋代刻《汉书》，有于有关文句下引录其说者，后代刻本承之。

说的：

> 念孙案：行事二字，乃总目下文之词，刘属下读是也。行者，往也。往事，即下文所称李广利、常惠、郑吉三人之事。《汉纪》改行事为近事，近事亦往事也。……《春秋繁露》俞序篇云：仲尼之作春秋也，引史记，理往事。又引孔子曰：吾因其行事而加乎王心焉。行事即往事，谓春秋二百四十年之事也。史记自序云：子曰，我欲载之空言，不如见之于行事之深切著明也。本书艺文志云：仲尼与左丘明观鲁史记，据行事。刘向传云：采传记行事，著新序说苑五十篇。司马迁传云：考之行事，稽其成败兴坏之理。李寻传云：案行事，考便宜，讹言之致，未尝不至。……皆谓往事为行事也。①

　　因王念孙所述文字较长，我们省略了他征引的一些资料，这些资料在下文中将有所引用。王氏的结论是什么呢？在上引的这段文字中，他先是以《春秋繁露》俞序说的往事与同书所引孔子说的行事对照，得出的结论是"行事即往事"；接着又以《史记》、《汉书》材料排比得出结论："皆谓往事为行事也。"这就是说，王念孙对刘敞释"行事"为"已行之事，旧例成法"的说法只首肯了其中的一半：即其释"行事"为"已行之事"，而不包括释"行事"为"旧例成法"的另一半。相反，王念孙征引的资料说明：刘敞注中所谓"汉世人作文，言'行事'、'成事'者，意皆同"，即"行事"为"旧例成法"是汉代人共识

---

① 见（清）王念孙撰：《读书杂志》之《汉书第十二》，江苏古籍出版社，2000，第342页。

的观点，经不起史实的检验。

这不能不使我们感到对于廷行事是判例的结论有重新审视的必要。以下我们从三个方面作一辨析。

（1）在《汉书·陈汤传》中，行事并不具有判例的意义。

从逻辑上讲，释"行事"为"已行之事，旧例成法"既然是刘攽给《汉书·陈汤传》的注释，那么上述说法的有效性首先应在《汉书·陈汤传》本文中得到体现。换言之，如果刘攽的说法正确，根据整理者的推论，《汉书·陈汤传》中的行事就是判例。在这个意义上，《陈汤传》可以说是检验行事即判例说的试金石。

《汉书·陈汤传》首先叙述了甘延寿、陈汤立功绝域，以小过而迟迟未受封赏的事情。当时朝廷内部争论很大，"议久不决"。针对此事，刘向上书说：

> 论大功者不录小过，举大美者不疵细瑕。司马法曰"军赏不逾月"，欲民速得为善之利也。盖急武功，重用人也。吉甫之归，周厚赐之，其诗曰："吉甫燕喜，既多受祉，来归自镐，我行永久。"千里之镐犹以为远，况万里之外，其勤至矣！延寿、汤既未获受祉之报，反屈捐命之功，久挫于刀笔之前，非所以劝有功厉戎士也。昔齐桓公前有尊周之功，后有灭项之罪，君子以功覆过而为之讳。行事：贰师将军李广利捐五万之师，靡亿万之费，经四年之劳，而仅获骏马三十匹，虽斩宛王毋鼓之首，犹不足以复费，其私罪恶甚多。孝武以为万里征伐，不录其过，遂封拜两侯、三卿、二千石百有余人。今康居国强于大宛，郅支之号重于宛王，杀使者罪甚于留马，而延寿、汤不烦汉士，不费斗粮，

比于贰师，功德百之。且常惠随欲击之乌孙，郑吉迎自来之
日逐，犹皆裂土受爵。故言威武勤劳则大于方叔、吉甫，列
功覆过则优于齐桓、贰师，近事之功则高于安远、长罗，而
大功未著，小恶数布，臣窃痛之！宜以时解县通籍，除过勿
治，尊宠爵位，以劝有功。①

　　刘向的上书，先是分两层讲道理：一是提出一个普遍原则，
即"论大功者不录小过，举大美者不疵细瑕"；二是引用"司马
法曰'军赏不踰月'，欲民速得为善之利也。盖急武功，重用人
也"这段话，为奖励战功立论。然后，他列举三个事实证明自己
的论断。其一，举西周的事例：吉甫之归，周厚赐之。其二，举
春秋的事例：昔齐桓公前有尊周之功，后有灭项之罪，君子以功
覆过而为之讳。其三，举汉武帝处理贰师将军李广利的"行事"。
他把甘、陈二人的功过与所列举的事例进行比较，指出："言威武
勤劳则大于方叔、吉甫，列功覆过则优于齐桓、贰师。"最后得出
的结论是："宜以时解县通籍，除过勿治，尊宠爵位，以劝有功。"
　　显然，刘向只是遵循古代文士以事说理的传统，用历史典故
强化自己论点的说服力而已。如果说行事在这里有特殊的意义，
那就是前两则是前代的历史故事，后一则事例中的行事虽然也属
于历史故事，因出自本朝，更具说服力。分析刘向的上书，值得
引起人们注意的是：第一，刘向提出的原则，即"论大功者不录
小过，举大美者不疵细瑕"，是一个超越法律规则的政治原则，其
目的是用以劝止对甘、陈二人违法犯罪行为的追究。第二，刘向
举出的"行事"，即汉武帝处理贰师将军李广利一事，从法律的角

　　①　《汉书》卷七〇《陈汤传》，中华书局，1983，第 3017～3018 页。

度看不足为训，即使从政治角度看也存在问题："捐五万之师，靡亿万之费，经四年之劳，而仅获骏马三十匹"，"其私罪恶甚多。孝武以为万里征伐，不录其过"，字里行间流露了刘向并不认为这是一个完全值得肯定的典范。第三，刘向把甘延寿、陈汤案件与所引行事进行比较时，强调的是两者的不同："言威武勤劳则大于方叔、吉甫，列功覆过则优于齐桓、贰师"；采取的是论功则"举轻以明重"，论过则"举重以明轻"的方法。很清楚，他在论证自己观点的过程中，遵循的不是判例法的逻辑。

那么，前引行事究竟起到了什么作用呢？请看下文：

> 于是天子下诏曰："匈奴郅支单于背畔礼义，留杀汉使者、吏士，甚逆道理，朕岂忘之哉！所以优游而不征者，重动师众，劳将帅，故隐忍而未有云也。今延寿、汤睹便宜，乘时利，结城郭诸国，擅兴师矫制而征之。赖天地宗庙之灵，诛讨郅支单于，斩获其首，及阏氏、贵人、名王以下千数。虽逾义干法，内不烦一夫之役，不开府库之臧，因敌之粮以赡军用，立功万里之外，威震百蛮，名显四海。为国除残，兵革之原息，边竟得以安。然犹不免死亡之患，罪当在于奉宪，朕甚闵之！其赦延寿、汤罪，勿治。"诏公卿议封焉。议者皆以为宜如军法捕斩单于令。匡衡、石显以为"郅支本亡逃失国，窃号绝域，非真单于。"元帝取安远侯郑吉故事，封千户，衡、显复争。乃封延寿为义成侯，赐汤爵关内侯，食邑各三百户，加赐黄金百斤。告上帝、宗庙，大赦天下。拜延寿为长水校尉，汤为射声校尉。①

---

① 《汉书》卷七〇《陈汤传》，中华书局，1983，第3019～3020页。

看来，天子虽然接受了刘向的意见，下诏"其赦延寿、汤罪，勿治"，却没有把上述"行事"作为判决理由。元帝在"诏公卿议封"之后，"议者皆以为宜如军法捕斩单于令"，即引用法令为议封的根据。元帝又打算援引安远侯"郑吉故事"，^① 加封延寿等千户，他采用的办法是援引"故事"而不用前引行事。这表明前引行事只是在朝廷讨论处理陈汤功罪时刘向提出的一个论据。就效力而言，行事不具有判例的功能，甚至不如"故事"。^② 行事的作用正如裘锡圭先生在"补正"中不经意说出的那样，乃是"举旧事为况"。行事不过是"旧事"而已。^③

（2）汉世人"作文"言"行事"，并非刘敩所说全指的是"旧例成法"。

刘敩在注"行事，旧例成法也"之后说："汉世人作文，言'行事''成事'者，意皆同。"在他看来，汉代人普遍认为行事与"旧法成例"是一回事。这种观点是经不起检验的。检阅有关汉代的史籍不难看出，汉代人更多的是把行事作为历史故实，而不是旧例成法使用。本文仅以《史记》、《汉书》、《论衡》、《后汉书》所记为例。

① "郑吉故事"在刘向的上书中也曾提及：即"且常惠随欲击之乌孙，郑吉迎自来之日逐，犹皆裂土受爵"一句中的郑吉。据《汉书·郑吉传》，这个"故事"是这样的："神爵中，匈奴乖乱，日逐王先贤掸欲降汉，使人与吉相闻。吉发渠黎、龟兹诸国五万人迎日逐王，口万二千人、小王将十二人随吉至河曲，颇有亡者，吉追斩之，遂将诣京师。汉封日逐王为归德侯。吉既破车师，降日逐，威震西域，遂并护车师以西北道，故号都护。都护之置自吉始焉。上嘉其功效，乃下诏曰：'都护西域骑都尉郑吉，拊循外蛮，宣明威信，迎匈奴单于从兄日逐王众，击破车师兜訾城，功效茂著。其封吉为安远侯，食邑千户。'"
② 在《睡虎地秦墓竹简》一书的注释中，整理者说行事是汉律中的故事，看来也不确切。
③ （汉）荀悦撰：《前汉纪》卷二三《孝元皇帝纪》在记述刘向的上书时，把"行事"改为"近事"，《资治通鉴》卷二九索性把这两字删掉，说明"行事"只是举以明理的事例，这两个字本身可有可无。

　　其一，西汉司马迁撰《史记》所记"行事"。司马迁在《太史公自序》中说："罔罗天下放失旧闻，王迹所兴，原始察终，见盛观衰，论考之行事，略推三代，录秦汉，上记轩辕，下至于兹，著十二本纪。"① 又说："星气之书，多杂禨祥，不经；推其文，考其应，不殊。比集论其行事，验于轨度以次，作《天官书》第五。"② 他在《天官书》中说："余观史记，考行事，百年之中，五星无出而不反逆行。"③ 这里的行事都只能是历史故实，而不是旧例成法。他在给任安的信中说："仆窃不逊，近自托于无能之辞，网罗天下放失旧闻，考之行事，稽其成败兴坏之理，凡百三十篇，欲以究天地之际，通古今之变，成一家之言。"④ 司马迁所记的行事，均与旧例成法无关。

　　其二，东汉班固撰《汉书》所记"行事"。《汉书·艺文志》中记述孔子："周室既微，载籍残缺，仲尼思存前圣之业……以鲁周公之国，礼文备物，史官有法，故与左丘明观其史记，据行事，仍人道，因兴以立功，就败以成罚，假日月以定历数，借朝聘以正礼乐。"⑤《匈奴传》的"赞"语批评董仲舒曰："仲舒亲见四世之事，犹复欲守旧文，颇增其约。……察仲舒之论，考诸行事，乃知其未合于当时，而有阙于后世也"。⑥《李寻传》："案行事，考变易，訛言之效，未尝不至。"⑦《王尊传》："数岁，给事太守府，问诏书行事，尊无不对。"⑧ 以及王莽传：

　① 《史记》卷一三〇《太史公自序》，中华书局，1999，第3319页。
　② 《史记》卷一三〇《太史公自序》，中华书局，1999，第3306页。
　③ 《史记》卷二七《天官书》，中华书局，1999，第1350页。
　④ 《汉书》卷六二《司马迁传》，中华书局，1983，第2735页。
　⑤ 《汉书》卷三〇《艺文志》，中华书局，1983，第1715页。
　⑥ 《汉书》卷九四下《匈奴传下》，中华书局，1983，第3831页。
　⑦ 《汉书》卷七五《李寻传》，中华书局，1983，第3183页。
　⑧ 《汉书》卷七六《王尊传》，中华书局，1983，第3226页。

"近观行事，高祖之约，非刘氏不王。"① 班固在《叙传》中自道其所作《汉书》是："起元高祖，终于孝平、王莽之诛，十有二世，二百三十年，综其行事，旁贯《五经》，上下洽通，为春秋考纪、表、志、传，凡百篇。"② 班固所记行事，也都是指历史典籍中的故实，而不是旧例成法。

其三，东汉王充撰《论衡》所记"行事"。《顺鼓篇》曰："周成王之时，天下雷雨，揠禾拔木，为害大矣。成王开金縢之书，求索行事，周公之功，执书以泣，遏雨止风，反禾，大木复起。"③ 说的是周武王死后，周公摄政，镇压了武王的弟弟管叔、蔡叔等的叛乱。武王子成王因受流言影响，怀疑周公，于是成王打开"金縢"之书，求索"行事"，才了解到周公的忠诚。可见行事是以典籍为载体的历史故实。《齐世篇》曰："故弘演之节，陈不占之义，行事比类，书籍所载，亡命捐身，众多非一。"④《实知篇》曰："故夫可知之事者，思虑所能见也；不可知之事，不学不问不能知也。不学自知，不问自晓，古今行事，未之有也。"⑤ 王充所记行事，与司马迁、班固所记含义大体相同。

其四，南北朝时期宋朝范晔撰《后汉书》所记"行事"。《后汉书·马援传》记马援之言云："昔有骐骥，一日千里，伯乐见之，昭然不惑。近世有西河子舆，亦明相法。子舆传西河仪长孺，长孺传茂陵丁君都，君都传成纪杨子阿。臣援尝师事子阿，受相马骨法，考之于行事，辄有验效。"又说："援自还京师，数被进见。为人明须发，眉目如画。闲于进对，尤善述前世

① 《汉书》卷九九上《王莽传上》，中华书局，1983，第4062页。
② 《汉书》卷一○○下《叙传》，中华书局，1983，第4235页。
③ （汉）王充撰：《论衡》卷一五《顺鼓第四十六》，上海人民出版社，1974，第240页。
④ （汉）王充撰：《论衡》卷一八《齐世第五十六》，上海人民出版社，1974，第292页。
⑤ （汉）王充撰：《论衡》卷二六《实知第七十九》，上海人民出版社，1974，第399页。

行事。"①《赵咨列传》载赵咨的遗嘱曰："恐尔等目厌所见，耳讳所议，必欲改殡，以乖吾志，故远采古圣，近揆行事，以悟尔心。"②《班超列传》载班超的上书曰："若二国来降，则龟兹自破。愿下臣章，参考行事。诚有万分，死复何恨。"③《应劭列传》记载应劭的著述曰："初，父奉为司隶时，并下诸官府郡国，各上前人像赞，劭乃连缀其名，录为状人纪。又论当时行事，著中汉辑序。"④《荀悦传》载荀悦的建议曰："又古者天子诸侯有事，必告于庙。朝有二史，左史记言，右史书事。事为《春秋》，言为《尚书》。君举必记，善恶成败，无不存焉。下及士庶，苟有茂异，咸在载籍。或欲显而不得，或欲隐而名章。得失一朝，而荣辱千载。善人劝焉，淫人惧焉。宜于今者备置史官，掌其典文，纪其行事。每于岁尽，举之尚书。以助赏罚，以弘法教。"⑤《桓谭传》："初，谭著书言当世行事二十九篇，号曰新论，上书献之，世祖善焉。"⑥《仲长统列传》："后参丞相曹操军事。每论说古今及时俗行事，恒发愤叹息。因著论名曰昌言，凡三十四篇，十余万言。"⑦这些记载中的行事都可以理解为历史故实。

综上所述，自两汉到南北朝，这一历史时期，著名的史学家和哲学家司马迁、班固、范晔、王充笔下的行事，都是指历史故实。刘攽是北宋人，出生时间较之西汉的司马迁晚1167年，较之东汉的班固晚991年，较之王充晚996年，其所述汉代之事远

① 《后汉书》卷二四《马援传》，中华书局，1982，第840、837页。
② 《后汉书》卷三九《赵咨列传》，中华书局，1982，第1315页。
③ 《后汉书》卷四七《班超列传》，中华书局，1982，第1576页。
④ 《后汉书》卷四八《应劭列传》，中华书局，1982，第1614页。
⑤ 《后汉书》卷六二《荀悦传》，中华书局，1982，第2061~2062页。
⑥ 《后汉书》卷二八上《桓谭传》，中华书局，1982，第961页。
⑦ 《后汉书》卷四九《仲长统列传》，中华书局，1982，第1646页。

不如汉朝当代人的记载可靠。因此，刘攽所说"'行事'者，言已行之事，旧例成法也"属于主观臆断，不能作为考察汉代行事的依据。

（3）宋代的旧例成法不等于司法判例。

假设刘攽的说法不存在问题，其推论也值得商榷。刘攽用他所处的时代语言来解释历史，把汉代的行事比之为宋代的旧例成法，目的是帮助同时代人了解行事一词。就此而言，他可能达到了目的。但云梦竹简的整理者却把宋代的旧例成法与现代的判例相提并论，忽视了宋代的旧例成法与判例的区别。

查阅《宋史》一书，从其引用的宋代官方文书中可找到"旧例"一词，证明宋代存在旧例。宋代的旧例、旧制和旧法这些词语，在有些场合的意思近似于成法。但这一历史时期的旧例不应用于司法实践，不是审理案件援用的判例，而只是行政礼仪等方面的事例。这里仅从《宋史》中辑录9则例证于后：

> 熙宁五年，国子监言："旧例遇贡举岁，礼部贡院集诸州府所贡第一人谒奠先圣，如春秋释奠仪。况春秋自有释奠礼，请罢贡举人谒奠。"①

> 五月，金国始遣贺天申节使来。有司言合照旧例：北使贺生辰圣节使副随宰臣紫宸殿上寿，进寿酒毕，皇帝、宰臣以下同使副酒三行，教坊作乐，三节人从不赴。②

> 判礼院冯元等曰："会议之文，由来非一，或出 朝廷别

---

① 《宋史》卷一〇五《礼八》，中华书局，1997，第2553页。
② 《宋史》卷一一九《礼二二》，中华书局，1997，第2811页。

旨，或循官司旧规。……请臣僚拟谥，止集南省官属事缘体大，临时敕判，兼召三省、台、寺，即依旧例。"①

知制诰曾布言："窃以朝廷亲睦九族，故于死丧之际，临吊赙恤，至于窀穸之具，皆给于县官。又择近臣专董其事，所以深致其哀荣而尽其送终之礼。……乞取旧例裁定酌中之数，以为永式。"②

神宗元丰三年，诏：自今中书堂后官，并带赐绯鱼袋，余依旧例。③

元祐三年，三省言："大理寺右治狱并罢，依三司旧例，户部置推勘检法官，治在京官司凡钱谷事，增置干当公事二员。"④

元祐三年，三省请罢右治狱，依三司旧例置推勘检法官于户部，从之。⑤

大中祥符四年，诏曰："诸州县人畲田，并如乡土旧例，自余焚烧野草，须十月后方得纵火。"⑥

---

① 《宋史》卷一二〇《礼二三》，中华书局，1997，第2823页。
② 《宋史》卷一二四《礼二七》，中华书局，1997，第2911页。
③ 《宋史》卷一五三《舆服五》，中华书局，1997，第3568页。
④ 《宋史》卷一六三《职官三》，中华书局，1997，第3847~3848页。
⑤ 《宋史》卷一六五《职官五》，中华书局，1997，第3901页。
⑥ 《宋史》卷一七三《食货上一》，中华书局，1997，第4162页。

四川安抚制置大使司言："川引每界旧例三年一易，今欲以十年为一界，著为定令，则民旅不复怀疑。"从之。①

熙河路都大经制司言："乞依熙河旧例，许泾原、秦凤路、环庆及熙河路弓箭手投换，仍带旧户田土，耕种二年，即收入官，别招弓箭手。"皆从之。②

《宋史》中类似的记载还有不少。可以肯定地说，《宋史》中没有一个旧例是适用于司法审判活动的判例。

行事是旧例成法说之所以不足为信，一个简单的理由是，宋代时的旧例与成法是两个相互对立的概念，不能将之合并为一个词语。关于法与例的对立，王侃曾经引文证之，转引如下："一例既开，一法遂废"；③"法之弊易见，例之弊难革"；④"或例宽而法窄，则引例以破法；或例窄而法宽，则援法而废例"。⑤一言以蔽之，"法者，公天下而为之者也；例者，因人而立以坏天下之公者也。"⑥特别是刘攽生活的北宋中期，世人称"旧例"者，就不能称其为"成法"。在这种情况下，刘攽居然把旧例与成法捏合在一起造出了这样一个词语，说明他法律知识的不足。学业有专攻，作为史学家的刘攽缺乏法律知识是不足为怪的，但今人在治史时，不能轻信和盲目引用前人的不确之论。为了真正

① 《宋史》卷一八一《食货下三》，中华书局，1997，第4410页。
② 《宋史》卷一九〇《兵四》，中华书局，1997，第4715页。
③ （清）徐松辑：《宋会要辑稿》第164册《刑法一》之三七，中华书局，1997，影印本，第6480页。
④ 《续通典》卷一一九《刑十三》，浙江古籍出版社，2000，影印本，第1682页。
⑤ （清）徐松辑：《宋会要辑稿》第164册《刑法一》之五八，中华书局，1997，影印本，第6490页。
⑥ 《宋史》卷一五八《选举四》，中华书局，1997，第3715页。

弄清行事的本来面貌，对刘敞的臆说作一番考辨是必要的。

2. 廷行事是什么？

要回答什么是廷行事，首先需要了解"行事"的意义。

中国古代以单音节词居多。"行"与"事"就是这样的单音节词，"行"指人的行为、行动，"事"是行为、行动的对象和结果。由"行"和"事"结合而成的"行事"一词，一方面可用以指前者，即指做事、办事。一方面可用以指后者，即指"已行、已成之事"。这是行事一词的基本含义。

行事一词，还可以引申为人们活动的记录。这种记录又可以区分为两种：一种是原始记录，一种是经过加工的记录，即史学家撰写的历史。

据《周礼·天官·宫正》："宫正掌王宫之戒令纠禁，以时比宫中之官府、次舍之众寡，为之版以待。……岁终，则会其行事，凡邦之大事，令于王宫之官府、次舍，无去守而听政令。"① 这则记载表明，早在西周时期，官府就很重视记录自身的活动。前引《论衡·变动》篇中，记有成王"开金縢之书，求索行事"。他求索到的"行事"，就是出于"金縢之书"这一记载官府活动的史籍，因此，行事也可以说是以典籍为载体的历史故实。

在历史典籍中，行事就是史实，它相对于言辞，是事实的意思。中国古代历史观念发达，古人认为已发生的事实有可供借鉴的功能，往往把以往的实践活动作为理论的证明，因而很重视寻求和援引历史上已经发生的"行事"，作为做出某一判断的根据。早在先秦时期，诸子就有举事以明理的传统，借用历史故事

---

① 见（清）阮元校刻《十三经注疏》四《周礼注疏》卷三《天官·宫正》，中华书局，1996，影印本，第657页。

阐发他们的治国理论和方法。孔子曰："我欲载之空言，不如见之于行事之深切著明也。"① 也就是说，事实胜于雄辩。由于前人的行事主要是凭借文字的记载流传下来的，从这个意义上讲，"行事"是以史书为载体的事实，即历史故实。刘向和许多汉代人也往往是从"历史故实"的角度使用行事一词的。

然而，廷行事的"行事"与"历史故实"意义上的"行事"含义不同，它指的不是历史故实，而是指行事一词的基本含义，即做事、办事、行为、行动的意思。我们虽然不能找到秦代文献直接证明这一点，却可以用相邻时代的文献间接证明。

检先秦诸子的作品，行和事联结起来构成一个词的场合不多，但已经出现了"做事、办事、行为、行动"意义的行事。见于《管子》者，如《重令》篇："而群臣必通外请谒，取权道，行事便辟，以贵富为荣华以相稚也，谓之逆。"② "行事便辟"即行为便辟。《兵法》篇："管仲赏于国中，君赏于诸侯，诸侯之君有行事善者，以重币贺之。"③ "行事善者"就是行为善者。《大匡》篇："今日君成霸，臣贪承命，趋立于相位，乃令五官行事。"④ "令五官行事"就是命令官员做事。见于《韩非子》者如《外储说左上》："故人行事施予，以利之为心，则越人易和；以害之为心，则父子离且怨。"⑤ 这里的行事也是做事的意思。这两部典籍形成于战国时代，韩非则是秦始皇同时代人。考虑到出土云梦秦简的墓主生活的时代以及《法律答问》形成的时间都在秦始皇统一中国之前，距这两部文献形成的时间不远，

① 《史记》卷一三〇《太史公自序》，中华书局，1999，第3297页。
② 《管子》：《重令第十五》。
③ 《管子》：《兵法第十七》。
④ 《管子》：《大匡第十八》。
⑤ 《韩非子》卷一一《外储说左上》，上海人民出版社，1974，第639页。

两者关于行事的意义应该接近。

在记述汉代历史的典籍中，也有大量的有关行事的含义是现实生活中的"行为、行动"的记载。仅从《史记》、《汉书》、《后汉书》中辑录 12 例于后：

《史记·荀卿传》："荀卿嫉浊世之政，亡国乱君相属，不遂大道而营于巫祝，信機祥，鄙儒小拘，如庄周等又猾稽乱俗，于是推儒、墨、道德之行事兴坏，序列著数万言而卒。因葬兰陵。"①

《史记·管宴列传》："太史公曰：吾读管氏牧民、山高、乘马、轻重、九府，及晏子春秋，详哉其言之也。既见其著书，欲观其行事，故次其传。至其书，世多有之，是以不论，论其轶事。"②

《史记·龟策列传》："余至江南，观其行事，问其长老，云龟千岁乃游莲叶之上，著百茎共一根。又其所生，兽无虎狼，草无毒螫。江傍家人常畜龟饮食之，以为能导引致气，有益于助衰养老，岂不信哉！"③

《史记·孙子吴起列传》："太史公曰：世俗所称师旅，皆道孙子十三篇，吴起兵法，世多有，故弗论，论其行事所施设者。语曰：'能行之者未必能言，能言之者未必能行。'孙子筹策庞涓明矣，然不能蚤救患于被刑。吴起说武侯以形势不如德，然行之于楚，以刻暴少恩亡其躯。悲夫！"④

《史记·苏秦列传》："太史公曰：苏秦兄弟三人，皆游说诸

① 《史记》卷七四《荀卿传》，中华书局，1999，第 2348 页。
② 《史记》卷六二《管晏列传》，中华书局，1999，第 2136 页。
③ 《史记》卷一二八《龟策列传》，中华书局，1999，第 3225 页。
④ 《史记》卷六五《孙子吴起列传》，中华书局，1999，第 2168 页。

侯以显名，其术长于权变。而苏秦被反间以死，天下共笑之，讳学其术。然世言苏秦多异，异时事有类之者皆附之苏秦。夫苏秦起闾阎，连六国从亲，此其智有过人者。吾故列其行事，次其时序，毋令独蒙恶声焉。"①

《史记·鲁周公世家》："太史公曰：观庆父及叔牙闵公之际，何其乱也？隐桓之事；襄仲杀适立庶；三家北面为臣，亲攻昭公，昭公以奔。至其揖让之礼则从矣，而行事何其戾也？"②

《史记·商君列传》："太史公曰：商君，其天资刻薄人也……余尝读商君开塞耕战书，与其人行事相类。卒受恶名于秦，有以也夫！"③

《史记·张仪列传》："太史公曰：夫张仪之行事甚于苏秦，然世恶苏秦者，以其先死，而仪振暴其短以扶其说，成其衡道。"④

《汉书·货殖传》："故夫饰变诈为奸轨者，自足乎一世之间；守道循理者，不免于饥寒之患。其教自上兴，由法度之无限也。故列其行事，以传世变云。"⑤

《汉书·魏相丙吉传》赞曰："近观汉相，高祖开基，萧、曹为冠，孝宣中兴，丙、魏有声。是时黜陟有序，众职修理，公卿多称其位，海内兴于礼让。览其行事，岂虚乎哉！"⑥

《后汉书·伏湛传》："时彭宠反于渔阳，帝欲自征之，湛上疏谏曰：臣闻文王受命而征伐五国，必先询之同姓，然后谋于群

① 《史记》卷六九《苏秦列传》，中华书局，1999，第 2277 页。
② 《史记》卷三三《鲁周公世家》，中华书局，1999，第 1548 页。
③ 《史记》卷六八《商君列传》，中华书局，1999，第 2237 页。
④ 《史记》卷七○《张仪列传》，中华书局，1999，第 2304 页。
⑤ 《汉书》卷九一《货殖传》，中华书局，1983，第 3682 页。
⑥ 《汉书》卷七四《魏相丙吉传》，中华书局，1983，第 3151 页。

臣，加占蓍龟，以定行事，故谋则成，卜则吉，战则胜。"①

《后汉书·刘平传》："若夫江革、刘般数公者之义行，犹斯志也。撰其行事著于篇。"②

以上这些记载中的行事都是行为、行动、做事、办事的意思。云梦秦简的整理者以《汉书·翟方进传》中有关行事的记载为据，把"廷行事"推论为判例。其实，《翟方进传》中的"行事"，也是行为、做事、办事的意思。刘敞的注说："汉时人言'行事'、'成事'，皆已行、已成事也。"这个注和刘攽不同，没有提到旧例成法。

《翟方进传》记述"行事"那段文字的原文是："既至甘泉宫，会殿中，庆与廷尉范延寿语，时庆有章劾，自道行事以赎论"。③ 这句话的意思是：在甘泉宫举行朝会时，司隶校尉陈庆和廷尉范延寿在一起说话。当时陈庆正受到奏章弹劾。"自道行事以赎论"，是陈庆对此事后果的估计。他认为自己做的事（或行为）受到的处罚，可以用赎金抵罪。

总之，自先秦到现代，行事一词的最基本、最稳定的含义，就是现今说的"依法行事"、"越权行事"、"草率行事"、"谨慎行事"、"便宜行事"的意思。语言的演变是一个渐进的过程，如果没有极其特殊的情况，中间不会发生意义的断裂。既然先秦和两汉已认同"行事"一词的基本含义并广泛使用，秦代的"行事"也理应如此解。鉴于这个词义今天仍然使用，似乎不需要另行解释。

对于云梦秦简《法律答问》中的"廷行事"一词，整理者

① 《后汉书》卷二六《伏湛传》，中华书局，1982，第894页。
② 《后汉书》卷三九《刘平传》，中华书局，1982，第1295页。
③ 《汉书》卷八四《翟方进传》，中华书局，1983，第3412页。

需要翻译的不是"行事",而是"廷"。什么是"廷"？整理者将其译作法廷,笔者认为不如译作官府为好。

在中国古代,"廷"是一个多义词,当时并没有法庭一词。古代"廷"与"庭"可以通用,也没有人把"廷"解释为法廷。廷在大多数情况下是朝廷的意思。《说文》:"廷,朝中也。"《广韵》:"廷,国家朝廷也。"《玉篇》:"廷,朝廷也。"此外,"廷"有时也是县廷的意思。《汉书·田儋传》颜师古注:"廷,县廷之中也。"① "廷"还可以作为廷尉的简称。《汉书·杜周传》颜师古注:"廷史,即廷尉史也。"② 那么这三个意思中哪个更合乎廷行事的语境呢？

《法律答问》简文载:

> "辞者辞廷。"今郡守为廷不为？为殹(也)。"辞者不先辞官长、啬夫。"可(何)谓"官长"？可(何)谓"啬夫"？命都官曰"长",县曰"啬夫"。③

整理者的译文分为两段,第一段是:"法律规定'诉讼者向廷诉讼',如郡守算不算廷？算廷。"④

《法律答问》中的问者之所以提出"郡守为廷不为"这个问题,是因为廷可以指中央衙门,也可以指地方县级机关,问者对"廷"是否是指郡这一级地方机关不甚清楚。杨宽在《战国史》一书中曾对秦国设立郡县的情况进行过阐述,他指出:"自从战

---

① 《汉书》卷三三《田儋传》,中华书局,1983,第1847页。
② 《汉书》卷六〇《杜周传》,中华书局,1983,第2661页。
③ 睡虎地秦墓竹简整理小组整理:《睡虎地秦墓竹简》,文物出版社,1978,第192页。
④ 睡虎地秦墓竹简整理小组整理:《睡虎地秦墓竹简》,文物出版社,1978,第192页。

国中期以后，各国为了应付兼并战争，纷纷在强国交界处设郡……秦国陆续兼并各国土地，每得新地，必定设郡，以利攻防，所以秦兼并六国，郡、县也就遍布全中国了。""郡既担负防卫边境的责任，所以一郡的首长叫做守，也尊称为太守，都是由武官来充任的。"① 由于受理诉讼是文职官员的工作，于是郡守"为不为廷"就成了需要解答的问题。第一段简文对问者的疑义给了肯定的回答。

整理者的第二段译文是："'诉讼者不先向官长、啬夫诉讼。'什么叫官长？什么叫啬夫？称都官的主管官员为官长，县的主管官员为啬夫。"②

据整理者注，都官是直属朝廷的机构。这里提到了朝廷和县的主管官吏，佐证了我们前面对廷意义的理解。再加上郡守，那么廷既包括中央朝廷，又包括地方郡县，概括地称之为官府当无大错。

基于以上所述，我们可以把"廷行事"译作"官府行事"。在《法律答问》中，相对于法律规定而言，官府行事也可以译为"官府的实际做法"。这样，在《法律答问》中传授的法律知识，就既有法律如何规定、应该如何理解的内容，也阐述了法律是如何运行、实际是如何操作的，涉及更广泛的法律现象。如果联系墓主喜的身份是县吏狱吏这一事实，无论从那个角度看，作为一个实际工作者的墓主留下这样的文字记录都是可以理解的。

官府行事是不是判例呢？这是一个涉及判例定义的问题。判例的概念来自西方。在西方判例法国家，判例是具有约束力的司法先例。中国古代不存在英美法系那样的判例制度，因此不能和

---

① 杨宽著：《战国史》，上海人民出版社，1955，第211～212页。
② 睡虎地秦墓竹简整理小组整理：《睡虎地秦墓竹简》，文物出版社，1978，第192页。

西方的概念体系接榫。学界有人反对将是否具有约束力作为判例概念的必备要素，认为中国古代的判例自有定义，不必和判例法国家相同，有些论文甚至把所有成案都作为判例对待。也有的论者认为前者的观点混淆了案例与判例的界限。由于对判例内涵的界定存在歧义，对于中国古代是否存在判例这一问题也无法形成共识。主张中国古代存在判例的学者列举文献资料进行证明，持相反关观点者则否认其具有判例的性质。在缺乏共同认知的情况下，争论的双方只能是自说自话。这样一个难题显然不适合在这里讨论。

好在我们探讨的只是云梦秦简整理小组关于廷行事是判例的论断是否正确的问题，所以不妨采用整理小组关于判例的定义。整理者在《法律答问·说明》中说："执法者根据以往判处的成例审理案件，当时已成为一种制度。……当法律中没有明文规定，或虽有规定，但有某种需要时，执法者可以不依法律，而以判例办案。"① 在整理者看来，构成"判例"的基本要素是：（1）法律中没有明文规定，或虽有规定，但有某种需要；（2）判例是"以往判处的成例"；（3）"作为"当时"审理案件"的"根据"。整理者对判例作的界定，除两处文字表述不够精确外，② 应该说是一个基本可以接受的定义。

基于这一定义，廷行事是不是判例，关键看它是否在司法实践中被当作"审理案件"的"根据"。但是，《法律答问》既不

---

① 睡虎地秦墓竹简整理小组整理：《睡虎地秦墓竹简》，文物出版社，1978，第149～150页。
② 现存的大量文献表明，在中国古代，判例是法无明文规定的情况下，经一定的立法程序由君主钦定的在司法审判中可用以比附的案例。整理者云"或虽有规定，但有某种需要"一句，似为不妥。又，其云"以往判处的成例"句，"成例"为何物，概念含混。从云梦竹简的内容看，整理者所说"成例"似应看作"案例"或"成案"。

是司法档案，也不是审判实录，正如张铭新指出的："查阅'云梦秦简'，凡是讲到'廷行事'者，没有一处涉及某一具体的案件事实。"所以，云梦秦简本身无法证明廷行事被当作司法审判的依据。

整理者显然意识到了这一点。为了表明廷行事具有上述功能，其在有关廷行事的译文方面使用了"应"如何如何的字样。譬如，译简文"甲告乙盗直（值）□□，问乙盗卅，甲诬驾（加）乙五十，其卅不审，问甲当论不当？廷行事赀二甲"句时，把"廷行事赀二甲"译为"成例应罚二甲"。① 译简文"实官户关不致，容指若抉，廷行事赀一甲"句时，把"廷行事赀一甲"译为"成例应罚一甲"。② 译简文"空仓中有荐，荐下有稼一石以上，廷行事赀一甲"句时，把"廷行事赀一甲"译为"成例应罚一甲"。③ 译简文"仓鼠穴几可（何）而当论及谇？廷行事鼠穴三以上赀一盾，二以下谇"句时，把"廷行事鼠穴三以上赀一盾，二以下谇"译为"成例，有鼠洞三个以上应罚一盾，两个以下应申斥"。④ 整理者采用这种译法，以此表明廷行事具有法律的约束力。

但这样一来，如何协调法律和判例的矛盾就成了问题，整理者不免使自己陷入进退维谷的境地。譬如下述简文："告人盗百一十，问盗百，告者可（何）论？当赀二甲。盗百，即端盗驾（加）十钱，问告者可（何）论？当赀一盾。赀一盾应律，虽

---

① 睡虎地秦墓竹简整理小组整理：《睡虎地秦墓竹简》，文物出版社，1978，第 168 ~ 169 页。
② 睡虎地秦墓竹简整理小组整理：《睡虎地秦墓竹简》，文物出版社，1978，第 215 页。
③ 睡虎地秦墓竹简整理小组整理：《睡虎地秦墓竹简》，文物出版社，1978，第 215 ~ 216 页。
④ 睡虎地秦墓竹简整理小组整理：《睡虎地秦墓竹简》，文物出版社，1978，第 261 页。

然，廷行事以不审论，赀二甲。"① 赀一盾"应律"，即符合法律规定；廷行事却以不审论，"赀二甲"。这里的"廷行事以不审论，赀二甲"，按照上引译文，也应该译为"成例应"如何如何。但整理者并没有这样做，而是译为"但成例以控告不实论处，赀二甲"。② 人们会问，此处为什么不同样用"应"呢？它显然反映了整理者的两难处境：保持逻辑的同一性，译为应如何如何，就难以解释法律的统一性。试想，如果一个案件按照判例"应"赀二甲，而按照法律规定"应"赀一盾，那就只会令人无所适从，不知道究竟"应"赀几何，徒然增加不必要的纷扰。为了不破坏法律的统一性，在廷行事和法律规定相矛盾的场合，整理者不得不背离逻辑的同一性要求，译时极力避免"应"字的出现。这是整理者把廷行事界定为判例不可避免发生的问题。

其实，要保持逻辑的同一性，就需对所有廷行事都不用"应"如何如何的方式进行今译。"应"实际上是由于整理者误读廷行事为判例，而采取了"加字增义"的译文方式。这本身就是背离古文今译原则的做法。如果不把廷行事作为判例理解，也就无须增加"应"字，只按原义对译即可。譬如，简文载："甲告乙盗直（值）□□，问乙盗卅，甲诬驾（加）乙五十，其卅不审，问甲当论不当？廷行事赀二甲。"整理者把这段话译为："甲控告乙盗窃值……钱的东西，审问结果是盗窃三十钱，甲诬加乙五十钱，又有三十钱不实，问甲应否论处？成例应罚二甲。"③ 实际上，《法律答问》中回避了法律上应当不应当处罚的

---

① 睡虎地秦墓竹简整理小组整理：《睡虎地秦墓竹简》，文物出版社，1978，第167页。
② 睡虎地秦墓竹简整理小组整理：《睡虎地秦墓竹简》，文物出版社，1978，第168页。
③ 睡虎地秦墓竹简整理小组整理：《睡虎地秦墓竹简》，文物出版社，1978，第168～169页。

问题，直截了当地讲官府实际是如何处罚的，即"廷行事赀二甲"，完全可以译为"官府的做法是罚二甲"。把廷行事译为官府行事，无论其与法律规定存在多么不一致的情况，都不难理解。因为官府往往不顾法律明文规定而任意行事，这是从古到今人们司空见惯的社会现象。

关于官府实际做法与法律规定不一致的现象，可用自由裁量权予以解释。所谓"事皆决于法"，不仅在秦代不是事实，在任何社会都很难完全做到。法律的条文有限，不可能"事无大小"皆包罗无遗。法律的空白只能由法官的自由裁量加以弥补，此其一。其二，法律的规定在执行中也有适应不同情况加以变通以利操作的问题，所以在不违反律意的前提下，赋予法官自由裁量权也很有必要。其三，既然执法者有自由裁量权，就难以避免自由裁量权的滥用，出现官府行事与法律规定相背离的现象。

《法律答问》中涉及廷行事的简文，内容大多是法无明文规定情况下如何处理的案情，且多是属于轻微的违法现象，例如："实官户关不致，容指若抉"（仓房门闩不紧密的，可以容下手指或用以撬动的器具）；"实官户扇不致，禾稼能出"（仓房门扇不紧密，谷物能从里面漏出）。有的是告发他人时存在轻微的事实出入。例如："甲告乙盗直（值）□□，问乙盗卅，甲诬驾（加）乙五十，其卅不审"（甲控告乙盗窃值……钱的东西，审问结果是盗窃三十钱，甲诬加乙五十钱，又有三十钱不实），如此等等。因法律上没有规定，只能由执法者自由裁量。除此以外，也有少数属于执法者变通处理的案件。例如："告人盗百一十，问盗百，告者可（何）论？当赀二甲。盗百，即端盗驾（加）十钱，问告者可（何）论？当赀一盾。赀一盾应律，虽然，廷行事以不审论，赀二甲。"① 这则简文的大意是：控告他人盗窃一百一十钱，审问结果是盗窃一百钱，控告者故意私加十钱，依照法律本应罚一盾，因控告者有控告不实的情节，故执法者裁定罚二甲。显然，在处理这一案件时，执法者参照法律规定和罪情的实际行使了自由裁量权。再如简文载："可（何）如为'犯令'、'法（废）令'？律所谓者，令曰勿为，而为之，是谓'犯令'；令曰为之，弗为，是谓'法（废）令'殹（也）。廷行事皆以'犯令'论。"② 这是在司法审判中将违法行为未区别"作为"和"不作为"，予以同样对待。至于这样做是否属于自山裁量权的滥用，则依当时的制度是宽是严而定。

《法律答问》中涉及的有关廷行事的问答，基本上属于自由裁量的范围，处罚的结果也因人因事而异。其所记述的"行事"，属于以往的判决，对于后人不构成约束，也不存在能否作为审判依据的问题，这是廷行事作为官府行事与判例的不同。

通观中国古代历朝审判活动的历史，可知在法无明文规定的情况下，只有经过一定的立法程序并由皇帝批准允许可以比附的判例，才能作为司法审判的依据。廷行事涉及的那样琐细的违法犯罪案件，显然不属于层层上报由君主钦准的范围，对其如何进行处理也不足以引起统治高层的关注，因此可以断定其不可能经过一定的批准程序成为判例。

这里需要指出，当年云梦秦简的整理者的整理释读工作为这一领域的研究奠定了基础，他们的筚路蓝缕的开拓之功，应该得

---

① 睡虎地秦墓竹简整理小组整理：《睡虎地秦墓竹简》，文物出版社，1978，第 167～168 页。
② 睡虎地秦墓竹简整理小组整理：《睡虎地秦墓竹简》，文物出版社，1978，第 211～212 页。

到充分肯定。但也应看到，由于云梦秦简整理时难度大、时间紧，加之当时法律史界乃至整个法学界面临着知识更新和理论方法的拨乱反正，在资料的运用和论证方面存在某些问题是不可避免的。本文对于廷行事是秦代判例说提出质疑，并不意味着否定秦代存在判例。秦代是否存在判例，是一个需要继续研究的问题。笔者指出廷行事不是判例，是为了廓清由于误读廷行事一词所造成的迷雾，以便找出秦代的真正判例——如果它确实存在的话。把廷行事界定为官府行事而不是判例，丝毫也不会降低包含廷行事一词的云梦秦简的价值。法史研究不仅应该重视书面上的法律，而且应该关注运行中的法律，特别应该注意研究两者的互动关系。《法律答问》关于廷行事的简文恰好为我们提供了这样的素材，尤其是提供了素以法治著称于世的秦代在这方面的素材，更是弥足珍贵。

二　魏晋至宋元例的沿革考

从魏晋南北朝开始，中经隋唐，直到宋元，例这一法律形式由产生到发展，其间的演变过程曲折而复杂。伴随着这一过程，例的种类、名称在历史上也分合不一，头绪繁多。为叙述方便，我们把例分为两大类，一是行政方面的例，包括条例、格例、则例等。二是司法例，即判例。故事在魏晋以后仍然长期存在，在某些领域同例一起继续发挥作用。我们把其放在本部分的最后讨论。

(一) 行政诸例

行政方面的例，种类甚多，有条例、事例、格例、则例及各种特例，其中条例的法律地位最为重要。

1. 条例：从经学、礼制到补充法

在中国古代诸多法律形式中，条例的地位和作用一直为人们所忽视。以往的法史著作对之论述甚少，即使提及往往也语焉不详。其实，条例在中国古代的法律体系中是不可或缺的重要组成部分。虽然它属于层次较低的补充法，但从动态的角度看，其法律地位在历史上有逐步提高的趋势，这一演变过程很值得探讨。

　　"条例"一词出现于汉代。最早是被用于经学研究。《后汉书·郑兴传》有"刘歆使其撰条例、章句、传诂"① 的记载。其后，条例被作为学术工具，频繁出现在经学家的著述中。《后汉书·贾逵传》记：贾逵"作《左氏条例》二十一篇"。② 《后汉书·荀爽传》记：荀爽"著《礼》、《易传》、《诗传》、《尚书正经》、《春秋条例》"。③ 《颍容传》记：颍容"著《春秋左氏条例》五万余言"。④ 《晋书·刘实传》记：刘实"又撰《春秋条例》二十卷"。⑤ 由此可见，汉代著名经学家贾逵、颍容、刘实都是以条例作为经学研究的工具。

　　上述记载显示，"条例"一词大多出于《春秋》和《左传》，说明条例这一形式主要适合史学。后来各种史书的写作体例，往往以条例作为其表现形式，盖在于此。

　　所谓的"条例"，条是分条列举的意思，例指的是体例和凡例。条例就是分条列举出来的体例和凡例。史书的体例和凡例规定了对人物、事件、历史过程等的叙述方式和评价原则。这是一套治史必须遵循的规范体系。只有掌握这些规范，才能正确理解按照这些规范书写出来的历史典籍。中国最早的史书，孔子作的《春秋》，以及后来的《左传》，书前都没有凡例。《后汉书》、《晋书》所记的那些条例，是经学家通过研究从《春秋》、《左传》等书中总结抽象出来的。这些规范为人们阅读和理解历史提供了一把钥匙，也为后来史书的写作提供了范例。史家有言："夫史之有例，犹国之有法。国无法，则上下靡定；史无例，则

---

① 《后汉书》卷三六《郑兴传》，中华书局，1982，第 1217 页。
② 《后汉书》卷三六《贾逵传》，中华书局，1982，第 1234 页。
③ 《后汉书》卷六二《荀爽传》，中华书局，1982，第 2057 页。
④ 《后汉书》卷七九下《颍容传》，中华书局，1982，第 2584 页。
⑤ 《晋书》卷四一《刘实传》，中华书局，1982，第 1197～1198 页。

是非莫准。昔夫子修经，始发凡例；左氏立传，显其区域。科条一辨，彪炳可观。"① 这段话把治史之例比拟为治国之法，虽然不十分贴切，但史例和国法之间确实有相似之处。譬如，都涉及对人和事的评价，都具有规范的作用等。正由于如此，后来《春秋》被用于决狱，条例也被推广到法律领域。

条例应用于制度，自南北朝开始。但最初还不是进入法律领域，而是推行到礼制领域。晋代时，例首先被运用于礼制。在晋人的话语中，有关礼制之例的论说已经相当系统，这套话语系统包括名例、成例、通例、常例、义例、情例、经例、理例等一系列概念。摘引一些记载如下。

名例："若相称之辞同，则名例为乖"；②"名例如此，而论者弗寻"；③"今圣代不可守以循常之名例"；④"名例相准，必当随古"。⑤

成例："宗统有常嫡，服宗有成例。"⑥

通例："又同则不易，此变受之通例。"⑦

常例："若其必然，越于常例"；⑧"无缘未同常例，别立凶斿。"⑨

义例："孙犹服斩，义例昭然"；⑩"考之义例，即之人心。"⑪

情例："以情例推之，谓自应服。"⑫

① （唐）刘知几撰：《史通》《序例第十》，时代文艺出版社，2008，第 45 页。
② （唐）杜佑撰：《通典》卷六八《礼典二十八》，中华书局，1984，影印本，第 380 页。
③ （唐）杜佑撰：《通典》卷六九《礼典二十九》，中华书局，1984，影印本，第 382 页。
④ （唐）杜佑撰：《通典》卷八一《礼典四十一》，中华书局，1984，影印本，第 440 页。
⑤ （唐）杜佑撰：《通典》卷九三《礼典五十三》，中华书局，1984，影印本，第 505 页。
⑥ （唐）杜佑撰：《通典》卷七三《礼典三十三》，中华书局，1984，影印本，第 398 页。
⑦ （唐）杜佑撰：《通典》卷八七《礼典四十七》，中华书局，1984，影印本，第 478 页。
⑧ （唐）杜佑撰：《通典》卷八八《礼典四十八》，中华书局，1984，影印本，第 483 页。
⑨ （唐）杜佑撰：《通典》卷八四《礼典四十四》，中华书局，1984，影印本，第 452 页。
⑩ （唐）杜佑撰：《通典》卷八八《礼典四十八》，中华书局，1984，影印本，第 484 页。
⑪ （唐）杜佑撰：《通典》卷九六《礼典五十六》，中华书局，1984，影印本，第 516 页。
⑫ （唐）杜佑撰：《通典》卷九八《礼典五十八》，中华书局，1984，影印本，第 525 页。

理例："求之理例，殊不经通"；① "详寻理例，谓此为允"；② "若理例坦然，义无疑昧。"③

这些概念后来为法律用语的例之应用奠定了理论基础。在中国古代，礼是一套庞大的成文的规范体系。然而，社会的发展出现的各种新情况，导致了礼仪规范的变异，出现了理解和解释的不同，以至在实践中发生了相互冲突、莫衷一是的情况。条例作为概念工具是为如何理解、解释乃至创新的理论探讨服务的。在旧礼、新礼或者变礼形成统一的体系、实现条理化的过程中，条例的作用便凸显出来。例如，北魏时期，针对实践中礼的某些规定相互冲突的情况，北魏熙平二年（公元 517 年）十一月乙丑，太尉、清河王怿上表："乞集公卿枢纳，内外儒学，博议定制，班行天下。使礼无异准，得失有归，并因事而广，永为条例。庶尘岳沾河，微酬万一。"灵太后令曰："礼者为政之本，何得不同如此！可依表定议。"④ 经过讨论，决定以条例的形式确认和统一规范人们的礼仪行为。

条例在南北朝时开始成为法律用语，不过从具体语境分析，当时它只是律条的代称。北魏时，廷尉少卿杨钧议羊皮卖女为婢一案曰："准此条例，得先有由；推之因缘，理颇相类。即状准条，处流为允。"⑤ 此句中的条例指的就是魏律的条文。⑥

条例在规范行政行为方面的作用于唐代以前就已为人们所认

---

① （唐）杜佑撰：《通典》卷一〇〇《礼典六十》，中华书局，1984，影印本，第 533 页。
② （唐）杜佑撰：《通典》卷一〇〇《礼典六十》，中华书局，1984，影印本，第 533 页。
③ （唐）杜佑撰：《通典》卷一〇〇《礼典六十》，中华书局，1984，影印本，第 534 页。
④ 《魏书》卷一〇八《礼四》，中华书局，1984，第 2807 页。
⑤ 《魏书》卷一一一《刑罚志》，中华书局，1984，第 2881 页。
⑥ 《北史》卷二八《源贺传》载尚书左仆射源怀的奏言中曾经两次提到条例，似乎属于专称，但在《魏书》中前一个条例写作"知制"，后一个条例写作"条制"。《北史》作者李延寿乃唐代人，其改动可能是以唐制的用语表述魏制的实际。《魏书》作者魏收是北齐时人，用语更能反映北魏的实际。他不用条例一词，颇说明问题。

同。《陈书·褚玠传》："自梁末丧乱，朝章废弛，司宪因循，守而勿革，玠方欲改张，大为条例，纲维略举，而编次未讫，故不列于后焉。"① 褚玠想从制定条例入手恢复废弛的朝章，虽然没有取得成功，但不失为具有开拓意义的尝试，为唐代条例的广泛应用开启了先路。

到了唐代，条例指称一般法律条文的情况亦然存在。如《唐律疏议》"杂律"篇首曰："诸篇罪名，各有条例"，② 就是指唐律律文而言。《旧唐书·刑法志》载："永徽六年七月，上谓侍臣曰：'律通比附，条例太多。'左仆射志宁等对：'旧律多比附断事，乃稍难解。科条极众，数至三千。隋日再定，惟留五百……'。"③ 从上下文看，唐高宗所说的条例也是指唐律律文。

唐代时，作为补充法的条例，首先在行政领域得到广泛运用。《旧唐书·司空图传》："大中初，户部侍郎卢弘正领盐铁，奏舆为安邑两池榷盐使、检校司封郎中。先是，盐法条例疏阔，吏多犯禁；舆乃特定新法十条奏之，至今以为便。"④ 这一记载表明，条例已是唐朝的法律形式之一。

从唐朝各代皇帝要求有关国家机构起草各种条例的诏令看，条例的作用范围很广。涵盖了举士任官、赏功酬勤、刑罚赦免、国计民政等诸多方面。

唐代条例运用之广泛，从《全唐文》所引各种官方文件可略见一斑。

---

① 《陈书》卷三四《褚玠传》，中华书局，1982，第461页。
② （唐）长孙无忌等撰，刘俊文点校：《唐律疏议》卷二六《杂律》，中华书局，1983，第479页。
③ 《旧唐书》卷五〇《刑法》，中华书局，1997，第2141~2142页。
④ 《旧唐书》卷一九〇下《司空图传》，中华书局，1997，第5082页。

（1）举士任官方面的条例。

《玄宗令举实才诏》：如有义疏未详，习读未遍，辄充举送，以希侥幸，所由官并寘彝宪，有司更申明条例，称朕意焉。①

《玄宗幸河东推恩诏》：缘路州县，有表荐官僚，及上书献颂者，中书门下审覆奏闻，量加进赏。发都简试，及诸色召募行从人，远将巡省，须收才用，并令所司即作条例处分。②

《玄宗南郊大赦文》：宜令天下太守，各举堪任县令一人，善恶赏罚，必及所举。所司仍明作条例。③

《武宗加尊号后郊天赦文》：各搜图籍，精验源流，明为保举，不得容有逾滥。仍一季一度试帖经，余并进士明经条例处分。④

《武皇后搜访贤良诏》：荐若不虚，自从褒异之典；举非其士，岂漏贬责之科。所司明为条例，布告远近，知朕意焉。⑤

（2）赏功酬勤方面的条例。

《太宗令宗室勋贤作镇藩牧诏》：酬勤报效，仍宜有差，宜令所司，明为条例等级，具以奏闻。⑥

《太宗班师诏》：诸渡辽海人应加赏命及优复者，所司宜明为条例，具状奏闻，朕将亲为详览，以申后命。⑦

《玄宗练兵诏》：其有劳考等色，所司具以条例奏闻。⑧

《敬宗受尊号赦文》：宜委礼部兵部侍郎条疏，以久远可行

---

① （清）董诰、阮元等奉敕编：《全唐文》卷二六《玄宗令举实才诏》。
② 《全唐文》卷二九《玄宗幸河东推恩诏》。
③ 《全唐文》卷四〇《玄宗南郊大赦文》。
④ 《全唐文》卷七八《武宗加尊号后郊天赦文》。
⑤ 《全唐文》卷九六《武皇后搜访贤良诏》。
⑥ 《全唐文》卷五《太宗令宗室勋贤作镇藩牧诏》。
⑦ 《全唐文》卷七《太宗班师诏》。
⑧ 《全唐文》卷二六《玄宗练兵诏》。

用者，兼每荫别限年限朔作条例闻奏。①

（3）刑罚赦免方面的条例。

《中宗虑囚制》：将申虑降，再释狴牢，庶无滞禁之冤，仍示小惩之诫。其都城之内见禁囚徒，朕特亲虑，令所司具为条例闻奏。②

《玄宗释放流徒等罪诏》：仍令所司，明为年限条例，随便近诸军分配，冀能竭力，勉树勋庸。③

《穆宗登极德音》：赦书有所不该者，所司具作条例闻奏。④

《武皇后改元光宅赦文》：又比来诸道军行，叙勋多滥，或端居不出，以货买勋，真伪相蒙，深为巨蠹。自今以后，所司宜明具条例，务令禁断。⑤

（4）国计民务方面的条例。

《太宗录先朝姻旧臣僚诏》：其诸州百姓奉营山陵者，亦宜量有蠲免。可令所司详为条例闻奏，并务从优厚，称朕意焉。⑥

《玄宗幸西京敕》：应缘顿所要，务从节减。所司明为条例，勿有烦劳。⑦

《武皇后置鸿宜鼎稷等州制》：其官人百姓，有情愿于洛、怀等七州附贯者亦听。应须交割，及发遣受领，并委本贯共新附州分明计会，不得因兹隐漏户口，虚蠲赋役。并新析五州三面及雍州以西置关处，所司具为条例，务从省便奏闻。⑧

---

① 《全唐文》卷六八《敬宗受尊号赦文》。
② 《全唐文》卷一六《中宗虑囚制》。
③ 《全唐文》卷二八《玄宗释放流徒等罪诏》。
④ 《全唐文》卷六六《穆宗登极德音》。
⑤ 《全唐文》卷九六《武皇后改元光宅赦文》。
⑥ 《全唐文》卷五《太宗录先朝姻旧臣僚诏》。
⑦ 《全唐文》卷三五《玄宗幸西京敕》。
⑧ 《全唐文》卷九五《武皇后置鸿宜鼎稷等州制》。

《武皇后以郑汴等州为王畿制》：可以洛东郑州、汴州、南汝州、许州、西陕州、虢州、北怀州、泽州、潞州、东北卫州、西北蒲州为王畿。内郑州、汴州、许州可置八府，汝州可置二府，卫州可置五府。别兵皆一千五百人，所司详依格式，明为条例。①

因条例早已在经学和礼制方面得到应用，故被用于法律领域的条例，自产生之初就呈现出成熟的形态。《唐会要》有《吏曹条例》、《帖经条例》两目，未载正文。《全唐文》卷三五五记有赵匡草拟的《举人条例》和《选人条例》，虽只是立法的建议稿，后来没有成为国家的正式立法，但对我们认识条例的样式颇有价值。《举人条例》是有关通过考试选举人才的规定，计13条。《选人条例》是有关通过进一步测试选拔官吏的规定，计10条。这两个条例对考试和测试的时间、科目、内容、方式、评判标准作了详尽的规定。

《举人条例》规定了进士科考试的方式和评判的标准："其杂文请试两首，共五百字以上、六百字以下。试笺表、议论、铭颂、箴檄等有资于用者，不试诗赋。其理通、其词雅为上，理通词平为次，余为否。其所试策，于所习经史内问；经问圣人旨趣，史问成败得失。并时务共十节，贵观理识，不用求隐僻，诘名数，为无益之能。言词不至鄙陋，即为第。"②

《选人条例》规定了试判的测试内容和等级评判方法："其判问请皆问以时事疑狱，令约律文断决。其有既依律文，又约经义，文理宏雅，超然出群，为第一等。其断以法理，参以经史，无所亏失，粲然可观，为第二等。判断依法，颇有文彩，为第三

---

① 《全唐文》卷九五《武皇后以郑汴等州为王畿制》。
② 《全唐文》卷三五五，赵匡：《举人条例》。

等。颇约法式，直书可否，言虽不文，其理无失，为第四等。"①

从这两个条例可知，所谓条例，在形式上以分条列举为特色，在内容上以详细周密为特征，具有法律实施细则的性质。

关于唐代条例的制定过程及其在法律体系中的地位，通过考察皇帝诏书，可以对这一问题有个基本的了解。前引唐代诏书中，屡屡出现"令所司具为条例闻奏"、"所司宜明具条例"、"所司具为条例，务从省便奏闻"等语句。那么，具奏条例的"所司"是什么机关呢？《唐会要》卷七四载有"吏曹条例奏"，并标明此"条例奏"系"贞元二年五月吏部"制作。该奏本开篇云："伏准贞元元年七月二十五日敕，诸州府及京五品已上官，停使下郎官、御史等，宜付所司，作条件闻奏者。"② 可见这是吏部对君主"宜付所司作条件闻奏"的敕令作出的回应，具奏条例的所司即吏部。又《旧唐书·杨绾传》："宰臣等奏以举人旧业已成，难于速改，其今岁举人，望且许应旧举，来岁奉诏，仍敕礼部即具条例奏闻。"③ 这里，礼部是具条例奏闻的机关。类似的大量文献记载表明，唐代的条例是由政府相关的部起草，上报皇帝批准后形成的。条例是唐代法律的组成部分，但与朝廷确认的律、令、格、式这四种基本法律形式比较，它在立法体系中还处于较低的层次。

宋代时，条例这一法律形式继续得到广泛运用。《宋史》中记有《都水条例》、《吏部四选逐曹条例》、《国子监条例》、《厢军条例》、《提举保甲条例》、《中书条例》等条例的名称。在文献中还能够检索到更多的宋代条例的名称。翻阅《全宋文》目

---

① 《全唐文》卷三五五，赵匡：《选人条例》。
② （宋）王溥撰：《唐会要》卷七四《选部上》，中华书局，1990，第1349~1350页。
③ 《旧唐书》卷一一九《杨绾传》，中华书局，1997，第3434页。

录，可知宋真宗时期发布有《追封条例诏》、①《告身条例诏》、②《定厢军犯阶级罪条例诏》、③《商税院出茶引或收税条例诏》、④《令礼部贡院择诏敕编为条例诏》、⑤《令枢密院严行条例内外诸司库务使臣诏》、⑥《令枢密院差定诸司使副任缘边部署等恩典条例诏》⑦ 等。进一步考察诏书所记条例的内容，可知宋朝条例和唐朝一样是行政方面的规范形式。

宋代制定条例数量最多的时期是王安石变法年间。当时条例被赋予特殊的使命，成为推行变法的暂行立法。《宋史·神宗本纪一》载："（熙宁二年）二月己亥……以王安石参知政事。……甲子，陈升之、王安石创置三司条例，议行新法。"⑧ 王安石在《乞制置三司条例》一文中请求皇帝批准："所有本司合置官属，许令辟举，及有合行事件，令依条例以闻，奏下制置司参议施行。"⑨ 这一时期制定了各种推动变法的条例，诸如《讲立役法》、《讲修钱谷之法》、《农田利害条约》等，为推动变法发挥了重要作用。《范镇传》云："王安石改常平为青苗……韩琦极论新法之害，送条例司疏驳。"⑩《食货上四》："陕西转运副使陈绎止环、庆等六州毋散青苗钱，且留常平仓物以备用，条例司劾其罪。"⑪ 王安石的变法机关是制置条例司。围绕条例司的存废，斗争十分激烈。

---

① 《全宋文》卷二一七《宋真宗六》，巴蜀出版社，1989，第 12 页。
② 《全宋文》卷二二七《宋真宗十六》，巴蜀出版社，1989，第 16 页。
③ 《全宋文》卷二三二《宋真宗二一》，巴蜀出版社，1989，第 290 页。
④ 《全宋文》卷二三六《宋真宗二五》，巴蜀出版社，1989，第 361 页。
⑤ 《全宋文》卷二四二《宋真宗三一》，巴蜀出版社，1989，第 469 页。
⑥ 《全宋文》卷二四二《宋真宗三一》，巴蜀出版社，1989，第 481 页。
⑦ 《全宋文》卷二四四《宋真宗三三》，巴蜀出版社，1989，第 510 页。
⑧ 《宋史》卷一四《神宗本纪一》，中华书局，1997，第 270 页。
⑨ 《王安石集》卷七〇《论议·杂著》，明嘉靖抚州刊本。
⑩ 《宋史》卷三三七《范镇传》，中华书局，1997，第 10787 页。
⑪ 《宋史》卷一七六《食货上四》，中华书局，1997，第 4286 页。

因遭到反对者的攻击，制置条例司很快被迫撤消。《宋史·职官志一》这样叙述条例存废的过程："制置三司条例司掌经画邦计，议变旧法以通天下之利。熙宁二年置，以知枢密院陈升之、参知政事王安石为之，而苏辙、程颢等亦皆为属官。未几，升之相，乃言：'条例者有司事尔，非宰相之职，宜罢之。'帝欲并归中书，安石请以枢密副使韩绛代升之焉。三年，判大名府韩琦言：'条例司虽大臣所领，然止是定夺之所。今不关中书而径自行下，则是中书之外又有一中书也。'五月，罢归中书。"①

王安石之所以设立条例司，是欲把其置于自己的控制下，以便及时地、不受干扰地制定条例，并"不关中书而径自行下"。即企图绕过"中书"，顺利实现自己的变法意图。王安石变法中的条例司的性质，诚如韩琦所说，"是中书之外又有一中书也"，即政府外的又一行政中枢。从陈升之的话可知，按照宋朝的立法常规，制定条例的权力属于"有司"，不属于政府首脑"宰相"的职权范围。这表明，在宋代人眼中，条例在立法体系中仍处于较低的层次。

宋政权南渡，条例的制定重新恢复到各部手中。《宋史·叶颙传》："人称其直。除吏部侍郎，复权尚书。时七司弊事未去，上疏言选部所以为弊，乃与郎官编七司条例为一书，上嘉之，令刻板颁示。"②《宋史·韩肖胄传》："迁吏部侍郎，时条例散失，吏因为奸，肖胄立重赏，俾各省记，编为条目，以次行之，舞文之弊始革。"③ 皆其证也。

元代的行政条例见于《元史》者有：《军籍条例》、《税粮条

---

① 《宋史》卷一六一《职官一》，中华书局，1997，第3792页。
② 《宋史》卷三八四《叶颙传》，中华书局，1997，第11820页。
③ 《宋史》卷三七九《韩肖胄传》，中华书局，1997，第11691页。

例》、《户籍科差条例》等多种，不一一赘述。

为了使读者对条例在规范古代行政方面的作用有一个整体印象，我们把唐、宋、元三朝制定条例的情况列表说明于后（见表2-1）。

表2-1　唐、宋、元条例举要

分类	吏　政	财　政	民　政	军　政	狱　政	其　他
唐代	进士明经条例 吏曹条例 帖经条例	盐法条例				
宋代	七司条例 吏部四选逐曹条例 国子监条例 中书条例 告身条例	役法条例	提举保甲条例	转员及行门试武艺、换前班、留住等条例 北边条例		群臣出使赐马条例 礼房条例
元代	御史台条例	税粮条例	户籍科差条例	军政条例	赃罪条例	

2. 事例、格例和则例

（1）事例。事例是个多义项的词语。在普通的语言环境中，事例是以事作比，就是举一件事情作为例证的意思。如果某件事情是一个司法案例，并且被赋予法律效力，成为判决的依据，那么这个事例就成为判例。然而，这种情况并不多见。除此之外，事例在不同的历史时期还被赋予其他特殊含义，以不同的形态存在于历史文献中，需要结合具体语境加以辨析。

事例的第一个含义是单个的判例。事例的这一用法，可以追溯到晋代。如"钟毓事例"。《晋书·杨骏传》记：杨骏之弟杨珧因杨骏谋反案受株连被处死刑，"珧临刑称冤，云：'事在石函，可问张华。'当时皆谓宜为申理，合依钟毓事例。而贾氏族党待诸杨如仇，促行刑者遂斩之，时人莫不嗟叹焉。"① 文中所谓的"钟毓事例"说的是，钟毓与钟会是兄弟，钟会谋反被处死，钟毓未受株连，照常在朝廷供职。从《晋书·杨骏传》的叙事看，当时的舆论认为应当依照钟毓事例处理杨珧的问题。由于贾后族党的坚持，杨珧终于被处死。这说明钟毓事例并没有发挥判例的作用。杨珧案是否能够反映当时的制度，有待考证。另据《宋书·臧质传》载，尚书江夏王臣义恭等针对臧质的犯罪事实提出建议："使依汉王莽事例，漆其头首，藏于武库。庶为鉴戒，昭示将来。"② 诏可。结合《臧质传》记述的该案上下文看，这里的王莽事例也不妨称为王莽故事。以此而论，当时的事例大概是介于故事、旧事和旧例之间的一种过渡性称呼。由于判例是事例本来的意义之一，在历史上这一意义延续时间较长。《唐会要》卷五五记唐宪宗元和十三年（公元818年）二月敕："旧制，刑宪皆大理寺刑部详断闻奏，然后至中书裁量。近多不至两司中书使自处置。今后先付法司，具轻重闻奏；下中书令舍人等参酌，然后据事例裁断。"此处的事例似乎也是判例的意思。后来，明代《皇明条法事类纂》延续了这一用法，把具有判例性质的定例统称为事例。

事例的另一与上述意义接近的含义是行政先例。见于唐代文献者如《唐会要》"左降官及流人"条载元和十二年（公元817年）七月敕："自今以后，左降官及责授正员官等……考满后，委本任处州府具元贬事例，及到州县月日，申刑部勘责。俾吏部量资望位量移官。"③ 又如，《旧唐书·昭宗本纪上》："太常博士

① 《晋书》卷四〇《杨骏传》，中华书局，1982，第1180~1181页。
② 《宋书》卷七四《臧质传》，中华书局，2000，第1269页。
③ （宋）王溥撰：《唐会要》卷四一《左降官及流人》，中华书局，1990，第736~737页。

钱珝、李绰等奏论之曰……臣检国朝故事及近代礼令，并无内官朝服助祭之文……今参详近朝事例，若内官及诸卫将军必须制冠服，即各依所兼正官，随资品依令式服本官之服"。①《旧唐书·哀帝本纪》丙辰敕："准向来事例，每贯抽除外，以八百五十文为贯，每陌八十五文。"② 宋代的《和籴事例》和《送还事例》也属于行政先例。《宋史·常楙传》记：常楙"辟差平江府百万仓检察，不受《和籴事例》，戢吏卒苛取。……既代，有《送还事例》，自给吏卒外，余金万楮，楙悉不受。吏惊曰：'人言常侍郎不爱钱，果然。'"③ "送还事例"一词似指按照惯例得到的额外收入。宋代有所谓事例钱，又称市利钱。《文献通考·征榷考一》引《郑侠奏议》跋后云："诸处申，约官税一百，专拦等合得事例钱十文。官中遂以为定例，每纳税钱一百文，别取客人事例钱六文，以给专拦等食钱。……看详：有司当立法时，取专拦所得事例钱以供专拦逐月食钱，不曰事例钱，而以市利名之者，盖取《孟子》所谓'有贱丈夫左右望而罔市利'之意以为名，是贱之也，又从而多取之以益官，岂不缪哉！"④ 事例钱本是陈习陋规，后逐渐演变成为行政惯例。故常楙任满临行不接受事例钱，被士卒看作是不贪财的好官。

（2）格例。格例最初出现于唐、五代时期。其内容主要是有关官吏的选举、考核、升迁等方面的规定。

唐中宗敕："年满差替，各出本州岛，就为格例，不得逾

---

① 《旧唐书》卷二〇上《昭宗本纪》，中华书局，1997，第 738~739 页。
② 《旧唐书》卷二〇下《哀帝本纪》，中华书局，1997，第 793 页。
③ 《宋史》卷四二一《常楙传》，中华书局，1997，第 12596~12597 页。
④ （元）马端临撰：《文献通考》卷一四《征榷考一》，浙江古籍出版社，2000，影印本，第 147 页。

越。"① 唐玄宗敕："如先出身及官资，并量资历好恶，各据本条格例节级优加拟授。"②

《全唐文》卷九六八阙名的《条陈考课事例奏》："谨并条例进上，伏乞宣付中书门下，请更参详。苟裨至公，乞赐收采。仍请三年一度，准举选格例修定颁下。"③

《旧五代史·晋高祖本纪二》天福二年（公元937年）诏："其逐处县令，不得以陵台结衔，考满日，依出选门官例指挥，隔任后准格例施行。"④

周世宗显德五年（公元958年），尚书考功奏："自今年正月一日以前授官到任者，欲准格例三十个月书校三考。"⑤

格例除用以规范官吏的选举、考核、升迁方面的制度外，有时也用于其他方面。如：

唐肃宗上元敕："先准格例，每例五百五十价估当绢一匹。自今以后，应定赃数，宜约当时绢估，并准实钱，庶叶从宽，俾在不易。"⑥

《全唐文》卷四三二："其商贾准令所在收税，如能据所有资财，十分纳四助军者，便与终身优复；如于敕条外有悉以家产助国，嘉其竭诚，待以非次。如先出身及官资，并量资历好恶，各据本条格例节级优加拟授。"⑦

《全唐文》卷六〇五："伏请自今已后，流人及先流人等，准长流格例，满六年后，并许放还。"⑧

---

① 《全唐文》卷一七《中宗即位赦文》。
② 《全唐文》卷一七《中宗即位赦文》。
③ 《全唐文》卷九六八《条陈考课事例奏》（大中六年七月考功）。
④ 《旧五代史》卷七六《晋书二·高祖本纪二》，中华书局，1997，第995页。
⑤ 《全唐文》卷九七三《条陈考课事例奏》（显德五年闰七月考功）。
⑥ （元）马端临撰：《文献通考》卷一六六《刑考五》，浙江古籍出版社，2000，影印本，第1440页。
⑦ 《全唐文》卷四三二，郑叔清：《鬻爵条格奏》，清嘉庆内府刻本。
⑧ 《全唐文》卷六〇五，王播：《请放还配流人奏》，清嘉庆内府刻本。

从上述记载看，唐代的格例与作为朝廷法律形式的格有关。

《旧五代史·唐明宗本纪八》长兴二年诏："应在朝臣僚、藩侯、郡守，准例合得追赠者，新授命后，便于所司投状，旋与施行。封妻荫子，准格合得者，亦与施行。外官曾任朝班，据在朝品秩格例，合得封赠叙封者，并与施行。"① 这里依次提及"准例"、"准格"、"据在朝品秩格例"，颇可说明例、格和格例的关系。唐代的法律形式是律、令、格、式。格是其一。格例大约是由格派生出来的一种区分等级次第的细则。

当然，也不排除格例还有其他含义的可能。曰："都省所执是格，铨司所引是例，互相陈列，颇似纷纭。所贵清而能通，亦由议事以制，今选已满，方此争论，选人可哀，难更停滞。……其今年选格，仍分明标出近例，有可行者收入格，不可者于格内书破，则所司有文可守，选人无路幸求。"② 从这段文字看，格与例是相互并存的两种规范。都省所掌握的格和铨司所引的例之间明显存在矛盾。为了解决这一问题，皇帝不得不以敕令的形式调和例和格的冲突，要求把可行的例收入格中，把不可行的例从格中删除。据此，则格例也可能是格和例的合称。

宋代文献中所见格例其少，内容也多是属于官吏升迁、考核方面的规定。《宋史·苏绅传》："太宗皇帝始用赵普议，置考课院以分中书之权，今审官是也，其职任岂轻也哉？宜择主判官，付之以事权，责成其选事。若以为格例之设久，不可遽更。或有异才高行，许别论奏。"③ 另外，宋代有《进士采选》一卷。《文献通考》引直斋陈氏曰："赵明远景昭撰。此元丰末改官制，时

---

① 《旧五代史》卷四二《唐书十八·明宗纪第八》，中华书局，1997，第583页。
② 《全唐文》卷七四《文宗定铨司注拟例敕》，清嘉庆内府刻本。
③ 《宋史》卷二九四《苏绅传》，中华书局，1997，第9811页。

迁除格例也。"①

到了元代，格例才大行其道。元代的格例实际是格和例的合称。格者，条格也。例者，断例也。条格和断例是元代法律的主要形式，故格例这一称谓应当是法律的总称。《元史·英宗本纪二》载：至治三年（1323 年）二月，"格例成定，凡二千五百三十九条，内断例七百一十七、条格千一百五十一、诏赦九十四、令类五百七十七，名曰《大元通制》，颁行天下"。② 《元史·武宗本纪二》记尚书省臣言："国家地广民众，古所未有。累朝格例前后不一，执法之吏轻重任意，请自太祖以来所行政令九千余条，删除繁冗，使归于一，编为定制。"③《元史·顺帝本纪二》："至元二年夏四月丁丑朔，禁民间私造格例。"④

元代的格例有时也是朝廷颁行的规范性文件的专称。《元史·选举志三》引"都省元定六部奏差迁转格例，应入吏目选充者，三考从八品。应入提控案牍人员选充者，三考从八品，任回减一资升转。巡检提控案牍选充者，一考正九品。"⑤《新元史·郑介夫传》引元代"格例：诸县尹以五事备者为上选，三事成者为中选，五事俱不举者黜。今实备五事而无力者，止常调；虚称五事而有力者，则引例升等。"⑥ 从这则格例的内容看，元代的格例显然和前代的格例在内容上有一定联系，都是官吏管理方面的规定。此外，《庙学典礼》一书还刊有"学官格例"、

---

① （元）马端临撰：《文献通考》卷二二九《经籍考五六》，浙江古籍出版社，2000，影印本，第 1834 页。
② 《元史》卷二八《英宗本纪二》，中华书局，1983，第 629 页。
③ 《元史》卷二三《武宗本纪二》，中华书局，1983，第 516 页。
④ 《元史》卷三九《顺帝本纪二》，中华书局，1983，第 834 页。
⑤ 《元史》卷八三《选举三》，中华书局，1983，第 2078 页。
⑥ 《新元史》卷一九三《郑介夫传》，中国书店，1988，影印本，第 781 页。

"学官员数及升转格例"，① 以及"山长改教授及正录教谕格例"② 等。当然，在官吏管理方面之外，也存在其他方面的格例。例如《元典章》中有"省部减繁格例"、③ "设立宪台格例"、④ "巡禁私盐格例"⑤ 等。

（3）则例。则例和格例一样，也起始于唐五代时期。《宋史·艺文志二》载有"杜儒童中书则例一卷"。应该是唐代的着作。杜儒童，武后时人，曾经著《隋季革命记》五卷。后为武则天所杀。中书则例的内容已不可考，大约记述的是唐代和中书省有关的行政规范。

有些唐代则例的内容是关于官吏驿路支给的规定。史载，唐文宗太和四年（公元 830 年）十月御史台奏："近日皆显陈私便，不顾京国，越理劳人，逆行县道，或非传置，创设供承。况每道馆驿有数，使料有条，则例常逾，支计失素。使偏州下吏，何以资陪?"⑥宋代有《驿券则例》。该则例是宋仁宗嘉祐四年（1059 年）在枢密使韩琦建议下，由三司使张方平编纂的。《通鉴长编》曰："丙申，诏三司编天下驿券则例，从枢密使韩琦之请也。"又曰："初，内外文武官，下至吏卒，所给券皆未定，又或多少不同。遂下枢密院，取旧例下三司掌券司，会萃多少而纂集之，并取宣敕、令文专为驿券立文者，附益删改凡七十四条，上中下三卷，以颁行天下。"⑦《宋史·舆服志六》记："嘉祐四年，三司使张方平编驿券则例，凡七十四条，赐名《嘉

---

① 《庙学典礼》卷三。
② 《庙学典礼》卷五。
③ 《元典章》四《朝纲一》，中国书店，1990 年，第 72 页。
④ 《元典章》五《朝纲一》，中国书店，1990 年，第 77 页。
⑤ 《元典章》二十二《户部八》，中国书店，1990 年，第 382 页。
⑥ 《唐会要》卷六一。
⑦ 《续资治通鉴长编》卷一八九，《宋会要辑稿》第 191 册《方域十》所记略同。

驿令》。"并引《直斋书录解题》作者陈振孙氏曰:"三司使梁国张方平安道等修定。前一卷为条贯敕,后二卷为则例令。官吏、帮支、驿券、衙官、傔从之类,皆据此也。"这些记载表明,《驿券则例》是关于官吏出差途次、待遇的规定。

宋代时,则例主要用于规范经济事务,如《商税则例》。《文献通考·征榷考一》:"宋太祖皇帝建隆元年,诏所在不得苛留行旅赍装,非有货币当算者,无得发箧搜索。又诏榜商税则例于务门,无得擅改更增损及创收。"《宋史》还记有下述则例。

《收税则例》。《食货志下六》:宋仁宗景祐年间,叶清臣上疏曰:"榷茶之利,凡止九十余万缗,通商收税,且以三倍旧税为率,可得一百七十余万缗,更加口赋之入,乃有二百一十余万缗,或更于收税则例微加增益,即所增至寡,所聚愈厚,比于官自榷易,驱民就刑,利病相须,炳然可察。"《收税则例》的内容是有关茶叶专卖的规定。①

《苗税则例》。《范应铃传》:范应铃"改知崇仁县,始至,明约束,信期会,正纪纲,晓谕吏民,使知所趋避。然后罢乡吏之供需,校版籍之欺敝,不数月省簿成,即以其簿及苗税则例上之总领所,自此赋役均矣。"

《役钱则例》。苏辙《论傅尧俞等奏状》:"臣看详次升所言役人合差合雇色额及官户寺观单丁女户合出役钱则例,实系役法要节,当今所宜先定。"②

《税钱则例》。见于朱熹的文牒:"以税钱则例言之,夏税见钱一贯五十文,合折绢一匹。"③

---

① (宋)李焘撰:《续资治通鉴长编》卷一一八,宋仁宗景祐三年。
② (宋)苏辙撰:《栾城集》卷四〇。
③ 《朱熹文集》卷二〇《朱熹论木炭钱利害札子一》。

　　《文献通考》记有《锄田客户则例》和《推恩则例》。除《推恩则例》内容是科举考试方面的规定外，其他则例的规定都与财政收支有关。

　　《宋会要辑稿》所记则例较多，仅把有代表性的 32 种则例列表述后（见表 2-2）。

表 2-2　《宋会要辑稿》所记则例举要

序号	则　例　名　称	卷　　　　次
1	见行帮诸般请给等则例	帝系二
2	宗室公使钱则例	帝系五
3	禄式则例	后妃二、后妃四
4	赏给则例	礼二十五
5	宫人禄格则例	礼四十三
6	赙赠则例	礼四十四
7	民间工直则例	职官四
8	手分请给则例	职官六
9	请受则例	职官八、三十六
10	请给则例	职官十四、三十二，食货三十二
11	日支钱米等第则例	职官十九
12	工食则例	职官二十九
13	火耗则例	职官三十六
14	添支则例	职官三十七
15	支费则例	职官四十一
16	犒设馈送则例	职官四十四
17	添饶折支则例	职官五十七
18	均税则例	职官六十八
19	推恩则例	选举十二
20	锄田客户则例	食货二

序号	则 例 名 称	卷 次
21	苗税则例	食货六
22	州县衮折则例	食货十一
23	收纳则例	食货三十四、三十五
24	陕西州军入中钱文则例	食货三十六
25	支还客人行货则例	食货三十九
26	添饶支还则例	食货三十九
27	三司则例	食货四十
28	和雇客船则例	食货四十三
29	般运脚钱则例	食货五十一
30	赏钱则例	兵十三
31	庆寿赏给则例	兵二十
32	赏格则例	兵二十四

表 2－2 中所说"工食"、"支费"、"添支"等，是各种支出的标准。《续资治通鉴长编》云："熙河乞降收接河南逾川首领官职等第及支赐则例"、"元丰八年优赏诸军则例"；朱熹文牒中提到有《州学则例》："今议别置额外学生十员，以处四方游学之士，依州学则例，日破米一升四合，钱六十文。"① 这三种则例，都是属于支出细则一类的法律规定。

元代的则例，见于《通制条格》的有《工粮则例》、《衣装则例》、《抽分则例》。《工粮则例》是关于官服役工匠的食粮标准的规定。《衣装则例》是对应支给衣装者按照衣装质料不同确定支给时间、次数的规定："应支请衣装人数，皮衣隔二年支一

---

① （宋）朱熹撰：《潭州委教授措置岳麓书院牒》，见《朱熹文集》卷一〇〇，明嘉靖十一年福州府学本。

遍者，请匹帛的，隔一年支一遍者。支布每年支者。"① 《抽分则例》是对船载货物科税的规定："粗货拾伍分中抽贰分，细货拾分中抽贰分，据舶商回帆，已经抽解讫物货，市舶司并依旧例，于抽讫物货内，以叁拾分为率，抽要舶税壹分，通行结课，不许非理刁蹬舶商，取受钱物。违者，计赃，以枉法论罪。"②

据《元史·食货志四》，元代还制定有盐法则例："盐折草之法，成宗大德八年，定其则例。每年以河间盐，令有司于五月预给京畿郡县之民，至秋成，各验盐数输草，以给京师秣马之用。每盐二斤，折草一束，重一十斤。岁用草八百万束，折盐四万引云。"

此外，《元典章》记有《祗应酒面则例》，③ 《至元杂令》中收录有《笞杖则例》和《诸杖大小则例》，④ 它们的内容都比较简略。

唐、宋、元时期的则例，还不是朝廷的主要法律形式，其内容基本上是与国家财政收入、支给相关的法律的实施细则，在社会经济生活中发挥的作用也是很有限的。然而，这一法律形式的确立，为明清时期则例的广泛使用开辟了道路。

3. 元代分例考

元代时，"条例"这一法律用语是多种例的泛称。例的称谓甚多，在《元典章》中，有"体例"（16 条）、"通例"（5 条）、"格例"（2 条）、"定例"（2 条）、"则例"（1 条）、"分例"（14 条）、"条例"（2 条）、"罪例"（7 条）、"断例"（14 条）等。其

---

① 《通制条格》卷一三。
② 《通制条格》卷一八。
③ 《元典章》十六《户部二》，中国书店，1990，第 261 页。
④ 《元代法律资料辑存》，浙江古籍出版社，1988，第 43～45 页。

中，"体例"、"通例"、"分例"和一部分"断例"，在形式上都是条例。"分例"是其他各代未曾出现过的例的形式，有必要作一考证。分例是《元典章·户部》的一卷。户部之下的细目分别为禄廪、分例、户计、婚姻、田宅、钞法、仓库、钱粮、课程、农桑、租税、差发、赋役、科役、钱债等。分例排列在第二，其下又分为使臣、官吏、支应、杂例四目，计28条。

元代的分例同时又是法律条目的名称。在上述28个条目中，标有"分例"字样的有13条。具体是：《定下使臣分例》、《站赤使臣分例》、《体察使臣人员分例》、《出使衣装分例》、《下海使臣正从分例》、《使臣宿往日期分例》、《下番使臣山羊分例》、《铺马分例》、《打算人吏分例》、《差遣行省曳刺分例》、《品从之任分例》、《监临分司分例》、《应副豹子分例》。除了细目名为分例的这一卷外，在其他卷的细目中也辑有分例，如《元典章·户部》卷之七《仓库》就辑有《收粮鼠耗分例》。

分例的内容主要是各类过往使臣、官吏、公差及其随从人员的交通、住宿、饮食费用开支标准（包括米面酒肉盐油柴碳乘马草料）的法律规定。元朝是一个疆域辽阔的庞大帝国，交通设施便利与否，信息传递的速度快慢，与统治的维系密切相关，故受到统治者的重视。《永乐大典》所收《站赤》载："元设立水站、马站。其马匹船只皆依品从。非理乘驿者有禁，应合给驿者有程。……选保站官，长官提调，法至良也。照刷祗应，体覆消乏，意至美也。"①

蒙元的分例制度是适应当时实行的庞大的站赤制度建立起来的，并经过了长期不断完善的过程。早在元建国前的太宗孛儿只

———————

① 《永乐大典》卷之一万九千四百十六《站赤一》。

斤窝阔台执政时期，就敕令整顿分例制度。《永乐大典·赤站一》载：太宗皇帝十二年（1240 年）十一月二十三日，"奉圣旨：据燕京路达鲁花赤秃鲁别迭儿、管民官钢疙疸奏，过往使臣多有无牌札，及增乘驿马，多索分例只应草料之人，乞禁约事。准奏。仰秃鲁别迭儿、钢疙疸等委人辨验过往使臣有无牌札、增乘驿马及不合起马之人。并据合得分例祗应，照依已降分例支遣。兼有长行马匹草料，自十月一日草枯时为始放支，至向前四月一日住支。每马一匹，依准大军体例支料三升，草一秤。若十匹以上不得支遣。本处如有官中勾当公事使臣，依例祗应。如无勾当，许令应付一日。次日不得支遣。如违，照依大札撒将犯人枷锁前来断罪。出军之人不在此限。"①

世祖忽必烈建立元朝后，于中统年间，采纳耶律楚材的建议，革除分例制度推行过程中的一些弊端，进一步完善了这一制度。《国朝名臣事略》说："时，诸王贵戚皆得自起驿马，而使臣猥多，马悉乏，则豪夺民马乘之，城郭道路骚动。所至则须索百端，供馈稍缓，辄被棰挞，馆人不能堪。公奏给牌札，乃定饮食分例，其弊始革。"②《永乐大典·赤站一》："世祖皇帝中统四年三月，中书省定拟乘坐驿马长行马使臣从人及下文字曳剌解子人等分例，札付左三部遍行遵守。乘驿使臣换马处，正使臣支粥食、解渴酒。从人支粥。宿顿处，正使臣白米一升，面一斤，酒一升，油盐杂支钞一十文。冬月一行日支炭五斤。十月一日为始，正月三十日终住支。从人白米一升，面一斤。长行马使臣如赍圣旨令旨及省部文字干当官事者，其一二居长人员，支宿顿分例。次人与粥饭。仍支给马一匹，草一十二斤。料五升。十月为

①　《永乐大典》卷之一万九千四百十六《站赤一》。
②　《国朝名臣事略》卷第五《中书耶律楚材》。

始，至三月三十日终止。白米一升。面一斤。油盐杂用钞一十文。投呈公文曳剌解子依部拟分例，宿顿处批支。"①

从史料记载看，分例的规范对象主要是携带公文传递信息的往来使臣，此外，还适用于下述人员：一是赴任的地方官员。《元典章》中的《品从之任分例》，是关于上任的地方官员旅途费用开支标准的规定。

二是回任官员。《站赤》引《经世大典》中统二十一年十一月福建行省言："本道地远，庶官难于往复。虽给驿赴任，考满回途则以己马长行。合无令沿路馆驿应付饮食刍粟请矜恤区处事。十三日尚书省奏准圣旨钦依定议：任回官员人马之数。咨福建行省，今后给凭书其官品人马数目。所过城邑，每起止支正分例一名。余给粥饭。仍应付长行马刍粟如至所止。"②

三是死亡的现职地方官员的家属。如《站船分例》对地方官员死后家属还乡交通工具的支给作了详细规定。元成宗铁木耳元贞大德元年（1297 年）六月一日，通政院据静江路脱脱禾孙申："本路接邻蛮洞广海极边重地，路里远于云南福建。其任回官员，或故官妻子，俱求站船分例。若便应付，虑恐违错，请区处事。省部议得：海北海南两广四川任回及殁故官员家属，即与云南福建一体，仰依奏准例应付站船分例相应。"③

四是朝廷所需要的专业人员。这些人也可以利用站赤这一交通设施，并由站赤按一定标准供应饮食。《元典章》十六《户部·打算人吏分例》规定："计算地亩钱粮等文字吏"及其从人等，由赤站提供的待遇分别是："司吏一名，日支米一升，面一

① 《永乐大典》卷之一万九千四百十六《站赤一》。
② 《永乐大典》卷之一万九千四百十八《站赤三》。
③ 《永乐大典》卷之一万九千四百十九《站赤四》。

斤；杂支钞一分，柴一束。从人一名，日支米一升，杂支钞一分、柴一束。"享受类似待遇的还有建筑方面的技术人员。《经世大典》载：至元九年（1272 年）五月，"中书工部差委造甲官驰驿，引领作头等人前去随路指使造甲。送户部定拟分例。所至应付，罢役住支，知会造甲官宣德府甲局祗应日支白米一升，面一斤，肉一斤，盐油菜灯等物。作头一名日支白米一升面半斤、肉半斤。油盐菜等。"①

军事方面的分例见之于《至元杂令》，是关于军队出征时自元帅至普通军官、军人的供应标准。这类分例规定按照人员的不同品级，在夜晚住宿和行军中途休息分别供应给一定数量的羊、酒、面、米、柴草。②

朝廷的权贵人物，如皇亲贵戚、勋臣乃至僧侣等，他们的旅行开支也适用《铺马分例》。《经世大典》载：延祐三年（1316 年）六月十一日，将作院使哈撒不花传奉圣旨："朕闻诸王驸马各枝儿遣使至五台降香，及西番僧人指以降香游五台为名，乘占小铺马站车，多取分例。使坚州台州两处官司百姓被扰。其令殊祥院分拣各枝来使僧人，有事者量给铺马分例。无事者三日之外不得给。从彼赴都之人亦分可否给驿。中书省、宣政院、功德使司，皆令移文照会。钦此。殊祥院移关兵部依上施行。"③

元代分例的适用对象不只限于人，有的特殊的动物也享受分例规定的待遇。《通制条格》卷第十五载有《鹰食分例》。该分例规定，供应鹰的食物，"仍令食用新肉，如无新肉，杀与鸡、猪者，"并规定鹰食的数量是："海青兔鹘：早晨二两，后晌三

①《永乐大典》卷之一万九千四百十七《站赤二》。
②《元代法律资料辑存》，浙江古籍出版社，1988，第 45～48 页。
③《永乐大典》卷之一万九千四百二十一《站赤六》。

两；鹰并鸦鹘：早晨一两，后晌二两。皂鹰北海青等，斟酌稍多应付。"

　　在实行分例的过程中，官员违法乱纪、额外求索的问题十分突出。为此，朝廷三令五申，要求严格执行分例规定的标准。有关这类的记载屡见于史。《经世大典》载，至元二十一年（1284年）闰五月，"是月御史台言：内外官府出使人员。每至城邑，持威挟势，颐指风生，一身而支分例二三名。或从者同正食，又或嗜味索馔，命妓纵酒，无所不至。会计祇应文籍不过常制。盖是有司委曲包容，哀民媚上。若上禁止，官民俱受其弊。今后莫若定拟内外大小出使人员除正从外，不得多余支取分例，及广需精馔。计诸人告言，各道按察司严加体察。犯者抵盗官物罪，追陪元数，取与司坐。似望管站出使之人，各知惩戒，蠹弊可除。都省准呈定拟：今后遣使从本衙门定其正从之数。始自脱脱禾孙，及站官印署公文，递报前站，依上祇应。如有多取者，职官具其姓名来上。余人就追偿之。管站人员亦不得过当应付，饰名虚破官钱违错。札付御史台及遍行合属照会。"[1]

　　与上述分例性质不同的是《收粮鼠耗分例》。《元典章》辑录的这一分例，在《通制条格》中题作《粮耗》。其文曰："至元二十二年十月，中书省户部呈：江南民田税石，拟合依例每石带收鼠耗分例七升，内除养赡仓官斗一升外，六升与正粮一体收贮。如有短折数目，拟依腹里折耗例，以五年为则准除四升，初年一升二合，次年二升，三年二升七合，四年三升四合，五年共报四升，余下不尽数目追征还官。若有不及所破折耗，从实准算，无得因而作弊，多破官粮。外据官田带收鼠耗分例，若比民

————————
[1]　《永乐大典》卷之一万九千四百十八《站赤三》。

田减半，每石止收三升五合，缘前项所破正粮，拟合每石带收鼠耗分例五升。都省议得，除民田税石依准部拟外，官田减半收受。"①

由于实行《鼠耗分例》能够给官吏带来额外收入，官场中不时出现要求提高鼠耗数量的呼声。世祖忽必烈至元二十九年（1292 年）八月，完泽丞相等奏："通州河西务仓官告说，各仓收粮，前省官定拟鼠耗分例数少，至有鬻其妻子家产，尚赔纳不完，至今辛苦。臣等议得，前省官所定鼠耗分例不匀，如今南北耗各年分例，比在先斟酌再定之。"上曰："如卿所奏，虽然，亦合用心。雀鼠能食多少？休因此教斛人作弊，为盗欺诈，依旧听耗。"②

元代实行的分例制度，对后代法制建设也产生了一定的影响。明清时期，虽然分例不再是国家法律的基本形式，但在一定时期和范围内也曾使用分例。明初，各个驿站曾实行对于来往信使供应饮食的分例，《大明令》曰："凡经过使客，正官一名支分例米三升，从人一名支米二升。""凡各站有分例去处，所在有司于商税及诸色课程内拨留粮米。差点司役人员掌管。遇有使客，依例支给，不许稽停。"关于分例在明代的演变，《大明会典》记曰："国初，设廪给分例米以待公差使客。后不支廪给者支食米，又有口粮名色。后复定官支廪给，非官者支口粮。照关文给与。后以关文冗乱，分为勘合。后勘合复多诈冒，设法稽核。至今始清。驿递称少弊云。"③ 这里需要指出的是，明代一些地方官府收取税粮，尽管不使用鼠耗分例的称谓，却设有鼠耗

---

① 《通制条格》卷一四。
② 《新元史》卷七五《食货八》，中国书店，1988，影印本，第 359 页。
③ （明）申时行等重修：《明会典》卷三九《户部二十六·廪禄二·廪给》，中华书局，1989，影印本，第 281 页。

等名目，成为增加人民负担的手段，致使朝廷经常颁布政令加以禁止。如：景泰三年，令各仓官攒斗级人等不许勒要纳户分例、晒米地铺及关粮人抬斛等项钱物。"嘉靖七年题准：云南年例金一千两，遵照原行勘合，将每年该征差发银，照依时估两平收买，真正成色金，每十两为一锭。于上錾凿官匠姓名。差委有职役人员，并每年额办金六十两六钱七分。与余剩银两及有赃罚金，各照原收成色，每二十两为一锭，一同解部。年例金、额办金并余剩银两转送该库。赃罚金送太仓。各上纳管解金两人员，给与长夫三名。起关应付廪给、马匹、扛夫、护兵。不许沿袭旧弊，加派大户。其到京进纳各门并该管等官，敢有刁蹬留难需索分例者，俱听本解指实陈奏。"①

清代也制定有分例。其内容主要是有关皇子、后妃等宫内诸人的待遇规定。《国朝宫史续编》记："皇子生，设乳母、侍母，承侍内宫，按年月日给与分例。有加赏者，出自特恩，不在常例。"②"乾隆四十三年三月二十七日，奉谕旨：前派八阿哥、十一阿哥校勘四库全书。向来总裁校书，经朕指出错误者，例有处分。嗣后阿哥等所校之书，如有错误，亦应一体查核处分，以昭公当。其应罚之俸，著照尚书例议罚，即于应得分例内坐扣。"③又据该书载："奉谕旨：我朝家法相承，宫庭之用，甚为节省。每岁自皇后、妃、嫔以至女子等所得绸缎分例，载在《宫中则例》，永远遵循。"④ 则内容为宫内诸人应得待遇的分例，已经是《宫中则例》的组成部分。

---

① （明）申时行等重修：《明会典》卷三七《户部二十四·课程六·金银诸课》，中华书局，1989，影印本，第269页。

② 《国朝宫史续编》卷四五。

③ 《国朝宫史续编》卷二。

④ 《国朝宫史续编》卷七五。

4. 恩例与特旨：权利分配中的市恩和攀比

以上我们讨论的是复合型的行政例。下面讨论行政个案的例，即在行政管理过程中形成的各种先例和惯例，它们大抵和故事相似。在史书中，往往把两者相提并论。譬如：

> 故事，三馆直馆、校理每遇差遣，许赴便殿告谢。天禧二年，秘书监知礼仪院判秘阁杨亿请依此例，从之。①

> 衣冠故事，多无著令，但相承为例；如学士舍人蹑履见丞相，往还用平状，扣阶乘马之类，皆用故事也。②

> 乾德五年正月十六日，诏以朝廷无事，年谷屡丰，上元观灯，可更增十七十八日两夜。自后每至十六日，开封府以旧例奏闻，皆诏更放两夕。雍熙二年十月，下元节张灯，赐近臣宴于枢密使王显私第。夜分，命中使赐御制诗一章。其后每灯夕，皆命中书、枢密分往大寺焚香，就赐御筵。遂为故事，自此始也。③

行政例可以区分为常例和特例。常例通常有以下三类。

一是礼仪类常例。《宋史·礼志二〇》："皇帝服靴袍御垂拱殿，鸣鞭，内侍、阁门、管军依朔望常例起居。"④《宋史·仪卫志二》："凡车驾已在道，前牙门旗虽行，后牙门旗未行，除止

---

① 《麟台故事校正》卷五"恩荣"，中华书局，2000，第201页。
② （宋）沈括：《梦溪笔谈》卷一《故事一》。
③ 庞元英：《文昌杂录》卷四。
④ 《宋史》卷一一七《礼二十》，中华书局，1997，第2768页。

绝闲杂行人外，其随驾臣僚官司人等，并依常例，次第赴合随从及行马去处。"①

二是职制类常例。《宋史·鱼周询传》："庆历八年，手诏近臣访天下之务。周询对曰：'陛下患牧守之职，罕闻奏最。……愿诏两府大臣，选委两制、台谏官参举，如两任通判可充知州军京朝官，依次除补。若治状尤异，即升省府提转。其常例入知州者，一切停罢，则进擢得人，牧守重矣。'"②

三是财政管理类常例。《宋史·马光祖传》："始至官，即以常例公用器皿钱二十万缗支犒军民，减租税，养鳏寡孤疾无告之人，招兵置砦，给钱助诸军昏嫁。"③ 它们一般具有普遍稳定的效力。

元代的特例有恩例和特旨。本文仅以《宋史》、《欧阳修集》、《建炎以来朝野杂记》、《文献通考》四书所记作一简要阐述。

恩例种类繁多。如在科举制度中有奏名恩例和进士甲科恩例。《宋史·选举志一》载："开宝三年，诏礼部阅贡士及十五举尝终场者，得一百六人，赐本科出身。特奏名恩例，盖自此始。"④ 又据《宋史·选举志三》："二年，以武科授官与文士不类，诏自今第一人补秉义郎，堂除诸司计议官，序位在机宜之上；第二、第三人保义郎，诸路帅司准备将领，代还，转忠翊郎；第四、第五人承节郎，诸路兵马监押，代还，转保义郎：皆仿进士甲科恩例。"⑤

---

① 《宋史》卷一四四《仪卫二》，中华书局，1997，第3389页。
② 《宋史》卷三〇二《鱼周询传》，中华书局，1997，第10012页。
③ 《宋史》卷四一六《马光祖传》，中华书局，1997，第12468页。
④ 《宋史》卷一五五《选举一》，中华书局，1997，第3606页。
⑤ 《宋史》卷一五七《选举三》，中华书局，1997，第3685页。

在学校和选官方面也存在恩例。《宋史·选举志三》："度宗咸淳二年正月，幸太学，谒先圣，礼成，推恩三学：前廊与免省试，内舍、上舍及已免省试者与升甲；起居学生与泛免一次，内该曾经两幸人与补上州文学，如愿在学者听。其在籍诸生，地远不及趁赴起居者，三学申请乞并行泛免一次，命特从之。凡诸生升舍在幸学之前者，方许陈乞恩例。"① 《宋史·神宗本纪一》：治平四年闰三月"辛卯，诏齐、密、登、华、邠、耀、鄜、绛、润、婺、海、宿、饶、歙、吉、建、汀、潮等十八州知州，庆、渭、秦、延四州通判，其选并从中书，毋以恩例奏授。"② 为了鼓励官员正常退休，还有致仕恩例。如《宋史·职官志十》记："编修中书条例所言……近世致仕并与转官，盖以昧利者多，知退者少，欲加优恩，以示劝奖。推行既久，姑从旧例。若两省正言以上官，三班使臣、大使臣、横行、正任等，并不除为致仕官。致仕带职者，皆落职而后优迁其官。看详别无义理，但致仕恩例不均。"③

统治者有时还会扩大恩例的范围。《宋史·兵志十》："（太平兴国）五年，帝谓知枢密院周莹曰：'国朝之制，军员有阙，但权领之，三岁一迁补。未及期以功而授，止奉朝请而已。今阙员处则乏人部辖。须当例与转补。'于是召莹等至便殿，按军籍次补，其屯戍于外及军额在下素不该恩例，亦溥及之。凡再旬方毕"。④

欧阳修曾经在"身现兼八职，侍读已有十人"的情况下，

---

① 《宋史》卷一五七《选举三》，中华书局，1997，第3672页。
② 《宋史》卷一四《神宗本纪一》，中华书局，1997，第265页。
③ 《宋史》卷一七〇《职官十》，中华书局，1997，第4090页。
④ 《宋史》卷一九六《兵十》，中华书局，1997，第4879页。

被朝廷任命为侍读学士。他在力辞该职时分析宋朝"恩滥官冗"的弊端说："议者但知冗官之弊，不思致弊之因。盖由凡所推恩，便为成例。"而他的任命就是因为有这样的成例："盖以近年学士相承，多兼此职，朝廷以为成例，不惜推恩。"一方面是"朝廷以为成例，不惜推恩"；另一方面是"凡所推恩，便为成例"。① 结果是循环往复，不可底止，造成了宋朝"恩滥官冗"之患。

与例有密切关系的还有所谓"特旨"。官僚贵族依照自己的等级身份享有一定的特权。这种等级身份的特权一般是由一系列法律规定确认的，也有的是出丁某种原因由皇帝发布命令特旨赐予的。后者是对前者的超越和背离，也是对同一等级和同样地位享有平等权利原则的挑战。

导致君主发布特旨的原因是多方面的：或者是为了满足自己的感情需要，或者是希望换取对方的感情回报，在大多数情况下则是二者兼而有之。发布特旨的目的决定了君主行为的特定指向及其不可推广。朝廷为了防止其他人攀比，导致其适用范围的扩大，特别强调特旨非例的性质，往往规定"不为例"、"不得援例"、"不得为例"。如《建炎以来朝野杂记》载："故事：侍从亡殁，皆赠四官。执政五官，枢密使六官，宰相七官，若特进以上一官而已。……按祖宗之时，赠恤之典多出特旨，不专用例。盖考其勋德之大小而分隆杀焉，此劝惩之意也。"②《宋史·宗室列传二》载："先是，诸王子授官，即为诸卫将军，余以父官及族属亲疏差等。天禧元年，令宗正卿赵安仁议为定制。安仁请以

---

① 《欧阳修集》卷九一。
② 《建炎以来朝野杂记》（下）乙集卷一一《宰执赠官例》，中华书局，2000，第680～681页。

宣祖、太祖、太宗孙初荫授将军，曾孙授右侍禁，玄孙授右班殿直，内父爵高者听从高荫，其事缘特旨者，不以为例。"① 《宋史·公主列传》载："秦鲁国贤穆明懿大长公主，仁宗皇帝第十女也。……靖康中，戚里例纳节，至是，公主为其子忱请还旧官。上以忱为沪川节度使，仍诏戚里不得援例。"② 《宋史·佞幸列传》载："王继先，开封人。奸黠善佞。……太后有疾，继先诊视有劳，特补其子悦道为阁门祗候。寻命继先主管翰林医官局，力辞。""俄除右武大夫、华州观察使，诏余人毋得援例。"③

虽然有不得援例之旨，由于人们的攀比心理，它们往往会被同样等级和身份的人援以为例，要求得到同样的待遇。当不能满足时，难免产生不满甚至怨恨心理。这也就是苏辙作为劝阻皇帝不要违背条法滥施恩泽的理由。苏辙在《栾城集》"论梁惟简除遥郡刺史不当状"中说，内臣"梁惟简旬月之间三度超擢，皆以自前法外侥幸特恩为比，仍言他人不得援例"。④ 他在"论侯偁少欠酒课以抵当子利充填札子"中提出，免除皇太妃亲戚侯偁所欠的"酒课"，"直自朝廷批下圣旨，更不问条法可否，一面行下，仍令众人不得援例"。他指出援引特旨的弊端，一是"深恐此令一行，应干欠负之家，皆怀不平之意"，二是"臣恐此门一启，宫中递相扳援，其渐可畏。"

有一些援例要求具有正当性。如《建炎以来朝野杂记》载："故事，守臣无得越境者。王正仲守扬，其亲居润，扬润才隔一水，正仲因乞告省亲。许之。乾道中史丞相守绍兴，援例省其母

① 《宋史》卷二四五《宗室二》，中华书局，1997，第 8704 页。
② 《宋史》卷二四八《公主列传》，中华书局，1997，第 8777 页。
③ 《宋史》卷四七〇《佞幸列传》，中华书局，1997，第 13686～13687 页。
④ （宋）苏辙撰：《栾城集》卷四一《论时事三首》。

于四明，四明，越属郡也。"①

一个人在离家乡不远的地方做官，越境探视一下自己的母亲是人之常情。

但若一旦成为先例，正当或不正当的援例请求就会不期而至，造成处置的困难。如《宋史·食货志上二》记："初，神武右军统制张俊乞蠲所置产凡和买、科敷，诏特从之。后，三省言：'国家兵革未息，用度至广，陛下哀悯元元，俾士大夫及勋戚之家与编户等敷，盖欲宽民力，均有无。今俊独得免，则当均在余户，是使民为俊代输也。方今大将不止俊一人，使各援例求免，何以拒之？望收还前诏。'诏从之。"② 更有甚者，出现了"援例以讼"的情况，如《宋史·刘沆传》载："时中书可否多用例，人或援例以讼，而法有不行。"③

由于援例有借机为自己谋取利益之嫌，轻者会引起当局的不满，重者甚至会遭遇最高统治者的严厉处罚。《宋史·李若拙传》："登贤良方正直言极谏科，太祖嘉其敏赡，改著作佐郎。故事，制策中选者除拾遗、补阙。若拙以恩例不及，上书自陈，执政恶之。"④ 这是援例为个人牟取私利的例证。又据《文献通考·兵考四》载："开宝四年，祀南郊，礼毕行赏，上以御马直扈从郊祀，特命增给钱，人五千，而川班内殿直不得如例，乃相率击登闻鼓上诉陈乞。上怒曰：'朕所与即为恩泽，安有例哉！'命斩妄诉者四十人，余悉配隶许州'骁捷军'，都校皆决杖降

---

① 《建炎以来朝野杂记》（上）甲集卷八《郡守越境省亲》，中华书局，2000，第165页。
② 《宋史》卷一七四《食货上二》，中华书局，1997，第4215页。
③ 《宋史》卷二八五《刘沆传》，中华书局，1997，第9606页。
④ 《宋史》卷三〇七《李若拙传》，中华书局，1997，第10133页。

职，遂废其班。"① 几十人就这样被杀掉了。显然，援例邀宠者未想到竟是这样的结果。本来是进行感情交换施赏市恩的手段，却造成了如此不堪的结局，背离了统治者的初衷。

(二) 判例、法例和断例

中国古代的司法审判实行的是成文法制度，但有的时候，为了弥补成文法的不足，执政者会选择一些有代表性的典型案例，通过一定的程序，赋予其法律效力，在审判活动中比照适用，我们把这类案例称为判例。

有的论者以中国古代不存在判例一词，否定中国古代有判例存在。其实，现代人们说的判例乃是用现代词语论述古代事物。或者反过来说，给古代之实冠以现代之名。这是现代人了解历史必经的途径。在中国历史上，判例一词出现于晚清，② 但以各种名称出现的实体判例却产生的很早。众所周知的例子是汉代的决事比。判例是从西方输入的概念，但并不意味着中国古代的判例就等同于西方的判例。由于国情不同，在中国古代很难找到西方特别是判例法国家存在的那种判例。因此，对于中国古代的判例概念的界定，应该从当时的国情实际出发。不过，也要防止把中国古代判例泛化的倾向。不能把所有的案例都称为判例。判例是案例，但又不是一般的案例。判例和一般案例的不同之处在于：

---

① （元）马端临撰：《文献通考》卷一五〇《兵考四》，浙江古籍出版社，2000，影印本，第1326页。
② 中国古代的判例一词最早见于《抱朴子》。《抱朴子》卷第三一《省烦》："今五礼混挠，杂饰纷错，枝分叶散，重出互见，更相贯涉。旧儒寻案，犹多所滞，驳难渐广异同无已，殊理兼说，岁增月长，自非至精，莫不惑闷。踌躇歧路之衢，悉劳群疑之薮，煎神沥思，考校判例，尝有穷年，竟不豁了。"

判例具有一定的法律效力，可以在审判中比照适用；一般案例则不具有法律效力，不能在审判中比照适用。

我们认为，在界定中国古代判例的内涵时，有三点需要予以强调。

其一，判例需要特定的批准程序。一般地说，只有在奏谳或者奏案程序中经过皇帝批准，被明示其具有法律效力，才能把其定性为判例。这包括两种情况。另一种情况是某一案件的判决在其被皇帝批准时，明确宣布将其"著为例"；一种情况是当时虽然没有明确宣布某判决是判例，但是嗣后援引该判决作为依据进行判决的案件得到了皇帝的批准。这可以说是中国古代判例独具的特点。只有元朝是例外。元代判例的制定需要中央衙门批准，无需经过皇帝钦准。这种做法可能是与元朝的君主集权程度较之其他朝代较弱有关。中国古代不经过朝廷确认批准的案例，不具备判例的法律效力。这与判例法国家的"法官造法"有本质的区别。

其二，判例是在法律上没有明确规定，或者虽然有规定但是不适应案件的特殊情况，及不能满足统治者的特殊需要的情况下，通过变通的方式对某一案件做出的判决。这就是说，如果案件有法律条文作为依据，并且是按照法律规定作出的判决，那么它就不构成判例。因为依据法律条文判决的案件，今后遇到同类案件，会引用相应的法律条文为依据，不需要比照以前的案例。譬如，汉代张释之对犯跸案的处理，坚持依照法律处以罚金。嗣后人们处理类似案件，仍然需要引用汉律，故犯跸案不具有判例的功能。

其三，中国古代判例的自身形态是具体的判决，并必须在以后的司法审判活动中具有法律效力。也就是说，作为后来判决案件依据的是某一具体案件的判决，不是据此判决提炼上升为制定法的抽象的法律条文。如果这个判决已经过提炼上升为法律条文，今后类似案件就会依照修改后的法律进行判决，不必再引用该案例判决，这类案例不属于判例。譬如，曹魏政权在处理毋丘俭谋反案件时，接受了程咸的建议，对于被族诛者不再诛连其"已嫁之女"。这是中国刑法史上的重要进步。据史载，程咸建议被采纳后，皇帝下诏将其改定为律令。那么，后来类似案件的处理将依据改变后的法律，而不是这一案件，所以毋丘俭谋反案就不是司法适用中的判例。

从总体上说，古代的例可分为两类，一类是行政方面的，一类是司法方面的。产生于司法过程而后又被适用于司法的案例，就是我们研究的判例。唐代的法例、宋元断例中的案例是判例的结集。

1. 魏晋南北朝时期判例为什么没有生存空间

在中国古代立法史上，《魏律》、《晋律》的制定是法律进化的里程碑。第一，它们分别是魏朝与晋朝唯一的以"律"为名、并通行于全国的刑法典，其内容包括了刑事犯罪的方方面面。此律之外再无他律，这与秦律、汉律有很大不同。第二，在编纂体例上，《魏律》、《晋律》具有一定的科学性。特别表现在篇章结构的排列顺序上，总则在前，分则在后，以纲统目，以纲带目，表现了法律编纂技术的进步。第三，条文简要。中国古代法律在秦汉时期走过了一段由简趋繁的路程，到《魏律》、《晋律》的制定，开始了由繁至简的转折。汉代的判例——决事比似乎已经完成了其使命。

可能是由于晋代刚刚完成律的编定工作，晋代的法律人自我感觉良好。他们认为律令已经把一切违法犯罪及其处罚方法概括无遗，在这之外什么都是多余的了。所以，《晋书·刑法志》载刘颂的主张："又律法断罪，皆当以法律令正文，若无正文，依附名例断之，其正文名例所不及，皆勿论。"① 又载熊远的主张："凡为驳议者，若违律令节度，当合经传及前比故事，不得任情以破成法。"他还进一步主张："愚谓宜令录事更立条制，诸立议者皆当引律令经传，不得直以情言，无所依准，以亏旧典也。"②

《晋书》记载了两个在晋代没有成为判例的案例。一个是钟毓事例，笔者在前面已有简述。另一个是邵广盗窃案。据《晋书·范坚传》：殿中帐吏邵广盗官幔三张，合布三十四。廷尉上奏，按照法律规定应当处死。邵广的两个儿子邵宗等"枹登闻鼓乞恩，辞求自没为奚官奴，以赎父命"。舆论对此颇表同情："时议者以广为钳徒，二儿没入，既足以惩，又使百姓知父子之道，圣朝有垂恩之仁。"尚书郎朱暎却担心死罪之刑于此而弛，表示坚决反对。还有尚书右丞范坚也持反对态度，他说："案主者今奏云，惟特听宗等而不为永制。臣以为王者之作，动关盛衰，颦笑之间，尚慎所加，况于国典，可以徒亏！今之所以宥广，正以宗等耳。人之爱父，谁不如宗？今既居然许宗之请，将来诉者，何独匪民！特听之意，未见其益；不以为例，交兴怨讟。此为施一恩于今，而开万怨于后也。"结果是"成帝从之，正广死刑"。③

围绕邵广盗窃案争论的焦点是，一种意见认为这个案件可以特事特办，"而不为永制"。持反对观点的则认为："一事遂行，便成永制"，如果以后"不以为例"，就会引起广泛的不满，"交

---

① 《晋书》卷三〇《刑法》，中华书局，1982，第938页。
② 《晋书》卷三〇《刑法》，中华书局，1982，第938~939页。
③ 《晋书》卷七五《范坚传》，中华书局，1982，第1989~1990页。

兴怨讟"。也就是说,一案一事的出现,有天然成为"永制"的倾向。一个案件的处理,必须考虑它有可能被后人效仿。即使申明其属于特事特办,也不能排除人们在未来与之攀比。由于人的普遍心理要求同样事情同样处理,不这样做就会引起严重的不满情绪。对于统治者来说,还是不开先例的好。在他们看来,君主批准判决的案件有潜在的发展成为判例的可能性,故必须制止有意识地确立判例,杜绝任何不严格按照法律办事的行为。这种思维方式足以将一切判例预先扼杀于形成之前。

在晋代,由于人们担心判例可能破坏法律统一的疑虑始终未得到很好解决,司法中的判例没有生长的土壤和存在的空间。

查阅有关南北朝时期的法律文献,尚有零星的记载。《魏书·刑罚志》就记载了这样一个案例。冀州阜城民费羊皮母亡,家贫无以葬,卖七岁子与同城人张回为婢。回转卖于邬县民梁定之,依据盗律"掠人、掠卖人为奴婢者,皆死"。张回被处绞刑。皇帝认为此判决有一定问题,下诏要求朝臣加以讨论,并且要"推例以为永式"。在讨论中,有人主张"处流为允";有人主张"处同流坐,于法为深。准律斟降,合刑五岁";还有人主张"张回之愆,宜鞭一百"。最后皇帝下诏:"羊皮卖女葬母,孝诚可嘉,便可特原。张回虽买之于父,不应转卖,可刑五岁。"[①] 从案件的讨论过程看,当时法律规定有很多空白和相互矛盾之处。所谓"推例以为永式",实际是通过这一案件的讨论,为今后类似案件的处理树立一个普遍应用的标准。虽然史书中没有后来类似案件照此办理的记载,我们仍然可以说这一案例事实上成为了一个判例,至少会起到判例的作用。

---

① 《魏书》卷一一一《刑罚志》,中华书局,1984,第2881~2883页。

2. 唐代法例的性质及其废止的原因

司法中的判例在唐代开始发挥作用。鉴于一些著述在阐述唐代的判例时，多是举《法例》为据。因此，有必要先对《法例》的性质进行探讨。《旧唐书·刑法志》载：

> 先是详刑少卿赵仁本撰《法例》三卷，引以断狱，时议亦为折衷。后高宗览之，以为烦文不便，因谓侍臣曰："律令格式，天下通规，非朕庸虚所能创制。并是武德之际，贞观已来，或取定宸衷，参详众议，条章备举，轨躅昭然，临事遵行，自不能尽。何为更须作例，致使触绪多疑。计此因循，非适今日，速宜改辙，不得更然。"自是，《法例》遂废不用。①

据此记载可知，《法例》一书是在律、令、格、式之外的制作，计3卷，由主管司法的官员编撰，被人们引用为断狱的根据。唐高宗以"烦文不便"和"条章具备"、"何为更须作例"为由，将其废除。那么，《法例》是一本什么性质的书呢？有两种可能：一是司法判例。由于撰者身份，而被赋予了一定的法律效力。一是对律文加以细化的条例，对司法具有指导作用。究竟是前者还是后者，仅看唐高宗的话，似乎无法定论。

关于法例，《旧唐书》和《唐六典》中有如下记载：

> 给事中掌陪侍左右，分判省事。凡国之大狱，三司详

---

① 《旧唐书》卷五〇《刑法志》，中华书局，1997，第2142页。

决，若刑名不当，轻重或失，则援法例退而裁之。①

　　律学博士一人，（从八品下。太宗置。）助教一人，（从九品上。）学生五十人。博士掌教文武官八品已下及庶人子为生者。以律、令为专业，格、式、法例亦兼习之。②

　　这两段文字中记述的法例与唐高宗废除的《法例》，三者的性质各不相同。被唐高宗"遂废不用"的《法例》，是经过编纂的一部法律典籍。给事中所援引的"法例"，据文义分析，很可能是指律的总则。律学博士"兼习"的"法例"，从上下文看是存在于律、令、格、式之外，其法例中的"例"极有可能是引以断狱的判例。这种判例不一定非以典籍的形态存在。所以赵仁本所撰《法例》虽然被废，法例仍然可能成为律学博士"兼习"的内容。

　　当然，这只是理论的假设，须以实证资料为据才能断定假设的理论是否成立。下面是武则天执政时期著名司法官徐有功所参与处理的案件中的两个案例。

　　一是李思顺妖言案。当时朝廷围绕如何处理此案意见分歧很大。有主张处斩刑、家口籍没者，有主张合断流三千里者。徐有功认为，依唐律应"处流三千里者正"。右台中丞李嗣等二十人议称："请依王行感例，流二千里，庶存划一者。"③ 所谓"请依王行感例"，是要求以王行感案的判决作为此案处理的依据，说

---

① 《旧唐书》卷四三《职官二》，中华书局，1997，第1843页。又见《大唐六典》卷八，三秦出版社，1991，影印本，第179页。
② 《旧唐书》卷四四《职官三》，中华书局，1997，第1892页。又见《大唐六典》卷二一，三秦出版社，1991，影印本，第393、399页。
③ （唐）杜佑撰：《通典》卷一六九《刑法七》，中华书局，1984，影印本，第896页。

明"王行感例"属于判例。李嗣等把"庶存划一"作为援引王行感例判决此案的理由，恰好反映了判例的作用。

另一个案件是韩纯孝反逆案。当时案件的主办者推事使顾仲琰奏称："韩纯孝受逆贼徐敬业伪官同反，其身先死，家口合缘坐。"奉敕依曹断，家口籍没。有功议："按贼盗律：'谋反者斩。'处斩在为身存，身亡即无斩法。缘坐元因处斩，无斩岂合相缘？缘者是缘罪人，因者为因他犯。犯非己犯，例是因缘。所缘之人先亡，所因之罪合减。合减止于徒坐，徒坐频会鸿恩。今日却断没官，未知据何条例。若情状难舍，敕遣戮尸，除非此途，理绝言象。伏惟逆人独孤敬同柳明肃之辈，身先殒没，不许推寻。未敢比附敕文，但欲见其成例。勘当尚犹不许，家口宁容没官？"申覆，依有功所议，断放。此后援例皆免没官者，三数百家。①

徐有功在奏议中提到了条例、成例。他所说的条例指的是法律条文，所说的成例是指已经结案的具有先例意义的案例，所说的"但欲见其成例"，意在说明"籍没"处分缺乏依据，既"未知据何条例"，又找不见所依据的"成例"。由此可见，成例在唐代是存在并发挥作用的。此案的处理结果是"依有功所议，断放"。值得注意的是《通典》以下的记载："此后援例皆免没官者，三数百家。"《通典》的作者是唐代曾经做过刑部尚书和宰相的杜佑，他对唐代法律制度应该是清楚的，这个叙事应该是可靠的。从杜佑所述看，这一案例在此后被广泛援引，并使很多人家受益，证明它成为了一个有效力的判例。

唐代之所以开始使用判例，这与隋唐时期律文的大幅度减少、以"类举"处理律无明文规定的案情这一情况有密切关系。

---

① （唐）杜佑撰：《通典》卷一六九《刑法七》，中华书局，1984，影印本，第896页。

　　《旧唐书·刑法志》载唐高宗李治永徽六年（公元 655 年）七月君臣间的对话。"上谓侍臣曰：律通比附，条例太多。左仆射志宁等对：旧律多比附断事，乃稍难解。科条极众，数至三千。隋日再定，惟留五百。以事类相似者，比附科断。今日所停，即是参取隋律修易。条章既少，极成省便。"① 在唐玄宗开元年间任官的赵冬曦曾经上书指出："臣闻夫今之律者，昔乃有千余条。近者，隋之奸臣将弄其法，故着律曰：犯罪而律无正条者，应出罪则举重以明轻，应入罪则举轻以明重。立夫一言而废其数百条。自是迄今，竟无刊革，遂使死生罔由乎法律，轻重必因乎爱憎。受罚者不知其然，举事者不知其犯，臣恐贾谊见之，必为之恸哭矣。"②

　　隋唐以前，各代律典的条文均较多。如晋律为 20 篇、630 条，南朝齐律为 1532 条、梁律为 2529 条，北齐律为 949 条，北周《大律》为 1530 条。到了隋朝，隋文帝"因览刑部奏，断狱数犹至万条。以为律尚严密，故人多陷罪。又敕苏威、牛弘等，更定新律。除死罪八十一条，流罪一百五十四条，徒杖等千余条，定留唯五百条"。③ 这与赵冬曦说"立夫一言而废其数百条"大体是一致的。

　　古代定律究竟是多少条科学合理，是 2500 条、1500 条，还是 500 条，是个仁者见仁、智者见智的问题。但果真如赵冬曦所说删去几百条法律，代之以"应出罪则举重以明轻，应入罪则举轻以明重"这样一条规定，显然会给司法审判中适用法律带

---

① 《旧唐书》卷五○《刑法志》，中华书局，1997，第 2141～2142 页。
② （元）马端临撰：《文献通考》卷一六六《刑考五》，浙江古籍出版社，2000，影印本，第 1438 页。
③ 《隋书》卷二五《刑法志》，中华书局，1982，第 712 页。

来问题。赵冬曦认为："立法者，贵乎下人尽知，则天下不敢犯耳，何必饰其文义，简其科条哉！夫科条省则下人难知，文义深则法吏得便。下人难知，则暗陷机阱矣，安得无犯法之人哉；法吏得便，则比附而用之矣，安得无弄法之臣哉。"① 过去人们称赞唐律的简要，赵冬曦的批评一直受到冷遇，被埋没在文献中很少有人提及。唐宋时期以（判）例补充律文的不足，导致出现"以例破法"的现象，后来，明清之以例辅律，刑例愈来愈多，说明赵冬曦批评隋唐律文删减过度的话也不是没有一点道理。由于唐朝制律注重简约，律文仅 502 条，不可能把各种案情包罗无遗，这就为判例的适用提供了空间。

　　但实际情况是，唐朝制定了严格的制度从两个方面约束和限制判例的适用。一是规定判案必须具引律令。为了防止法官任意用法，唐律规定："诸断罪皆须具引律、令、格、式正文，违者笞三十。"二是规定特旨断狱不得引为后比。唐律规定："诸制敕罪，临时处分，不为永格者，不得引为后比。若辄引致罪有出人者，以故失论。"就是说，即使皇帝特别批准的案件，如果没有经过一定程序提升为具有一般效力的"永格"，就不能在以后类似案件的处理中比照使用。唐律的这两条规定，就把判例的制定和适用限制在一个极其狭小的空间，决定了判例在唐代不可能广泛使用。正由于如此，有关唐代的史籍中记载的判例甚少。

3. 宋代断例的性质及其转换

　　晋代文帝时，杜预就注解律令一事给皇帝的上书中，就言及"断例"一词，他说："法者，盖绳墨之断例，非穷理尽性之书也。"② 杜预所说的断例，其含义是法律的代称。《宋书》、《金

---

① 《全唐文》卷二九六，赵冬曦撰：《请明律例奏》。
② 《晋书》卷三四《杜预传》，中华书局，1982，第 1026 页。

史》也曾偶而提及断例 。① 但在中国历史上，只有宋元两朝把断例确认为国家的重要的法律形式。

朱熹撰《通鉴纲目》记述汉代的决事比时，注曰："决事比，犹言断例也。"汉代的决事比属于判例性质。对于宋代人来说，断例是他们熟悉的判例形式，故以此作为决事比的注解。

断例的形成与例有密切的关系。在有关记载宋代法律制度的文献中，常用"著为例"、"遂以为例"等文字表述某一例已经君主批准成立。宋例分为行政例和司法例两类。司法例指的是司法过程中产生的单个案例，它们是与决狱有关的刑例。只有在司法过程中形成的刑例与断例有关。

刑例是奏案制度的产物。在中国古代，奏案制度又称奏谳制度。早在秦汉时期，奏谳制度已经确立。魏晋南北朝时期，所有死刑案件须报中央经皇帝批准。特别是唐代建立了严密的死刑复奏制度后，奏谳制度失去了存在的必要。宋初承继五代之乱，未设死刑复奏制度。宋人王禹偁著《五代史阙文》曰：建隆二年，太祖谓宰臣曰："五代以来，诸侯跋扈，有枉法杀人，朝廷置而不问，刑部之职几废。且人命之至重，姑息藩镇，当若是耶！令诸州决大辟讫，录案闻奏，委刑部覆视之。"王禹偁说宋代"奏案自此始"，实际上这并不是普遍实行的复奏制度。《文献通考·刑考九》载：仁宗天圣初，燕肃判刑部，鉴于其时每年天下判处死刑的案件几乎等于唐代一百倍的情况，上书建言，认为唐代对死刑案件实行三覆奏和五覆奏制度对于减少每年实际处死

---

① 见《宋书》卷二《武帝本纪》："于是依界土断，唯徐、兖、青三州居晋陵者，不在断例。"又见《金史》卷九九《李革传》："四年，拜参知政事。革奏：'有司各以情见引用断例，牵合附会，实启倖门。乞凡断例敕条特旨奏断不为永格者，不许引用，皆以律为正。'诏从之。"中华书局，1983，第 2197 页。

的人数起了重要作用。宋代仅仅在京师对死刑案件实行一覆奏，远远不够。建议"望准唐故事，天下死罪皆得一覆奏"。这说明，宋初地方死刑案件不存在普遍的覆奏程序。宋仁宗把燕肃的建议批下中书省后，遭到王曾的反对，他认为全部死刑案件一一覆奏，会使所有死刑案件"久不得决"，建议只对"狱疑若情可矜者，听上请"。仁宗遂下诏曰："其令天下死罪情理可矜及刑名疑虑者，具案以闻。"宋代的死刑案件分为两类："大辟之狱，在县则先以结解，在郡则申以审勘，罪状明白，刑法相当，郡申宪司，以听论决，是谓详覆。情轻法重，情重法轻，事有疑虑，理可矜悯，宪司具因依，缴奏朝廷，将上取旨，率多轻贷，是谓奏案。着在令典。"①

刑例是宋朝在恢复奏谳制度过程中形成的。各地把事有疑虑，理可矜悯，不能完全按照法律判决的死刑案件，通过奏报的途径，上报中央有关机构审核，如经皇帝批准得以减死论处，就会形成一个案例。如《宋史·马寻传》载：

> 同时有马寻者，须城人。举《毛诗》学究，累判大理寺，以明习法律称。历提点两浙陕西刑狱、广东淮南两浙转运使，知湖、抚、汝、襄、洪、宣、邓、滑八州。襄州饥，人或群入富家掠囷粟，狱吏鞫以强盗，寻曰："此脱死尔，其情与强盗异。"奏得减死，论著为例。②

这段记载的意思是，一群饥民因抢米被依照法律按强盗定

---

① 以上见（元）马端临撰《文献通考》卷一七〇《刑考九》，浙江古籍出版社，2000，影印本，第1474页。
② 《宋史》卷三〇〇《马寻传》，中华书局，1997，第9972页。

罪。马寻认为其行为是为了活命不得已而为之，与一般强盗有所不同。经过奏谳，得以减死论处，并记录下来成为一个判例。

《宋史·李仕衡传》："迁尚书工部侍郎、权知天雄军。民有盗瓜伤主者，法当死，仕衡以岁饥，奏贷之。"① 这是又一判例。《折狱龟鉴》"矜谨"篇，有一条题为"陈执方缓刑"。据王安石为陈执方所撰"墓志"说："陈执方大卿通判江州时，民饥，有刈人之禾而伤其主，法当死者。执方以为：'古之荒政，所以恤人者尽矣，然尚缓刑，况于今哉！'即奏贷其死。"此条目后有作者按语谓："李士衡观察权知天雄军。民有盗瓜伤主者，法当死，士衡以岁饥奏贷之。自是著为例。执方之奏，盖用此例也。"② 如果这一按语无讹，则李仕衡对于盗瓜伤主案的判决，后来成了陈执方判决"刈人之禾而伤其主"的根据，也证明了其判例的性质。

《宋史·苏颂传》载：

> 时知金州张仲宣坐枉法赃罪至死，法官援李希辅例，杖脊黥配海岛。颂奏曰："希辅、仲宣均为枉法，情有轻重。希辅知台，受赇数百千，额外度僧。仲宣所部金坑，发檄巡检体究，其利甚微，土人惮兴作，以金八两属仲宣，不差官比校，止系违令，可比恐喝条，视希辅有间矣。"神宗曰："免杖而黥之，可乎？"颂曰："古者刑不上大夫，仲宣官五品，今贷死而黥之，使与徒隶为伍，虽其人无可矜，所重者，污辱衣冠耳。"遂免仗黥，流海外，遂为定法。③

① 《宋史》卷二九九《李仕衡传》，中华书局，1997，第9937页。
② （南宋）郑克编：《折狱龟鉴》卷八《矜谨》"陈执方"条，见杨一凡、徐立志主编《历代判例判牍》第1册，中国社会科学出版社，2005，第508页。
③ 《宋史》卷三四〇《苏颂传》，中华书局，1997，第10861页。

据苏颂奏，"法官援李希辅例"错判张仲宣一案属于用例不当。但是，这一材料却反映了法官经常引用判例作为判案依据的工作方式。

皇帝对于个别死刑案件从恤悯的角度给以特赦，也会形成案例。《建炎以来朝野杂记》载：

> 自祖宗开基，首严赃吏之禁。重者辄弃市。真宗以后，稍从宽贷，然亦终身不用。……绍兴四年，秀州黄大本遂决刺焉。然高宗性仁厚，但行之数人而止。七年秋，永嘉令李处廉贷死，籍其赀。自是为例。[1]

这是南宋处分赃吏的司法判例。它说明不仅"著为例"的案件可以形成判例，皇帝特旨处断的案件有的也可能形成判例。尽管皇帝申明他特赦的行为是针对特定的人和事，属于特事特办，并冠以"特宥之"、"特矜之"、"特贷之"、"特贷极刑"、"特放"、"特原其罪"的字样，但还是为臣下和后人提供了可供攀比援引的案例，致使"自是为例"的现象时有发生。

宋哲宗元祐元年（1086 年）闰二月，给事中范纯仁上言："四方奏谳，大辟凡二百六十四，死者止二十五人，所活垂及九分。自去年改法，至今未及百日，所奏按凡一百五十四，死者乃五十七人，所活才及六分已上。"[2] 据范纯仁提供的数据，因实行奏案制度被作为减死处理的案件，每年达上百件之多。

各地上报需要皇帝恤悯的案件时，不能不查找先例。刑部在审查这些案件并向皇帝提出建议时，也需要参考先例。司马光反

---

① 《建炎以来朝野杂记》（上）甲集卷六《申严赃吏之禁》，中华书局，2000，第147页。
② 《宋史》卷二〇一《刑法三》，中华书局，1997，第5012页。

对以例代法，他在奏议中说："刑部奏钞兖、怀、耀三州之民有斗杀者，皆当论死，乃妄作情理可悯奏裁，刑部即引旧例贷之。"这说明对于地方上报的情理可悯案件，在上奏皇帝裁决时经常引据"旧例"作为依据。"审刑院贴奏，率以恩释为例，名曰贴放。"贴放又称为"贴例取旨"。如门下侍郎韩维言："天下奏按，必断于大理，详议于刑部，然后上之中书，决之人主。近岁有司但因州郡所请，依违其言，即上中书，贴例取旨"①。这些议论反映的情况表明，客观上存在编选各种先前的案例以资利用的需要。

断例是宋代的法律编纂形式之一。宋朝法律除《刑统》外，还有各种编敕及编纂形成的敕令格式、条法事类等。断例也是由编纂而形成的法律典籍。史载北宋时期的断例有：《刑名断例》10卷，《元丰断例》6卷，《熙宁法寺断例》12卷，《刑名断例》3卷，《断例》4卷，《刑房断例》卷数不详。南宋编修的断例则有：《绍兴编修刑名疑难断例》，《干道刑名断例》，《开禧刑名断例》，《乾道新编特旨断例》，《淳熙新编特旨断例》。宋朝如此重视断例的编纂，可见断例在其法律形式中占有重要地位。

以案例合集形式编纂的判例，最早出现当在北宋仁宗期间。这一时期，范仲淹曾经提出建议："其审刑大理寺，乞选辅臣一员兼领，以慎重天下之法令。检寻自来断案及旧例，削其谬误，可存留者，著为例册。"②此建议当时是否落实，未见记载。又据《宋史·王曾传》载，其孙王融"权判大理寺。乃取谳狱轻重可为准者，类次以为断例"。③王融是"祥符进士及第"，"英

---

① 《宋史》卷二〇一《刑法三》，中华书局，1997，第5012页。
② 《奏灾异后合行四事》，《范文正公政府奏议》卷上，丛书集成统编本。
③ 《宋史》卷三一〇《王曾传》，中华书局，1997，第10186页。

宗即位，进兵部，卒"。其权判大理寺当在英宗即位之前，即宋仁宗嘉祐年间。从这一记载看，王融编纂的断例，采取的是案例汇编的形式。

判例的产生也与军政方面的事宜有关。《宋史·夏竦传》载："初，武臣赏罚无法，吏得高下为奸，竦为集前比，著为定例，事皆按比而行。"① 仁宗时期，夏竦是管理武臣的枢密副使。《宋史·刑法一》载苏辙的奏言："旧制，文臣、吏民断罪公案归中书，武臣、军士归枢密，而断例轻重，悉不相知。"② 说明当时武臣的赏罚由枢密院负责。夏竦"为集前比，著为定例"和王融"类次以为断例"表示的是一个意思，都是把司法例编选在一起，只是前者限于武臣、军士的赏罚。

王安石变法时期，很重视断例的修订。《郡斋读书志》卷二下载有《断例》四卷、《元丰断例》六卷。对于这两部法律典籍，晁氏注曰："皇朝王安石执政以后，士大夫颇重意律令，此熙、丰、绍圣中法寺决狱比例也。其六卷则元丰中法寺所断罪节文也。"《续资治通鉴长编》记："神宗元丰三年丁巳，诏中书：以所编刑房并法寺断例，再送详定编敕所，令更取未经编修断例与条贯同看详。其有法已该载而有司引用差互者，止申明旧条。条未备者，重修正；或条所不该载，而可以为法者，创立新条；法不能该者，著为例。其不可用者，去之。"③

如果说在北宋哲宗朝以前，断例的编修还是法寺官员或者士大夫的个人行为的话，那么，自哲宗朝起，它进入了由官方机构受命编修的阶段。哲宗元祐元年十一月四日中书省言："欲委官

---

① 《宋史》卷二八三《夏竦传》，中华书局，1997，第9572页。
② 《宋史》卷一九九《刑法一》，中华书局，1997，第4980页。
③ （宋）李焘撰：《续资治通鉴长编》卷三九一，宋哲宗元祐元年。

将续断例，及旧例策，一处看详，情理轻重去取，编修成策，取旨施行。从之。"① 又，宋徽宗时"以左、右司所编绍圣、元符以来申明断例班天下"，② 判例也是以官方机构的名义编纂。

南宋时期，断例进一步受到重视。史载："高宗播迁，断例散逸，建炎以前，凡所施行，类出人吏省记。"③ 此处的断例指的是一般的法律典籍，表明断例已经被视为法的代名词。

这样编成的断例的具体形态是怎样的？因尚未发现完整记载宋代断例的文献，只能通过史籍字里行间透露出来的意义进行探讨。

从宋代皇帝颁布的诏令看，可以肯定编纂断例的材料是原始的司法判牍和案例。如宋仁宗诏曰："以前后所断狱及定夺公事编为例"；神宗诏中书曰："令更取未经编修断例与条贯同看详"，哲宗元祐元年诏中书省言："欲委官将续断例及旧例策一处看详"。

经过编纂的断例可以从上引宋神宗诏文中看出端倪。诏曰："其有法已该载而有司引用差互者，止申明旧条。条未备者，重修正；或条所不该载，而可以为法者，创立新条；法不能该者，著为例。其不可用者，去之。"阅读这段文字，需要注意的是"条"和"例"的意义。条，又称条贯，就是条文，是抽象的法条。例，应该指案例，断例，判例。所谓"可以为法者，创立新条；法不能该者，著为例"，表明在编纂而成的断例中存在"条"和"例"两种成分，既有条文，又有案例。

《宋史·徐处仁传》的一段文字，可以作为断例包含"条"

---

① （宋）李焘撰：《续资治通鉴长编》卷三九一，宋哲宗元祐元年。
② 《续资治通鉴》卷八九，宋徽宗崇宁三年。
③ 《宋史》卷一九九《刑法一》，中华书局，1997，第4965页。

和"例"两种成分的佐证:"初,处仁为右丞,言……乞诏自今尚书、侍郎不得辄以事谖上,有条以条决之,有例以例决之,无条例者酌情裁决;不能决,乃申尚书省。"① 所谓"有条以条决之,有例以例决之,无条例者酌情裁决"。后面的"条例"两字,结合上下文分析可知,"无条例"是"无条"又"无例"的意思。

《宋史·高宗本纪》载:"绍兴二十六年九月戊辰,命吏、刑二部修条例为成法。"② 这段话中的"条例"二字,正确的标点应是"条、例"。所谓"修条、例为成法",是说经过修订的条文和案例共同构成"成法"。

另据记载,南宋孝宗淳熙六年(1179年)七月一日,刑部郎中潘景珪言:"朝廷钦恤用刑,以条令编类成册,目曰断例,可谓曲尽。昨有司删订止存留九百五十余件,与见断案状,其间情犯多有不同,难以比拟。乞下刑部,将隆兴以来断过案状编类成册,许行参用。庶几刑罚适中,无轻重之弊。"③ 这段话中,所谓"以条令编类成册,目曰断例",是说断例是条文;后面又要求"将隆兴以来断过案状编类成册,许行参用",说明断例中也有案例。

据以上记载,我们可以初步认定,编纂而成的断例是由"条"和"例"混合构成的。所谓"可以为法者,创立新条",即部分断例成为上升"为法"新的规范性条文;"法不能该者,著为例",即不能上升为法律条文者,仍然以例的形式存在。凡是能够上升为法条的,都以条文的形式出现;只有不能上升为法

---

① 《宋史》卷三七一《徐处仁传》,中华书局,1997,第11520页。
② 《宋史》卷三一《高宗本纪八》,中华书局,1997,第586页。
③ (清)徐松辑:《宋会要辑稿》第164册《刑法一》之五一,中华书局,1997,影印本,第6487页。

条的才保持案例的原样。由此可见，经过编纂的断例是一个法条和案例的混合体。

在宋代，有人往往把法与例对立起来，说："法者，公天下而为之者也；例者，因人而立以坏天下之公者也"；① "法之弊易见，例之弊难知"，② 等等。然而也有人认为，对例的一味排斥未必正确，律与例的关系不是不能够调和的。据《宋会要辑稿》载："（绍熙）二年四月十二日，臣僚言：臣闻自普天下之所通行者，法也。不闻有所谓例也。……是以前后臣僚屡有建请，皆欲去例而守法。然终于不能革者，盖以法有所不及，则例亦有不可得而废者，但欲尽去欲行之例，只守见行之法，未免拘滞而有碍。要在与收可行之例归于通行之法，庶几公共而不胶。……如是则所行者皆法也，非例也。"③ 断例的编纂就是将对立的两者合成为一体，"收可行之例归于通行之法"，最终达到"所行者皆法也，非例也"的目的。这实际上是以吸纳断例进入法律体系的方式，达到法和例的统一。

如果我们用发展的观点看问题，可以说在有宋一代，断例经过不断演变，已经具有了近似法的或者说准法的性质。

首先，断例在形式上具备了法的特征，它是公开的而不再是秘密的例。法是公之于众的，而例则藏于吏手。《宋会要》记："绍兴二十六年御史中丞言：三尺之法，天下之所通用也，四海九州，万邦黎献，知法之所载"；"法之当否，人所共知"；"法者……著为令典"。也就是说，法不仅要"人所共知"，且著之于

---

① 《续资治通鉴》卷一四四引龚茂良语。
② 《续通典》卷一一九《刑十三》，浙江古籍出版社，2000，影印本，第1862页。
③ （清）徐松辑：《宋会要辑稿》第164册《刑法一》之五五，中华书局，1997，影印本。第6489页。

典籍。与此相反，"例多藏胥吏之手"，不仅百姓不知，甚至"百司不可得而知"。[①] 断例则不同。宋徽宗时，"以左、右司所编绍圣、元符以来申明断例班天下"，文中的"班"是颁行的意思，"班天下"说明断例是向全国公布的。再如哲宗元祐元年十一月二十八日诏："中书省编修刑房断例，候编定付本省舍人看详讫，三省执政官详定取旨颁行。"[②] 由此可知，断例是经过一定的程序才公布于众的。显然，这与先前的例由官府秘密掌握的情况不同。[③]

其次，断例的编纂结构具有系统性。例的原生形态是单个的离散的形态。随着断例的编纂，断例的系统性越米越强。特别是《绍兴编修刑名疑难断例》和《乾道新编特旨断例》以 12 篇分类，不仅在形式上采用了唐律及宋刑统的顺序，力图与当时的法典保持一致，也说明了其内容发展到了全面覆盖社会各个领域的情况的系统程度。如《绍兴编修刑名疑难断例》的结构为：名例、卫禁共 2 卷，职制、户婚、厩库、擅兴共 1 卷，贼盗 3 卷，斗讼 7 卷，诈伪 1 卷，杂例 1 卷，捕亡 3 卷，断狱 2 卷。《乾道新编特旨断例》的结构是：名例 3 卷，卫禁 1 卷，职制 3 卷，户婚 1 卷，厩库 2 卷，擅兴 1 卷，贼盗 10 卷，斗讼 19 卷，诈伪 4 卷，杂例 4 卷，捕亡 10 卷，断狱 6 卷，分为 12 门，共 64 卷。

再次，断例的内容保持了与其他法律的协调，以及自身各种法律规定之间的和谐一致。譬如，前引南宋孝宗淳熙六年七月一

---

① 本段以上引文均见《宋会要辑稿》第 164 册《刑法一》之四五至六一，中华书局，1997，影印本。

② （清）徐松辑：《宋会要辑稿》第 164 册《刑法一》之一四，中华书局，1997，影印本，第 6468 页。

③ 当然也还有不颁布天下而只颁布刑部大理寺行用的部分。见戴建国著《宋代刑法史研究》，上海人民出版社，2007，第 99 页。

日刑部郎中潘景珪上言后，皇帝下诏曰："刑部长贰选择元犯与所断条法相当体例，方许参酌编类，其有轻重未适中者不许一概修入。"① 明确强调"其有轻重未适中者不许一概修入"，是将两者的协调一致定为了编修的原则。

　　总之，断例是在判例的基础上修定而成的，但却不是判例的简单汇编。在编纂断例的过程中，原始素材已进行了必要的提炼和改造。在司法过程中形成的判例，经过法律编纂的途径，上升成为抽象的法律条文，在形式要件方面也尽量地与其他法律保持一致。宋例的这种变化，反映了成文法制度对于异质判例的同化过程。

4. 断裂与延续：元代断例的发展

　　元代法制与宋代法制存在断裂，又存在联系。

　　元朝法制比较特殊。进入中原之前，蒙古民族法律文化处于极其落后的状态。元朝建立之初，统治者拒绝继受已经成熟的汉法，特别是唐律、《宋刑统》所代表的律典传统，延迟了法制完备的进程，造成了法制混乱的局面。正如元人郑介夫云："今天下所奉行者，有例可援，无法可守。官吏因得并缘为欺。内而省部，外而郡府，抄写格条多至数十。间遇事有难决，则检寻旧例，或中无所载，则旋行比拟，是百官莫知所守也。"②

　　然而，历史与传统又是难以割断的。诚如元人吴澄《大元通制条例纲目后序》云："古律之必当从，虽欲违之而莫能违也。"他认为：元代统治者在法律继承问题上的态度是"暗用而明不用，名废而实不废"。也就是说，元代法制与宋代法制之间

① （清）徐松辑：《宋会要辑稿》第 164 册《刑法一》之五一，中华书局，1997，影印本，第 6487 页。
② 《新元史》卷一九三《郑介夫传》，中国书店，1988，影印本，第 780 页。

存在着实质性的联系。

元代与宋代法制之间的传承关系，主要表现在元代统治者于立法过程中很注意借鉴南宋法律编纂的形式和经验。南宋法律的基本编纂形式是三种，即敕令格式、条法事类和断例。元朝的法律一是《大元通制》，一是《至正条格》。《大元通制》由三部分组成，即诏制、条格和断例。《至正条格》也是由诏制（制诏）、条格和断例三部分组成。仅就法律的名称而言，人们也会发觉元朝法典的三个构成部分和南宋的三种法律编纂形式存在相似之处。"诏制"和"敕令格式"中的敕令性质相似，"条格"和"条法事类"字头相同，断例的名称则完全一样。①

南宋编纂断例的传统也为元代所继承。南宋时，断例已成为基本法律形式之一。《宋史·刑法志》以"断例散逸"一语概括宋朝南渡后法律文献的遗失散落情况，至少表明在《宋史》作者即元朝脱脱等人的心目中，断例俨然是法律的化身。元初在无法可守的情况下，民间在处理纠纷的过程中自发援用南宋的判例。据郑介夫著的《太平策》言，元时"民间自以耳目所得之敕旨、条令，杂采类编，刊行成帙，名曰《断例条章》，曰《官民要览》，家置一本，以为淮绳。"② 很可能是通过这样的途径，断例作为一种法律编纂形式，由民间记忆而为元统治者所知，成为国家的法律形式之一。

《至正条格》编定之后，欧阳玄在该书《序》中还说到群臣

---

① 黄时鉴认为《大元通制》在编纂体例方面，同唐、宋、金的法典体系有承袭关系："《大元通制》的制诏相当于宋的敕或金的敕条；断例相当于唐宋的律或金的律义；条格相当于唐宋的令或金的律令，并包括进了格、式。"（《大元通制考辨》，载《中国社会科学》1987 年第 2 期）其言虽有所本，但硬要将《大元通制》和唐律拉上关系，恐怕没有考虑到南宋法律的嬗变情况。

② 《新元史》卷一九三《郑介夫传》，中国书店，1988，影印本，第 780 页。

讨论的意见，即认为制诏是"国之典常"，条格、断例是"有司奉行之事"。前者应收藏于朝廷，后两者应"申命锓梓示万方"。这表明《至正条格》由诏制（制诏）、条格、断例三个部分组成，彼此是相对独立的。该书断例部分为《名例》、《卫禁》、《职制》、《户婚》、《厩库》、《擅兴》、《贼盗》、《斗讼》、《诈伪》、《杂例》、《捕亡》、《断狱》12 篇，其篇目的编排顺序与《绍兴编修刑名疑难断例》、《乾道新编特旨断例》相同，这说明元代与宋代的断例之间有其渊源关系。

《大元通制》收入断例为 717 条，《至正条格》收入断例1509 条。对于每条的具体形态是什么样的？人们的看法不一。《新元史》作者柯劭忞认为：断例是事例，是"因事立法，断一事而为一例者也。"① 黄时鉴认为，断例是像唐律一样的条文。②笔者经过初步考证认为，断例既不完全是事例（案例），也不完全是条文，很可能是由案例和条文混合编纂而成的。

第一，《大元通制》现存的"条格"部分，并不完全是由条文构成，其中有不少是案例，整体上是一个条文和案例混杂的东西。这似乎可以令人反推出，其号称"断例"的那部分，也不完全是案例，同时还存在有条文。

第二，早在《大元通制》颁布前，民间自发编纂的《断例条章》，采取的是"敕旨、条令，杂采类编"的编纂形式，其内容以敕旨、条令为主，兼收有断例。元代的典章文物名实之间差距很大，顾名思义往往得不出正确的结论。

---

① 《新元史》卷一〇三《刑法志下》，中国书店，1988，影印本，第 477 页。
② 黄时鉴：《大元通制考辨》，载《中国社会科学》1987 年第 2 期。但是，他提出的论据只是断例按照唐律的律目分篇，这是相当薄弱的论证。因为宋朝的断例已经按照唐律的律目分篇了，这并不妨碍宋朝的断例包含判例的成分。

第三，《大元通制》颁布于元英宗至治三年（1323 年），《至正条格》颁布于元顺帝至正六年（1346 年）。后者较之前者的判例增加 342 条。短短的 23 年间，单纯的条文增加的数量如此之多，这也是"条文说"讲不通的地方。

《元典章》也可作为断例由案例和条文混合编纂而成的旁证。该书中带有"例"字的条目计 116 条，其中断例 14 条。内有户绝家产断例、买卖蛮会断例、买使挑钞断例、食践田禾断例、借骑铺马断例、背站驰驿断例、牧民官受财断例、借使官吏俸钱断例、刑名枉错断例、奴诬告主断例、宰羊羔儿断例、抹牌赌博断例、偷船贼断例、戳剜双睛断例。这些断例大体可以分为三个类型。①

第一类是内容包括案例的断例，共计 11 条，典型的如借骑铺马断例，是关于崔进告杜令史借骑铺马案的判决。其文曰：

> 至元四年□月，中书户部据东平路马户崔进告恩州太守石磷，将铺马借与杜令史骑坐，前去迤北罪犯。议得借驿马徒二年，品官赎铜，呈奉都堂钧旨，送本部石磷罚俸一月，杜令史断罪六十七下，依上断讫，合下各处依上禁约施行。②

第二类计 1 条，题为"买卖变会断例"，内容是对某地方官员立法建议的审议过程及根据此建议制定的法律，内有关于伪造

---

① 据黄时鉴考：在元代，"断例"这个词是在两种含义上混用的。这在《元典章》中表现得最为明显。《元典章》的条目用了 38 次"断例"，其中有 18 次意为断案通例，17 次意为断案事例，还有 3 次是编纂者企图把断案事例编为断案通例。这里可能存在计算的口径差异。

② 《元典章》三六《兵部三》，中国书店，1990，第 555 页。

或把旧藏关会递相转卖等犯罪的处罚规定。

第三类计 2 条，即"食践田禾断例"和"宰羊羔儿断例"。内容是节录的皇帝圣旨。录"食践田禾断例"的全文如下：

> 至大元年三月，行台御史台咨承奉中书省，札付蒙古文字，节该大德十一年九月二十三日钦奉圣旨：今年百姓每田禾好生不成收成来，恼薛歹昔宝赤诸王附马的伴当每外各枝儿等，食践田禾，百姓俱入每的场里夺要田禾鸡米草菜罗葡唗欺负百姓每也者。如今省官人每行文书禁约者。这般晓谕了使气力，夺要田禾鸡米草菜罗葡等物的人每，拿住呵打七十七下，拿住的人根底与赏，么道传圣旨来钦此。[①]

殷啸虎认为，元朝的断例无论是名称、结构还是编纂方式，都是对宋断例的效仿。[②] 这一论断是正确的。

《元典章》是元朝法律文献的汇编。从其所载诏书中，可以看出例在司法活动中的重要作用。例如，元成宗大德八年（1304 年）诏书、元武宗至大元年（1308 年）诏书有"典质借贷私约分明，依例归结"之语；至大二年（1309 年）诏书有"重囚及早依例结案"之语；大德五年（1301 年）圣旨有"今后诸处罪囚……并听合干上司依例决遣"、"果若所见不同，有例引用其例，无例从公拟决"之语。由此可知，元朝强调无论是民事案件还是刑事案件，都须依例处断。

元代的法律形式中虽无"判例"之名，但从现代法学的观

---

① 《元典章》二三《户部九》，中国书店，1990，第 413 页。
② 殷啸虎：《论大元通制"断例"的性质及其影响——兼与黄时鉴先生商榷》，《华东政法学院学报》1999 年第 1 期。

点看，断例中那些可以用以比附的案例则具有判例的性质。仔细阅读《元典章》，我们可以对元朝司法审判中运用判例作为判决依据的情况有个大体了解。例如在刑部"杀死妻"条中，建宁路上报的李孙砍死妻蔡佛姑一案，据犯人的招供是：元仁宗皇庆二年（1313 年）三月，李孙因与其妻蔡佛姑不睦，妻蔡佛姑不容同宿，便怀疑妻与其义父蔡林私通，遂用斧连砍数下，致妻气绝身死。追勘期间遇赦。所属行省认为，若拟凡人定论，"恐失明伦厚俗之道"，请求比例将李孙释免。此案呈报刑部后，刑部引用皇庆元年（1312 年）发生在池州路东流县一个丈夫杀死妻子的案件比附处理。该案的案情是：被告霍牛儿状招，于皇庆元年六月十二日，因与妻争执，用小尖刀挑断本妇咽喉，致使气绝而亡。池州路原拟判决霍牛儿减等杖断一百七下。施行间遇诏赦，刑部复核霍牛儿案时，引用了另一类似的杀妻案作为参考。这一案件的罪情是，被告王文书大德九年（1305 年）九月二十八日，猜其妻与人通奸，用刀杀死其妻。刑部考虑到王文书虽系故杀，但所杀是自己的妻子，"难与常人一体定论"，量情减等，杖断一百七下。王文书案经呈奉都堂钧旨批准依上施行。比照王文书案，霍牛儿案有了判决的依据。"若依常人故杀结案，切缘霍牛儿终为妻毁咀骂詈，弃伊还家以此杀死，比例合准池州路所拟，杖断一百七下，烧埋银两同居不须追理。都省咨请依上施行。"于是，李孙一案也有了判决理由：罪犯初无故杀之情，难与常人一体定论，比例将李孙钦依释免。皇庆二年建宁路李孙杀妻蔡佛姑一案，是引据皇佑元年霍牛儿扎死妻阿常的判例。而霍牛儿扎死妻阿常一案，又是引据了大德九年顺州王文书杀死妻秀哥的判例。值得注意的是，该判牍中反复说到"比例"一词："如准建宁路比例释免，情法相应"，"比例合准池州路所拟"，

"比例将李孙钦依释免"。① 所有这些，表明判例成为判决中的比照物。

再以《元典章》"偷盗神衣免刺"条所记宋仁宗延祐二年（1315 年）卢陵县张元章盗神衣案为例。张元章是一个穷苦无聊的乞丐，借在青源山静居禅寺乞食的机会，剥取神像上旧衣，意图改造后穿用。被告发查证属实，捉拿到官，供认不讳。本路断讫杖六十七下。江西行省认为，此案被告盗取神衣，乃饥寒所迫，原拟引过去的一件类似的案件，即张万一盗东岳庙黄绢字幡"例免刺字"案判决。但刑部终审判决没有同意原拟所引之例，而是援引沂州葛课儿盗神衣案结案。葛课儿案的案情是：葛课儿因饥寒所逼，盗取无人看守的神像衣服，判处的结果是"权免刺配"。据此，卢陵县张元章盗神衣案的被告张元章也免予刺字。② 江西行省和刑部都引用过去的判例作为处理此案的法律依据，不同的是江西行省所引的案例张万一盗东岳庙黄绢字幡案，盗窃的标的物黄绢字幡与神衣有所差异。刑部所引的葛课儿盗神衣案，则是一个盗窃的标的物完全相同的案例。依葛课儿案比较判决，无疑是更有说服力。

元代断例中的判例不仅适用于刑事案件，也适用于民事案件。据《元典章》"夫亡服内成亲断离与男同居"条载，仁宗延祐七年（1320 年）发生的句容县佴必用状告弟妇姜三娘夫死未满期年改嫁一案，经过江浙行省咨请刑部，最后由刑部根据元武宗至大元年（1308 年）发生的蔡寿僧夫死八月改嫁李茂才一案，"比例拟杖七十七下、离异"。③ 又如，《元典章》"兄收弟妻断

① 《元典章》四二《刑部四》，中国书店，1990，第 621~622 页。
② 《元典章》四九《刑部十一》，中国书店，1990，第 713 页。
③ 《元典章》：《典章新集户部》，中国书店，1990，第 911 页。

离"条载，元英宗至治元年（1321 年），刑部对于福建宣慰司上报的缪富二将已故弟妻阿雇收继一案，参照了元成宗大德二年（1298 年）六月刘君祥收嫂为妻案判决，而刘君祥收嫂为妻案又是根据元世祖至元十四年（1277 年）八月刑部处理的张义收弟媳为妻案判决，在判决刘君祥案的判词中，刑部称："本部议得，刘君祥刘阿王拟依前例杖断离异"。① 所谓前例，即张义收弟媳为妻案。在缪富二将已故弟妻阿雇收继一案的判词中，也有"拟合比例杖断……离异"的用语。

司法例的运用还见之于《元典章》"刑名枉错断例"条。此案涉及众多官吏，他们将一个名为廉酉保的人非刑拷打致死，为了掩盖真相，相互勾结，虚报为廉酉保服毒身死。经廉酉保的亲属告发，案件真相暴露。在处理此案时，刑部引用了元成宗大德七年（1303 年）发生的一件类似案件：一个叫刘子胜的人被官吏决打致死，在检验尸体时也被相关官吏故意"验作服毒身死"。以此判例作为依据，刑部对一干涉案人员做出了处理。②

从上述列举的刑事犯罪案件、民事违法案件和官吏违法乱纪案件以判例作为处理依据的情况可知，元代司法审判中曾广泛适用断例中的判例。其实，《元典章》本身就是依据判例决狱的产物。元人郑介夫指出元代"内而省部，外而郡府，抄写格例至数十册，遇事有难决，则检寻旧例"，《元典章》很可能就是在这些格例的基础上编成的。

元代时，在司法审判活动中援引判例也带来了一些弊端。《元典章》"强奸幼女处死"条记载，元成宗大德十一年（1307年）六月，庐州路发生了一起强奸幼女案。六安县年仅 16 岁的

---

① 《元典章》：《典章新集户部》，中国书店，1990，第 912～913 页。
② 《元典章》五四《刑部十六》，中国书店，1990，第 775～777 页。

类徐保，把 5 岁幼女张凤哥奸污，行省委派的审断罪囚官判处类徐保杖六十七下。行御史台对此判决甚为不满，以"不见此断例"为由，将这一案件呈送刑部。经刑部查证，在本案之前，类似案件被朝廷确认的判例已有三件：①

其一，世祖忽必烈至元五年（1268 年），陕西行省军人郑汴古歹，把王秀儿 6 岁女腃梅强奸，法司判处郑汴古歹死刑，并已执行。

其二，世祖至元七年（1270 年）三月二十九日，京兆路白水县王解愁强奸了郭晚驴未婚妻、年方 9 岁的李道道。因郭晚驴收了王解愁布 40 匹，白水县官司把准王解愁判处杖 47 下。

其三，世祖至元七年闰十一月，顺德路审理陈赛哥强奸田泽女儿田菊花一案，拟定判处陈赛哥死刑。此案移呈中央司法机关后，断事官斡脱儿赤援引上述"王解愁强奸李道道一案"，把陈赛哥杖 107 下。

三个案例的审判结果和处刑轻重各不相同，最后刑部的意见是："本部议得，类徐保所招奸讫五岁女张凤哥拟合处死，却为照例断事官斡脱儿赤断讫陈赛哥，又王解愁强奸李道道贴断例，合将类徐保帖断四十下。相应准拟，依上施行。"②这样，一起本应处死的案件，却依据"断事官斡脱儿赤断讫陈赛哥，又王解愁强奸李道道贴断例"从轻发落了。

对于刑部的判决，御史台提出了批评的意见："本台参详，徐保所犯既已断讫，固难再拟处断。然斡脱儿赤等官一时擅断之事，既非久远定制，若循今次所拟，切虑已后因仍，长恶滋奸，深为未便。合令刑部明立断例遍行中外。具呈照详。"御史台郑

①《元典章》四五《刑部七》，中国书店，1990，第 649 页。
②《元典章》四五《刑部七》，中国书店，1990，第 649 页。

重指出，陈赛哥等案件本来是"斡脱儿赤等官一时擅断之事"，却成为此后依据的"断例"，以致宽纵了此后类似的犯人。更严重的后果是："若循今次所拟，切虑已后因仍，长恶滋奸，深为未便。"①

元代在审理民事案件过程中，也存在着同一案情前后断例不一的问题。《元典章》"舒仁仲钱业各归原主"条记载，②武宗至大元年（1308年）七月，临江路奉江西行省札付："李勉翁告舒仁仲，不曾给据，将父李清叟原吩咐营运田土二十五亩三分卖于程普。"这是一起当事人再次申诉性质的案件。在此之前，本案曾经法司两次审理。第一次是元成宗大德七年（1303年），户部"照依湖广行省岳州王同知出典田土，不给公据，违法成交，依例革拨，仍令钱业各归本主"。即：舒仁仲把租佃李清叟的田土卖给程普，法司认为舒仁仲此举违法，判处舒仁仲把卖给程普的田土归还李勉翁之父李清叟。程普不服，于大德十年（1306年）赴都省陈告。这次案件由礼部审理，礼部援引"陕西省苏小一将捞碱地六十亩卖于崔送，不给公据"一案的判决，以"大德四年都省定例，已前罪经原免，难议追没，悔交为是"为由，推翻了户部的判决，田土仍归程普所有。江西行省的札付指出："近年以来各处田土增价，刁哗之徒往往攀指省部前后断例兴讼，告争纷纭。别无一事归着两例，事不归一，无法遵守。移咨中书省定拟明白通例回示。"③由于"一事归着两例"，一个案件最后形成两个不同的判决，其结果是"事不归一，无法遵守"。为了解决这类问题，地方政府请求中央制定通例即成文

<hr>

① 《元典章》四五《刑部七》，中国书店，1990，第649~650页。
② 《元典章》一九《户部五》，中国书店，1990，第316~317页。
③ 《元典章》一九《户部五》，中国书店，1990，第316页。

法条。

　　类徐保强奸幼女案、舒仁仲钱业各归原主案两起案件虽案情不一，结果不同，但是其价值取向却相当一致，这就是御史台和江西行省试图用成文法条解决断例适用中产生的弊端。前一案例处理的结果是，最终由一条成文法统一了强奸幼女罪的处罚。刑部根据御史台的建议，以所拟的一条成文法律终止了以前通行的断例的施行："得此，本部议得，今后若有强奸幼女谓十岁以下者，虽和亦同强奸，拟合依例处死。"这一立法得到朝廷的批准。后一案例，也表现了地方政府希望以成文法条统一断例歧异造成的问题。可惜，此建议没有为朝廷采纳。这与宋代对待判例的态度可谓殊途同归，都是通过总结经验教训达到了正确的认识。不同的是，宋代统治者很快就自觉以成文法吸纳了断例，元代则由于蒙元统治者对于汉族法律文化知识多少存在隔阂而显得行动迟滞。

5. 判例与成文法的关系：冲突及其转机

　　从春秋末期中国进入成文法时代之后，成文法始终占据统治地位。而历朝统治者对待判例的态度，则是经历了一个由"放任"到"拒斥"，再到"吸纳"的过程。这一过程可以分为三个时期。

　　由战国至秦汉，可以称之为判例适用的放任时期。当时，成文法处于发展过程中，律典还不成熟。律产生于秦代，开始时诸律并立，行政、经济、刑事、民事、军事、教育诸方面的法规都冠以律名，以独立的单行法规形式存在。不仅律尚未形成完整的体系，律、令之间也缺乏明确的界限。所谓"前主所是著为律，后主所是疏为令"，表明律令二者的功能无所区别，意味着律还不具备内在质的规定性。在这种情况下，统治者对于判例这种异质的东西采取的是放任的态度。结果是律令繁多，判例滋彰。汉武帝时，"律令凡三百五十九章，大辟四百九条，千八百八十二事，死罪决事比万三千四百七十二事。"① 有的学者用"混合法时期"描述这一时期的立法状况，应该说是有一定的道理的。

统治者之所以对判例的适用采取放任的态度，除当时成文法不够健全外，判例的存在也有其必要性和正当性。当有限的法律条文不能将无限广阔的社会生活概括无遗，极其复杂的社会现实使法律的一般规定不能完全适用于特殊情况，以及一成不变的法律条文在不断变化的社会现实面前左支右绌时，受朴素的公平正义观念的影响，判例的补充成文法不足的功能得到重视，汉景帝五年（公元前152年）发布的关于奏谳的诏令称："诸疑狱，若虽文致于法而于人心不厌者辄谳之。"汉景帝把"文致于法而于人心不厌"即形式上符合法律不能令人感到满意，作为奏谳案件的条件，表明了统治者对个案公正和实质正义的偏重。魏晋至唐宋是判例被拒斥的时期。此一时期，成文法已经趋于成熟。其表现是：魏晋时，从诸律分立到诸律合体的发展解决了律外有律的问题，形成了结构完整、内容严密的法典，律成为法律体系的主体。魏律18篇，晋律20篇，诸刑律尽包括于其中。另外，"令以存事制，律以定罪名"，律与令界限的明确划分，表明律具有了自身的质的规定性。这是其拒斥与之异质的判例的基础。

在成文法制度走向成熟的过程中，形成了与之相适应的法律理论形态。这种理论形态充分意识到了判例与成文法存在相互排斥的关系，强调法制追求的不是个案公正，而是形式正义。即对所有案件都运用同一的标准——法律这一普遍适用的尺度和准

---

① 《汉书》卷二三《刑法志》，中华书局，1983，第932页。

绳，以保证同样案件得到同样处理。西晋时刘颂说："征文必有乖于情听之断"，即依据法律条文判案并不能达致令人满意的个案公正和实质正义。又说："夫出法权制，指施一事，厌情合听，可适耳目，诚有临时当意之快，胜于征文不允人心也。"即撇开法律规定，处理个案，可能会达到令人感到满意的结果，胜过刻板地拘守法律文字作出的判断。然而，他又指出："然起为经制，终年施行，恒得一而失十。""法欲必奉，故令主者守文。""使主者守文，死生以之，不敢错思于成制之处，以差轻重。"认为从长远的观点看，重视个案的公正而未一依法律，却是得不偿失。为实现法制一统，应顾全大局，坚持恪守法律条文断案这一不可动摇的原则。对于如何处理特殊情况下的特殊案件，刘颂的观点是："君臣之分，各有所司，法欲必奉，故令主者守文，理有穷塞，故大臣释滞，事有时宜，故人主权断。"①即赋于君主处理这类问题的权力。

　　自西晋到北宋，判例受到严格的制度约束。这种制度约束表现在两个方面：一是为了防止官吏任情用法，规定定罪量刑必须具引律令。二是明令特旨断狱不得引为后比。即使皇帝特别批准的案件，如果未经过一定程序提升为具有一般效力的"永格"，就不能在以后类似案件的审理中援用。这样，判例的产生和应用被限制在一个狭小的空间。魏晋时期，判例几乎绝迹。唐代偶尔出现，从文献记载看也不是很多。"法例"是唯一一部经过编纂可以引以断狱的判例集，也被唐高宗否定和明文废除，反映了判例被排斥的情况。

　　成文法和判例之间存在着异质对立的关系，但是解决的方法

---

① 《晋书》卷三〇《刑法》，中华书局，1982，第936页。

却并非一定要把拒斥作为唯一的方式。成文法对判例既有拒斥的必要，又有吸纳的可能。其认识的转折是在南宋时，统治者在司法审判中又注意适用判例，进入了对判例吸纳的时期。

关于法与例的关系，宋代人的认识有一个从对立到统一的过程。所谓"法者，公天下而为之者也；例者，因人而立以坏天下之公者也"；① "一例既开，一法遂废"；② "法之弊易见，例之弊难知"；③ "或例宽而法窄，则引例以破法；或例窄而法宽，则援法而废例"，④ 这些言论反映了例与法的冲突，以及人们对此的认识。

在宋代，批评"以例破法"的言论不胜枚举。如《宋会要辑稿·刑法一》载，宋徽宗崇宁元年（1102 年）五月十二日，臣僚言："三省六曹，所守者法，法所不载然后用例。今顾引例而破法，此何理哉？且既用例矣，则当编类条目与法并行，今或藏之有司，吏得并缘引用任其私意，或至烦渎听聪，甚无谓也。"同年六月十六日，尚书省言："检会吏部尚书赵挺之等言，准条引例破法及择用优例者徒三年，盖为有司当守法，法所不载，然后用例。今有正条不用而用例，例有轻重而从优者，此胥吏欲废而为奸也。"⑤《宋会要辑稿·刑法一》引臣僚言："今之有司既问法之当否，又问例之有无，法既当，然而例或无之，则是皆沮而不行。夫法之当否人所共知，而例之有无多出吏手，往

---

①　《宋史》卷一五八《选举四》，中华书局，1997，第 3715 页。

②　（清）徐松辑：《宋会要辑稿》第 164 册《刑法一》之三七，中华书局，1997，影印本，第 6480 页。

③　《续通典》卷一一九《刑十三》，浙江古籍出版社，2000，第 1862 页。

④　（清）徐松辑：《宋会要辑稿》第 164 册《刑法一》之五八，中华书局，1997，影印本，第 6490 页。

⑤　（清）徐松辑：《宋会要辑稿》第 164 册《刑法一》之二一，中华书局，1997，影印本，第 6472 页。

往隐匿其例，以沮坏良法，甚者俟贿赂既行乃为具例，为患不一。"①《宋会要辑稿·刑法一》载："宋宁宗嘉泰元年二月十四日，礼部尚书兼吏部尚书张釜言……其间，有朝廷一时特降之指挥，有中外臣僚报可之奏请，历时寝久，不相参照，重复抵牾，前后甚多。或例宽而法窄，则引例而破法；或例窄而法宽，则援法而废例。予夺去取一出吏手。若更延以岁月，积压愈多，弊幸愈甚。"②

　　这些言论力陈的例的危害是：例与法的规定不一致，导致在选择用法还是用例时，例总是处于优先于法的地位，这使法的地位和作用受到削弱；前例与后例的规定不一致，导致官员对所适用的例进行选择时存在任意性，增加了营私舞弊的机会；例不公布于众，掌握在低级胥吏之手，导致了权力的倒置，胥吏掌握了生杀予夺大权；官僚虽然拥有最终决定权，但因立例繁多，难于被官员掌握，使其对于胥吏的控制变得极为困难，增加了行政成本。《宋史·刑法一》对于判例的危害作了这样的概括："当是时，法令虽具，然吏一切以例从事，法当然而无例，则事皆泥而不行，甚至隐例以坏法，贿赂既行，乃为具例。"

　　宋代的臣僚之所以痛陈例的弊端，其原因主要是基于对法制受到影响的忧虑，也与例实施后产生的权力冲突有关。官僚们担心的是权操于胥吏。南宋高宗绍兴三十二年（1162年）吏部侍郎凌景夏言："国家设铨选以听群吏之治，其掌于七司，着在令甲，所守者法也。今升降于胥吏之手，有所谓例焉。长贰有迁

①　（清）徐松辑：《宋会要辑稿》第164册《刑法一》之四九，中华书局，1997，影印本，第6486页。
②　（清）徐松辑：《宋会要辑稿》第164册《刑法一》之五八，中华书局，1997，影印本，第6490页。

改，郎曹有替移，来者不可复知，去者不能尽告。索例而不获，虽有强明健敏之才，不复致议；引例而不当，虽有至公尽理之事，不复可伸。货贿公行，奸弊滋甚。"① 南宋思想家叶适说："国家以法为本，以例为要，其官虽贵也，其人虽贤也，然而非法无决也，非例无行也，骤而问之，不若吏之素也，暂而居之，不若吏之久也，知其一，不知其二，不若吏之悉也，故不得不举而归之吏，官举而归之吏，则朝廷之纲目，其在吏也何疑夫，先人而后法则人用，先法而后人则人废，不任人而任法，则官失职而吏得志矣。"②

与官僚的担心不同，皇帝则担心用法废例会导致君权失落，权归于有司。历史上公开说出这一点的皇帝不多，宋徽宗倒是比较坦率的一个。他在大观二年（1108 年）十一月二十九日的御笔批阅相当准确地反映了这一思想："近奏以六曹事修例为条，且法有一定之制，而事有无穷之变。苟事一为之法，则法不胜事。又其轻其重、其予其夺，或出于一时处断，概为定法则事归有司，而人主操柄失矣。"③ 这种担心也符合逻辑。例特别是判例本身就是皇帝手中掌握的生杀予夺大权"出于一时处断"的产物，如果事案都依照既定的法律办理，皇帝就会失去这一权柄。防止胥吏专权固然是皇帝之所望，但失去权柄却非皇帝之所欲。所以，皇帝对于例的态度是双重的：既要维护自己的法外特权，又须防止胥吏专权带来的危害。

对于如何正确处理律与例的关系，当时也有中肯之论。《宋

① 《宋史》卷一五八《选举四》，中华书局，1997，第3714页。
② （南宋）叶适撰：《上孝宗皇帝札子》，见《水心集》卷一。
③ （清）徐松辑：《宋会要辑稿》第164册《刑法一》之二三，中华书局，1997，影印本，第6472页。

会要辑稿·刑法一》所载南宋光宗绍熙二年（1191 年）四月十二日的臣僚建言就代表了这样的认识。该文首先指出了用例的弊端和危害："臣闻自昔天下之所通行者法也。不闻有所谓例也。今乃于法之外，又有所谓例。法之所无有者，则援例以当法；法之所不予者，则执例以破法。生奸起弊，莫此为甚。"然后分析了其原因："盖法者率由故常，着为令典，难以任情而出入；例者旋次创见，藏于吏手，可以弄智而重轻。是以前后臣僚屡有建请，皆欲去例而守法。"接着笔锋一转，指出例不可废："然终于不能革者，盖以法有所不及，则例也有不可得而废者。但欲尽去欲行之例，只守见行之法，未免拘滞而有碍。"最后提出了解决问题的方针和办法："要在与收可行之例归于通行之法，庶几公共而不胶。今朝廷既已复置详定敕令一司，臣以为凡有陈乞申请，倘于法诚有所不及，于例诚有所不可废者，乞下敕令所详酌审订，参照前后，委无抵牾，则着为定法，然后施行。如有不可，既与尽断，自后更不许引用。如是则所行者皆法也，非例也。彼为吏者，虽欲任情以出入，弄智而重轻，有不可得，奸弊自然寝消，举天下一之于通行之法，岂不明白坦易而可守也。"这一观点在指出用例的弊端的同时，肯定了例的不可替代的作用，批评了"尽去欲行之例"观点的偏颇。其所提出的"要在与收可行之例归于通行之法"的主张，不失为明智的选择。较之那种空洞地三令五申严禁用例破法或动用刑罚威慑的方式对付引例破法等做法要高明得多。

　　宋代时，主张律例并存、律例并用者大有人在。据《咸淳临安志》载：

　　　　三十二年奏论，吏部七司有法有例，法可按籍而视，例则散于案牍之中，匿于胥吏之手，官有去来，不能遽知，故索例而不获，虽有强明健决之才，不复敢议。臣愚以为吏部七司宜制例册，凡经取旨或堂白者，每一事已，命郎官画时拟定，长贰书之于册，以为例。每半年则上于尚书，用印给下。如此则前后予决悉在有司之目，猾吏无所措巧，铨综渐以平允。诏吏部措置申省。①

当时，朝廷上下对于如何处理律例关系已基本形成共识。上引宋徽宗大观二年十一月二十九日的御笔批阅，虽然考虑的角度不同，然而，即使是从维护君权出发，得出的结论也会认为编例入法是解决这一问题的方法："宜令详定敕令所应于六曹已施行事为永制者修为敕令格式外，其出自特旨，或轻或重非有司所决可以垂宪者编为定例，以备稽考；余应删去，庶使官吏不得高下其手。"②

断例正是在这种历史背景下，成为宋代法律体系的重要组成部分。宋代君臣关于协调律例关系的认识，为解决法与例的矛盾开辟了一条道路。由于元朝法律文化落后，没有完成统一律例的任务，迟延了这一过程。明清时期的律例合编就是沿着这条道路，解决了古代法律体系的整体协调问题。

（三）魏晋后故事的变迁

在例产生之前就发挥行政先例作用的"故事"，在例产生之

---

① 《咸淳临安志》卷六七《人物八》"凌景夏"条，文津阁四库全书本。
② （清）徐松辑：《宋会要辑稿》第164册《刑法一》之二三，中华书局，1997，影印本，第6472页。

后并没有退出历史舞台，仍然在一定范围内继续发挥着作用。

　　三国时期，出现了作为历史记述的"故事"。阅读《三国志》会看到注引的《魏武故事》，① 从引述的内容可知这是一部记载着魏武帝（曹操）执政时颁布的法令和行政事迹的历史书籍。同书还记述了《三国志》作者陈寿受晋统治者之命，编"定故蜀丞相诸葛亮故事"的情况。陈寿言："（诸葛）亮毗佐危国，负阻不宾，然犹存录其言，耻善有遗，诚是大晋光明至德，泽被无疆，自古以来，未之有伦也。辄删除复重，随类相从，凡为二十四篇。"② 看来这是一部记载诸葛亮嘉言懿行的史书。

　　历史著述的"故事"与本文考察的故事既有区别又有联系。二者的区别是前者是历史典籍，后者是在社会实际生活中得到运用的活"故事"。魏晋乃至更晚时期，在实际社会生活中引用的包括魏武故事、诸葛武侯故事在内的各种故事，在许多文献中都有记述。两类不同的故事显然不能混为一谈，但它们之间又有不可分割的联系。正是这些历史典籍为故事在实际生活中的运用提供了根据，使之得以进一步传布，继续发挥作用。

　　首先，从表2-3中可以看出，魏晋时期故事的应用频率多于汉代。当然，正史记述的故事不能完全反映其在现实生活中运用的频率，只能作为参考。魏晋存续时间是200年左右，相当于两汉存续时间的一半。故事在《三国志》和《晋书》中的出现频率，与前后《汉书》中的出现频率几乎相等。这说明魏晋时期人们更加重视故事和发挥它的作用。

---

① 《三国志》:《魏书》卷一《武帝操》、卷六《刘表》、卷一六《任峻》、卷一九《陈思王植》，裴松之注引，中华书局，1982。
② 《三国志》:《蜀书》卷三五《诸葛亮传》，中华书局，1982，第929～930页。

表 2 - 3　《汉书》、《后汉书》、《三国志》、《晋书》引述故事次数

历史典籍名称	故事出现的数量（次）	附：各朝代存续时间
汉　书	103 次	214 年
后汉书	132 次	195 年
三国志	42 次	45 年
晋　书	153 次	155 年

其次，故事的超时代性在魏晋时期得到了充分的体现。曹魏时期，前代故事特别是汉代故事的引用频率，与本朝故事的引用频率基本相等。晋代时，引用前代故事总数为 66 例，其中：汉代以前的故事 13 次，汉代故事 32 次，汉魏故事 10 次，魏晋故事 11 次，晋代本朝故事 43 次，朝代不详及其他 30 次。援引前代故事远远超过引用本朝故事。

表 2 - 4　上述四书记载魏晋时期引用前朝、本朝故事次数

时　期	引用故事总数（次）	引用前朝故事次数（次）	引用前朝故事占总数的比例（%）	引用本朝故事次数（次）	引用难分朝代故事次数（次）
魏	42	21	50	15	6
晋	153	66	43	43	30

再次，故事作用的领域特别是超时代的故事所作用的领域，表明了故事的特殊性质。反复被引用的故事主要是三类：一是涉及君主后妃废黜的故事，如汉昌邑王罪废故事、汉废赵太后为孝成后故事等。二是封赏功臣、权臣的故事，如萧何故事、霍光故事、魏武故事等。三是朝代之间禅代（以禅让方式掩盖的对于最高权力的攘夺）的故事，如虞唐故事、汉魏（之际）故事、魏晋（之际）故事等。这些故事涉及的主要是法律不能或不便作出规定（例如君主后妃的废黜和朝代的禅代）、或者虽然法律

有所规定却难以完全照办（例如赐予权臣超越法律的特权）的领域。这些领域不是后起的例所能代替的。正因为如此，故事在魏晋及其后相当长的时间里存在并继续发挥着作用。

随着例的出现，故事的地位部分为例所取代，还有一部分作用于行政领域的故事成为行政法典的内容，只有在礼仪活动中故事足以与例并驾齐驱。下面对故事的历史变化情况作一综述。

1. 部分故事被法典化、科令化

魏晋南北朝时期，一些王朝很重视故事的整理。《隋书·经籍志二》说："晋初，甲令已下，至九百余卷，晋武帝命车骑将军贾充，博引群儒，删采其要，增律十篇。其余不足经远者为法令，施行制度者为令，品式章程者为故事，各还其官府。"① 又说："晋初，贾充、杜预删而定之。有律，有令，有故事。梁时，又取故事之宜于时者为梁科。"② 《梁书·武帝本纪》："夏四月癸卯，尚书删定郎蔡法度上梁律二十卷、令三十卷、科四十卷。"③ 据《唐六典》载："梁易故事为梁科三十卷，蔡法度所删定。陈依梁。"④ "陈令范泉、徐陵等参定律、令，《律》三十卷，《令》三十卷，《科》三十卷。采酌前代，条流冗杂，纲目虽多，博而非要，其制唯重清议禁锢之科。"⑤

晋朝在整理多年积累的故事后，把其中一部分充实到了律中，其余部分分别据其性质特点，或为法令，或为令，或为故事。⑥ 故事的主要内容是官府行用的"品式章程"，故"各还其官府"，

---

① 《隋书》卷三三《经籍二》，中华书局，1982，第967页。
② 《隋书》卷三三《经籍二》，中华书局，1982，第974页。
③ 《梁书》卷一《武帝本纪上》，中华书局，1983，第39页。
④ （唐）李林甫等撰：《大唐六典》卷六，三秦出版社，1991，第139、134页。
⑤ （唐）李林甫等撰：《大唐六典》卷六，三秦出版社，1991，第139、134页。
⑥ 还有一种标点的方法是将法令理解为令和故事的合称。但是，如上所述，故事具有超越时代的性质，所以不应该包括在"不足经远"的法令中。

作为行事的参考。南朝梁时，晋代的故事被删改成为梁科 40 卷。陈朝继承梁科，删减为 30 卷。

不过，关于故事转变为科的说法不一定可靠。前代故事无论是汉代故事、还是晋代故事，都是行政方面的先例。但从现存文献看，梁科、陈科却属于刑法性质。如《梁书·武帝本纪》所载诏令中，涉及有关故事的诏令有："赏罚之科，有如白水。"又令曰："凡昏制、谬赋、淫刑、滥役，外可详检前源，悉皆除荡。其主守散失，诸所损耗，精立科条，咸从原例。"又令曰："朱爵之捷，逆徒送死者，特许家人殡葬。若无亲属，或有贫苦，二县长尉即为埋掩。建康城内，不达天命，自取沦灭，亦同此科。"①又诏曰："且玩法惰官，动成逋弛，罚以常科，终未惩革。夫榫楚申威，盖代断趾，笞捶有令，如或可从。外详共平议，务尽厥理。"又，冬十一月甲子，诏曰："今遐迩知禁，囹圄稍虚，率斯以往，庶几刑措。金作权典，宜在蠲息。可除赎罪之科。"②从诏令的上下文看，梁科内容都是刑事法律方面的。

又如《陈书》所载诏令：（宣帝太建）六年春正月壬戌朔，诏曰："将帅职司，军人犯法，自依常科。"甲寅，诏曰："今可改不枉法受财者，科同正盗。"③显然，陈科的内容也属于刑法范畴。南朝时期，科的内容仍以刑法为主，宋、齐两朝尤为明显。梁科、陈科只是继承了前代的传统而已。对于如何认定梁科、陈科的性质，仍需进一步探讨。

① 《梁书》卷一《武帝本纪上》，中华书局，1983，第 8～9、14 页。
② 《梁书》卷二《武帝本纪中》，中华书局，1983，第 38、41 页。
③ 《陈书》卷五《宣帝纪》，中华书局，1982，第 86、94 页。

2. 部分故事被"旧例"取代

魏晋之后，在许多情况下，故事与例之间往往界限不清，此时此处称为故事者，彼时彼处又称为"例"，甚至表述的是同一件事情。这种情况在史籍中不乏其例。如说："七年，开府仪同三司王皎卒，及将筑坟，皎子驸马都尉守一请同昭成皇后父窦孝谌故事，其坟高五丈一尺。璟及苏颋请一依礼式，上初从之。翌日，又令准孝谌旧例。"① "旧例，宰臣当旬秉笔决事，每十日一易。赞请准故事，令秉笔者以应之。"② "衣冠故事，多无著令，但相承为例；如学士舍人蹑履见丞相，往还用平状，扣阶乘马之类，皆用故事也。近岁多用靴简。章子厚为学士日，因事论列，今则遂为著令矣。"③ 诸如此类记载，使人很难分清故事与例之间究竟有何区别。

汉代时，故事占据主要的地位。例是后起的。在例出现后，一部分原来称呼为故事者，可能被人们称呼为例。所以，在汉代的典籍中，故事的数量居多。以《全汉文》为统计对象，故事和例的比例是10∶1。笔者还查阅了《全晋文》、《全唐文》记载故事和例的情况，结果是：以《全晋文》为统计对象，上述比例变成了1∶2。原来是故事占绝对优势，变成例占相对优势。以《全唐文》（前100卷）为统计对象，故事和例的比例是1∶5，例已经占据绝对优势。如果再检阅记述唐代历史的其他文献，"故事"一词的使用率已变得微不足道。

表2-5反映了在历代典籍中故事和例的使用频率此消彼长

---

① 《旧唐书》卷九六《宋璟传》，中华书局，1997，第3033页。
② 《旧唐书》卷一三九《陆贽传》，中华书局，1997，第3804页。
③ （宋）沈括撰：《梦溪笔谈》卷一"故事"。

的关系。①

表 2-5　例、故事在十三史籍中出现的次数

典籍名称	例（次）	故事（次）	以例为1故事的比值
全汉文	4	41	10.25
全后汉文	24	56	2.33
全三国文	12	27	2.25
全晋文	200	102	0.51
全北魏文	85	19	0.22
全北齐文	5	2	0.4
全北周文	20	1	0.05
全隋文	26	9	0.35
全宋文	75	13	0.17
全齐文	53	14	0.26
全梁文	75	12	0.31
全陈文	16	11	0.69
全唐文（前100卷）	306	56	0.18

笔者对"二十四史"中各断代史记述的故事和例进行了统计。统计的结果表明，故事和例的出现频率与历史典籍中呈现的此消彼长的趋势是一样的。在两"汉书"中，故事远多于例。在南北朝各断代史中，例远多于故事。在《清史稿》中，例和

① 为了准确地反映各种典籍中例和故事的比例，在统计数字时没有对于例和故事在原文中的具体含义进行区别。因为那样做，会由于作者的主观性而影响材料的客观性，并且他人也无从复查。下面关于各种史籍中的统计数字亦同。

故事两词出现次数的比例为 10∶1。全部数据详见表 2-6。

表 2-6 例、故事在二十二史各断代史中出现的次数

典籍名称	例（次）	故事（次）	以 例 为 1 故事的比值
汉书	65	103	1.58
后汉书	66	132	2
三国志	18	42	2.33
晋书	90	153	1.7
宋书	90	65	0.72
齐书	69	25	0.36
梁书	32	24	0.75
陈书	30	15	0.5
北魏书	286	75	0.26
北齐书	52	14	0.27
北周书	51	8	0.16
隋书	66	49	0.74
旧唐书	317	219	0.69
新唐书	70	176	2.51
旧五代史	164	69	0.42
新五代史	5	40	8
宋史	742	648	0.87
辽史	38	11	0.29
金史	291	76	0.25
元史	405	68	0.17
明史	707	386	0.55
清史稿	1809	192	0.11

在上述二十二史中，除《新唐书》和《新五代史》外，在
《汉书》到《清史稿》的二十史中，所记载的例逐步上升，而故

事逐步下降。这反映了故事被例所替代的趋势。《新唐书》和《新五代史》的作者偏好故事的写作，其所记是否全面反映了当时故事与例使用的实际情况，有待考证。

3. 故事的作用范围主要是在礼仪等领域

我们对于《通典》、《文献通考》中故事发挥作用的领域进行了统计分析，结果表明，故事作用的范围主要是在包括祭祀活动在内的礼仪活动中（详见表2－7、表2－8）。

表2－7 《通典》各门出现的故事数

分 类	食货典	职官典	选举典	礼 典	兵 典	刑法典	总 计
故事数（次）	6	33	6	134	0	8	187
比 值（%）	3.2	17.6	3.3	71.7	0	4.3	100

表2－8 《文献通考》各门出现故事情况 [1]

分 类	经济类考	官制类考	郊社考	宗庙考	王礼考	兵 考	刑 考	帝系考
卷 次	1～27	28～67	68～90	91～105	106～127	149～161	162～173	250～259
故事数（次）	18	170	91	65	105	9	30	39
比 值（%）	3.3	32	17	12	19.6	1.6	5	7

郊社、宗庙、王礼均属于礼类。《文献通考》中所记故事出现的次数共527次，其中礼类261次，占总数的49.5%，位居第一。其次是官制类，计170次，占总数32.2%。该书所记其他类故事，次数都很少，可以说微乎其微。《文献通考》的记载

---

[1] 在本表中，经济类考包括原书的田赋考（1～7卷）、钱币考（8～9卷）、户口考（10～11卷）、职役考（12～13卷）、征榷考（14～19卷）、市粜考（20～21卷）、土贡考（22卷）国用考（23～27卷）。官制类考包括原书的选举考（28～39卷）、学校考（40～46卷）、职官考（47～67卷）。如果将郊社考、宗庙考、王礼考三者加总，则礼仪类的故事总数为261次，占总数的48.6%，超过其他各项的总和。

表明，虽然作者没有对故事与例的作用范围明确划分，但两者之间客观上还是存在一条模糊的界线。在户、兵、刑、工等政事处理方面，故事的作用已经逐渐为例所取代。

表2-9　故事在各断代志书中出现的次数

单位：次

	汉志	后汉	晋志	宋书	齐书	魏志	隋志	旧唐	五代	宋志	辽志	金志	元志	明志	清志
礼仪		10					18	33	15						
礼乐												2			
礼			43	52	4	6				118		10		21	29
乐			1	3			7	2		7		1			4
仪										4	1	1			
祭祀	2	13											7		1
舆服			3					3		8		2		2	
天文				1											
地理			1												
律历		2					1			5					
五行			2	2				2							
祥瑞				1											
释老						1									
职官		1	1					2	7	32			5		2
选举									1	24		2		5	12
食货	1		2					1		8	1				1
河渠										1			2	1	
兵										7			2	7	
刑法			5			1	1	5		8	1		1	7	
经籍							16								
艺文								19		35				2	

我们利用断代史中的各种志进行的统计也同样表明了这一点
（见表2-9）。①

这里需要指出，史志记载的故事出现的次数，对于揭示历史
上故事的性质、内容和作用有重要的参考价值，但要弄清某一王
朝或某一时间内故事被使用的真相，还需要结合历史实际、运用
更充分的资料进行考察。由于各朝国祚有长有短，各代史书作者
的写作偏好不同，在复述前朝的故事时不一定都能够全面地反映
客观情况，故各断代史这类记载的比较也仅有相对意义。尽管如
此，上述统计数字仍可大体反映各个历史时期不同领域故事的地
位和作用，也可从中得出这样的判断：历史上的故事主要作用于
礼仪和职官选举活动领域。

---

① 各种史书中，同是记载礼仪活动的史志，其名称各异。《后汉书》、《隋书》、《旧唐书》、
《五代史》称为《礼仪志》，而《元书》称为《礼乐志》，《晋书》、《宋书》、《齐书》、
《宋史》、《金史》、《明史》、《清史稿》称为《礼志》，此外还有《乐志》、《仪志》、《祭
祀》、《舆服》也属于礼仪的范畴。

三 明代例考

　　明王朝统治中国的近 280 年间，曾进行了一系列健全法制的工作。其法律制度在沿革前代的基础上多有创新和完善，是我国古代历史上法制发展的重要时期。

　　明代法制的发展是多方面的，其中最具特色的重大建树是：其一，实现了明律篇目和体例的革新，《大明律》以六部分类，使古来律式为之一变；在刑事法律领域内，实行律文与刑例合编、律例并用，使统治集团得以在保障律典长期稳定不变的前提下，更能灵活地适时立法和适用法律。其二，适应强化皇权和发展社会经济的需要，建立起一套完整的例的体系，在刑例之外，运用条例、则例、事例、榜例等法律形式，颁行了大量的有关行政、经济、民事、军事、文化教育和司法制度方面的法律、法规，使国家法律制度进一步完善。其三，注重国家法律实施细则的制定。朝廷针对各地的实际情况颁布了大量的例、令，各级地方政府也制定了很多法规，使国家法律得以贯彻到基层，全面地加强地方及民间事务的管理。明代在法制建设中，特别重视发挥例的作用。明太祖朱元璋洪武朝时期，就注重制例。洪武朝之后的 240 余年间，制例、编例成为朝廷立法的重点，国家法制变革的成果也主要是以例的形式确认的，例在政治、经济和社会生活的各个领域都得到广泛使用，可以说它是明代法律的主体。

长期以来，学者在论及明代法制及其发展演变时，基本上是局限于律典和其他刑事法律的研究，而对于刑例之外的各类条例、则例、事例、榜例及律例关系等很少涉及，故未能全面地阐述明代法制的全貌。因此，考察明代的制例、编例情况，揭示各类例的制定、内容、功能、相互区别、律例关系及律在当时法律体系的地位，是明代法律史研究不可回避的重大课题。

（一）明太祖注重制例的起因及相关疑义考

明初洪武（1368～1398年）年间，明太祖朱元璋率群臣立法定制，为明一代法制奠定了基础。明初的法律形式有律、令、例、诰、榜文等。注重例的制定和实施，是明初法制的一大特点。明太祖在位31年间，例不仅成为国家的重要法律形式，而且形成了由条例、则例、事例、榜例等各具功能的法律形式有机结合的例的体系，开辟了明清两代制例、编例之先河。

因年代久远，有关洪武例的文献大多失传，存疑甚多。关于洪武例的各种法律形式，笔者将在本部分各节中详细论证。本节仅就明太祖朱元璋为什么注重制例以及洪武朝制例的相关疑义作些考察。

1. 明初制例的起因与朱元璋的律例关系思想

明太祖朱元璋为什么注重制例？这与他对律例关系的看法有密切的关系，也是他推行"常经"之法与"权宜"措置并用法制方略的必然产物。

明王朝建国之初，面临着许多严峻的社会问题。当此之时，中原未平，军旅未息，元朝仍有很大势力。经历连年战火，"郡县版籍多亡"，"百姓财力俱困"，① 经济陷于崩溃境地。参加反元的各族人民由于土地和赋税不均的问题没有得到正当解决，又受到豪强地主和新的权贵们的横征暴敛，继续武装对抗新的王朝。在统治集团内部，也存在着激烈的争权夺利的争斗。如何尽快地变"乱世"为"海宇宁谧，民乐雍熙"的太平盛世？朱元璋认为，必须在恢复社会经济的同时，注重法律制度的重建。他把健全法制看作是调整各种社会关系、恢复和巩固社会秩序的根本，说："纪纲法度为治之本"，"丧乱之后，法度纵弛，当在更张"。② 为此，他提出了"当适时宜"、"当计远患"、"明礼以导民，定律以绳顽"、"法贵简当、稳定"、"治乱世用重典"等一系列法制建设的指导原则。③

从"当计远患"、"明礼以导民"、"法贵简当、稳定"的指导思想出发，朱元璋要求法律的制定必须坚持"以民为本"，符合"一准乎礼"、"贵存中道"、"可贻于后世"的要求。他多次告诫臣下说："谋国之道，习于旧闻者当适时宜，狃于近俗者当计远患。苟泥古而不通今，溺近而忘于远者，皆非也。故凡政事设施，必欲有利于天下，可贻于后世，不可苟且，惟事目前。盖国家之事，所系非小。一令之善，为四海之福；一令不善，有无穷之患，不可不慎也。"④ 又说："法贵简当，使人易晓。若条绪繁多，或一事两端，可轻可重，吏得因缘为奸，非法意也。夫网

---

① （清）谷应泰撰：《明史纪事本末》卷一四《开国规模》，中华书局，1977，第195页。
② 《明太祖实录》卷一九。本书所引明代各朝《实录》，均系台湾"中央研究院"历史语言研究所校印《明实录》本。此书系该所据原国立北平图书馆（今中国国家图书馆前身）藏《明实录》红格钞本缩微卷影印。
③ 详见杨一凡《明代三部代表性法律文献与统治集团的立法思想》，收入韩延龙主编《法律史论集》第2卷，法律出版社，1999，第520~591页。
④ 《明太祖实录》卷一六三。

密则水无大鱼，法密则国无全民。"① 也就是说，法律制度的创设要注意防止"泥古"和"惟事目前"两种倾向，要符合国家的长远利益，不仅要适用于当世，还应传之于后世。基于上述思想，朱元璋执政期间，制定了《大明律》、《大明令》等一系列重要的法律。为了把《大明律》修订成为一部传之后世的法典，洪武年间按照"贵存中道"、"法贵简当"的要求，曾多次修订《大明律》。《明史·刑法志》对《大明律》的编纂过程作了这样的概括："盖太祖之于律令也，草创于吴元年，更定于洪武六年，整齐于二十二年，至三十年始颁示天下。日久而虑精，一代法始定。中外决狱，一准三十年所颁。"② 除《大明律》外，洪武年间制定的有代表性且在明一代通行的法律还有：《大明令》、《诸司职掌》、《洪武礼制》、《礼仪定式》、《孝慈录》、《教民榜文》、《皇明祖训》等。就这些法律的形式和内容而言，《大明律》是明王朝的刑法典；《大明令》对明朝的基本制度和司法原则等作了全面的规定，实际上起了治国总章程的作用；《诸司职掌》系职制类立法，具有行政典章的性质；《洪武礼制》、《孝慈录》、《礼仪定式》系礼制、礼仪类立法；《教民榜文》是明太祖颁行的管理民间事务的法规；《皇明祖训》系明太祖制定的"家法"。这些重要的法律都是在朱元璋亲自主持或指导下制定的，并在明代保持了长期的稳定性。

从"当适时宜""定律以绳顽"和"治乱世用重典"的指导思想出发，他主张在立法上采取双机制，即"常经"之法与"权宜"之法并用。他把元失天下的原因归结于"元政弛极，豪杰蜂起，皆不修法度以明军政"。认为建国之初，必须尽快完善

---

① 《明史》卷九三《刑法一》，中华书局，1974，第2280页。
② 《明史》卷九三《刑法一》，中华书局，1974，第2284页。

法制。指出：制定一部统一的刑法典是十分重要的，这样可以使它在法律体系中居于主导地位，成为治理国家经久不变的根本大法，既可革除"奸吏敚法、任意轻重"的弊端，也可使"子孙守之"，保障国家的长治久安。鉴于国家法制初创，法律未备，很有必要针对国情实际，采取权宜措置，尽快制定适应当时治理国家需要的各种法律法令。关于律与例的关系，朱元璋作了这样的阐述："法令者，防民之具、辅治之术耳，有经有权。律者，常经也。条例者，一时之权宜也。"① 为此，洪武年间，朱元璋很重视行政、军政、学政、民事、教育等方面例的制定和实施。在刑事法律方面，为了推行"重典治国"的主张，颁行了《大诰》峻令和一系列的严法禁例，"用刑不拘常宪"，以重刑惩治奸顽。正如《明史·刑法志》所云："盖太祖用重典以惩一时，而酌中制以垂后世，故猛烈之治，宽仁之诏，相辅相成，未尝偏废也。"②

　　洪武年间朝廷制定的例，都是以君主名义颁行的。检有关记载明初法制的史籍可知，朱元璋的律例关系主张，不仅在立法中得到贯彻，并在司法审判活动中被各级官吏奉为处理案件时的指导原则。如：《明实录》所载户部与嘉兴府通判庞安围绕获私盐徒者是依律还是依例的争论，就是一个典型的实例。

　　　　洪武二十四年九月乙巳，嘉兴府通判庞安获私鬻盐徒送京师，而以盐赏其获者。户部以其为例罚赏，盐入官，且责取罪状。安上言：律者万世之常法，例者一时之旨意，岂可

---

① （明）吕本等辑：《明太祖宝训》卷三，中国国家图书馆藏明万历三十年春秣陵周氏大有堂刊《新镌官板皇明宝训》本。

② 《明史》卷九四《刑法二》，中华书局，1974，第2320页。

以一时之例，坏万世之法。……今之律即古所谓法，国家布
大信于天下者也。例者，即古所谓敕，出于一时之命也。今
欲以例而行，则于律内非应捕人给赏之言自相违背，是大失
信于天下也。上然其言，诏论如律。①

在处理这个案件的过程中，户部以例为依据，认为查获的私
盐应入官，而庞安以律和律例关系原则为依据，认为所获私盐应
赏给获私卖盐徒者。朱元璋支持了庞安的意见。从这一事例可以
看出，在明初法律体系中，律为"常法"，而例则处于"一时之
命"的地位。嘉兴府通判庞安敢于上书反驳户部的意见，表明
明太祖的律例关系主张，已被官吏奉为执法的指导原则。

2. 洪武朝制例起末时间考

洪武朝制例起于何时？朱元璋倡导制例是基于一时之用，还
是贯穿于整个洪武年间？这是研究洪武制例的又一疑义。

虽然我们尚难断定洪武朝首次制例的具体时间及其内容，
但查阅明代史籍，可断定洪武元年时，明太祖就很重视制例。
《明会典》卷三九《户部二十六·廪禄二·廪给》"洪武元年
条"云：

凡各站有分例去处，所在有司于商税及诸色课程内拨留
粮米，差点有役人员掌管。遇有使客依例支给，不许稽停。

又据《明太祖实录》卷三七载：

---

①　《明太祖实录》卷二一二。

洪武元年十二月壬辰，定优给将士例：凡武官军士，两淮、中原者，遇有征守病故阵亡，月米皆全给之。若家两广、湖湘、江西、福建诸处阵亡者，亦全给。病故者，初年全给，次年半之，三年又半之。其有应世袭而无子及无应袭之人，则给本秩之禄，赡其父母终身。

在《明会典》中，还有不少明代"国初"制例的记载。如该书卷二○"黄册"条云，国初"法例甚详"；卷二九"征收"条云，国初"事例甚详"；卷三一"钞法"条云，国初"各项则例轻重不等"等。按《会典》凡例："凡编纂诸书……而以年月先后次第书之。或岁久卷籍不存，不能详考者，则止书年号（如洪武初之类）。又不能详，则止书曰初，曰后。洪武初、草创未定及吴元年以前者，则总书曰国初。"①《明会典》有关"国初"制例的记载，表明朱元璋在他登基前的吴元年及其之前，就曾有过制例的实践。也表明明王朝建国之初，就把例确认为国家的重要法律形式之一。

明洪武年间制例的情况，因年代久远，已难以详考，然在《明太祖实录》、《明会典》、《明史》和《古今图书集成》诸书中，有关洪武间制例的记载仍达数百处。从这些记载看，从洪武元年至洪武三十一年间，明王朝制例的活动从未间断。此外，在明代各朝的《实录》和其他史籍中，也有许多有关洪武制例的记载。如《明仁宗实录》云："永乐二十八年八月丁巳，上登宝位，朝群臣，大赦天下。诏曰……今后倒死孳生马匹，只照洪武中例追陪。……各处修造下番海船，悉皆停止，其采办铁黎木，

① （明）申时行等重修：《明会典》卷首《洪武间凡例》，中华书局，1989，影印本，第5页。

只依洪武中例，余悉停罢。"① 又如，《明宣宗实录》云："洪熙元年六月庚戌，是日，颁诏大赦天下。曰……依洪武年间例，一家优免两丁差徭，俾得尽心务学，以臻成效。"② 类似的记载不胜枚举。可见《明太祖实录》、《明会典》所记洪武制例，只是有选择地记述当时有代表性的例而已。

明太祖朱元璋逝世于洪武三十一年（1398 年）闰五月。据《明太祖实录》载，直到该年二月，仍有例的颁行：

> 洪武三十一年二月戊寅朔，定吏员出身事例。皆以九年考满出身。凡在京三考，或在京两考、在外一考，或在京一考、在外两考，一品二品衙门提控都吏从七品出身，掾史、令史、典吏并内府门吏，正八品出身；三品衙门令史，从八品出身；典吏及四品衙门司吏，正九品出身；四品衙门典吏、五品衙门司吏、典吏、书吏，俱从九品出身；六品至九品并杂职衙门吏典，都察院各道吏典，俱除杂职。③

在明太祖逝世的前一月，即洪武三十一年五月，他把《律诰》条例附于《大明律》后，颁行天下。④ 说明直到洪武末，制例和颁例一直未曾终止。

3. 刑事之外诸例考

明开国之初，朱元璋为治乱世实行"重典治国"方针，刑罚颇严。前人研究明初法制的成果中，对于包括律、诰、刑例在

---

① 《明仁宗实录》卷一。
② 《明宣宗实录》卷一。
③ 《明太祖实录》卷二五六。
④ 详见杨一凡著《洪武法律典籍考证》，法律出版社，1992，第 13～22 页。

内的刑事法律的制定和实施多有阐述，但对刑例之外的诸例尚未进行深入探讨。那么，洪武例于刑例之外，是否还存在行政、军政等诸例呢？包括事例、则例、条例、榜例在内的例的法律形式在洪武时是否已经形成？这是考察洪武例需要回答的又一疑义。

　　洪武年间，例作为权宜之法被广泛运用于国家行政、刑事、民事、经济、军政和社会管理等各个领域。这里，仅把《明太祖实录》、《明会典》两书中有关洪武朝刑事之外诸例的重要记载列表于后（见表3-1）。

表3-1　洪武朝刑例之外诸例举要

制例时间	内　　容	出　　处
国　初	国初兵荒之后，民无定居，耕稼尽废，粮饷匮乏。初命诸将分屯于龙江等处，后设各卫所，创制屯田，以都司统摄。每军种田五十亩为一分，又或百亩、或七十亩、或三十亩、二十亩不等。军士三分守城，七分屯种。又有二八、四六、一九、中半等例。皆以田土肥瘠、地方冲缓为差。又令少壮者守城，老弱者屯种，余丁多者亦许。其征收则例，或增减殊数，本折互收，皆因时因地而异云	《明会典》卷一八
国　初	国初因赋定役。每十年，大造黄册。户分上中下三等，差役照册佥定。迨法久弊生，历朝每有厘正更创，如银差、力差、听差、十段锦、一条鞭及南北派田之异，其例略见于后	《明会典》卷二〇
洪武元年	凡各站有分例去处，所在有司于商税及诸色课程内拨留粮米，差点有役人员掌管。遇有使客以例支给，不许稽停	《明会典》卷三九
洪武二年	又令天下府、州、县、镇、店去处，不许有官牙私牙。一切客商应有货物，照例投税之后，听从发卖。敢有称系官牙私牙，许邻里坊厢拿获赴京，以凭迁徙化外。若系官牙，其该吏全家迁徙。敢有为官牙私牙，两邻不首，罪同。巡拦敢有刁蹬多取客货者，许客商拿赴京来	《明会典》卷三五

制例时间	内　　容	出　　处
洪武三年	令户部榜谕天下军民，凡有未占籍而不应役者，许自首。军发卫所，民归有司，匠隶工部	《明会典》卷一九
洪武四年十二月癸未	命中书省定军官、军士优给之例。于是中书省奏：凡军职战没，无子弟承袭而有父母若妻者，给以全俸，三年后减半给之；有子弟年幼者，亦如之，俟袭职给本俸，罢优给；见有子弟承袭者，止给营葬之费；有特旨令其子弟参随历练及未授职名者，给半俸。其病故无承袭而有父母若妻者，给半俸；终身有子弟年幼者，初年与半俸，次年又减半给之，俟其袭职，则给本俸，罢优给；有子弟承袭者，止给本俸，不优给；有特旨令其子弟参随历练及未授职名者，给半俸。军士战没者，有妻全给月粮，三年后守节无依者，月给米六斗；终身有次丁继役，止给营葬之费，继役者月给粮。其病故有妻者，初年全给月粮，次年总小旗月给米六斗，军士比旧给月粮减半；守节无依者，亦给月粮之半；终其身有次丁继役者，止给月粮，不优给。凡军官、军士守御城池战没及病故，其妻子无依或幼小者，守御官计其家属，令有司给行粮送至京优给之；如愿还乡者，亦给行粮送之；若无亲可依，愿留见处者，依例优给。其新附军士，未历战功而病死者，不在优给之例，其家属官给行粮，送还乡里。诏从之	《明太祖实录》卷七〇
洪武四年	诏各行省连试三年，自后三年一举。著为定例	《明会典》卷七七
洪武五年春正月戊辰	申定武选之法。凡武官升调袭替，或因事复职及见缺官员应入选者，先审取从军履历，赍赴内府参对贴黄、归附年月、征克地方、升转卫所及流官世袭相同，然后引至御前请旨除授。若奉特旨升迁者，随将钦与职名及流官世袭升转之由，于御前升选，仍照选簿条写榜文，次日入奏，将选过官员看毕，抄榜给符，立限到任。附写内外贴黄与正黄流号合同，请宝钤记。正黄送铜匮收贮，内外黄亦于内府收掌。遇有升调袭替续附，如前袭替之例	《明太祖实录》卷七一

制例时间	内　　　容	出　　处
洪武六年 十二月丙寅	命中书省臣定议北平各卫军士岁给布絮绵花钱米之例。于是验地远近分为四等：永平、居庸、古北口为一等，密云、蓟州次之，北平在城次之，通州、真定又次之。其所给高下，以是为差	《明太祖实录》 卷八六
洪武六年	又定给赏则例，北平军士：永平、居庸古北口为一等；密云、蓟州为一等，北平在城为一等，通州、真定为一等	《明会典》 卷四〇
洪武八年 十二月壬子	吏部言：郡县之上下，以税粮多寡为例。今岁粮增者，太原、凤阳、河南、西安宜升上府，扬州、巩昌、庆阳宜升中府，明州之鄞县升上县。其莱州税粮不及，宜降中府。从之	《明太祖实录》 卷一〇二
洪武十四年 十月壬申	定考劾之法。在京六部五品以下及太常司、国子学属官，听本衙门正官察其行能，验其勤怠，定为称职、平常、不称职。五军各卫首领官俱从监察御史考劾，各三年一考，九年通考黜陟。其四品以上及通政使司、光禄司、翰林院、尚宝司、考功监给事中、承敕郎、中书舍人，殿廷仪礼司、磨勘司、判禄司、东宫官，俱为近侍，监察御史为耳目风纪之司，太医院、钦天监及王府官不在常选，任满黜陟，俱取自上裁。直隶有司首领官及属官，从本司正官考劾，任满从监察御史覆考。各布政使司首领官及属官，并从提刑按察司考劾。其茶马司、盐马司、盐运司、盐课提举司并军职首领官任满，俱从布政使司考劾，仍送提刑按察司覆考。其布政使司四品以上，按察司、盐运司五品以上任满官黜陟，取自上裁。内外入流并杂职官九年任满，给由赴吏部考劾，依例黜陟。果有殊勋异能超迈等伦者，取自上裁	《明太祖实录》 卷一三九

制例时间	内　　容	出　　处
洪武十五年八月辛巳	命礼部颁学校禁例十二条于天下。一曰：生员事非干己之大者，毋轻诉于官。二曰：生员父母有过，必恳告至于再三，毋致陷父母于危辱。三曰：军国政事，生员毋出位妄言。四曰：生员有学优才赡、深明治体、年及三十愿出仕者，许敷陈王道、讲论治化述为文辞，先由教官考较，果有可取，以名上于有司，然后赴阙以闻。五曰：为学之道，必尊敬其师，凡讲说须诚心听受，毋恃己长，妄为辩难。六曰：为师者当体先贤竭忠教训，以导愚蒙。七曰：生员勤惰，有司严加考较，奖其勤敏，斥其顽惰，斯为称职。八曰：在野贤人君子，果能练达治休，敷陈王道，许其赴京面奏。九曰：民间冤抑等事，自下而上陈诉，不许蓦越。十曰：江西、两浙、江东之民多有代人诉状者，自今不许。十一曰：有罪充军安置之人，毋妄建言。十二曰：十恶之事，有干朝政实迹可验者，许密以闻，其不遵者以违制论。仍命以所颁禁例镌勒卧碑，置于明伦堂之左	《明太祖实录》卷一四七
洪武十七年五月壬子	定武臣袭职例。凡武臣卒，其子袭职。子幼者，给以半禄。三年，则以全禄给之。年二十，则任以事。著为令	《明太祖实录》卷一六二
洪武二十年	令陕西屯军，五丁抽一，税粮照民田例	《明会典》卷一八
洪武二十一年九月甲午	诏更定岁贡生员例。府学，岁一人；州学，二岁一人；县学，三岁一人。上谓礼部尚书李原名曰……今定岁贡之例，必资性淳厚、学问有成、年二十以上者，方许充贡。尔礼部其申明之	《明太祖实录》卷一九三
洪武二十二年春正月甲申	命户部官运钞物贮于殿庑下，以备内府赏赐。每月，户科、礼科给事中更直掌之。岁终，户部稽其所出之数。著为例	《明太祖实录》卷一九五
洪武二十二年二月壬寅	赐耆民酒肉絮帛。时山东兖州民李十四等年九十余，依例月给酒三斗，肉五斤；岁加帛一匹，絮一斤。峄县民潘士文、李成，江西建昌县民黄仁辅，湖广嘉鱼县民王景原等年八十余，月给酒三斗，肉五斤，皆复其家。仍令天下有司悉依旧例举行	《明太祖实录》卷一九五

制例时间	内　　　容	出　　　处
洪武二十二年二月壬戌	禁武臣不得预民事。先是命军卫武臣管领所属军马，除军民词讼事重者许约问外，其余不许干预。至是广西都指挥耿良造谯楼，令有司起发民丁，科敛财物；青州等卫造军器，亦擅科民财，违越禁例。于是诏申明其禁：凡在外都司卫所遇有造作，千户所移文达卫，卫达都指挥使司，都指挥使司达五军都督府。奏准，方许兴造。其合用物料并自官给，毋擅取于民，违者治罪。上以四川民贫路险，命毕节卫开屯耕种以自给。时川民馈运艰苦，故有是命	《明太祖实录》卷一九五
洪武二十二年八月丙辰	兵部尚书沈溍言：各处水陆递运之役，有司不量轻重，概给舟车，以致民力困弊。宜著定例：凡文武官赴任，千五百里之外者给之。老疾军及军属寡妇、故官之妻子还乡者给之，其犯法至死者不给。宥罪为军及军丁补役者，惟云南、辽东、大宁等处水陆则给之，余不许。从之	《明太祖实录》卷一九七
洪武二十三年	定《责任条例》，共 7 条	《明会典》卷一二
洪武二十四年	议定优免则例。京官一品：免粮三十石，人丁三十丁。二品：免粮二十四石，人丁二十四丁。三品：免粮二十石，人丁二十丁。四品：免粮十六石，人丁十六丁。五品：免粮十四石，人丁十四丁。六品：免粮十二石，人丁十二丁。七品：免粮十石，人丁十丁。八品：免粮八石，人丁八丁。九品：免粮六石，人丁六丁。内官内使亦如之。外官各减一半。教官、监生、举人、生员，各免粮二石，人丁二丁。杂职省祭官、承差、知印、吏典，各免粮一石，人丁一丁。以礼致仕者，免十分之七。闲住者，免一半。其犯赃革职者，不在优免之例。如户内丁粮不及数者，止免实在之数。丁多粮少，不许以丁准粮。丁少粮多，不许以粮准丁。俱以本官自己丁粮照数优免。但有分门各户、疏远房族，不得一概混免	《明会典》卷二〇

制例时间	内　　容	出　　处
洪武二十四年	令扬州府泰州灶户，照温、台、处三府例，支食官盐，折纳钞贯。每引二百斤，米四石。每一石，折钞二贯五百文。其钞就准工本。工本数多而钞少，官为补支。工本数少而钞多，扣除工本外，余钞纳官	《明会典》卷四一
洪武二十六年正月	户部奏定云南乌撒中盐则例。凡输米一斗五升给浙盐一引，输米二斗给川盐，输米一石八斗给安宁井盐，输米一石六斗给黑盐井盐	《明太祖实录》卷二二四
洪武二十六年	又定繁简则例。在外，府以田粮十五万石以上，州七万石以上，县三万石以上，或亲临王府、都司、布政司、按察司并有军马守御、路当驿道、边方冲要供给去处，俱为事繁。府州县田粮在十五万、七万、三万石之下，僻静去处，俱为事简。在京衙门，俱从繁例	《明会典》卷一二
洪武二十六年	凡各州县田土，必须开豁各户若干及条段四至。系官田者，照依官田则例起科。系民田者，照依民田则例征敛。务要编入黄册，以凭征收税粮。如有出卖，其买者，听令增收；卖者，即当过割。不许洒派诡寄。犯者，律有常宪	《明会典》卷一七
洪武二十六年	凡民间一应桑株，各照彼处官司原定则例，起科丝绵等物。其丝绵每岁照例折绢，俱以十八两为则，折绢一匹。所司差人类解到部，札付承运库收纳，以备赏赐支用。其树株果价等项，并皆照例征收钱钞，除彼处存留支用外，其余钱钞一体类解户部，行移该库交收。仍将仔用数目，出给印信通关，具本入递奏缴。本部查领附卷作数，其进纳绢匹钱钞一节，俱照依后项金科课程条款，一体施行	《明会典》卷一七
洪武二十六年	定应合给驿例，共 12 条	《明会典》卷一四八
洪武二十六年	又定各处折纳布绢则例：每丝二十两及十八两，折绢一匹，长三丈二尺，阔二尺。百绵布每匹，长三丈二尺，阔一尺八寸，重三斤	《明会典》卷三○

制例时间	内　　容	出　　处
洪武二十七年	（定）灾伤去处散粮则例：大口六斗，小口三斗；五岁以下，不与	《明会典》卷一七
洪武二十七年	凡降级，洪武二十七年守卫榜例：管军官犯罪，指挥降千户，调边卫。千户降百户，百户降总旗，总旗降小旗，卫镇抚降所镇抚，所者抚降总旗。俱调边远卫	《明会典》卷一一九
洪武二十七年	圣旨榜例：自古到如今，各朝皇帝差军守卫皇城，务要本队伍正身当直。上至头目，下至军人，不敢顶替。这等守卫是紧要的勾当，若是顶替，干系利害。拨散队伍守卫，尤其利害。且如论队伍守卫，拨那所军，若用军多，尽本所守卫；若用少，或五百、三百、二百、一百，务要整百户守卫。若军别无事故，各各见在卫所，其当该管军人员不行仔细检点，照依原伍上直，致令小人卖放或闲居在卫所；或私自纵放，不在卫所，点视不到，定将本管指挥、千百户、卫所镇抚、总小旗各杖一百。指挥降千户，调边远；千户降百户，调边远；百户降总旗，调边远；卫镇抚降所镇抚，调边远；总旗降小旗，调边远；小旗降做军，调边远。如是受财卖放，以致队伍不全，系是围宿重事，不问赃多少，处以重罪	《明会典》卷一四三
洪武二十八年	定开中纳米则例，出榜召商，于缺粮仓分上纳。仍先编置勘合并底簿，发各该布政司并都司卫分及收粮衙门收掌。如遇客商纳粮完，填写所纳粮并该支引盐数目，赴客商赍赴各该运司及盐课提举司，照数支盐	《明会典》卷三四

　　表3-1列举的资料表明：其一，洪武年间，条例、则例、事例、榜例作为朝廷确认的法律形式被广泛使用。明初各类例的功能仍沿袭前代，即：事例多是因一时一事而立法，数量相对较多；则例多是国家事务管理中与钱物及财政收支有关的法律的实

施细则；条例是经朝廷精心修订、整体划一和具有相对稳定性的法律规范；榜例是以榜文形式发布的例，这种例向全体臣民或某一群体张榜公布，具有法律和宣传教育的双重功能。这四种例的法律形式，共同组成了一个完整的例的体系。洪武年间制例的实践，标志着明王朝对于例的种类、功能及其法律体系的认识和运用都已臻于成熟。其二，例的内容和其规范的领域，涉及国家和社会经济生活管理的各个方面。如责任条例、考劾之法、吏员出身事例等，是官吏职制方面的定例；民田例、官田例、屯田例、赋役例、折纳布绢则例、开中纳米则例、优免则例、灾伤去处散粮则例，属于田土、钱粮、税收方面的定例；武臣袭职例、禁武臣不得干预民事例、驿例、守卫榜例，是军政管理方面的定例；科举之例、学校禁例、岁贡生员例，则是学政方面的定例。如果说明初制定的《大明律》和各种刑例的基本功能是为了打击犯罪、维护皇权和社会治安的话，那么，当时制定的各类行政例，则是当时国家行政、经济、军政等基本法律制度实施细则，它从积极规范及消极防范两个方面为完善国家的法律制度发挥了重要的作用。

在《明实录》、《明史》和其他史籍中，还记载了大量的有关洪武朝制定的刑外诸例的情况，多数记载只提及例名，也有少数记载概述了当时例的内容。这里仅以《明宣宗实录》所记为例：

　　宣德二年六月丙寅，巡按浙江监察御史吴讷言……乞敕法司揭榜禁约：今后凡逃军、囚吏，除本身及其家被人杀害侵夺者，方许指实陈诉，余皆不许；诸司亦不得擅与受理。若果有冤抑，须自下而上陈诉，有越次者，准洪武中例，发回应理衙门问断。……上命法司从其言。①

宣德四年二月乙未，奏从洪武、永乐年间屯田之例。②

宣德六年六月甲辰，浙江温府知府何文渊言：洪武中商税并三十税一。十七年以前止收钞及铜钱。十九年于府设税课司，诸县设税课司及河泊所收商税钱钞。著为定例。……乞自今年始，仍援洪武十九年以前事例纳钞，庶为民便。……从之。③

宣德七年二月辛亥，令依洪武中例罚俸。④

大量的史料表明，明初用以完善法制的权宜之法，既有刑例，也有各种适用于国家政权建设、经济和社会生活管理方面的例。就例的数量而言，行政诸例则远远超过刑例。这种情况是与治理国家的需要相适应的。在中国古代法律体系中，律典及刑例等刑事法律，其内容是对有关危害国家权益及侵犯他人人身、财产的犯罪行为进行刑事处罚的规定，而国家和社会的基本制度及人们的行为规则，主要是由行政、经济、军事、民事、文化教育诸方面的法律确认和规范的，这类法律所涉及的领域要广泛得多。在明初法制初创、各类典章制度尚未完善的情况下，以各种刑外之例补充《大明令》等基本法律，就成为健全国家法制的

---

① 《明宣宗实录》卷二八。
② 《明宣宗实录》卷五一。
③ 《明宣宗实录》卷八〇。
④ 《明宣宗实录》卷八七。

应有之义。因此，我们在考察明初法制时，不能只注重刑例而不及其他。只有把刑例与行政诸例结合研究，才能全面揭示洪武制例的真相。

（二）明代律例关系的演变与《问刑条例》的修订

在明代法律体系中，刑例是《大明律》之外最重要的刑事法律。明代中后期与前期相比较，统治集团关于律例关系的理论发生了很大变化。以孝宗朱祐樘弘治十三年（1500 年）颁行弘治《问刑条例》为分界线，刑事条例的法律地位经历了由"权宜之法"提升为"与律并行"的演变。

1. 明初至弘治间刑例的制定与实施

洪武年间，明太祖朱元璋在刑例的制定方面，实行的是"律为常经，例为权宜"的立法指导原则。在当时制定的刑例中，既有《真犯杂犯死罪》条例、《决不待时、秋后处决、工役终身》条例、《律诰》条例中的《大诰》条目[1]和充军条例[2]等刑用重典的法律，也有诸如亲属极刑循例、[3]徒罪煎盐炒铁例、[4]

---

[1]　详见《中国法制史考证续编》第 10 册《明大诰研究》第八部分。

[2]　《明会典》卷一七五《刑部十七·罪名三》载："按律充军，凡四十六款。而诸司职掌内二十二款，则洪武年间例，皆律所不载者。"该书记洪武二十六年定充军例为：贩卖私盐、诡寄田粮、私充牙行、私自下海、闲吏、土豪、应合抄扎家属、积年民害官吏、诬告人充军、无籍户、揽纳户、旧日山寨头目、更名易姓家属、不务生理、游食、断指诽谤、小书生、主文、野牢子、帮虎、伴当、直司。见明人申时行等重修万历《明会典》，中华书局，1989，影印本，第 891 页。

[3]　《明太祖实录》卷一〇七："洪武九年秋七月丙辰，免刑部侍郎顾礼官，以亲属极刑循例免也。"

[4]　《明太祖实录》卷一三五："洪武十四年二月癸酉，命刑部更定徒罪煎盐炒铁例。凡徒罪煎盐者，福建、广西之人发两淮，河南、山东、广东之人发两浙，直隶、江南、浙江之人发山东，直隶、江北之人发河间，湖广之人发海北。凡徒罪炒铁者，江西之人发泰安、莱芜之处，山西之人发巩昌，北平之人发平阳，四川之人发黄梅，海南、海北之人发进贤、兴国。"

赎罪事例①等辅律而行、刑罚适中的法律。

"遵循祖宗成宪"是朱元璋为后嗣君主立下的一条戒规，也是他要求子孙在法律制度问题上必须恪守的基本原则。他把《大明律》确定为"万世不刊之典"，死前留下遗训："已成立法，一字不可改易。"② "群臣有稍议更改，即坐以变乱祖制之罪。"③永乐之后的仁宗、宣宗、英宗等后嗣君主，也都仿效明成祖，打起"遵循祖训"的旗号。在这种情况下，明太祖关于"律为常经，例为权宜"的刑事立法原则，也成为不可更改的祖训。

然而，刑书所载有限，天下之情无穷。随着社会的发展和各种新的问题不断出现，刑事案件的案情日趋复杂和多样化，《大明律》的规定已难完全适合审判活动的需要。由于谁也不愿意承担"变乱祖制"的罪名，几朝君主只能采取以"令"、"例"等法律形式对《大明律》进行补充，或对一些不适用的条款进行间接修正。各朝的刑例一般是由刑部、大理寺、都察院三法司议定或朝臣题奏，皇帝批准实施。

关于明弘治朝以前成祖、仁宗、宣宗、英宗、景帝、宪宗各朝刑例的制定情况，虽难一一详考，但检《明史》、《明实录》、《明会典》、《条例备考》、《增修条例备考》、《军政备例》、《皇明条法事类纂》、《古今图书集成》等书，其八书记载的有关成祖永乐朝至英宗天顺间制定的刑例仍有数百种。至于宪宗成化

---

① 《明太祖实录》卷二五三："洪武三十年五月甲寅，命六部、都察院等官议定赎罪事例。凡内外官吏犯笞杖者，纪过；徒流迁徙者，以俸赎之；三犯，罪之如律；杂犯死罪者，自备车牛，运米输边；本身就彼为军民，有犯徒流迁徙者，发充递运水夫。凡运米赎罪者，甘肃：车一辆，牛四头，米十石；山丹加一石，永昌加二石，西凉加三石，云南曲靖、普安如西凉之数。"

② 《皇明祖训》序，收入《中国珍稀法律典籍续编》第 3 册，黑龙江人民出版社，2002（以下所引《中国珍稀法律典籍续编》各册略去出版社和出版年），第 483 页。

③ 《明史》卷九三《刑法一》，中华书局，1974，第 2279 页。

朝、孝宗弘治朝制定的刑例，仅《皇明条法事类纂》一书中辑录的成化年间和弘治七年前的刑例达 1250 余件，① 其中有成化朝 23 年间颁行的刑例 922 件，弘治元年至七年颁行的刑例 328件。由此可见，这两朝平均每年制定的刑例至少都在 40 件以上。明代史籍把弘治朝以前制定刑例一事概括为"因事起例"、"驯致条例浩瀚"，应该说是符合历史实际的。

考察现存于世的明代法律文献，可知弘治朝以前刑例的制定和实施的大概情况是：其一，刑例在国家法律体系中，仍被视为"一时之法"。其二，各朝都根据治理国家的需要和案情的变化制定了大量刑例。其三，为求法制统一，每·皇帝即位后，便宣布将前朝条例一概革去，自己再来一套。对于前朝的刑例能否继续适用，由新君申明或"取自上裁"。结果，本朝的例又愈立愈多，出现了恶性循环，此种情况一直延至宪宗继位，未有改变。其四，因条例浩瀚，前后矛盾、得失混杂，废、修刑例成为朝廷常务。

2. 明代律例关系理论的成熟与弘治《问刑条例》的颁行

明代进入中期后，国情较之建国之初已多有变异，表现在：兼并土地狂潮四起，流民成为重大的社会问题；宦官专权，肆意奸欺国政，统治集团孕育着新的危机；商品经济的发展和资本主义萌芽的产生，有力地冲击着传统的社会秩序。由于律典已难完全适应治国需要，加之朝廷颁行的刑例数量巨大，诸司官吏难以掌握，且这些事例通常是仓促而成，前例与后例的内容不乏冲突之处，"一事三四其例者有之，随意更张每年再变其例者有

---

① 见杨一凡、齐钧《皇明条法事类纂·点校说明》，收入《中国珍稀法律典籍集成》乙编第 4 册，科学出版社，1994（以下所引《中国珍稀法律典籍集成》各册略去出版社和出版年），第 1~9 页。

之"，① 这就给奸吏枉法留下了可乘之机。修正祖宗成法，已成为朝廷的当务之急。

《问刑条例》首次颁布于弘治十三年。在此之前数十年间，围绕着要不要进行刑事立法的改革、制定《问刑条例》的问题，明王朝统治集团内部存在着两种截然不同的意见。一种观点是主张将现行的一切条例全部革去，"唯祖宗成宪是式"。而另一种观点认为应"度势立法"，要求在备查新旧条例的基础上，去劣存精，制定一个有权威的、长期通行的《问刑条例》。

宪宗朱见深成化年间，要求改变"条例冗繁"状况的呼声越来越高，"唯祖宗成宪是式"的观点仍处于主导地位。天顺八年（1464 年）正月，朱见深在《即位诏》中便宣称，立法定制"唯古成宪是式"。② 成化十年（1474 年）六月，兵部给事中祝澜上疏曰：

> 我祖宗酌古准今，制《大诰》，定律令及《诸司职掌》、《洪武礼制》等书，颁布中外，俾臣民遵守。然民生日繁，庶事百出，制书有未备载者，或朝廷有所施行，臣下有所建请，遂因之以为条例。故事同而援引或异，罪一而议拟各殊，官司得以任情迁就，吏胥得以高下其手。如文武官品同而其父母、妻葬祭殊例，恩冤之人同而给引与递送科殊。乞敕在京文武大臣，备查内外新旧条例，务归至当，以类相从，编集奏闻，取旨裁决，定为现行条例，刊板印行，则天

---

① 《皇明条法事类纂》卷四八《陈言干碍法司条例须要会议例》，见《中国珍稀法律典籍集成》乙编第 5 册，第 920 页。
② （明）傅凤翔辑：《皇明诏令》卷一五，杨一凡、田禾点校，收入《中国珍稀法律典籍集成》乙编第 3 册，第 441 页。

下皆可遵守而无惑矣。①

　　对于祝澜的意见，多数朝臣表示赞同。同一月，大理寺覆奏："给事中祝澜所言，诚切其弊。"又云："照得法司现行条例，俱是发落囚犯。彼先奏准之时，或因一时之宜，或因一己之见。以此施行期间，有可经久而行者，有止暂时而行者，或有甲可而乙否者，或有发落不一者，或有轻重失宜者。……乞敕刑部将现行事例，逐一查写，会同都察院与臣等从公斟酌，可因可革，或增或减，议允通类，奏请定夺。及今后凡有陈言干碍法司条例者，小要照例会议，才许具奏施行。庶乎事体归一而不纷更，轻重得宜而人易遵守。"② 成化十四年，刑科给事中赵艮上书，再次提出制定《问刑条例》的动议，并进一步指出："欲将洪武以来所增条例，通行会议，斟酌取舍，定为中制。"③ 由于朱见深对于制定《问刑条例》一事，仍持举棋不定的态度，加之朝臣认识很不统一，制定《问刑条例》一事也随之夭折。

　　在孝宗弘治年间，要求改革刑例立法、制定《问刑条例》的呼声再次高涨，并逐渐成为多数朝臣的共识。弘治元年（1488 年）九月十四日，刑部尚书何乔新会同都察院、大理寺复奏说：

　　　　律例兼行，其来久矣。……盖律者，万世之大法；例者，一时之权宜。例之为用，所以辅律之不及者也。自成化

① 《明宪宗实录》卷一二九。
② 《皇明条法事类纂》卷四八《陈言干碍法司条例须要会议例》，见《中国珍稀法律典籍集成》乙编第 5 册，第 921 页。
③ 引自《皇明成化十四年条例》，参见黄彰健著《明代律例汇编序》，台湾"中央研究院"历史语言研究所专刊之七十五，1979，第 6 页。

元年以后，一应条例虽出于臣下之所建明，实本于先帝之所裁处，其间亦有深意焉。且如造妖书妖言者，律该正犯处斩，例则全家发烟瘴地面充军，盖虑其造言以惑众也。略卖良人者，律该坐以徒流，例则连家小发边远充军，盖恶其使人骨肉生离也。盗仓粮者，于律止坐杂犯绞，而近年盗边粮至一百石以上者，有充军之例，盖虑其因盗而乏军需也。犯私盐者，于律止坐徒罪，而近年贩私盐至二千斤以上者有充军之例，盖为其私贩以亏国课也。似此之类，难以枚举，所以救时之弊，亦皆辅治而行者。一概革去，虑恐百弊重生。异时法不足以惩奸，言律者又复申明旧例，未免烦渎圣听，不可不详加斟酌也。①

弘治五年（1492 年）七月，刑部尚书彭韶议曰：

　　刑书所载有限，天下之情无穷。故有情轻罪重，亦有情重罪轻，往往取自上裁，斟酌损益，著为事例。盖比例行于在京法司者多，而行于在外者少，故在外问刑多至轻重失宜。宜选属官汇萃前后奏准事例，分类编集，会官裁定成编，通行内外，与《大明律》兼用。庶事例有定，情罪无遗。②

在这些上书中，主张制定《问刑条例》的朝臣强调了这样几个观点，即：一是律例并行，由来已久，例有辅律的作用，所

---

① 《皇明条法事类纂》附编《奏革幼军在逃等件重复不便事件》，见《中国珍稀法律典籍集成》乙编第 6 册，第 110 页。
② 《明孝宗实录》卷六五。

谓删定《问刑条例》违背祖制的观点是错误的。二是祖宗制定
的刑书所载有限，而世情却在不断变化，如不度势立法，便难以
惩奸。三是对现行条例不能不加分析地全部否定，采取"一概
革去"的态度，这些条例也是经臣下奏请由皇帝批准实行的，
其中不少条列有其"辅治"深意和不可取代的作用。正确的做
法应该是：既应把那些"冗琐难行"、内容前后矛盾、轻重失宜
的例革去，也需要将那些"经久可行"的例分类编集，删定成
新的问刑条例。朱祐樘采纳了这些正确意见，"弘治五年，命刑
部尚书彭韶删定《问刑条例》"，后又令"尚书白昂会九卿会
议"，择条例可行者279条，于弘治十三年二月颁行天下。

　　弘治十三年三月二日，在《问刑条例》首次颁行前，刑部
尚书白昂等在《问刑条例题稿》中，阐述了修订条例所遵循的
宗旨：

> 　　弘治十一年十二月二十一日节该钦奉诏书，内一款：法
> 司问囚，近来条例太多，人难遵守。中间有可行者，三法司
> 查议停当，条陈定夺。其余冗琐难行者，悉皆革去。钦此。
> 钦遵，备将法司历年见行及申明问刑条例，查出开呈，以凭
> 会议，等因奉此，依奉查呈前来。会同太子少保都察院左都
> 御史等官闵珪等、大理寺少卿等官王轼等，通行查议停当，
> 除冗琐难行，遵奉明诏革去者不开外，将情法适中、经久可
> 行者，条陈上请定夺……伏候命下之日刊行。内外问刑衙门
> 问拟罪囚，悉照此例施行，永为遵守。①

---

① （明）白昂撰：《问刑条例题稿》，收入《中国珍稀法律典籍集成》乙编第2册，第217
页。

从上述《题稿》不难看出，三次修订的《问刑条例》指导原则大体相同，即主要是三条：一是"革冗琐难行"；二是"务祛苛纵之弊"，欲使"情法适中"；三是"立例以辅律"，"必求经久可行"。此三条修例原则，都是为着制定一个长久辅律而行、"法守划一"、符合"中制"要求的《问刑条例》而确立的。

弘治《问刑条例》颁行之初，只有单刻本，稍后有私人编纂的律、例合刻本行世。现见的该条例单刻本，载于明镇江府丹徒县官刊《皇明制书》嘉靖刻本和万历四十一年（1613 年）补刻本中。最早的律例合刻本系正德十六年（1521 年）胡琼《大明律集解》三十卷本，此书把弘治《问刑条例》与弘治十三年以后所定条例混杂编排，有时把弘治《问刑条例》的某一条分作两条，或者同一条款重复出现，附于不同律文之后。嘉靖五年（1526 年）刊行的《大明律直引》亦有此种情况。刊行于嘉靖二十年前后的《大明律疏附例》于律文之后只附弘治《问刑条例》，而把弘治十三年以后至嘉靖二十年间所增新例刊附于书末。嘉靖续修《大明会典》也曾收有弘治《问刑条例》。

弘治《问刑条例》条款，《明孝宗实录》记为 279 条，《皇明制书》所收单刻本为 281 条，《大明律疏附例》为 285 条，《明史·刑法志》记为 297 条。其单刻本与《大明律疏附例》本条例文句全部相同，只是前者第 91 条、第 171 条，后者分别为 2 条；前者第 97 条，后者分为 3 条。另有单刻本第 30 条、第 32 条，在《明会典》中合为 1 条；单刻本第 131 条、第 132 条，在《明会典》中亦合为 1 条。鉴于单刻本系嘉靖时重刊，很可能在编排上有误，而《实录》所记，必有依据，所以，弘治

《问刑条例》条款似应以《明孝宗实录》所记279条为准。① 至于《明史·刑法志》所记297条，实是279条的误写。在此279条中，有114条系新增条款，其他除与律文一致的几条外，均是对律文的补充条款。由此可知，弘治《问刑条例》对明律的增补幅度是比较大的，其作用是补律而不是"破律"。为了便于进行律、例比较，笔者在考察弘治《问刑条例》时以《大明律疏附例》为底本。依此书，其名例律为66条，吏律21条，户律39条，礼律4条，兵律56条，刑律93条，工律6条，并分列于《大明律》之145条律文之后，约占《大明律》460条的三分之一。

从内容上看，弘治《问刑条例》对明律的增补，突出表现在以下方面：

其一，对宗藩权力作了较严格的限制。明王朝建立后，仿元代实行封藩制，宗室在政治、经济、军事、司法诸方面拥有种种特权。到明代中叶，宗室人数已发展到几万人。其中许多宗室成员仗势为非作歹，通过各种手段，任意扩大皇庄，霸占土地，各级司法官吏对宗藩的胡作非为不敢问津，使明王朝的集权统治受到损害。针对这一问题，弘治《问刑条例》对藩王权力作了较多的限制，如规定："各王府不许擅自招集外人，凌辱官府，扰害百姓，擅作威福，打死人命，受人投献地土，进送女子，及强取人财物，占人妻妾，收留有孕妇女，以致生育不明，冒乱宗枝，及畜养术士，招尤惹衅，无故出城游戏"；"凡王府人役假借威势侵占民田，攘夺财物，致伤人命，除真犯死罪外，徒罪以上，俱发边卫充军"；各处郡王等不得无故蓦越具奏；"凡王府

① 参见黄彰健著《明代律例汇编序》，台湾"中央研究院"历史语言研究所专刊之七十五，1979，第16页。

发放一应事务，所司随即奏闻，必待钦准，方许奉行"；各王府
郡主及各级官府仪宾不得潜用；郡王等妾媵不得超过规定数目
等。① 《明史·刑法志》云："王府禁例六条，诸王无故出城有
罚，其法尤严。"② 或即指此。

　　其二，加强了有关禁止贩卖官私引盐和盗掘矿产等方面的经
济立法。明王朝对贩卖私盐实行开中法，贩盐者须有朝廷认可的
盐引（专利执照）。由于掌握盐引有大利可图，皇族和各级官吏
纷纷抢占盐引，转卖给盐商，从中牟利，致使盐政败坏，朝廷收
入受到严重影响。为惩治兴贩官私引盐者，弘治《问刑条例》
规定："越境兴贩官私引盐至二千斤以上者，问发附近卫所充
军。原系腹里卫所者，发边卫充军。其客商收买余盐，买求制
挈，至二千斤以上者，亦照前例发遣。经过官司纵放，及地方甲
邻里老知而不举，各治以罪。巡捕官员乘机兴贩至二千斤以上，
亦照前例问发。"③ 明代采矿业有官营、民营两种，民营须取得
政府许可，交纳课额。后因私人盗掘矿产风盛，正统五年（1440
年）九月，"定盗采银矿新例，为首者处斩，从者发戍"。④ 弘治
《问刑条例》因之，并进一步规定为："盗掘银矿铜锡水银等项
矿砂，但系山洞捉获，曾经持杖拒捕者，不论人之多寡，矿之轻
重，及聚众至三十人以上，分矿至三十斤以上者，俱不分初犯再
犯，问发边卫充军。"⑤

---

① 弘治《问刑条例》，收入《中国珍稀法律典籍集成》乙编第 2 册，第 99 至 104 条，第
　　235～236 页。
② 《明史》卷九三《刑法一》，中华书局，1974，第 2286 页。
③ 弘治《问刑条例》第 82 条，附《大明律》卷八《户律·课程》"盐法"条后，见《中
　　国珍稀法律典籍集成》乙编第 2 册，第 233 页。
④ 《续文献通考》卷一三六《刑二·刑考·刑制》，浙江古籍出版社，2000，影印本，第
　　4018 页。
⑤ 弘治《问刑条例》第 180 条，附《大明律》卷一八《刑律·贼盗》"常人盗仓库钱粮"
　　条后，见《中国珍稀法律典籍集成》乙编第 2 册，第 250 页。

其三，扩大了赎刑和充军刑的范围。《大明律》中赎刑的适用范围较窄，主要适用对象是天文生、老幼残疾、妇女犯徒流刑以及"犯罪存留养亲"、"官吏犯公罪该笞"、"军官犯私罪该笞"、过失犯罪等。收赎的办法是，除老幼残疾者外，犯徒流罪充许收赎者，先决杖一百，余罪按规定以铜钱赎罪。弘治《问刑条例》中的赎刑适用面，无论是就罪名而言，还是从犯罪人的身份讲，都要广泛得多，而且除以财物抵罪外，无钱纳赎者可以力役赎罪。如规定："凡军民诸色人役及舍余审有力者，与文武官吏、监生、生员、冠带官、知印、承差、阴阳生、医生、老人、舍人，不分笞杖徒流、杂犯死罪，俱令运炭、运灰、运砖、纳料、纳米等项赎罪。"① 又规定："舍人舍余无官之时，犯该杂犯死罪，有官事发，运炭、纳米等项，完日还职，仍发原卫所带俸差操。若犯该流罪，减至杖一百徒三年者，俱令运炭、纳米等项；还职，原管事者照旧管事，原带俸者照旧带俸。"② "内府匠作，犯该监守常人盗、窃盗、掏摸、抢夺者，俱问罪，送发工部做工、炒铁等项。"③ 至于充军刑，明律中涉及充军者46条，而弘治《问刑条例》中涉及充军的条目近130条，其适用对象、罪名和范围都较明律大为增加。

由于明代中叶前期处于"治世"，社会局面较为稳定，重典已不适用。从量刑来看，弘治《问刑条例》大多数条款较《大明律》有所减轻。当然，也有对一些犯罪加重惩罚的条款。这

① 弘治《问刑条例》第1条，附《大明律》卷一《名例律》"五刑"条后，见《中国珍稀法律典籍集成》乙编第2册，第220页。
② 弘治《问刑条例》第16条，附《大明律》卷一《名例律》"无官犯罪"条后，见《中国珍稀法律典籍集成》乙编第2册，第222页。
③ 弘治《问刑条例》第30条，附《大明律》卷一《名例律》"工乐户及妇人犯罪"条后，见《中国珍稀法律典籍集成》乙编第2册，第224页。

些加重处刑的规定，大多是为了严明吏治，或出于维护社会秩序
的需要。如《大明律·刑律》规定："凡官司决人不如法者，笞
四十；因而致死者，杖一百。"①《问刑条例》则规定："内外问
刑衙门，一应该问死罪，并窃盗抢夺重犯，须用严刑拷讯，其余
止用鞭朴常刑。若酷刑官员，不论情罪轻重，辄用梃棍、夹棍、
脑箍、烙铁等项惨刻刑具，如一封书、鼠弹筝、拦马棍、燕儿飞
等项名色，或以烧酒灌鼻，竹签钉指及用径寸懒杆，不去棱节竹
片、乱打复打，或打脚踝，或鞭脊背，若但伤人，不曾致死者，
不分军政职官，俱奏请降级调用。因而致死者，俱发原籍为
民。"② 此一条例的着眼点在禁止酷刑，对囚犯说来是处罚减轻，
而对违法官吏说来则是处罚加重。针对明代中期军士逃亡和军官
犯罪严重的问题，弘治《问刑条例》增加了许多惩罚军官失职
和逃军的条款。此外，对一些禁而不止的问题，如略卖人口犯罪
的处罚亦有所加重。《大明律·刑律》规定："凡设方略而诱取
良人，及略卖良人为奴婢者，皆杖一百，流三千里。"③《问刑条
例》则规定："凡设方略而诱取良人，与略卖良人子女，不分已
卖未卖，俱问发边卫充军。若略卖至三口以上，及再犯、三犯，
不分革前革后，俱用一百斤枷，枷号一个月，照前发遣"。④

弘治《问刑条例》发凡起例，突破了"祖宗成法不可更改"
的格局，对《大明律》中不适当的部分予以修正，革除了明开
国百年来因事起例、"冗琐难行"、"轻重失宜"的弊端，使刑事

① 《大明律》卷二八《刑律·断狱》"决罚不如法"条。
② 弘治《问刑条例》第277条，附《大明律》卷二八《刑律·断狱》"决罚不如法"条
后，见《中国珍稀法律典籍集成》乙编第2册，第266页。
③ 《大明律》卷一八《刑律·贼盗》"略人略卖人"条。
④ 弘治《问刑条例》第202条，附《大明律》卷一八《刑律·贼盗》"略人略卖人"条
后，见《中国珍稀法律典籍集成》乙编第2册，第254页。

条例整齐划一和条文化，得以"永为常法"，"辅律而行"，其在明代立法史上所起到的积极作用是不能低估的。

3. 嘉靖《问刑条例》的修订

弘治《问刑条例》作为"辅律而行"的"常法"，在弘治、正德、嘉靖三朝实行 50 年之久。然而，明代中叶世态多变，社会矛盾层出不穷，旧例中的一些规定，很快便显得"过时"，大量的新的问题，需要用新例加以规范，于是许多名目不一的条例又应运而生。正德十六年（1521 年），武宗死，世宗登基。他在即位诏中又不得不明令重申："凡问囚犯，今后一依《大明律》科断，不许深文，妄引参语，滥及无辜。其有奉旨推问者，必须经由大理寺审录，毋得径自参奏，致有枉人。近年条例增添太繁，除弘治十三年三月初二日以前曾经多官奉诏会议奏准通行条例照旧遵行外，以后新增者悉皆革去。"[①] 不过，他维护祖宗成法的愿望并未行得通，因实际需要，世宗又不断颁布了许多新的条例，再次出现了"法令难行，轻重失宜"的弊端，修订弘治《问刑条例》已是势所难免。嘉靖初年，陕西巡抚王荩、巡抚保定等府都御史王应鹏等人上疏，"请定条例，以明法守"。此议被世宗所拒绝，并于嘉靖七年闰十月降旨："内外问刑衙门，但依《大明律》及弘治十三年条例行，不必再行编集。"[②] 此后，虽仍有人不断提出修订《问刑条例》，均被驳回。直至嘉靖二十七年（1548 年）九月，刑部尚书喻茂坚上疏奏请修定《问刑条例》，方得到世宗的批准，命"会官备查各年问刑事例，定议以请"。[③] 会茂坚去官，诏尚书顾应祥等定议。嘉靖二十九年

---

①　《明世宗实录》卷一。

②　《明世宗实录》卷九四。

③　《明世宗实录》卷三四〇。

（1550 年）十二月，刑部尚书顾应祥将重修《问刑条例》奏进，世宗"诏刊布内外衙门一体遵守。今后问刑官有任情妄引故入人罪者，重治"。① 至此，《问刑条例》第二次得以修正。后世称此次修订的《问刑条例》为嘉靖《问刑条例》。

嘉靖《重修问刑条例》，初以单刻本行世，美国国会图书馆藏有该书明嘉靖刻本。该条例颁行不久，即有律例合刊本行世。现见的该典籍律例合刊本较多，如台湾"中央研究院"历史语言研究所藏明嘉靖三十三年（1554 年）汪宗元、潘恩重刊《大明律例》本，中国国家图书馆藏万历初年巡按山东监察御史王藻重刊《大明律例》本等。② 单刻本嘉靖《问刑条例》于《名例律》中已注明律文某条附有某例，于吏、户、礼、兵、刑、工六律则仅注明该律某篇有例多少条，未注明这些条例应附于律文某条之后，致使律、例合刻本条义次序多不一致。相比之下，雷梦麟《读律琐言》、③ 陈省校刊本《大明律例》较为尊重单刻本的原来次序。嘉靖《问刑条例》计名例律 90 条，吏律 33 条，户律 65 条，礼律 9 条，兵律 51 条，刑律 121 条，工律 7 条，共376 条。《明史·刑法志》云嘉靖《问刑条例》"增至二百四十九条"，是不对的。嘉靖三十四年（1555 年）二月，刑部尚书何鳌等奏上律例九事，"俱允行"。④ 此 9 条全文载于美国国会图书馆所藏嘉靖三十五年（1556 年）刊本《南京刑部志》，称为

---

① 《明世宗实录》卷三六八。
② 现见的嘉靖《重修问刑条例》律例合刊本还有：台湾"中央图书馆"藏明人雷梦麟撰《读律琐言》明嘉靖四十二年歙县知县熊秉元刻本，日本内阁文库藏《大明律例附解》明嘉靖池阳秋浦象山书舍重刻本，蓬左文库、东京大学东洋文化研究所分别藏《大明律例附解》明嘉靖二十三年邗江书院刊本重刻本等。
③ （明）雷梦麟撰：《读律琐言》，明嘉靖四十二年歙县知县熊秉元刻本，收入杨一凡编《中国律学文献》第 4 辑第 2 册、第 3 册，社会科学文献出版社，2007，影印本。
④ 《明世宗实录》卷四一九。

"续准《问刑条例》"。其中名例律 2 条，吏律 2 条，兵律 2 条，刑律 3 条。内容均为对嘉靖条例有关条款的进一步明确规定。其与嘉靖二十九年条例合为 385 条。① 与弘治《问刑条例》相比，嘉靖《问刑条例》所因者为 251 条，所因而略做修改者 28 条，新增者为 100 条。如加上续准《问刑条例》，新增者为 106 条，可见增补和修正幅度仍是比较大的。

嘉靖《问刑条例》与弘治《问刑条例》比较，新增的内容主要有以下几个方面：

其一，进一步限制皇族成员及各级官吏的法外特权。嘉靖《问刑条例》规定："各土府违例收受子粒并争讼地土等事，与军民相干者，听各衙门从公理断。长史司不许滥受词讼，及将干对之人占吝不发。"② "各处司府州县并各钞关解到布捐钱钞等项，赴部给文，送甲字等库验收。若有指称权责名色揸勒解户、诓诈财物者，听巡视库藏科道官及该部委官拿送法司究问，不分军民匠役，俱发边卫充军。干碍内外官员，一体参奏处治。"③ "凡指称近侍官员家人名目，扰害有司驿递衙门，占宿公馆，虚张声势，索取马匹，勒要财物者，为首及同恶相济之人，俱发边卫充军。"④

其二，进一步强化封建礼仪和等级制度。《大明律·礼律》规定：凡官民房舍车服器物之类各有等第，不得违式僭用。弘治

---

① 嘉靖《重修〈问刑条例〉》，收入《中国珍稀法律典籍集成》乙编第 2 册，第 435～507 页。
② 附《大明律》卷一《名例律》"应议者之父祖有犯"条后，见《中国珍稀法律典籍集成》乙编第 2 册，第 443 页。
③ 附《大明律》卷七《户律·仓库》"收支留难"条后，见《中国珍稀法律典籍集成》乙编第 2 册，第 466～467 页。
④ 附《大明律》卷一七八《兵律·邮驿》"多乘驿马"条后，见《中国珍稀法律典籍集成》乙编第 2 册，第 483～484 页。

《问刑条例》又对各王府郡主及各级官吏的服式作了规定。嘉靖《问刑条例》明确规定："官吏军民人等，但有僭用玄黄紫三色及蟒龙飞鱼斗牛，器皿僭用硃红黄颜色及亲王法物者，俱从重治罪，服饰器物追收入官。""军民僧道人等服饰器用，俱有旧制。若常服僭用锦绮纻丝绫罗彩绣，器物用戗金描金，酒器纯用金银，及将大红销金制为帐幔被褥之类，妇女僭用金绣闪色衣服，金宝首饰镯钏，及用珍珠缘缀衣履，并结成补子盖额缨络等件，娼妓僭用金首饰银镯钏者，事发，各问以应得之罪，服饰器用等物并追入官。"①

其三，加强对边地沿海贸易管理。明代中期，商品经济日趋发展，私商贸易已扩展到边地和沿海，明王朝因屡禁不止，不得不放松对边地贸易的控制，同时加强了这方面的管理，对贩卖违禁货物的处罚也规定得更为具体明确。嘉靖《问刑条例》规定："凡兴贩私茶，潜住边境，与番夷交易，及在腹里贩卖与进贡回还夷人者，不拘斤数，连知情歇家牙保，俱发烟瘴地面充军。"②"凡夷人贡船到岸，未曾报官盘验，先行接买番货，及为夷人收买违禁货物者，俱发边卫充军。"③

其四，以重典治理流民。明中期以来，土地兼并剧烈，赋役加重，大量农民流离失所。流民暴动事件接连而起。朝廷在镇压、平息民变的同时，从法律上亦对流民从重治罪。《大明律·户律》规定："凡民户逃往邻境州县躲避差役者，杖一百，发还

---

① 附《大明律》卷一二《礼律·仪式》"服舍违式"条后，见《中国珍稀法律典籍集成》乙编第 2 册，第 473 页。
② 附《大明律》卷八《户律·课程》"私茶"条后，见《中国珍稀法律典籍集成》乙编第 2 册，第 469 页。
③ 附《大明律》卷一五《兵律·关津》"私出外境及违禁下海"条后，《中国珍稀法律典籍集成》乙编第 2 册，第 481 页。

原籍当差。其亲管里长、提调官吏故纵,及邻境人户隐蔽在已者,各与同罪。"① 嘉靖《问刑条例》则规定:"沿边地方军民人等躲避差役,逃入夷峒寨潜住,究问情实,俱发边远卫分永远充军。本管里长、总下旗及两邻知而不首者,各治以罪。"②

从量刑来看,嘉靖《问刑条例》的刑罚较之弘治《问刑条例》有加重的趋势。特别是充军条款和适用对象、范围,较弘治《问刑条例》有大幅度增加。《明史·刑法志》云:"充军之例为独重。《律》充军凡四十六条,《诸司职掌》内二十二条,则洪武间例皆律所不载者。其嘉靖二十九年条例,充军凡二百十三条,与万历十三年所定大略相同。"充军之地,"条例有发烟瘴地面、极边沿海诸处者,例各不同。而军有终身,有永远。"③

此外,为保证国家法律的有效实施,它对弘治《问刑条例》许多规定作了进一步的明确和补充。如《大明律·户律》规定:"凡盗卖换易及冒认,若虚钱实契典买及侵占他人田宅者,田一亩、屋一间以下,笞五十。每田五亩、屋三间,加一等。罪止杖八十,徒二年。系官者,各加二等。"④ 弘治《问刑条例》规定:"凡用强占种屯田者,问罪。官调边卫,带俸差操。旗军军丁人等,发边卫充军。民发口外为民。管屯等官不行用心清查者,纠奏治罪。"嘉靖《问刑条例》则规定:"凡用强占种屯田五十亩以上,不纳子粒者,问罪。官调边卫,带俸差操。旗军军丁人等,发边卫充军。民发口外为民。其屯田人等将屯田典卖与人至五十亩以上,与典主买主各不纳子粒者,俱照前问发。若不满数

---

① 《大明律》卷四《户律·户役》"逃避差役"条。
② 附《大明律》卷四《户律·户役》"逃避差役"条后,见《中国珍稀法律典籍集成》乙编第2册,第461~462页。
③ 《明史》卷九三《刑法一》,中华书局,1974,第2301页。
④ 《大明律》卷五《户律·田宅》"盗卖田宅"条。

及上纳子粒不缺，或因无人承种而侵占者，依律论罪，照常发落。管屯等官不行用心清查者，纠奏治罪。"①

嘉靖《问刑条例》一方面因袭弘治《问刑条例》，对其中部分条款的有关规定加以明确，另一方面又针对社会现实问题补充了许多重要的条款，它在明代三次修订《问刑条例》的过程中，发挥了承上启下的作用。嘉靖《问刑条例》的修订，进一步巩固了《问刑条例》与《大明律》并行的法律地位。

4. 万历《问刑条例》的修订

《问刑条例》第三次增修是在万历年间。万历二年（1574年）四月，刑科给事中乌升等奏请续增条例，神宗下旨："《问刑条例》依拟参酌续附。"② 此后即开始着手对《问刑条例》进行修订，直至万历十三年（1585年）方修订完毕。刑部尚书舒化于万历十三年四月四日奏请颁行，神宗于四月十一日颁旨："这《问刑条例》既会议详悉允当，着刊布内外衙门永为遵守。仍送史馆，纂入《会典》。问刑官如有妄行引拟及故入人罪的，法司及该科参奏治罪。"③ 而后，又依舒化的建议，对流行于世的《大明律》律文进行核对，将《律》、《例》合刻，"律为正文，例为附注"，④ 并编入万历十五年（1587年）刊行的《大明会典》。对于《问刑条例》来说，这是一次全面的、严肃的修订。

---

① 附《大明律》卷五《户律·田宅》"盗卖田宅"条后，见《中国珍稀法律典籍集成》乙编第2册，第462页。
② （明）舒化撰：《重修问刑条例题稿》，见杨一凡编《中国律学文献》第3辑第2册，黑龙江人民出版社，2006，影印本，第113页。
③ （明）舒化撰：《进新刻〈大明律附例〉题稿》，见《中国律学文献》第3辑第2册，黑龙江人民出版社，2006，影印本，第127页。又，（明）舒化等纂修《大明律附例》，南京图书馆藏明万历十三年刻本。
④ 《明神宗实录》卷一六〇。

自嘉靖二十九年（1550 年）重修《问刑条例》至万历十三年再修《问刑条例》，相隔只有 35 年。上距嘉靖三十四年（1555 年）续增《问刑条例》只有 30 年。其间陆续颁定的各种条例数量不是很多，故万历《问刑条例》的修订，不是重在增补，而是旨在对嘉靖《问刑条例》按照较高标准的规范化要求进行加工。

万历《条例》共 382 条，"除各例妥当，相应照旧者共一百九十一条；其应删应并应增改者共一百九十一条"。[①] 其革除弘治时颁定、嘉靖时沿用的条例 10 余条，新增 30 条，沿旧例并加以修正者 161 条。依《大明律》律文后附条例所分，万历《问刑条例》名例律为 91 条，吏律为 31 条，户律为 69 条，礼律为 9 条，兵律为 51 条，刑律为 123 条，工律为 8 条。"《条例》申明颁布之后，一切旧刻事例，未经今次载入，如比附律条等项，悉行停寝。"[②] 在此之后，《大明律》和万历《问刑条例》作为明后期的主要刑事法律，再未变动。

万历《问刑条例》对弘治、嘉靖旧例所革除者，主要是那些与《大明律》律文较相近的条款。如《大明律·兵律》规定："各处守御城池军人在逃者，初犯，杖八十，仍发本卫充军。再犯，并杖一百，俱发边远充军。三犯者，绞。"[③] 弘治、嘉靖《问刑条例》规定："在京在外守御城池军人，在逃一次二次者，问罪，照常发落。三次，依律处绞。"[④] 二者基本相近，故删除。

---

① （明）舒化撰：《重修问刑条例题稿》，见《中国律学文献》第 3 辑第 2 册，黑龙江人民出版社，2006，影印本，第 122 页。

② 见（明）舒化等纂修《大明律附例》卷三〇《工律》"修理桥梁道路"条后附例。

③ 《大明律》卷一四《兵律·军政》"从征守御官军逃"条。

④ 附《大明律》卷一四《兵律·军政》"从征守御官军逃"条后，见《中国珍稀法律典籍集成》乙编第 2 册，第 480 页。

其所增补的条款，多是与维护明王朝统治的重大利益问题相关。面对着"赋入则日损，支费则日加"的局面，万历《问刑条例》新增了许多旨在保护朝廷财政收入的经济法规。如规定："凡宗室置买田产，恃强不纳差粮者，有司查实，将管庄人等问罪，仍计算应纳差粮多寡，抵扣禄米。若有司阿纵不举者，听抚按官参奏重治。"① 对于漕运把总、指挥、千百户等官索要运军常例和指以供办等费为由科索并扣除行月粮、船料，以及各地完粮违限，漕运粮米漂流数多等处罚也作了明确规定。由于社会矛盾日趋尖锐，农民起义和反抗朝廷事件次数增多，且规模越来越大，万历《问刑条例》新增了有关加强防守城池、要地的条款。对于各掌印巡捕等官捕获强盗不力、申报不实等渎职罪的处罚，该条例也作了一些明确规定。

　　舒化修订《问刑条例》的宗旨是："立例以辅律"，"依律以定例"，"必求经久可行，明白易晓，务祛苛纵之弊，以协情法之中"。② 在这次修例中，特别注意了把犯罪者的首从及犯罪情节的轻重加以区别。如《大明律·刑律》规定："凡盗内府财物者，皆斩。"③ 弘治《问刑条例》规定："盗内府财物者，系杂犯死罪准赎外，若盗乘舆服御物者，仍作真犯死罪，依律议拟。"④ 嘉靖《问刑条例》因之。而万历《问刑条例》则改为："凡盗内府财物，系乘舆服御物者，仍作真犯死罪。其余监守盗银三十两、钱帛等物值银三十两以上，常人盗银六十两、钱帛等物值银

① 附（明）舒化等纂修《大明律附例》卷五《户律·田宅》"欺隐田粮"条后。
② （明）舒化撰：《重修问刑条例题稿》，见《中国律学文献》第3辑第2册，黑龙江人民出版社，2006，影印本，第120～121页。
③ 《大明律》卷一八《刑律·贼盗》"盗内府财物"条。
④ 弘治《问刑条例》第184条，附《大明律》卷一八《刑律·贼盗》"盗内府财物"条后，见《中国珍稀法律典籍集成》乙编第2册，第250页。

六十两以上，俱问发边卫，永远充军。内犯，奏请发充净军。"①
又如弘治《问刑条例》有关惩治"略人略卖人"的条款规定：
"凡设方略而诱取良人与略卖良人子女，不分已卖未卖，俱问发
边卫充军。若略卖至三口以上及再犯、三犯者，不分革前革后，
俱用一百斤枷，枷号一个月，照前发遣。"② 此规定被嘉靖《问
刑条例》因之。万历《问刑条例》改为："凡设方略而诱取良人
与略卖良人子女，不分已卖未卖，俱问发边卫充军。若略卖至三
口以上及再犯者，用一百近枷，枷号一个月，照前发遣。三犯
者，不分革前革后，发极边卫分，永远充军。"③ 弘治《问刑条
例》和嘉靖《问刑条例》对"略人略卖人"未区分再犯、三犯
两者罪情严重程度不同，均问发边卫充军。万历《问刑条例》
加重了对三犯者的处罚，改为"发极边卫分，永远充军"。

　　为了打击以暴力手段强行贩卖私盐的行为，嘉靖《问刑条
例》规定："凡豪强盐徒聚众至十人以上，撑驾大船，张挂旗
号，擅用兵仗响器，拒敌官兵，若杀人及伤人至三命者，比照强
盗已行得财律，皆斩。为首者，仍枭首示众。其虽拒敌，不曾杀
伤人，为首者，依律处斩；为从者，俱发边卫充军。若止十人以
下，原无兵仗响器，遇有追捕，夺命拒敌，因而伤人至二命者，
为首及下手之人，比照官司捕获罪人，聚众中途打夺，追究为首
及下手之人，各坐以斩、绞罪名。其不曾下手伤人者，仍为从论
罪。"④ 万历《问刑条例》改为十人以上拒敌官兵，"若杀人及伤
三人以上者，比照强盗已行得财律，皆斩。为首者，仍枭首示

---

① 附（明）舒化等纂修《大明律附例》卷一八《刑律·贼盗》"盗内府财物"条后。
② 弘治《问刑条例》第201条。见《中国珍稀法律典籍集成》乙编第2册，第254页。
③ 附（明）舒化等纂修《大明律附例》卷一八《刑律·贼盗》"略人略卖人"条后。
④ 附《大明律》卷八《户律·课程》"盐法"条后，见《中国珍稀法律典籍集成》乙编第2册，第467～468页。

众。"十人以下遇有追捕拒敌，"因而伤至二人以上者，为首依律处斩。下手之人，比照聚众中途打夺罪人因而伤人律，绞。"① 王肯堂《笺释》云："旧例云三命、二命，故议者泥于命字，遂谓伤而未死者，不得引用此例。不知私盐拒捕，律自应斩，况加之伤人乎？提防奸徒，不妨过重，后改三人二人者为当。又旧例十人以下一段云各坐以绞罪名一句，未见分明。盖拒捕斩罪，用律不奏请。若比律，自应奏请，难以一概论耳。今俱改。"② 万历《问刑条例》注意了区别不同犯罪情节、后果，把刑罚及法律依据规定得具体严密，表明它比弘治、嘉靖《问刑条例》已更为完善。

崇祯十四年（1641年），刑部尚书刘泽深复请议定《问刑条例》。帝以律应恪遵，例有上下事同而二三其例者，删定划一为是。然当时统治危机深重，朝廷自顾不暇，议未及行，明朝覆亡。

明代《问刑条例》与律并行，前后达140余年之久，它不仅是明中后期最重要的立法，而且对清代法制也产生了重大影响。

沈家本先生在评价明代《问刑条例》时，对于它的几次修订，特别是万历《问刑条例》的修订给予肯定，指出，它的历史作用是"立例以辅律，非以破律"。③ 这一观点是公允和符合实际的。弘治、嘉靖、万历三朝"度势立法"，通过制定和修订《问刑条例》，及时对《大明律》过时的条款予以修正，又针对当时出现的社会问题适时补充了新的规定。这种做法，既保持了

① 附（明）舒化等纂修《大明律附例》卷八《户律·课程》"盐法"条后。
② （明）王肯堂原释、（清）顾鼎重编：《王仪部先生笺释》卷八《户律·课程》"盐法"条，收入《中国律学文献》第2辑第3册，黑龙江人民出版社，2005，影印本，第613~614页。
③ （清）沈家本撰：《寄簃文存》卷七《万历〈大明律〉跋》，收入（清）沈家本撰、邓经元和骈宇骞点校《历代刑法考》第4册，中华书局，1985，第2263页。

明律的权威性和稳定性，又利于法律的有效实施。因此，不能因一些史书批评明代"条例纷繁"，就不加分析地贬低或否定《问刑条例》的作用。就刑例的制定而言，"条例纷繁"问题主要发生在《问刑条例》修订之前，是由于一些君主因一时一事颁布事例造成的。经过精心修订的明代三大《问刑条例》，使刑例整齐划一，在很大程度上解决了在此之前"条例浩瀚"、"以例代律"问题时有发生的弊端。

（三）明代行政例中的诸条例

在明代史籍中，"条例"一词的含义有狭义和广义两种。一种是指以"条例"命名的单行法规，这类法规是经统治者精心修订、内容由多个条款或事项组成的规范性法律文件；另一种则是对各种形式例的泛称。因单行法规类条例往往是由事例或榜例、则例等汇编而成的，人们习惯上也把这几种形式的例统称为条例。洪武年间，法制初创，立法形式尚未严格划分和确定，尤其是洪武朝前期和中期的特定时间内，明太祖朱元璋为惩治奸顽，屡颁刑罚苛重的禁例。朱元璋认为，这类重刑禁例为"权时处置"，非守成之君所用常法，故他把法律区分为"常法"与"权宜之法"两种，强调这些因一时需要制定的禁例属于"权宜之法"。全面考察明初的制例及朱元璋有关"条例"的论述可知，在多数场合下，朱元璋所说的"条例"，实际上是指广义性质的例；他讲的"条例者，一时之权宜也"之类的话，其内容也主要是指刑例而言，并非泛指一切非刑事类例和单行法规类条例。洪武前、中期，朝廷在行政、礼仪、学校管理方面，也颁布了一些属于"常法"的重要法律，如：《宪纲》、《洪武礼制》、

《慈孝录》、《礼仪定式》、《学校格式》等。这些法律与洪武以后各朝颁布的单行法规类条例属于同一性质，很可能是当时对立法形式尚未明确界定，为避免与"权宜之法"相混淆，未冠于"条例"之名。洪武后期，朱元璋更加注重传之后世的"常法"的制定，朝廷精心修订的一些重要法律、法规逐步使用"条例"的称谓。如洪武二十三年（1390 年），朱元璋亲自拟定并颁行了《责任条例》。洪武三十年（1397 年）五月，他在《御制大明律序》中，明令"悉照今定《赎罪条例》科断"。① 洪武朝之后，朝廷对精心修订的法律，一般都是以"条例"命名。宣德、正统年间，统治者出于强化军政和吏治管理的需要，按照"情法适中"、"经久可行"的立法原则，先后对前朝和本朝制定的一些行政例进行编纂和修订，颁行了《军政条例》、《吏部条例》等。自弘治朝始，在修订《问刑条例》的同时，又进行了《宗藩条例》、《军政条例》等行政类条例的纂修。单行法规类条例与事例、则例、榜例的不同之处，是它的内容更为系统和规范，在明代例的体系中居于最高层的地位，有长期稳定的法律效力。本部分以单行法规类行政条例为考察对象。

明代各朝颁行的条例，有些条例已经失传，如《马政条例》、②《给驿条例》、③《邦政条例》④ 等。现存于世的明廷颁行的代表性条例，有《责任条例》、《吏部条例》、《宪纲条例》、《军政条例》、《宗藩条例》等。除官修条例外，明人还编纂了许

---

① 《大明律》卷首《御制大明律序》。
② 《皇明条法事类纂》卷三○《各处议和买补马匹及管寺丞不许带家人作弊例》，见《中国珍稀法律典籍集成》乙编第 5 册，第 160 页。
③ 《皇明条法事类纂》卷三一《应付紧急公文马匹、船只并损坏马匹、船只查数，降调驿递官员及承差人不许夹带土产物产货例》，见《中国珍稀法律典籍集成》乙编第 5 册，第 221 页。
④ 《明史》卷九七《艺文二》，中华书局，1974，第 2394 页。

多条例汇编性文献，这类文献虽系官员或文人个人编纂，但也真实地记录了当时颁行的重要条例。本部分主要对几部官修条例及其版本作以考述。

1. 《责任条例》和《吏部条例》

明廷制定的有关吏部职掌和治吏方面的重要立法，载于《诸司职掌·吏部》和《大明会典·吏部》。此外，通行于明一代治吏的代表性法规有《责任条例》和《吏部条例》。

《责任条例》颁行于洪武二十三年（1390 年）。该条例前所书明太祖朱元璋敕曰："方今所用布政司、府州县、按察司官，多系民间起取秀才、人才、孝廉。各人授职到任之后，略不以到任须知为重，公事不谋，体统不行，终日听信小人浸润，谋取赃私，酷害下民。以此仁义之心沦没，杀身之计日生。一旦系狱临刑，神魂仓皇，至于哀告恳切。奈何虐民在先，当此之际，虽欲自新，不可得矣。如此者往往相继而犯，上累朝廷，下辱乡间，悲哀父母妻子，孰曾有鉴其非而改过也哉。"① 为了整饬吏治，提高行政管理效能，朱元璋"亲制《责任条例》一篇，颁行各司府州县"。②

《责任条例》共 7 条，就布政司、府、州、县分别治理管辖区域的职责及按察司、巡按御史究治渎职官员的责任作了明确规定。指出："布政司治理亲属临府，岁月稽求，所行事务，察其勤惰，辨其廉能，纲举到任须知内事目，一一务必施行。少有顽慢，及贪污坐视恬忍害民者，验其实迹，奏闻提问。设若用心提

---

① （明）申时行等重修：《明会典》卷一二《吏部十一·考功清吏司·考核二》，中华书局，1989，影印本，第 77 页。
② （明）申时行等重修：《明会典》卷一二《吏部十一·考功清吏司·考核二》，中华书局，1989，影印本，第 77 页。

调催督，宣布条章，去恶安善，傥耳目有所不及，精神有所不至，遗下贪官污吏及无籍顽民，按察司方乃是清"。府治理州、州治理县、县治理里甲，也要仿效布政司治理府的有关规定办理。"若布政司不能清府，府不能清州，州不能清县，县不能去恶安善，遗下不公不法，按察司方乃是清"。该条例还规定："按察司治理布政司、府、州、县，务要尽除奸弊，肃清一方。耳目有所不及，精神有所不至，巡按御史方乃是清。傥有通同贪官污吏，以致民冤事枉者，一体究治。"条例要求各级官府"置立文簿，将行过事迹逐一开写。每季轮差吏典一名，赍送本管上司查考。布政司考府，府考州，州考县，务从实效，毋得诳惑繁文，因而生事科扰。每岁进课之时，布政司将本司事迹，并府州县各赍考过事迹、文簿，赴京通考。敢有坐视不理，有违责任者，罪以重刑"。①

《责任条例》颁行后，明太祖令各司、府、州、县"刻而悬之，永为遵守"。正德、万历间修订《大明会典》时，又将该条例全文收入。《责任条例》作为治吏的重要法规，曾在明代各朝通行。

《吏部条例》系吏部奉敕纂修，于弘治十一年（1498 年）七月刊行。据该条例前吏部题奏，清选官王价言称，官吏"考满、给由、丁忧、为事、闻丧、扣俸、附过等项，吏部先年悉有旧例通行"，但未得到有效实施，往往是"起文给批，各无定式，及至到部，查驳不同，多至参问。中间虽有中途患帖，十无一实"。王价提议"乞敕吏部，通将先年行过旧例，重新逐一开

---

① （明）申时行等重修：《明会典》卷一二《吏部十一·考功清吏司·考核二》，中华书局，1989，影印本，第 77 页。

款明白，备写定式，通行天下大小衙门"。① 经英宗皇帝允准，吏部会同各部、都察院、通政司、大理寺等衙门，抄出先年旧例64件，吏部又增补了现行事例，纂修为《吏部条例》，颁示天下大小衙门施行。

《吏部条例》辑官吏违碍事例 97 条，其中《给由纸牌违碍事例》2 条，《给由官吏违碍事例》40 条，《丁忧起复官吏违碍事例》33 条，《听选官吏并阴阳、医生人等给假等项违碍事例》16 条，《听拨吏典违碍事例》3 条，《除授给由官员违碍新例》3条。条例就天下诸司大小衙门官吏、监生、知印、承差等考满、给由、丁忧、为事、闻丧事宜及违背者应受参问和如何处罚作了具体的规定。如《给由纸牌违碍事例》规定："不填字号，漏用印信，墨污有迹，破损及遭风水湿，无告官文凭，俱参问。"《给由官吏违碍事例》规定："给由官吏，前考三十六个月，次考及三考亦历三十六个月。前考若历三十七个月，次考、三考俱历三十七个月，准理。若多历少历者，俱参问"；"在外有司大小官员，今后三年、六年，俱要赴部给由。虽有专责差占，三年、六年亦要一次赴部给由。违者送问，仍照《繁简则例》，降一级"；"官患病三个月者，将该支俸粮住支。调理痊可之日，照旧支给。同署官僚，毋得扶同坐视旷职，虚费钱粮。事发，通行查究如律"。《丁忧起复官吏违碍事例》规定："服制以闻丧日为始，不计闰二十七个月。或少守，止二十六个月者，送问。假如闰正月初二日闻丧，就作二月初一日起扣算，二十七个月服满。不除闰月算者，参问"；"官吏、监生人等给批，除水程外，违限一年之上者，送问行查"。《听选官吏并阴阳、医生人等给

① 《吏部条例》，见《中国珍稀法律典籍集成》乙编第 2 册，第 201 页。

假等项违碍事例》规定："起送阴阳、医生，公文内俱要本学官、生并里老、合干府州县保结。数内欠少者，驳查。其前官老疾致仕，无奏词者，案候。"《听拨吏典违碍事例》规定："办事官吏恃强顽不肯办事，私自在逃，若开逃一年之上不复役者，为民。"《除授给由官员违碍新例》规定："今后新官到任，比对本部文凭字号，期限相同，方许到任管事。如字号期限不同，即系诈伪，拿送合干上司究问。"①

《吏部条例》曾在明一代通行。现见的该条例的版本有：中国国家图书馆、清华大学图书馆、日本名古屋的蓬左文库和京都的阳明文库藏明嘉靖年间南直隶镇江府丹徒县官刊《皇明制书》14 卷本；日本日比谷图书馆市村文库、东京大学东洋文化研究所藏该书 14 卷本万历四十一年（1613 年）镇江府知府康应乾补刻本。

2. 宪纲条例

明王朝为完善监察制度，保障监察活动规范化、制度化，使其更好地发挥修明政治、严肃法纪、整饬吏治、纠劾官邪、矫平冤狱、荐举贤良等功能，很注重健全以《宪纲》为基本法律的监察法律体系。据《明实录》载，洪武四年（1371 年）正月，"御史台进拟《宪纲》四十条。上览之，亲加删定。诏刊行颁给"；② 洪武六年（1373 年）四月，"重刊《律》、《令》、《宪纲》，颁之诸司"。③ 洪武二十六年（1393 年）三月颁行的《诸司职掌》中，对十二道监察御史照刷卷宗衙门、监察御史职掌及出巡、照刷文卷、追问、审录、问拟刑名等一应事宜作了详细

---

① 《中国珍稀法律典籍集成》乙编第 2 册，第 201～213 页。
② 《明太祖实录》卷六〇。
③ 《明太祖实录》卷八一。

规定。在此之后，惠帝、成祖、仁宗、宣宗历朝对《宪纲》均有增补。宣德年间，鉴于当朝与前代官制有所变化，中外宪臣对于《宪纲》有任情增益的情况，明宣宗屡次敕令臣下遵行洪武朝所定监察法规，并下令礼部同翰林院儒臣修定《宪纲》："以洪武、永乐以来，祖宗所定风宪事体著在简册者，悉载其中，永示遵守，而益之以训戒之言。凡出臣下所自增者，并削去之。"①书成，宣宗皇帝去世，《宪纲》未及颁行。英宗"嗣位之初，切以风宪为重"，群臣也请求早日颁行《宪纲》。于是，朝廷依宣德时修订的《宪纲》为蓝本，补充了正统初颁行的有关条款。正统四年（1439 年）十月二十六日，英宗敕谕"礼部即用刊印，颁布中外诸司遵守"。②

英宗正统朝颁布的《宪纲》，曾在明一代实行。此书在明嘉靖、万历间朝臣、地方官府刊行的《皇明制书》中，称为《宪纲事类》，但官修《大明会典》称其为《宪纲条例》，如该书《都察院·风宪总例》曰："在京都察院及十三道在外按察司俱称风宪衙门，以肃政饬法为职。见《诸司职掌》及正统中所定《宪纲条例》甚备，各以类分列其通行难附者在此。"③《会典》卷二〇九至二一一"都察院"部分，标有"正统四年定"字样以下所辑定例，标有"以上《宪纲》"、"以上《宪体》"、"以上《出巡相见礼仪》"字样之前所辑定例，均指选自《宪纲条例》。成化元年（1465 年）二月初一日，刑部尚书陆瑜等人的题奏中，

---

① 《宪纲事类》，见《中国珍稀法律典籍集成》乙编第 2 册，第 31 页。
② 《宪纲事类》，见《中国珍稀法律典籍集成》乙编第 2 册，第 31 页。
③ （明）申时行等重修：《明会典》卷二〇九《都察院一·风宪总例》，中华书局，1989，影印本，第 1039 页。

亦称《宪纲》为《宪纲条例》。① 显然，明代官方是把《宪纲》作为重要的条例对待的。

《宪纲》共95条，由"宪纲"、"宪体"、"出巡相见礼仪"、"巡历事例"、"刷卷条格"5部分组成。其中，"宪纲"34条，下设纠劾百司、朝会礼仪、祭祀礼仪、点差御史、官吏取受、嘱托公事、禁再纠劾、互相纠劾、出巡期限、出巡随从、分巡回避、巡视仓库、追问刑名、亲问公事、理断词讼、沮坏风宪、装诬风宪、拟断公事、约会问事、巡按失职、照刷文卷、审理罪囚、直言所见、举明孝义、巡按卷宗、声诉冤枉、官吏诉罪、回避仇嫌、禁约迎送、讲读律令、选用风宪、选用吏典、比律事理、公用物件等目，对风宪官的职掌和选任作了规定。在此之后，设有"宪体"15条，"出巡相见礼仪"4条，"巡历事例"36条，"刷卷条格"6条，分别对都察院官、监察御史、按察司官的行事规则、纪纲禁例、与各方面官员的相见礼仪、巡历中的按治事宜、照刷文卷的要求及对违背纪纲者如何处置作了详细规定。

现见的该条例的版本有：中国国家图书馆、清华大学图书馆、日本名古屋的蓬左文库和京都的阳明文库藏明嘉靖年间南直隶镇江府丹徒县官刊《皇明制书》14卷本；日本日比谷图书馆市村文库、东京大学东洋文化研究所藏该书14卷本万历四十一年（1613年）镇江府知府康应乾补刻本；大连图书馆、美国国会图书馆和日本东洋文库、尊经阁文库藏有明万历七年（1579年）保定巡抚张卤校刊《皇明制书》20卷本；上海图书馆藏该书明嘉靖三十一年（1552年）曾佩刻本；南京图书馆藏该书明

---

① 《皇明条法事类纂》卷三〇《御史惩戒军职及御史等官出差边境用军防送例》，见《中国珍稀法律典籍集成》乙编第5册，第1034页。

刻本。

3. 军政条例

《军政条例》是有关军政管理方面的法律规定，以清理军伍、勾捕逃军为主要内容。

《军政条例》初颁于宣德四年（1429 年）六月。条例前所书行在兵部尚书张本等奏曰："天下卫所递年以来勾取逃亡等项军人，为因比先未曾奏定条例，颁布申明，其各该卫所往往泛滥申填勘合，差人前去各府州县勾取。所差人员，每岁不下二、三万数。该勾军士，又不从实开写原报姓名、乡贯并充军来历缘由。以致差去官旗，通同有司、里老人等作弊……合无通将条例申明遵守"，并随同奏书，附上《军政条例》草拟件。六月七日，宪宗皇帝降旨准奏。六月十三日，又令"刊印成书，发去永为遵守"。①

该条例共 33 条，其内容涉及清理军政、勾捕、编发军役、根捕、起解逃军等方面的事宜。条例规定：逃军除自首免问、责限起解外，其余拿获者，初犯、再犯管解原卫所着役，三犯者依律处决；逃军正身未获，先将户丁解补；各处有司起解逃军及军人军丁，量地方远近，定立程限，依限管送；更改姓名或诈称病故的逃军，许令出首改正，违者发边远充军；正军户下本有人丁，朦胧捏作无勾者，改正免罪，仍捏造回申者发边远充军；选差的当人员并在营有丁之人前取勾军，不许泛差无籍之徒；新勾军上限期候安插定，方许差操；每军一名，优免原籍户下一人差役；勾军违限，分别情况予以惩处；差人前去勾取，务要填给勘合；殷实之家买求官吏，冒名顶替者，许令改正，违者全家调发

---

① （明）张本撰：《条例事奏》，见明人黄训编《皇明名臣经济录》卷四四，文渊阁四库全书本。

别卫充军，顶替之人就收本卫补伍；军户壮丁故自残伤者，全家发烟瘴地面充军；军户被重复勾取者，复勘开豁；精壮军人买求贪污头目，由户下软弱之人私自轮流替换，依律照例论断；军户全家在逃，里邻知情不拿解者，正军发边卫充军，知情不举者发附近卫所充军；军户丁尽户绝者，经三次查勘，有司保结回申，予以开豁。条例还就家族分户之后、军户止有幼丁或年老废疾之人、义男替义父当军、女婿替妻父之家当军、同姓名冒勾补役、僧道为事充军等如何解补军役等作了规定。① 宣德四年《军政条例》是纂修本朝和前朝题定的军政条款而成，是明代颁布最早的一部军政管理方面的条例。

宣德《军政条例》曾在宣宗、英宗、景帝、宪宗、孝宗、武宗、世宗各朝实行，先后达百年之久。在此期间，各朝针对清理军伍、勾补逃军中遇到的新的问题，又制定了许多军政条款。如英宗执政时期，曾于正统元年（1436 年）八月十二日颁布了军政榜文 14 条，该榜文除设专条重申遵行宣德《军政条例》外，其他 13 条涉及的内容主要是：（1）委官将勾补军丁督解；（2）逃军正军连当房妻小同解赴卫着役；（3）供招更改姓名乡贯及诈文潜回；（4）轮流在役者未满即逃；（5）远年因勾军官旗苦害，全家迁移；（6）军丁口粮并司卫交割；（7）卫所官员役卖逼逃军人；（8）潜住军丁自首；（9）抚恤流移军丁；（10）官员朦胧造报勾扰；（11）冒籍开户逃避军役；（12）原带操军士收入正伍当军；（13）派出勾军官旗人等潜住不回。此外，还于正统二年（1437 年）颁布了《计议事例》14 条，正统三年（1438 年）颁布了《计议事例》3 条及所定改调卫分事例。

① （明）张本撰：《条例事奏》，见明人黄训编《皇明名臣经济录》卷四四，文渊阁四库全书本。

各朝颁布的军政条款，补充了宣德《军政条例》规定的不足，进一步完善了明代的军政制度。

明代到世宗嘉靖朝时，逃军问题更加突出，"营伍缺乏，虽时厪清理，率难复旧"。[①]嘉靖三十一年（1552 年），巡按浙江监察御史霍冀奏请增修《军政条例》："如蒙敕下该部将《军政条例》，查自宣德以来及我皇上嘉靖元年以后钦定事例，通行备细查出，或旧例有所当更，或新例有所当入，逐一因事搜检，随宜酌议，各要条款切当而人俱易晓，情罪适均而法可久行。伦次参附，括成一书刊布，大小清军衙门，一体永为遵守。仍照《问刑条例》事例，各发一部，两直隶行顺天、应天二府，浙江等十三省行各布政使司，照式翻刊给发给各府、州、县、卫、所官吏军民人等，遵照施行。"[②]兵部赞同霍冀修订《军政条例》的提议，世宗皇帝也降旨允准。据《南枢志》记载，万历初兵部尚书谭纶等的奏本中曾指出，嘉靖三十一年，兵部"将嘉靖十一年以后节行事例原条例所未载者，斟酌损益，锓梓成书，刊布天下，遵行已久"。[③]这说明嘉靖朝曾重修过《军政条例》。万历元年（1573 年），巡按直隶等处监察御史余乾贞再次上书要求修订《军政条例》。同年八月，神宗皇帝降旨批准。该条例由兵部尚书谭纶等纂修，于万历二年（1574 年）十二月成书，但未得到很好实施，乃至被"皆视为虚文，不惟慢不遵行，且各官不一经日"。万历十二年（1584 年）十二月二十八日，兵部

① （明）薛应旗撰：《军政事例序》，见（明）霍冀辑《军政条例类考》。收入《中国珍稀法律典籍续编》第 4 册，第 299 页。
② （明）霍冀辑：《军政条例类考》卷六《题为陈愚见以厘时弊以肃军政事》，见《中国珍稀法律典籍集成续编》第 4 册，第 459 页。
③ （明）范景文撰：《南枢志》卷八七，中国国家图书馆藏明崇祯刻本。又见《中国方志丛书》辑《江苏省南枢志》，台湾成文出版社有限公司，1983，影印本，第 2230 页。

尚书张学举奏请把万历二年《军政条例》"量支官银刷印，每省发五部，分给抚按布按都司。直隶者，发抚、按各一部。俱令彼中再行分刻，每府、每卫、每州县各发一部……一一着实遵行"。世宗皇帝圣旨："是。这清理军册旧例，着各巡按御史督率该管有司卫所官，着实举行，不许虚文塞责。"①

万历二年重修《军政条例》8 卷，共 377 条，分为 7 类编纂。其中：（1）卫所类 54 条，内有卫所不许擅自勾扰、都司卫所定清军官、军职卖放余丁发遣等条目；（2）户丁类 46 条，内有军户冒顶变乱版籍、军户不许隐蔽人丁、军户田土不许绝卖等条目；（3）册单类 61 条，内有解军文簿守巡查考、清勾文册违限究罚、造册明开军户丁产等条目；（4）逃故类 50 条，内有逃军拿获罪及窝家、逃军自首改编附近、逃军不首罪及邻里等条目；（5）清勾类 62 条，内有有丁捏作无勾坐罪、勾军违限照例缉拿、调卫重勾发补本伍等条目；（6）解发类 61 条，内有解军违限照例坐罪、军解口粮司卫交割、卫所军人今定解补等条目；（7）优恤类 43 条，内有充军病故家口释放、被灾军丁秋成起解等条目。②

该条例是纂修宣德四年（1429 年）至万历元年（1573 年）历朝颁行的代表性军政条款而成。除宣德《军政条例》33 条全部被分类收入外，其他 344 条均为各朝所颁军政条款，其中大多为成化、弘治、正德、嘉靖四朝所颁。万历《军政条例》较之宣德《军政条例》，所收条款数量扩大了 10 倍之多，内容更加

---

① （明）范景文撰：《南枢志》卷八七，中国国家图书馆藏明崇祯刻本。又见《中国方志丛书》辑《江苏省南枢志》，台湾成文出版社有限公司，1983，影印本，第 2217 ~ 2219 页。

② （明）范景文撰：《南枢志》卷八七。

丰富，对清理军伍、勾补逃军中册单的编造和核查、卫所和有关衙门遵循的规则、军丁的补伍与开豁、逃军的拿解与惩处、清勾、解发逃军的各类事宜及优恤军士等规定得也更加详细。

明人黄训编《名臣经济录》卷四四收录了张本《条例事奏》，宣德四年《军政条例》被全文收录。中国国家图书馆藏有《名臣经济录》明嘉靖三十年（1551 年）刻本，文渊阁四库全书也收有该书。此外，14 卷本《皇明制书》所收《军政条例》前 33 条，即宣德四年颁行的《军政条例》。收入《军政条例》的《皇明制书》的版本有：中国国家图书馆、清华大学图书馆、日本名古屋的蓬左文库和京都的阳明文库藏明嘉靖年间南直隶镇江府丹徒县官刊《皇明制书》14 卷本；日本日比谷图书馆市村文库、东京大学东洋文化研究所藏该书 14 卷本万历四十一年（1613 年）镇江府知府康应乾补刻本。现知的万历二年重修《军政条例》的版本有：日本内阁文库藏明刻本。明人范景文撰《南枢志》卷八七至卷九三所收《军政条例》为残卷本，其中，"优恤类"缺文，"单册类"、"解发类"各有 10 余条无正文。台湾成文出版社有限公司 1983 年影印的《中国方志丛书》中，收入《南枢志》明末刻本。该书虽系残卷本，然仍保留了 340 余条条款的全文，从中仍可大体了解万历《军政条例》的基本内容。

4.《宗藩条例》

《宗藩条例》，2 卷，系明嘉靖时礼部尚书李春芳主持纂修，于嘉靖四十四年（1565 年）二月经世宗旨允颁行。其书卷首辑有题本 5 件：首录嘉靖四十四年二月初七日《礼部尚书李春芳等进〈宗藩条例〉表》及同年二月十三日世宗朱厚熜允准施行并赐名为《宗藩条例》的圣旨；次录嘉靖四十一年（1562 年）

十月二十四日《礼部尚书严讷等题本》，续录嘉靖四十二年
（1563 年）十一月二十九日、嘉靖四十三年（1564 年）十二月
初三日及四十四年正月十六日礼部尚书李春芳题本 3 件。此 5 件
题本叙述了编纂《宗藩条例》的缘由和过程，大意是：先是巡
按直隶监察御史林润上书，力陈宗藩积弊，指出："宗藩迩年以
来，愈加蕃衍，岁征禄粮，不足以供禄米之半。将军、中尉而
下，多不能以自存。乞要命诸大臣、科、道各献其猷，仍谕诸王
示以势穷弊极，不得不通之意，令其各陈所见，然后斟酌定制，
垂为亿万年不易之规。"① 林润的提议，得到神宗皇帝的支持。
在此之后不久，周府南陵王陆橩条奏"立宗学以崇德教"等旨
在加强宗藩管理 7 事。礼部奉旨征求各王府意见并会同六部等衙
门，从历年皇帝钦准的有关宗藩事宜的定例中，选择可行者 67
件编为一书。世宗皇帝圣旨："是。事宜既经多官会议，都准
行，书名与做《宗藩条例》。"②

　　《宗藩条例》正文 67 条。其条名主要有：《修明宗范》、《宗
支奏报》、《亲支袭封》、《追封亲王》、《亲王袭封》、《初封禄
米》、《住支禄米》、《庶子争袭》、《另城请封》、《查革冒封》、
《自备仪仗》、《改封世子》、《酌处庶粮》、《亲王削封》、《郡王
革爵》、《管理府事》、《降发高墙》、《释放庶人》、《选择婚配》、
《冒妾子女》、《藩僚考察》、《裁革冗职》、《仪宾守制》、《恩恤
限制》、《停给工价》、《行礼次序》、《宗仪服饰》、《越关奏扰》、
《私放钱债》等。这些条款均是洪武至嘉靖间亲王、郡王及有关

---

① 《宗藩条例》卷首《礼部尚书李春芳题本》，见《中国珍稀法律典籍集成》乙编第 2 册，
　第 527 页。
② 《宗藩条例》卷首《礼部尚书李春芳等进宗藩条例表》，见《中国珍稀法律典籍集成》
　乙编第 2 册，第 513 页。

朝臣的题奏，经皇帝钦准后确认的定例，其中亲王、郡王的题奏占绝大部分。就定例的形成时间而言，以嘉靖和弘治两朝为最多，最早的出自明太祖洪武二十八年（1395 年）颁行的《皇明祖训》，最晚的为嘉靖四十三年六月。

《宗藩条例》实施的时间并不长。隆庆初，李春芳受排挤辞归。万历初，一些朝臣认为该条例"集议之始，未暇精详"，①要求重新修订。如万历五年（1577 年）七月，礼科都给事中林景旸言："《宗藩条例》一书定自世宗，续此损益，不无异同"②；万历七年（1579 年）二月，大学士张居正题奏："惟宗藩一事条例最繁，前后参差不一……见今重修《会典》，此等条例都着议拟停当改正，合无敕下礼部，遵照前旨，将前项条例再加斟酌，并上请圣裁，著为宪令，然后开送臣等，纂入《会典》。庶法以划一，万世可遵矣。"③经神宗皇帝允准，礼部又纂修累朝事例。万历十年（1582 年）三月书成，"分为四十一条，附奏格册式于各条之后"。④通过修订，宗藩事宜"删订划一，名曰《宗藩要例》"，⑤颁行天下遵行。《宗藩要例》今已佚，其重要条款被收入《明会典》。《宗藩条例》自首次刊行后迄无再版，中国国家图书馆藏有该书嘉靖礼部刻本，原书除目录、李春芳进呈题本及严纳题本共 11 页已残外，其余文字完整齐备。

5. 条例汇纂性文献

明人编纂的条例汇编性文献甚多，其中内容辑录条款较多的

---

① 《明神宗实录》卷八四。
② 《明神宗实录》卷六四。
③ 《明神宗实录》卷八四。
④ 《明神宗实录》卷一二二。
⑤ （明）申时行等重修：《明会典》卷五五《礼部十三·王国礼仪·封爵》，中华书局，1989，影印本，第 346 页。

是《军政条例类考》、《条例备考》、《增修条例备考》三书。

《军政条例类考》，6 卷，明嘉靖侍御史霍冀辑。中国国家图书馆、日本尊经阁文库藏有该书明嘉靖三十一年（1552 年）刻本。霍冀，字尧封，号思斋，山西孝义人。嘉靖二十三年（1544年）进士，历任推官、监察御史、右金都御史、兵部尚书等职。嘉靖三十一年，霍冀任巡按浙江监察御史，奉命清理浙江军政。据该书序云：霍公“奉命清理两浙军政，深惟宪度，究观典章，博采群情时事，凡所施为建白，悉中机宜，参酌成书，厘为六卷，名曰《军政事例》云。于是方伯西潭汪君、副宪罗江陈君，请刻以布，用式有政”。“嘉靖壬子（三十一年）秋七月既望，浙江按察司副使奉敕提督学校武进薛应旗谨序”。①《军政条例类考》辑录了明代自宣德四年至嘉靖三十一年 100 余年间，累朝颁布的军政条例 169 条，其中：（1）《军卫条例》53 条，内有军卫造发勾册、解到军人不许卫所作弊、不许给文卖军回家、查验军器等条目；（2）《逃军条例》26 条，内有逃军三次发边嘹哨、逃军复业次年解补、逃军冒纳冠带、逃军老疾解壮丁等条目；（3）《清审条例》65 条，内有军户不许充兵房吏书、三犯盗窃编军、冒解诉理改正、军田许召种顶军等条目；（4）《解发条例》25 条，内有有司金解分三等、长解受财违限充军、应解军丁犯罪、军丁中途病故等条目。该书还辑录了朝臣有关清理军务的题本、奏本 24 件。这些题本、奏本均是经皇帝圣旨“准拟”的通行之例，具有法律效力。该书比较详细地辑录了明代嘉靖朝及其以前各朝制定的有关军卫制度、逃军的解补、军伍的清理、军丁的解发等方面的法律规定，对于研究明代的军政制度

---

①　（明）霍冀辑：《军政条例类考》书首《军政事例序》，见《中国珍稀法律典籍续编》第 4 册，第 299～300 页。

特别是万历二年颁行的《军政条例》有重要的史料价值。

《条例备考》24 卷，明佚名辑。该书辑明初至嘉靖三十七年（1558 年）明朝大臣及御史就治国时务的题奏经皇帝敕准颁行的各种条例共 1474 目。分为 8 类编辑，其中都察院、通政司、大理寺条例 1 卷，108 目；都察院条例 2 卷，85 目；吏部条例 3 卷，90 目；户部条例 2 卷，98 目；礼部条例 3 卷，82 目；兵部条例 9 卷，890 目；刑部条例 3 卷，84 目；工部条例 1 卷，37 目。日本内阁文库藏明嘉靖刻本。

《增修条例备考》，24 卷，明人翁汝遇等辑，史继辰等校定。因嘉、隆以来条例款文甚繁，辑者奉江西巡抚之命，对原《条例备考》重新删定并续入嘉、隆以来部、院通行条例而成此书。全书共 1062 目。其中：吏部条例 3 卷，179 目；户部条例 4 卷，196 目；礼部条例 2 卷，111 目；兵部条例 6 卷，281 目；刑部条例 2 卷，80 目；工部条例 2 卷，23 目；通政司、大理寺条例合 1 卷，6 目；都察院条例 4 卷，186 目。日本尊经阁文库藏该书明万历刻本，南京图书馆藏明万历刻本残卷本。

除《军政条例类考》、《条例备考》、《增修条例备考》外，现存世的明代条例文献还有多部。其中：有关六部职掌方面的文献有：（1）《六部条例》不分卷，中山大学图书馆藏明抄本；（2）《六部纂修条例》不分卷，中国国家图书馆、天津图书馆藏明抄本；（3）《明六部条例各衙门条例》不分卷，中国国家图书馆藏明抄本；（4）《吏部四司条例》3 卷，明蹇义辑，天一阁、中国国家图书馆藏明抄本；（5）《考功验封司条例》3 卷，天一阁、中国国家图书馆藏明抄本；（6）《兵部武选司条例》不分卷，中国国家图书馆、天一阁藏明抄本；（7）《南京工部职掌条例》5 卷，明人刘汝勉等纂，中国国家图书馆藏清抄本。这些文献记录了六部、吏部四司及兵部武选司、南京工部的官制、职掌和行事规则。此外,《明史·艺文志》所录书目中,有明人曾同享纂《工部条例》10 卷,崔国辑《国子监条例类编》6 卷,陆深纂《科场条贯》1 卷,不著撰人《国子监规》1 卷,这四部文献均未见有版本传世。

有关某一朝颁行的各类条例合编类文献有:(1)《皇明成化条例》,明抄本,中国国家图书馆藏成化二十三年条例;宁波天一阁文物保管所存成化六、八、九、十、十三年条例,台湾"中央研究院"历史语言研究所傅斯年图书馆存成化七、十一、十三至十九、二十二年条例;(2)《皇明弘治条例》,明抄本,天一阁文物保管所藏弘治二、六、七年条例,台湾"中央研究院"历史语言研究所傅斯年图书馆藏弘治元年至四年条例。

有关军政管理方面的条例汇编性文献有:(1)《军政条例续集》5 卷,明人孙联泉辑,天一阁藏明嘉靖三十一年(1552 年)江西臬司刻本,中国国家图书馆藏明嘉靖三十一年江西臬司刻本残卷本;(2)《御倭军事条款》1 卷,中国国家图书馆藏明嘉靖刻蓝印本;(3)《明御倭行军条例》,明人李遂辑,1994 年上海书局影印;(4)《御倭条款》1 卷,明人王邦直辑,中国国家图书馆藏明万历四十五年(1617 年)刻本。此外,明人纂辑的一些军政条例文献,如《千顷堂书目》录有不著撰人《军政条例》7 卷,《军政条例摘抄》10 卷和《军政律条》等,[①] 书名虽存,尚未见到有版本传世。

有关监察制度方面的文献有:重庆市图书馆藏有明万历蓝印本《出巡条规》,该条例共 14 条,对都察院官员和御史巡察各

---

①　(清)黄虞稷撰:《千顷堂书目》卷九《典故类》,上海古籍出版社,1990。

地的职责、途行规式、各官参见礼仪及禁约事项等规定甚详，是明正统朝颁行《宪纲条例》后又一部重要的检察制度方面的重要文献。

在田土、钱粮、盐茶、赋税、工匠等管理方面，由于这方面的情况处于经常的变动之中，明朝主要是通过颁行事例、则例来调整的，制定的条例相对较少。现见的这类条例汇纂性文献有《盐法条例》和《洲课条例》等。《盐法条例》现有上海图书馆藏明嘉靖刻本、大连市旅顺口图书馆藏清抄本、中国国家图书馆藏清抄本。《洲课条例》系明人王促辑，内载明朝南京沿江一带芦洲课银事例。内有各府卫州县每爿洲地洲田出办课银数目、工部每年取用课银、钦赐各衙门及寺观洲场、各年题奉钦依事例、各年领敕官纂酌处事宜等5目。台湾"中央研究院"历史语言研究所傅斯年图书馆藏旧抄本，抄录年代不详。

明代地方长官发布的地方法规中，也出现了条例这一法律形式。如嘉靖四十一年海瑞在淳安知县任上，曾制定《兴革条例》。该条例分为吏属、户属、礼属、兵属、刑属、工属6类编辑，内容是关于地方事务治理方面的规定。①

（四）明代的事例

在明代例的体系中，以事例制定最多，变革最繁，围绕着事例的立法和执法活动也最为活跃。事例是条例编纂的基础，榜例中有关某一事项的定例或某一时弊的禁例实际上也属于事例的范畴。明代文献中记载的事例汗牛充栋，要全面阐述其内容实非易

① 陕西省图书馆藏《海刚峰集》重刻本中收有该条例，刊印时间不详。

事。本部分仅对明代事例制定的概貌和代表性文献作一考述。

1. 明代事例的含义及制例概述

明代的事例是个多义项的词语。综合考察其内涵，可知明人通常是在下述三种意义上使用"事例"这一法律用语的。

一是指经皇帝裁定、颁布的作为有司行事规范的某一具体事项或单个的案例。譬如《嘉靖事例》所辑事例，就是这类事例。《皇明条法事类纂》中收录的上千个成化、弘治间颁布的例，除少数外，也属于这类事例。从例的数量构成和表述方式看，它们属于单数结构，内容具体。单数结构性事例是事例的基本形态。事例颁发各衙门后，具有可以被援引的法律地位。事例是通过行政、司法、立法等多个途径产生的。在明代立法、司法实践中，人们根据事例制定时间的先后，把其分别称为前例、后例、旧例、现行事例。经皇帝裁定的同类性质且内容相近乃至相同的新例产生之后，以前的现行事例就成为前例或旧例。现行事例较之前例而言，也就被称为后例。有司处理事务或案件，须优先援用现行事例。旧例、前例未被革去之前，仍具有法律效力。因此，当前例与后例、旧例与现行事例的规定发生矛盾时，须再行奏请皇帝定夺，从而产生新的事例，这就是所谓"因例而生例"。

二是指通过汇编、修订事例并以"事例"命名的具有独立地位的法规。此种法规也称为"条例"。明代各朝因事例浩繁，前例与后例、旧例与现行事例的规定不一的情况常有发生，为保障法制的统一，统治者很注意事例的清理、编纂和修订。编修后的事例，采取概括性、条文化的表述方式，内容更加规范。由这类事例汇编而成的单行法规，一般称为"条例"，但也有少数仍以"事例"为名。譬如，明代中期颁布的《节行事例》，就是通过编纂事例形成的单行法规。单行法规类事例多是采用概括性语言进行表述。从例的数量构成分类，它们属于复数结构性事例。复数结构性事例源于单数结构性事例。单数结构性事例大多由四个方面的要素组成：（1）事例的名称；（2）朝臣或各部院题奏的时间、程序及题奏人；（3）题奏的内容及相关已准行的法律；（4）皇帝的圣旨和裁定的结果。以多项条款组成的单行法规类事例行文简练，内容基本是皇帝裁定的某一事项或案件的处理结论和办法。由此可知，单行法规类事例是在单数结构性事例的基础上形成的，是皇帝裁定内容的提炼和概括。

三是《会典》事例。明代中后期，曾三次编纂和修订《大明会典》，有关行政、经济、军政、民事、学校管理等方面的事例多附于《会典》之后，这是与前两者编纂方法不同的事例。明武宗朱厚照于正德四年（1509年）十二月十九日所撰《御制大明会典序》说，该书的编纂方法是："其义一以职掌为主，类以颁降群书，附以历年事例。使官领其事，事归于职，以备一代之制。"① 该书《弘治间凡例》称："凡纂辑诸书，各以书名冠于本文之上。采辑各衙门造报文册及杂考故实，则总名之曰事例，而以年月先后次第书之。""事例出朝廷所降，则书曰诏、曰敕。臣下所奏，则书曰奏准、曰议准、曰奏定、曰议定，或总书曰令。或有增革减罢者，则直书之。若常行而无所考据者，则指事分款，以凡字别之。其事系于年，或年系于事者，则连书之。繁琐不能悉载者，则略之。"② 可见《会典》事例的形成，或是出于皇帝直接发布的诏敕，或是出于经朝廷批准的臣下奏请的事

① （明）申时行等重修：《明会典》卷首《御制明会典序》，中华书局，1989，影印本，第1页。
② （明）申时行等重修：《明会典》卷首《弘治间凡例》，中华书局，1989，影印本，第5页。

例，在编辑《会典》时将其按照时间顺序整理附载。《会典》中所辑事例，是用概括的语言表述的。从例的数量构成看，它们大多是单数结构性事例的分类编纂，少数是选自单行法规类事例。《会典》所记事例有双重功能，它既"杂考故实"、"以备一代之制"，又可供各级官吏查考适用，特别是在《会典》中被朝廷确认的"现行事例"或重申为"永为定例"的事例，是各级衙门和官吏必须遵守的法律和典章制度。

明代的诸多史籍中，都有制定和实施事例的记载，其中记述事例最多的是《明实录》、《明会典》和《皇明条法事类纂》三书。此三书所记事例以数千件计，文字不下 300 万字。明代事例汇编性文献《军政备例》、《嘉靖事例》、《嘉靖新例》、《嘉靖各部新例》、《嘉隆新例》等书中，也记载有各类事例上千件。阅读这类文献，使人有不下多年功力不能穷尽明代事例之感。

事例是明王朝确认的法律形式之一，它的产生和颁行有严格的立法程序。就事例的渊源而论，一般地说，有关刑事事例多是通过司法审判活动产生的，而有关行政、经济、民事、军政、学校管理方面的事例，则多是通过行政途径产生的。就事例的立法程序而言，无论事例是通过朝臣奏请的方式提出的，还是由中央部院议定的，任何事例的颁布，都必须由皇帝批准。明代事例涉及的领域极其广泛，国家和社会生活的各个方面都有这类立法。只有全面了解明代事例的编纂及演变过程，才能正确描述明代法制的面貌。

2. 代表性文献及其版本

因明代事例文献浩瀚，这里仅就几部代表性的事例汇编性文献及其版本进行考述。

（1）《皇明条法事类纂》。

旧抄本《皇明条法事类纂》64 册，50 卷。50 卷正文之末，附有各类有关制例的题本及大赦令一大宗，不分卷，亦无类编。此书明抄本现藏日本东京大学总合图书馆。日本古典研究会于昭和四十一年（1966 年）将其影印，影印本分订为上下两册。为叙述方便起见，我们把正文 50 卷简称为"正编"，附录部分简称为"附编"。

在中国古代，一些朝代为使各级衙门和官员检阅法律方便，常把敕、令、律、例、格、式和其他法律规定随事分门别类纂为一书，称之"条法事类"。"条法"的名称出现较早，《后汉书·陈宠传》中，就有"（陈）宠又钩校律令条法，溢于《甫刑》者除之"的记载。① 以"条法事类"形式编纂法律文件，在宋代时颇为盛行。如宋孝宗朝编有《淳熙条法事类》，宋宁宗朝编有《庆元条法事类》等。明承宋制，重视编例，凡六部、都察院等衙门及大臣进呈的题本，一经皇帝圣旨"是"、"准议"、"准拟"了的，当时被称为"例"，也叫事例。事例具有法律效力，在律无明文规定的情况下，各级官吏在执法、司法实践中必须依例而行。《皇明条法事类纂》所辑题本中，基本上都属于"题准"、"议准"的事例。因此，它是一部事例汇编性文献。

"正编"占全书四分之三以上篇幅，分 8 类 175 目，1276条，每条为一个事例。其中有条名无文者 235 条。除 2 条各含有 2 个题本外，各条均辑录 1 个题本，这样，"正编"实辑各类事例 1043 件。具体是：五刑类 1 卷，31 条；名例类 5 卷，136 条（含有条名无文者 32 条）；吏部类 5 卷，153 条（含有条名无文

____
① 《后汉书》卷四六《陈宠传》，中华书局，1982，第 1554 页。

者 52 条）；户部类 9 卷，254 条（含有条名无文者 33 条）；礼部类 2 卷，62 条（含有条名无文者 15 条）；兵部类 9 卷，222 条（含有条名无文者 60 条）；刑部类 17 卷，381 条（含有条名无文者 43 条）；工部类 2 类，37 条。各类、目名称及编纂顺序，基本上同《大明律》，稍有不同的是，"五刑"属《大明律·名例律》的首篇，而《皇明条法事类纂》把"五刑"单列为一类，予以突出。另外，该书卷二设"王府条例"专卷，这与《大明律》刑名相异。总体说来，"正编"的编纂方式，是以《大明律》的律名、刑名为序，把定例按内容类编，分别辑录在律条的相关刑名之后。

"附编"共辑各种事例 216 件，其中：吏部 10 件、户部 32 件，礼部 25 件，兵部 67 件，刑部 42 件，工部 1 件，都察院 29 件，通政司 1 件，圣谕 1 件，诏书 5 件，无部别者 3 件。大概是未系统整理的缘故，这部分编纂工作十分粗糙，书前"总目"和"附编"前也均未开列本编的条名目录。

在《皇明条法事类纂》实辑的 1259 件文书中，除个别者外，均属事例性质。其中除有英宗正统朝、世宗嘉靖朝各一件外，均系明宪宗、孝宗两朝各部及都察院等衙门于天顺八年（1464 年）至弘治七年（1494 年）31 年间事例。在这些事例中，天顺八年 31 件，成化年间 891 件，弘治年间 328 件，属于这两朝题本而未书年代者 7 件。进呈时间最早者为天顺八年四月十二日，最晚者为弘治七年十二月二十日。天顺虽系明英宗朱祁镇年号，因英宗死于天顺八年正月，故是年所进题奏，实是宪宗朝的。

《皇明条法事类纂》所辑事例，其内容基本上分为四个部分：①标题。概括题奏的主要内容和处理意见。②各部、院题奏。交待时间、题奏部门、题奏人和题本奏本内容。③引录与题奏相关的前朝条例或现行条例，作为拟议的参考。④下达圣旨。成化、弘治条例全部系明代档案，其中绝大多数是首尾齐备的题本、奏本。

《皇明条法事类纂》的史料价值是：其一，它辑录的材料全部出自明代档案，其中绝大部分是内容完整的题本、奏本，并多为《明实录》、《明史》、《大明会典》及明代诸史籍所不载，部分有记载者也是行文简略，故它具有考史、证史、补史的作用。其二，本书不仅为研究成化、弘治两朝的法律制度、法律思想、制例的过程及法律实施状况，提供了大量生动、具体的资料，而且对于研究整个明代法律史也是不可缺少的宝贵文献。成化朝以前颁行的事例、条例多已失传，弘治朝以后的事例、条例不少是沿袭成化、弘治两朝而来，且又多是采其条文，不书制例缘由。《皇明条法事类纂》所辑题本、奏本，在论及制定新例的依据时，往往是针对社会时弊，阐发律意，引用前朝敕、例，陈述制例的必要性，故它对于考察已散失的明前期的事例，对于研究明代中后期例的产生、沿革变化及所体现的法律思想，对于研究律例关系及法律实施情况等，提供了丰富的史料。其三，该书的内容不仅涉及明律的各种刑名，而且涉及朝政和社会经济生活的各个领域，对于研究明代中叶社会史的诸方面及宫庭贵族生活、民间习俗、外交关系、少数民族事务等，都有重要的史料价值。

这部珍贵的文献也有其严重的缺陷，主要是：原抄本错、脱、衍文字极多，几乎达到了每页、乃至每段都有错字的地步。文意不通、难解的句子比比皆是，将此条文字错简于另条，或将内容无关的文字错入以及有文无目、有目无文、目录标题与正文标题文字相异等情况亦不少。所有这些，都给阅读者造成很多困难。另外，围绕着作者、御制序、题识的真伪产生的疑问，也影响了人们对这本书的价值的认识。

《皇明条法事类纂》的标点本，收入《中国珍稀法律典籍集成》乙编。关于该文献的作者及流传情况，笔者曾在《明代中后期重要条例版本考略》一文中做过考证。① 从抄本笔迹不同这一点看，它是由多人抄写而成。关于这部抄本的流传情况，明、清两代史籍也均未见著录。它被东京帝国大学附属图书馆收藏，乃是清朝末年的事。

对于这部文献的价值及抄本存在的一些问题，已故的日本著名法律史学者仁井田陞先生于 1939 年所撰《旧抄本皇明条法事类纂我见》② 和我国著名明史学者王毓铨先生所撰《〈皇明条法事类纂〉读后》③ 两文，都提出了很好的见解。两人在介绍抄本的基本情况、充分肯定它的史料价值的同时，分别就书前所列"御制序"、清人题识和抄本编者真伪等作了考辨，指出：①所谓"御制序"，系伪作，它实由《大明会典》的正德四年《御制大明会典序》和万历十五年《御制重修大明会典序》拼凑而成。②各种清人题识漏洞甚多，也不可信。③抄本"总目"之首旧题"监察御史臣戴金奉敕编次"，也有令人费解之处。戴金于明世宗嘉靖年间方任监察御史，他的编纂事业当与孝宗无关。如果说该书编者的真伪尚需进一步考证的话，那么，"奉敕编次"之说，则显属虚构。④把该书"总目"书为"大明文渊阁抄写《永乐大典·条法事类纂总目》"及在"附编"塞进嘉靖六年户、刑二部的题本，于事理乖谬，可能是好事者所为，不足为信。笔

---

① 杨一凡：《明代中后期重要条例版本考略》，《法学研究》1994 年第 3 期。
② 见〔日〕仁井田陞著《中国法制史研究》之《法与习俗·法与道德》，1964 年东京出版。
③ 《明史研究论丛》第 1 辑，江苏人民出版社，1982。

者赞同仁井田陞先生和王毓铨先生的上述观点，认为他们对这部文献总的评价是中肯的。

（2）《节行事例》。

明廷效法前代各朝，以儒家礼教为治国之本，特别重视礼制、礼仪方面的立法。明洪武年间制定的《洪武礼制》、《慈孝录》、《礼仪定式》、《稽古定制》，就是这方面的代表性法律。其名称虽不称条例，实际上同洪武后制定的条例属于同一性质。明代以事例命名的礼制方面的单行法律，最有代表性的是《节行事例》。《节行事例》辑录了洪武年间颁行的开读遣使、奉使王国、奉使诸司、奉使蕃国等出使礼仪，以及在京在外官员资格俸给、吏员资格、新官到任仪注、官吏更姓给由、丁忧起复、释奠礼仪、乡饮酒礼等事例规定，其中也包含了永乐、宣德、成化、弘治、正德等朝的有关礼仪方面的规定。该书刊行于何时，有待详考。然详阅此书，内记有正德十六年（1521 年）二月户部题奏《优免则例》，而《皇明制书》镇江府丹徒县嘉靖刻本中收录有《节行事例》，由此可以推知它成书于正德或嘉靖年间。现见的该书的版本有：中国国家图书馆、清华大学图书馆、日本名古屋的蓬左文库和京都的阳明文库藏嘉靖间南直隶镇江府丹徒县官刊《皇明制书》14 卷本；日本日比谷图书馆市村文库、东京大学东洋文化研究所藏该书 14 卷万历四十一年（1613 年）镇江知府康应乾补刻本。大连图书馆、美国国会图书馆、日本东洋文库和尊经阁文库藏明万历七年（1579 年）保定巡抚张卤校刊《皇明制书》20 卷本。该书标点本收入《中国珍稀法律典籍集成续编》第 3 册。标点本以中国国家图书馆藏《皇明制书》14 卷丹徒县嘉靖刻本为底本，以日本东洋文库藏明万历张卤校刊《皇明制书》20 卷本为主校本。

（3）《军政备例》。

该书是明代军政事例的汇编，不分卷，系明嘉靖间广信府知府赵堂辑，天津图书馆藏清抄本。赵堂，江陵人，明嘉靖间进士，曾任监察御史。由于军政管理的状况如何，关系到军士"捍外卫内、冲锋破敌、戍边守城"职能是否有效实现，关系到国家的治乱安危。明代很重视军政法律制度的完善，累朝都颁行了不少这方面的事例。然"法久则弊生，政弛则人玩"。为了使有司官吏检阅军政事例方便，赵堂于处理政务之暇，"检阅诸诏敕制诰及《会典》、律例等书，取其有关于军政者编辑"萃为一书，"总名之曰《军政备例》"。《军政备例》收入宣德四年（1429 年）至嘉靖三十九年（1560 年）130 余年间，累朝制定的重要军政事例 894 件。该书分为 10 类编纂："曰清理，曰册籍，曰逃故，曰清解，曰优恤，曰替放，曰首补，曰调卫，曰改编，曰逃绝。"在这些事例中，除各朝颁布的事例外，还收入明宣德四年制定的《军政条例》33 件，收入宣德、正统年间颁行的榜例 35 件。《军政备例》集明代军政事例之大成，内容涉及这一领域的各个方面，是研究明代军政事例的重要文献。

（4）《大明九卿事例案例》。

该书系抄本，辑者及抄录时间不详。其内容为辑录明英宗天顺至世宗嘉靖年间由六部尚书、都察院都御史、通政使、大理寺卿奏呈经皇帝钦准通行的事例。每一事例均是先叙述案由，次载明例文，后记录皇帝谕旨。内有军卫有司官的问罪囚不许托故延调例，乐户设计诱买良人为娼事发充军事，各处强盗人命重事官从公问断不许坐视酿成民害事，军民约问词讼行就近衙门委官勘问有违定限者并听参问例，人命干连囚犯俱照例原免等多目。台湾"中央研究院"历史语言研究所傅斯年图书馆藏有此书明抄本，该书系残卷本，册数不详，现仅存 27 册。

（5）《嘉靖事例》。

《嘉靖事例》，不分卷，明人范钦等辑。中国国家图书馆藏有该书明抄本。范钦，明浙江宁波府鄞县人，字尧卿，一字安卿，号东明。嘉靖十一年（1532 年）进士。曾任随州知府、工部员外郎、袁州知州、都察院右副都御史等职，累官兵部右侍郎。范钦为明代著名藏书家，喜购书，筑天一阁藏之。有《天一阁集》19 卷，《嘉靖事例》是其所编书之一。该书辑录明嘉靖八年（1529 年）至十九年（1540 年）间，朝臣所上题奏经皇帝敕准颁行的事例 83 件。其中嘉靖八年 20 件，九年 23 件，十年 7 件，十五年 9 件，十六年 5 件，十八年 2 件，十九年 4 件，题奏时间不明确者 3 件。这些事例的内容是有关屯田、征田、国公田土、寺田、屯种、田粮、田租、赈田、盐法、茶法、钱法、酒醋、马羊、鱼课、草料、瓜果蔬菜、菜户、积谷造册、桑园、采矿、边储、边饷、禄米、香钱、军粮及内府收纳、米俸、仓粮除耗、赈济灾民、议处荒政、商税、内府丝料、官引、违例支俸等方面的法律规定。由于明王朝各地的自然条件和经济发展的状况千差万别，朝廷对于社会经济的管理及相关矛盾的法律调节，主要是通过适时制定各类事例、则例进行的。与社会经济生活的多样性和管理制度经常调整的实际相适应，经济立法也呈现出多变的特点。在这种情况下，不仅朝廷制定的通行全国的单行经济法规甚少，而且把同一朝的各类经济立法汇编在一起的法律文献也是凤毛麟角。《嘉靖事例》是现存的不多见的同一朝经济管理类事例的汇编。

（6）《嘉靖新例》。

《嘉靖新例》，1 卷，嘉靖年间御史萧世延、按察使杨本仁、左参政范钦编，嘉靖二十七年（1548 年）梧州府知府翁世经刊。该书收入嘉靖元年（1522 年）至二十五年（1546 年）制定的刑例凡 202 条，全书分为名例、吏、户、礼、兵、刑、工 7 部分，按照《大明律》条名排列的先后顺序，把嘉靖间制定的新例分别编在相关的条名之后。其中：《名例》31 条，《吏例》37 条，《户例》34 条，《礼例》3 条，《兵例》23 条，《刑例》71 条，《工例》3 条。书后有嘉靖二十七年（1548 年）秋七月梧州府儒学训导丘云霄题跋，就编刊此书的缘起作了简要说明。《嘉靖新例》中的例，除绝大部分系六部"题准"、"议准"、"奏准"外，还编入皇帝圣旨原文 23 件，诏令 10 件。这些定例，多是嘉靖朝为适应时变而制定的新例，也有一些系对旧例的修订或重申先例的法律效力。现见的此书版本有：日本东京大学东洋文化研究所藏嘉靖二十七年梧州知府翁世经刻本，浙江天一阁文物保管所藏《嘉靖新例》不分卷明抄本，南京图书馆藏翁世经原刊本《玄览堂丛书》3 集影印本。此外，嘉靖年间，巡抚四川右副都御史张时彻也编有《嘉靖新例》一卷，台湾"中央研究院"历史语言研究语所藏明嘉靖二十五年（1546 年）张时彻刊《嘉靖新例》刻本，其体例与萧世延等所编本不同，非为一书。

（7）《嘉隆新例》和《嘉靖各部新例》。

《嘉隆新例》（附万历新例），6 卷，附于明张卤辑《嘉隆疏钞》后，神宗万历年间刊。辑者张卤，明河南仪封人，字召和，号浒东。嘉靖三十八年（1559 年）进士。历官右金都御史、保定巡抚、大理卿，后出为南京太常卿，以忤张居正致仕。此书辑嘉靖朝、隆庆朝及万历元年（1573 年）至六年（1578 年）定例 338 条，依吏、户、礼、兵、刑、工六例分类逐年编排，其中：《吏例》71 条，《户例》59 条，《礼例》16 条，《兵例》126 条，

《刑例》57 条，《工例》9 条。在这些定例中，嘉靖朝定例 166
条，隆庆朝定例 76 条，万历朝定例 96 条。以该书所辑嘉靖朝的
定例与《嘉靖新例》对校，可知二者重复甚多。《嘉靖新例》中
的许多定例，为嘉靖、万历年间重修《问刑条例》时所采纳。
因此，此书对于后人比较全面地了解嘉靖、隆庆、万历三朝例的
制定及其沿革情况甚有用处。《嘉隆新例》万历刊本，现藏台湾
"中央图书馆"，中国国家图书馆藏有原书缩微件。《玄览堂丛书
续集》第 104 册收入该书影印本。

《嘉靖各部新例》，6 册，台湾"中央研究院"历史语言研
究所傅斯年图书馆藏明抄本，原书辑者及抄录者姓名不详。《新
例》辑录明世宗嘉靖朝礼、兵、刑诸部题奏经皇帝钦准的事例。
刑部类有地方事、欺善事、巡捕事、实恤事、缉访事、申明律意
以便遵守事等条目；兵部类有调遣军政官员、两广功升袭替事
例、陈愚见以祛风弊以裨盐法以绥地方事等条目；礼部类有严选
考官以图得人事、革贪风以隆圣治事、申明禁例以正风俗事等
条目。

(8)《工部新刊事例》。

《工部新刊事例》，1 卷，南明弘光年间南京工部纂修。它是
在南明福王朝廷朝不保夕、民穷财尽之时，为筹措修缮宫殿、陵
庙费用而制定的。崇祯十七年（1644 年）七月书成奏进，同月
奉福王圣旨颁行。中国科学院图书馆藏明弘光元年（1645 年）
刻本，《玄览堂丛书》第 118 册收有此例。

《工部新刊事例》辑明朝特别是崇祯朝捐纳事例 23 种，主
要有《光禄寺署丞监事例》、《光禄寺典薄例》、《鸿胪寺丞署序
班例》、《上林苑监署丞录事例》、《营缮所所正例》、《两殿中书
例》、《杂职吏典加纳例》、《都司首领例》、《布政司首领例》、

《府首领例》、《援考例》、《恩岁贡考定府首领县佐贰者加各官纳银例》、《省祭岙年例》、《禀增附青衣等生纳银入监并俊秀纳儒例》等。该《事例》分别对监生、生员、廪生、贡生、俊秀等人员，捐光禄寺署丞和监事、光禄寺典薄、鸿胪寺署丞和序班、上林苑监署丞和录事、营膳所所正、武英殿和英华殿中书舍人、都司经历和断事、布政司理问和经历、按察司经历、府经历等官职应缴纳的银两数，对于恩贡、岁贡生考定府经历或县丞、主薄后，加官至布政司理问和经历、按察司经历、都司经历和断事、州同知、州判官等官职应缴纳的银两，对于杂职吏典捐县丞、主薄以及卫经历加官至京经历等应缴纳的银两数，都作了详细的规定。该《事例》虽系明亡国 3 个月后颁行，但因它是从前朝"新旧例中择其可行者"编纂而成，其内容辑录了大量的明末捐纳事例，对研究明代的制例和法律制度仍有重要的价值。

此外，在《四译馆则》一书中，记载了大量有关明代四夷馆制度的事例。明初设四夷馆，掌管外国朝贡通译语言文字之事。四夷馆初设时隶属翰林院，弘治七年（1494 年）始改隶太常寺。清初改称四译馆。《四译馆则》系明人郭鋆原辑，清人曹溶等续辑、霍维翰增辑。该书 20 卷，首一卷。全书分为两部分。前部为《新增馆则》，系清顺治十五年（1658 年）曹溶等原辑，清康熙二十七年（1688 年）霍维翰增辑刊行，记清顺治十年（1653 年）至康熙二十三年（1684 年）30 余年间事例。后部为《增订馆则》，系明嘉靖二十二年（1543 年）郭鋆原辑，后经明万历四十年（1612 年）洪文衡、崇祯三年（1630 年）吕维祺、清康熙十二年（1673 年）袁懋德三次增补，康熙二十七年复由霍维翰补阙订正。《增订馆则》记明初至崇祯三年四夷馆事例。其内容有敕谕、建设、典制、训规、官方、题名、属员、俸廪、经费、仪注、杂志、文史等多目。台湾"中央研究院"历史语言研究所傅斯年图书馆、台湾"中央研究院"近代史研究所图书室藏日本裕仁天皇昭和二年（1927年）京都帝国大学文学部东洋史研究室据清康熙二十七年四译馆刊重印本。

现存的明代事例还有：天一阁、中山大学图书馆藏《六部事例》明抄本，天一阁藏《催征钱粮降罚事例》明万历五年福建布政司刻本、《西都杂例》明抄本。

（五）明代的则例

则例作为法律用语和立法形式始于唐、五代时期，后为宋、元两代沿相使用。明代时，则例这一法律形式被广泛适用于国家经济、行政、军政、司法管理等领域，制定和颁行了大量的赋役、盐法、商税、捐纳、赎罪、宗藩、军士优给和给赏、官吏考核、钱法、钞法、漕运、救荒等方面的则例，其内容是与钱物和朝廷财政收入、支给、运作相关的法律的实施细则。明代则例的名目甚多，内容前后多有变化，又散存于各类史籍之中，本文只能就这一时期制定则例的情况予以概述。

1. 赋役则例

田赋和徭役是明朝财政来源的两大支柱。为了给政府征调赋役提供可靠的依据，明太祖洪武年间，命各府州县在丈量土地的基础上推行登记和管理土地的鱼鳞册制度，在核查户口的基础上推行编制黄册制度，制定了赋役之法。自明初始，各朝根据国情实际制定了不少则例，不断完善了赋役制度。

为了确保田赋的征调和防止粮税严重不均，明朝依照土地的所有权和用途的不同，把土地区分为官田、民田两类。官田又有还官田、没官田、断入官田、学田、皇庄、牧马草场、庄田、职田、军屯、民屯、商屯等之别。因官田与民田、不同种类的官田承担的田赋不一，朝廷颁行了《官田则例》和《民田则例》。《明会典》卷一七载："洪武二十六年定：凡各州县田土，必须开豁各户若干及条段四至。系官田者，照依《官田则例》起科。系民田者，照依《民田则例》征敛。务要编入黄册，以凭征收税粮。如有出卖，其买者，听令增收；卖者，即当过割，不许洒派诡寄。犯者，律有常宪。"① 洪武二十六年（1393 年），还重申了"民间桑株征税则例"："凡民间一应桑株，各照彼处官司原定则例起科丝绵等物。其丝绵每岁照例折绢，俱以十八两为则，折绢一匹。所司差人类解到部，札付承运库收纳，以备赏赐支用。其树株果价等项，并皆照例征收钱钞，除彼处存留支用外，其余钱钞，一体类解户部，行移该库交收。仍将存用数目，出给印信通关，具本入递奏缴。本部查领附卷作数，其进纳绢匹钱钞一节，俱照依后项金科课程条款，一体施行。"② 同年，又制定了"在京征收刍草则例"，规定："凡在京征收刍草，俱于田亩内照例科征。当征收之时，户部先行定拟具奏，行移该征有司，限定月日。先取部运官吏姓名开报，候起运至日照数填定，拨各该卫所并典牧千户所等衙门交纳，以备支用。其在外衙门，亦各照依已定则例征收施行。"③ 世宗嘉靖九年（1530 年），"令直隶苏、松、常、镇，浙江杭、嘉、湖等府田地科则，只照旧

---

① （明）申时行等重修：《明会典》卷一七《户部四·田土》，中华书局，1989，影印本，第 112 页。

② （明）申时行等重修：《明会典》卷一七《户部四·农桑》，中华书局，1989，影印本，第 116 页。

③ （明）申时行等重修：《明会典》卷二九《户部十六·征收》，中华书局，1989，影印本，第 219 页。

行，不必纷扰。其有将原定则例更改生奸作弊，通行禁革。"①

由于各地的自然条件千差万别，土地肥瘠相殊，朝廷又根据不同地区的实际情况，以则例的形式规定了某一或某些地区承担田赋的数量。如景帝景泰七年（1456 年），制定了《浙江嘉、湖、杭官民田则例》，规定这三个地区"官田每亩科米一石至四斗八升八合，民田每亩科米七斗至五斗三升者，俱每石岁征平米一石三斗。官田每亩科米四斗至三斗，民田每亩科米四斗至三斗三升者，俱每石岁征平米一石五斗。官田每亩科米二斗至一斗四合，民田每亩科米二斗七升至一斗者，俱每石岁征平米一石七斗。官田每亩科米八升至二升，民田每亩科米七升至三升者，俱每石岁征平米二石二斗"。② 宪宗成化十七年（1481 年）议准："山东登莱沿海瘠地，照轻科则例，每亩三升三合。"③

遇到灾年，朝廷往往根据受灾的严重程度，确定是否减免粮税，并制定或申明相关则例，以便有司遵行。如明英宗正统四年（1439 年）奏准："浙江、江西、福建并直隶苏、松等府，凡官民田地有因水塌涨去处，令所在有司逐一丈量，涨出多余者，给与附近小民承种，照《民田则例》起科。塌没无田者，悉与开豁税粮。"④ 宪宗成化十九年（1483 年），凤阳等府受灾，朝廷明令："秋田粮以十分为率，减免三分。其余七分除存留外，起运者照江南《折银则例》，每石征银二钱五分，送太仓银库。另

---

① （明）申时行等重修：《明会典》卷一七《户部四·田土》，中华书局，1989，影印本，第 112 页。

② 《明英宗实录》卷二七〇。

③ （明）申时行等重修：《明会典》卷一八《户部五·屯田》，中华书局，1989，影印本，第 121 页。

④ （明）申时行等重修：《明会典》卷一七《户部四·田土》，中华书局，1989，影印本，第 113 页。

项收贮备边。以后事体相类者，俱照此例。"①

　　有明一代，扩大额田即登入册籍、向国家输租纳粮的田土，始终是朝廷确保田赋收入关注的重大问题。鉴于明初因长期战乱，土地大量荒芜；明中后期又因奸豪兼并、欺隐，额田减半，朝廷在核实田土的同时，实行鼓励农民开荒的政策。明朝制定了一些则例，对于新开垦的荒田、受灾后无人耕种土地负担的赋役及是否豁免、减轻田赋等作了具体规定。以英宗正统朝为例。正统四年（1439年），浙江、江西、福建和直隶苏、松等府遭遇水灾，朝廷明令："凡官民田地有因水塌涨处，令所在有司逐一丈量。涨出多余者，给与附近小民承种，照《民田则例》起科。塌没无田者，悉与开豁税粮。"② 正统十三年（1448年），"令各处寺观僧道，除洪武年间置买田土，其有续置者，悉令各州县有司查照，散还于民。若废弛寺观遗下田庄，令各该府州县踏勘，悉拨与招还无业及丁多田少之民，每户男子二十亩，三丁以上者三十亩。若系官田，照依减轻则例，每亩改科正粮一斗。俱为官田，如有绝户，仍拨给贫民，不许私自典卖。"③ 天顺二年（1458年），"令各处军民有新开无额田地，及愿佃种荒闲地土者，俱照减轻则例起科。"④

　　屯田是官田的一种，屯田制度是明代的重要田制。明建国之初，粮饷匮乏，朝廷命诸将分屯边疆各地，屯田制度由此形成。明代的屯田有军屯、民屯、商屯三种，"其征收则例，或增减殊

① （明）申时行等重修：《明会典》卷一七《户部四·灾伤》，中华书局，1989，影印本，第117页。
② （明）申时行等重修：《明会典》卷一七《户部四·田土》，中华书局，1989，影印本，第113页。
③ （明）申时行等重修：《明会典》卷一七《户部四·田土》，中华书局，1989，影印本，第114页。
④ （清）龙文彬撰：《明会要》卷五三《食货一》，中华书局，1998，984页。

数，本折互收，皆因时因地而异云"。①　成祖永乐三年（1405
年），更定军士《屯田则例》。"令各屯置红牌一面，写刊于上。
每百户所管旗军一百一十二名，或一百名、七八十名；千户所管
十百户或七百户、五百户、三四百户；指挥所管五千户或三千
户、二千户；总以提调屯田都指挥。所收子粒多寡不等，除下年
种子外，俱照每军岁用十二石正粮为法比较，将剩余并不敷子粒
数目通行计算，定为赏罚，令按察司、都司并本卫隔别委官点闸
是实，然后准行。直隶卫所从巡按御史并各府委官及本卫隔别委
官点闸。岁收子粒，如有稻、谷、粟、薯、秫、大麦、荞麦等项
粗粮，俱依数折算细粮。如各军名下除存种子并正粮及余粮外，
又有余剩数，不分多寡，听各该旗军自收。不许管屯官员人等巧
立名色，因而分用。"②　景帝景泰六年（1455 年），朝廷下令：
"顺圣地土肥饶，筑立城堡，拨军耕种，定为则例起科。"③　穆宗
隆庆二年（1568 年），"令宣镇屯种官地，每亩原征粮不及一斗
者，照旧征纳；如一斗以上者，亦以一斗为止。其地亩起科新增
牧地等项田土，应征粮石酌量定为三等。除本色照旧米豆中半折
色，照各城堡月粮则例上纳，该镇屯田地亩等粮，以原额为准。
以后虚增粮数，尽行除豁。将来征收务足一十八万四千五百三十
五亩之数。"④

　　明代于征收赋税外，还制定有役法。全国除皇室、勋臣、国

---

①　（明）申时行等重修：《明会典》卷一八《户部五·屯田》，中华书局，1989，影印本，
　　第 119 页。

②　（明）申时行等重修：《明会典》卷一八《户部五·屯田》，中华书局，1989，影印本，
　　第 122 页。

③　（明）申时行等重修：《明会典》卷一八《户部五·屯田》，中华书局，1989，影印本，
　　第 120 页。

④　（明）申时行等重修：《明会典》卷一八《户部五·屯田》，中华书局，1989，影印本，
　　第 121 页。

戚及少数钦赐优免者外，均承担徭役。明太祖洪武十四年（1381 年）至明世宗万历十年（1582 年）张居正实行一条鞭法期间，明朝依黄册制度把人户分为民户、军户、匠户三大类，不同的户类承担不同的差役。民户支应一般的差役，军户支应军役，匠户支应匠役。民户承担的徭役有三种：即里甲正役、均徭和杂役。里甲正役是指以里甲为单位承担的催征、解送钱粮等徭役，每里十甲，十年之内，每甲轮流在一年中的某些日子服役。均徭是朝廷向各地摊派的徭役，被金派的对象是以丁为单位。均徭又分为力役、银差两种。力役即亲身服役，银差即输银代役。杂役主要是指地方各级衙门的差役或在民间非经常性的差役。明代役法前后多变，朝廷根据实施役法过程中的具体情况，通过制定则例对有关事宜进行调整。据《明会典》载："洪武二十六年又定，凡在京垣河道，每岁应合修缮，其用工数多，须于农隙之时，于近京免粮应天、太平、镇江、宁国、广德等五府州预先定夺奏闻，行移各府起取。除役占等项照依钦定则例优免外，其余人户每四丁共辏一夫，著令各备锹杵篮担，委官部领，定限十月初赴京，计定工程分拨做造，满日放回。若有不当夫役，及做工未满逃回者，并行治罪。及各处起到仓脚夫，俱发应天府收籍为民。遇有官差，度量差拨，著令轮流，周而复始。若差使数多，做工日久，照例每名月给工钱五百文。坊常减半，以周养赡。优免则例：优免二丁：水马驿夫，递运船水夫，会同馆夫，轮班人匠，在京见役皂隶，校尉力士，见任官员，廪膳生员训导，马船夫，光禄寺厨役，防送夫，军户，铺兵。免一丁：凡年七十以上及废疾之人。"①"弘治二年，令各场灶丁，离场三十里内者，全

---

①　（明）申时行等重修：《明会典》卷二〇六《工部二十六·夫役》，中华书局，1989，影印本，第 1027 页。

数煎办；三十里外者，全准折银。每年十月以里，征送运司解部。其折银则例，每一大引，浙西六钱，浙东四钱。"① 武宗正德十一年（1516 年）议准："长芦运司灶户，照依有司上中下户则例，编审造册。除上中户丁多力壮者，量将二三丁帮帖办盐。此外多余人力，照旧编当别项差役。下户者，止令营办盐课，一切夫役民快边饷马价军器等杂差，俱与优免。"同年又下令："令长芦运司每五年一次，选委能干佐贰官一员，亲诣有场分州县，会同各堂印官，将概场人户照依均徭则例，逐一编审。丁力相应者为上户，独当总催一名，次者两户朋当一名，贫下者听其著灶。"②

2. 开中则例

开中制是明代重要的盐政制度。所谓开中，是指政府出榜召商，应召商人根据其上纳地点和数量，把政府需要的实物如粮、茶、马、豆、麦、帛、铁等，代为输送到边防卫所或其他地点，由政府酬之以相应的官盐。开中制的实质是商人以力役或实物等方式为政府效力，并向朝廷换取盐的专卖权。开中制源于宋、元时期的"入中"。"商输刍粟塞下而官给之盐"的中盐之法，起于北宋宋太宗赵炅雍熙年间（公元 984～987 年），当时是宋朝为解决与西夏政权战争所需军饷和物资供应而设。元代继续实行中盐之法，"募民中粮以饷边"。明开国之初，明太祖即制盐法，令商人贩盐，二十取一，以资军饷。太祖洪武三年（1370 年），出于济边需要，"召商输粮而与之盐，谓之开中"。③ "四年定中盐例，输米临濠、开封、陈桥、襄阳、安陆、荆州、归州、大

---

① （明）申时行等重修：《明会典》卷三二《户部十九·课程一·盐法一》，中华书局，1989，影印本，第 229 页。

② （明）申时行等重修：《明会典》卷三四《户部二十一·课程三·盐法三》，中华书局，1989，影印本，第 243 页。

③ 《明史》卷八〇《食货四》，中华书局，1974，第 1935 页。

同、太原、孟津、北平、河南府、陈州、北通州诸仓，计道里近远，自五石至一石有差。先后增减，则例不一，率视时缓急，米直高下，中纳者利否。"① 洪武年间，朝廷对制定开中则例十分重视，"凡遇开中盐粮，务要量其彼处米价贵贱及道路远近险易，明白定夺则例，立案具奏，出榜给发各司府州并淮、浙等运司张挂，召商中纳"。② 如洪武二十六年（1393 年）正月，"户部奏定云南乌撒中盐则例。凡输米一斗五升给浙盐一引，输米二斗给川盐，输米一石八斗给安宁井盐，输米一石六斗给黑盐井盐"。③ "洪武二十八年，定《开中纳米则例》，出榜召商，于缺粮仓分上纳。仍先编置勘合并底簿，发各该布政司并都司卫分及收粮衙门收掌。如遇客商纳粮完，填写所纳粮并该支引盐数目，付客商赍赴各该运司及盐课提举司照数支盐。其底簿发各运司及盐课提举司收掌。候中盐客商纳米完，赍执勘合到，比对朱墨字号相同，照数行场支盐。"④

　　明代的开中之制，因盐运而生，其开中方式和内容又多有变化。初期以纳米中盐为主，后期以纳银中盐居多，期间还有纳钞、纳马、纳豆、纳麦、纳铁、纳帛等形式。明朝在推行开中制的过程中，与开中方式、内容的变化相适应，以则例的形式颁行了许多实施细则。纳钞中盐主要是实行于宣宗、仁宗朝。据《明史》载："仁宗立，以钞法不通，议所以敛之之道。户部尚书夏元吉请令有钞之家中盐，遂定各盐司中盐则例，沧州引三百

<hr>

① 《明史》卷八〇《食货四》，中华书局，1974，第 1935 页。
② （明）申时行等重修：《明会典》卷三四《户部·课程三·盐法三》，中华书局，1989，影印本，第 238 页。
③ 《明太祖实录》卷二二四。
④ （明）申时行等重修：《明会典》卷三四《户部·课程三·盐法三》，中华书局，1989，影印本，第 238 页。

贯，河东、山东半之，福建、广东百贯。"① 纳马中盐在英宗正统朝开始实施。"正统三年，宁夏总兵官史昭以边军缺马，而延庆、平凉官吏军民多养马，乃奏请纳马中盐。上马一匹与盐百引，次马八十引。"② 正统十年（1445年）九月，因"盐商以道路险远，中纳者少"，朝廷采纳总兵官都督黄真的建议，增定《定边中盐纳马则例》："每上马一匹，盐一百二十引；中马一匹，盐一百引。"③ 纳银中盐在宪宗成化朝已经出现，孝宗弘治五年（1492年），"商人困守支，户部尚书叶淇请召商纳银运司，类解太仓，分给各边。每引输银三四钱有差，视国初中米直加倍，而商无守支之苦，一时太仓银累至百余万"。④ 自此以后，朝廷颁布了多个则例，就如何实施中盐纳银作了具体规定。弘治六年（1493年），"令各关照彼中则例，每钞一贯折银三厘，每钱七文折银一分"。⑤ 世宗嘉靖十年（1531年），令"四川大宁、安云等一十五场额办盐课，俱照弘治十五年则例征银存留本省，以备接济松茂运粮脚价之费。每年按季征收，与秋种一体起解。其小民边粮本色，止征正米价银，不许重派脚价"。⑥

　　考明一代开中制实施的情况，因钞法、钱法累更，粮草价格和各类物值多变，上纳的地点远近不一，加之客商与官吏勾结变乱盐法的事件时有发生，各朝针对各地的不同情况及新出现的问题，为推行开中制的实施制定了大量的则例。如明成祖丁永乐十

① 《明史》卷八〇《食货四》，中华书局，1974，第1936页。
② 《明史》卷八〇《食货四》，中华书局，1974，第1936页。
③ 《明英宗实录》卷一三三。
④ 《明史》卷八〇《食货四》，中华书局，1974，第1938页。
⑤ （明）申时行等重修：《明会典》卷三五《户部二十二·课程四·钞关》，中华书局，1989，影印本，第246页。
⑥ （明）申时行等重修：《明会典》卷三三《户部二十·课程二·盐法二》，中华书局，1989，影印本，第236页。

六年（1418 年）制定了"开中四川、河东、云南、福建盐粮则例"；① 仁宗于永乐二十二年（1424 年）九月制定了"用钞中盐则例"；② 宣宗于宣德五年（1430 年）制定了"各处中纳盐粮则例"，③ 于宣德八年（1433 年）六月制定了"松潘中纳盐粮则例"，④ 于宣德九年（1434 年）八月制定了"辽东广宁卫纳粮开中则例"；⑤ 英宗于宣德十年（1435 年）十二月发布了"中盐运粮则例"，⑥ 正统三年（1438 年）二月发布了"马营中纳盐粮则例"，⑦ 正统八年（1443 年）十月发布了"陕西沿边中盐则例"，⑧ 正统十三年（1448 年）五月发布了"云南腾冲卫指挥司中纳盐粮则例"；⑨ 景帝于景泰元年（1450 年）六月颁布了新的"中盐则例"，⑩ 景泰二年（1451 年）十二月颁布了"辽海、三万、铁岭等卫开中盐粮则例"。⑪ 景泰三年（1452 年）闰九月颁布了"遵化县召商中纳粮米则例"。⑫ 景泰三年十月颁布了"贵州平越、都匀、普定、毕节四卫中盐则例"。⑬

　　明朝制定的中盐则例繁多，每一则例都对上纳物资的地点、数量和商人取得的盐引数有详细规定。因史料浩瀚，笔者不能一一列举。这里仅把《明宪宗实录》所载成化朝颁行的中盐则例

---

① 《明太宗实录》卷一九六。
② 《明仁宗实录》卷二上。
③ 《明宣宗实录》卷六五。
④ 《明宣宗实录》卷一〇三。
⑤ 《明宣宗实录》卷一一二。
⑥ 《明英宗实录》卷一二。
⑦ 《明英宗实录》卷三九。
⑧ 《明英宗实录》卷一〇九。
⑨ 《明英宗实录》卷一六六。
⑩ 《明英宗实录》卷一九三。
⑪ 《明英宗实录》卷二一一。
⑫ 《明英宗实录》卷二二一。
⑬ 《明英宗实录》卷二二二。

的名称列表述后（见表3-2）。

表3-2　《明宪宗实录》记成化朝颁行的中盐则例举要

制 定 时 间	则 例 名 称	文献出处
成化元年春正月辛酉	遵化县永盈仓开中准盐则例	卷一三
成化二年二月丁亥	独石马营各仓中盐纳豆则例	卷二六
成化二年二月癸巳	诏减徐州、淮安仓中盐则例	卷二六
成化二年十二月壬寅	辽东边卫开中盐粮则例	卷三七
成化三年五月辛未	大同开中盐草则例	卷四二
成化三年五月丁亥	辽东诸仓开中准盐则例	卷四二
成化三年九月丙戌	减四川盐引纳米则例	卷四六
成化三年冬十月甲寅	橐莲台新设万亿仓开中淮浙官盐粮草则例	卷四七
成化六年二月己巳	四川、云南开中引盐则例	卷七六
成化六年十一月戊戌	河东盐运司开中银马则例	卷八五
成化七年十二月辛巳	减中长芦盐则例	卷九九
成化八年春正月乙卯	大同、玉林等草场开中盐草则例	卷一〇〇
成化八年十一月戊戌	辽东开中盐米则例	卷一一〇
成化九年三月壬子	淮、浙、山东、长芦、福建、河东等运司盐课开中则例	卷一一四
成化十年九月癸亥	淮安、徐州、临清、德州诸仓开中盐引随纳米麦则例	卷一三三
成化十一年二月壬午	改定淮安常盈仓并临清广积仓所中盐课则例	卷一三八
成化十三年春正月戊辰	辽东各仓开中成化九年、十年盐引则例	卷一六一
成化十三年十一月壬辰	宣府柴沟、马营、葛峪堡开中河东盐则例	卷一七二
成化十四年十一月壬午	辽东开中淮、浙、河东盐课则例	卷一八四
成化十五年秋七月丁丑	宣府沿边开中成化十三年引盐则例	卷一九二
成化十五年八月戊申	辽东等仓中盐则例	卷一九三
成化十六年二月甲子	贵州都匀等处中纳粮则例	卷二〇〇
成化十六年壬戌	宁夏、固原开中两淮存积盐纳粮豆则例	卷二〇六
成化十七年二月戊申	开中成化十年以后两淮盐引则例	卷二一二

续表 3 − 2

制 定 时 间	则 例 名 称	文献出处
成化十七年十一月丙子	改长芦运司卖盐纳银则例	卷二二一
成化十八年三月丁丑	山西开中河东盐纳粮则例	卷二二五
成化十九年冬十月丙寅	运赴大同纳米中盐则例	卷二四五
成化二十一年闰四月乙巳	庄浪、西宁二仓中盐纳粮则例	卷二六五
成化二十一年八月甲午	宁夏于陕西庆阳府、灵州、花马池等处盐池中盐则例	卷二六九
成化二十二年秋七月乙未	云南黑、白、安宁、五井提举司盐课召商中纳则例	卷二八〇

　　明宪宗在位 23 年。其在成化年间到底颁行了多少中盐则例，有待详考。然从《明宪宗实录》所记可以看出，成化朝几乎每年都颁行了此类则例。这些则例的内容以中盐纳粮为主，兼有纳豆、纳草、纳马、纳银，召商中盐的目的主要是为了解决边防军需或赈灾急用。即使同一上纳地点，或因路程远近不同，或因上纳物资不同，或因前一个则例规定的上纳物与盐引的比价失当，都要颁行新的则例予以调整。成化朝颁行的中盐则例如此繁多，表明朝廷对推行开中制十分重视，也反映了实施中盐过程中的情况是多么复杂。

　　《明史》云："有明盐法，莫善于开中。"[①] 自太祖洪武三年到明末，虽然在实行这一制度的过程中发生过诸多的问题和弊端，但基本没有中断。究其原因，主要是以下三点：其一，盐业生产较为稳定，又由朝廷垄断，这为朝廷与盐商的长期交易提供了保障。其二，利用盐商供应军需或朝廷需要的其他物资，不仅

---

① 《明史》卷八〇《食货四》，中华书局，1974，第 1935 页。

减轻了朝廷和百姓的负担，对边地经济的发展也有促进作用。其三，对于开中商人而言，上纳物资的数量、道里远近及相关规定是否有利可图，是商人能否接受盐粮交易的前提。明代各朝从鼓励商人召商积极性出发，适时修正或颁布新的中盐则例，对推行开中制过程中出现的利益冲突适时调整，从而保障了开中制在曲折的实施过程中得以继续。

3. 商税则例

商税则例是商业活动中税法的实施细则。明代各朝为加强市场贸易的管理和保障商税的征收，以事例或则例为立法形式，就应征收的各类商税作出详细规定。由于明代商品经济经历了一个由复苏、发展到繁荣的过程，各朝商税的规定不尽相同，总的趋势是前轻后重，前简后繁。洪武时期，基于恢复民力和社会经济的需要，商税较轻，三十税一。洪熙、宣德以后，市场贸易有了较快发展，政府征收门摊税，对商贾较多的地方提高了征收额度，并制定了一些商税则例。英宗正统七年（1442年），因在京宣课、都税二司收课钞则例不一，颁行了《在京宣课、都税二司税钞则例》，规定："每季缎子铺纳钞一百二十贯，油磨、糖机、粉、茶食、木植、剪截、绣作等铺三十六贯，余悉量货物取息及工艺受直多寡取税。"① 明代中后期，市场贸易日趋繁荣，商品经济在国家经济结构中所占比重增大，各朝进一步完善了商税征收则例。以明景帝景泰初制定的《收税则例》为例。据《明会典》载：

　　景泰二年，令大兴、宛平二县于和远店等塌房，每塌房

① 《明英宗实录》卷八八。

金殷实大户二名或四名看管。顺天府及二县俱集各行依时估计物货价直，照旧折收钞贯，仍造册二本，一本发都税司，一本送部查考。巡视塌房御史务禁管店小脚，不得揽纳客商课程，以不堪钞抵数送官，及邀截客货骗害商人。其收税则例：上等罗缎每匹，税钞、牙钱钞、塌房钞各二十五贯。中等罗缎每匹，税钞、牙钱钞、塌房钞各一十五贯。下等罗缎每匹，税钞、牙钱钞、塌房钞各一十贯。上等纱绫锦每匹，青红纸每一千张，篦子每一千个，税钞、牙钱钞、塌房钞各六贯七百文。中等纱绫锦每匹，细羊羔皮袄每领，黄牛真皮每张，扇骨每一千把，税钞、牙钱钞、塌房钞各五贯。清三梭布每匹，红油纸每八千张，冥衣纸每四千张，铁锅每套四口，藤黄每斤，税钞、牙钱钞、塌房钞各四贯。褐子绵䌷每匹，毛皮袄、毡衫每领，干鹿每个，税钞、牙钱钞、塌房钞各三贯四百文。官绢、官三梭布每匹，绒线每斤，五色纸每四千五百张，高头黄纸每四千张，税钞、牙钱钞、塌房钞各三贯。小绢白中布青匾线夏布每匹，手帕每连三个，手巾每十条，皮裤每件，小靴每套三双，板门每合，响铜每斤，连五纸每千张，连七纸每一百五十张，税钞、牙钱钞、塌房钞各一贯。青大碗每二十五个，青中碗每三十个，青大碟每五十个，税钞、牙钱钞、塌房钞各七百四十文。洗白夏布、青绿红中串二布每匹，包头每连二十个，毡条每条，大碌、铜青碌、枝条碌、生熟铜、苏木、胡椒、川椒、黄蜡、蘑菇、香蕈、木耳每斤，酒坛、土酒海每个，青中碟每五十个，白大盘每十个，书房纸每四篓，笔管每五百个，油鞙每副，税钞、牙钱钞、塌房钞各六百七十文。青小碟每五十个，白中盘每十五个，税钞、牙钱钞、塌房钞各六百文。花布被面每段，白中串二布每匹，靛花青、红花、针条每斤，青靛、银杏、菱米、莲肉、软枣、石榴每十斤，青大盘每十二个，青盘每十五个，青小盘每二十个，青小碗每三十个，干鹅、天鹅等野味每只，南丰大篓纸每四块，竹椅每把，税钞、牙钱钞、塌房钞各五百文。喜红小绢每匹，税钞、牙钱钞、塌房钞各四百七十文。麻布每匹，花椒、水牛、底皮每斤，土青盘每十五个，土青碗、小白盘每二十个，土青碟每五十个，青茶钟每七个，税钞、牙钱钞、塌房钞各四百文。小粗绵布每匹，毡袜每双，土降香、白砂糖饧每斤，草席每领，雨伞每把，翠花每朵，单花每十朵，刷印马纸每四块，土尺八纸每块，南丰篓纸每六块，连三纸每一千张，毛边纸、中夹纸每一百张，酒曲每十块，税钞、牙钱钞、塌房钞各三百四十文。灯草每斤，土青酒钟、土青茶钟每十二个，土青香炉、大白碗每十个，中白碗每十五个，白大碟每二十个，白小碟每二十五个，税钞、牙钱钞、塌房钞各三百文。马牙速香、鱼胶每斤，税钞、牙钱钞、塌房钞各二百四十文。药材每斤，白小碗每十五个，税钞、牙钱钞、塌房钞各二百文。荔枝、圆眼、冬笋、松子、桐油、柏油、黑砂糖、蜂蜜每斤，腊、胭脂每两，土粉、土硝、碱、松香、墨、煤糁麻、肥皂、末香、槐花、胶枣、鸡头、螃蟹、蛤蜊每十斤，干兔、鸡、鸭每只，白茶钟每六个，甘蔗、藕每十根，竹箸每一百双，竹扫帚每十把，蒲席每领，杂毛小皮每张，毡帽每个，草鞯每十双，税钞、牙钱钞、塌房钞各一百七十文。明干笋、葡萄、海菜、金橘、橄榄、牙枣、苎麻每斤，税钞、牙钱钞、塌房钞各一百四十文。绵花、香油、紫草、红曲、紫粉、黄丹、定粉、芸香、柿饼、栗子、核桃、林檎、甘橘、雪梨、红枣、杨梅、枇杷、榛子、杏仁、蜜香橙、乌梅、五倍子、咸弹、黑干笋、叶茶、生姜、石花菜、虾米、鲜干鱼、鲜猪、羊肉、黑铅、水胶、黄白麻、钢、熟铁每斤，绵絮每套，芦席每领，绵胭脂每帖，西瓜每十个，税钞、牙钱钞、塌房钞各一百文。干梨皮、荸荠、芋头、鲜菱、乌菱、鲜梨、鲜桃、杏子、李子、鲜柿、柿花、焰、硝、皂白矾、沥青、生铁每斤，干葱、胡萝卜每十斤，冬瓜每十个，萝卜、菠芥等菜四十斤，税钞、牙钱钞、塌房钞各六十五文。其余估计未尽物货，俱照价值相等则例收纳。其进塌房钞，并抽分布匹，及按月该纳房钞，俱为除免。①

　　这一则例是对各种货物的税钞、牙钱钞、塌房钞所作的规定，其涉及的商品种类之周详，达到了几乎无所不包的地步。

　　明代中后期，随着市场贸易的活跃，朝廷征收商税的名目愈来愈繁，有京城九门税、各种市易商品税、塌房库房税、门摊税、店舍税、驴车马车运输税等，并制定有相应的收税则例。据《明武宗实录》载，正德五年（1510 年）十月，"监察御史李元言：九门车辆之税，自刘瑾专政，欲如成化初所入钞必五百四十余万贯，钱必六百二十余万文。而监受官于常课之外又多私取，甚为民害。请斟酌议拟，勿拘定数。下户部再议，以为宜斟酌轻重，定为则例，每岁进纳约钞二百万贯，钱四百万文，庶国课易足。至于侵克过取之弊，皆当严禁。上是之。每年进纳定为钞三百三十万八千二百贯，钱四百二十万二千一百四十四文。监受

---

① （明）申时行等重修：《明会典》卷三五《户部二十二·课程四·商税》，中华书局，1989，影印本，第 255～256 页。

官若侵克或过收及纵容索取以致客商嗟怨，事觉皆罪不宥。"①
又据《明会典》："正德七年，令正阳门等七门门官，凡日收大
小车辆、驴、骡、驼、驮钱钞，眼同户部官吏、监生，照依则例
收受，即时附簿。钱钞簿籍，俱封贮库。不许纵容门军家人伴当
出城罗织客商，阻截车辆，索取小门茶果起筹等项铜钱。"②

　　商税则例的实施，使朝廷的税收大为增加。以京城九门商税
为例。据《明世宗实录》载："弘治十年京城九门岁入税钞六十
六万五千八十贯，钱二百八十八万五千一百三十文。至二十年
后，岁入钞七十一万五千八百二十贯，钱二百五万四千三百文。
及正德七年以迄嘉靖二年，则岁入钞二百五十五万八千九百二十
贯，钱三百一十九万三百六十六文"。③神宗万历时期，商税的
名目繁多，税率加重，仅万历六年（1578 年）九门商税就征得
本色钞 665180 贯，折色钱 2432850 文。明代的商税则例，发挥
了调节和规范市场贸易的作用，但由于制例太繁，苛捐杂税过
多，在一定程度上阻碍了商品经济的发展。

4. 捐纳则例

　　捐纳又称资选、开纳、捐输、捐例，是中国古代朝廷以卖官
爵增加财政收入的措施。古代入仕，有正、异途之分。正途是通
过科举入仕。异途是通过捐纳取得官爵，其内容是官吏捐加级、
封典，平民捐职衔，生员捐贡生、监生。朝廷卖官敛财的做法在
汉代已经出现，历朝沿相援用。明代洪武、永乐、洪熙、宣德四
朝，尚无捐纳之举。自明景帝景泰朝起至明末，朝廷常常是在遇

---

① 《明武宗实录》卷六八。
② （明）申时行等重修：《明会典》卷三五《户部二十二·课程四·商税》，中华书局，
　　1989，影印本，第257页。
③ 《明世宗实录》卷四一。

到灾荒或边防等急用时，出于筹措粮米或有关物资的需要，鼓励官民捐纳，根据出资多寡，给予官员以记录、加级，给予百姓以入仕的出身资格，对捐纳的官民给匾示旌、顶带荣身等。明朝的捐纳以明码标价的公开方式进行，每逢捐纳都制定了相应的捐纳则例，就官民捐纳的数量和应受的待遇予以明确规定。

史籍中记载了不少明代的捐纳则例。仅以景帝景泰三年（1452年）颁布的捐纳则例为例。据《明英宗实录》载："景泰元年三月己未，命靖远伯王骥会同左侍郎侯琎并贵州都、布、按三司出榜晓谕各处军职土官：有能出米二百石赴贵州普定等卫缺粮仓分纳者〔原本无"者"字，补遗〕，量升一级；三百石者，升二级。土人、旗军、舍人、余丁、民人出米二百石者，土人、民人量与驿丞、河泊等官，旗（人）军、舍（原本"舍"作"金"，改误）人、余丁授以所镇抚；三百石者，土人、民人授以县佐、巡检，旗军、舍人、余丁授试百户。若赴龙里、兴隆等卫缺粮仓分纳者，各减其半，授官如例。"[①] 同年九月，因江西各州县赈济灾荒备用粮米不足，重定"纳粟冠带则例"，规定："山东、山西、顺天等八府，每名纳粟米八百石；浙江、江西、福建、南直隶，每名纳米一千二百石；苏州、松江、常州、嘉兴、湖州五府，每名纳米一千五百石。各输本处官仓。有纳谷麦者，每石准米四斗，纳完通关缴部，给冠带以荣其身。"[②] "十一月癸亥，巡抚山西右副都御史朱鉴奏：户部原定则例，山西民能出米八百石或谷两千石助官者，给与冠带。缘山西民艰，其富贵大户亦止能出米四百石。事下，户部改拟，能出米五百石、谷一

---

① 《明英宗实录》卷一九〇。
② 《明英宗实录》卷二二〇。

千石者，亦给冠戴；出一半者，立石旌异。从之。"① "十一月乙亥，巡抚江西右金都御史韩雍奏：户部原定则例：江西民能纳米一千二百石于官者，给冠带；六百石者，立石免役。缘今江西民艰难，乞减则例。户部请令出谷一千六百石以上者，给冠带；谷六百石者，立石免役。从之。"②

又据《明宪宗实录》载："成化十五年夏四月己丑，巡抚湖广右副都御史刘敷以属府灾伤，乞开中引盐存留解京银及听愿充承差、知印者，纳米以备赈济。户部议以淮、浙诸处盐课先已奏准照新减则例，开中三十一万引以济江西、湖广、河南灾伤之急。今宜即其数内拨两淮七万引，两浙四万引，令委官会同巡盐御史处变卖银价领回，俟秋成之日籴粮备用。民间子弟原充差者纳米一百石，知印一百五十石……上从之。"③ "成化十七年春正月庚寅，户部定拟巡抚云南都御史吴诚所言救荒则例。……保任阴阳、医学、僧道官者，纳米一百石，或银一百二十两；承差、知印者，米八十石，或银一百两。……军民舍余客商纳米，给授冠带。散官者，米四十石，或银五十两，给冠带；米五十五石，或银七十两，与从九品；米六十五石，或银八十两，正九品；米七十石，或银九十两，从八品；米八十石，或银一百两，正八品；米一百石，或银一百二十两，从七品；米一百二十石，或银一百五十两，正七品。军职并总小旗纳米，免赴京比试；并枪指挥，米四十石，或银五十两；两卫镇抚、千户，米二十四石，或银三十两；所镇抚、百户，米一十六石，或银二十两；总小旗，米八石，或银一十两；其役满土吏例不叙用者，纳米五十石，或

---

① 《明英宗实录》卷二二三。
② 《明英宗实录》卷二二三。
③ 《明宪宗实录》卷一八九。

银六十两，则给冠带。议上，从之。"① "成化十七年六月庚戌，户部议奏：巡抚河南都御史孙洪等所言旱灾宽恤事宜。……愿充知引、承差、吏典者，巡抚等官斟酌米价，定立则例，纳米完日，以次参充。议入，从之。"② "成化二十年九月戊子，太子太傅吏部尚书兼华盖殿大学士万安等，以山西、陕西荒甚，上救荒策十事。……凡舍余军民人等愿输粟者，赴山、陕缺粮所在上纳：百户二百石，副千户二百五十石，正千户三百石，指挥佥事倍百户，指挥同知倍副千户，指挥使倍正千户。从巡抚官定以卫分，带俸闲住。其有官者，每百石升一级，止终本身。若后有军功，仍照军功例升袭。军职有带俸欲见任者，亦从巡抚官。各照地方品级定与则例，令其上纳杂粮准令见任。……疏入，上嘉纳之，命所司悉举行。"③ "成化二十年冬十月丙辰，巡抚山西右佥都御史叶淇奏：山西岁歉民饥，而平阳尤甚。其廪增生员有愿纳粟入监者，令巡按并提学官考中，仍定则例，令于本处输纳为便。礼部覆奏：平阳一府有限，乞令山西各府并天下生员随亲仕宦及游学山西者，俱许纳粟如陕西则例，以五百名为率。奏上，制可。既而淇复奏人数少，所得粟不足赈饥，命仍以五百名益之。"④

万历时王圻对明代生员捐纳入监例的制定及实施情况作了这样的概述："我朝宣德以前，科贡之途入太学者，犹须精择。至于景泰时，始开生员纳粟、纳马入监之例。然是时，多不过八、九百人。已而从礼部侍郎姚夔议，遂尼不行。成化初，复开纳

① 《明宪宗实录》卷二一一。
② 《明宪宗实录》卷一六。
③ 《明宪宗实录》卷二五六。
④ 《明宪宗实录》卷二五七。

粮、纳草、纳马之例，未久而止。二十年，山、陕大饥，民相食。大臣以救荒无策，不得已又令纳粟入监，限年余即止，时入监者已至六七千人。正德以后，纳银之途益广。世宗入继大统，诏严止之。嘉靖四年，又复暂开。近年太仆缺马，户部缺边费，开例益滥。市井恒人，皆得借俊秀名目，输粟入监，注选铨部者，至数万人。"[①] 王圻尚未言及官员捐纳加官晋级和富人捐纳官爵的情况，仅就生员捐纳入监而言，由此途入仕者的数字就相当惊人。捐纳对当时的政治、经济、军事产生了重大影响。从积极方面讲，在一定程度上解决了朝廷国库匮乏的困难，为一大批怀抱经世之志但屡试不第的知识分子提供了施展才华的机遇；从消极方面讲，以捐资入仕的人员在官吏队伍中占了很大的比重，加速了吏治的腐败。捐纳措置弊大于利。捐纳则例作为推行这一举措的实施细则，其历史作用也是弊大于利的。

5. 赎罪则例

赎罪之制始于先秦。明代以前各朝，一般是对于依照法律应"议"、"请"、"减"者和品官及老幼笃疾、过失犯罪者适用赎刑。明代较之前代的一个重要发展，就是不仅通过制例特别是修订《问刑条例》，扩大了赎刑的适用范围，而且颁行了大量的规范物赎或力赎具体数量的则例。赎罪则例作为赎罪之法的实施细则，为明王朝在不同时期和国情千变万化的情况下实施赎刑制度提供了法律保障。

明代的赎罪则例有律赎则例、例赎则例两种。这种区分是与当时赎刑制度相适应的。明王朝的赎刑有律赎、例赎之别。律赎是"律得收赎"的简称，即按《大明律》有关条款的规定赎罪。

---

① （清）龙文彬撰：《明会要》卷四九《选举三》，中华书局，1998，第931页。

律赎的规定主要是：文武官吏犯公罪该笞者，以俸赎罪；军官犯私罪该笞者，附近收赎；民年七十以上、十五以下及废疾犯流罪以下，收赎；妇人和习业已成、能专其事的天文生犯徒流罪者，各决杖一百，余罪收赎；家无次丁者犯徒流罪者，自杖一百，余罪收赎，存留养亲；过失杀伤人者，依律收赎；告二事以上情节有某些出入该笞者，收赎。然而，明太祖朱元璋基于"济法太重"和增加国家财政收入的双重目的，"自洪武中年已三下令，准赎及杂犯死罪以下"。① 洪武三十年（1397 年），明太祖又颁行了《赎罪事例》："凡内外官吏犯笞、杖者记过，徒流、迁徙者以俸赎之。"② 同年所颁《大明律》序云："杂犯死罪并徒、流、迁徙、笞、杖等刑，悉照今定《赎罪条例》科断。"③ 这样，自洪武朝起，赎罪除律赎外，还形成了例赎制度。例赎是"例得纳赎"的简称，即依照各类例规定的赎罪条款赎罪。明代的赎罪方式，一是以役赎罪，二是以物赎罪。役赎是指罪犯向国家无偿提供劳动力，通过承担种地、运粮、运灰、运砖、运水、运炭、做工、摆站、哨嘹、发充仪从和煎盐炒铁等劳役以赎其罪。物赎是指罪犯向国家无偿缴纳一定的财物以赎其罪，其财物可是实物，亦可是货币。律赎与例赎的区别：一是律赎适用的范围是律典确认的特定对象，例赎则适用于除真犯死罪外的所有罪犯；二是"律得收赎"是赎余罪，"例得纳赎"是赎全罪；三是律赎具有长期稳定性，例的纳赎则因时权宜，经常发生变化。由于《大明律》系明太祖钦定，律赎不能更改，收赎对象又较少，明代的赎罪立法主要是制定例赎之例，赎刑范围的扩大主要体现在

---

① 《明史》卷九三《刑法一》，中华书局，1974，第 2293 页。
② 《明太祖实录》卷二五三。
③ 《大明律》卷首《御制大明律序》。

例赎上，司法实践中赎刑的运作也是主要依例赎之例进行的。因此，在现见的明代的赎罪则例中，以例赎则例居多，律赎则例较少。

明代律赎则例的内容，是在忠实律意和对有关律条的赎罪规定不作实质性变动的情况下，把原来的收赎铜数改为以纳钞计算，或在律赎与例赎轻重不一的情况下，对"律得收赎"如何以钞折银的数额等根据市值予以调整。《明史》曰："赎罪之法，明初尝纳铜，成化间尝纳马，后皆不行，不具载。惟纳钞、纳钱、纳银常并行焉，而以初制纳钞为本。故律赎者曰收赎律钞，纳赎者曰赎罪例钞。"①明太祖颁行的《大明律》规定以铜钱赎罪，后来各朝对律赎又以纳钞计算，加之钞法日坏，就需要以则例的形式，对依律收赎的钞的数量予以重新规定。如《大明律》规定："徒一年，杖六十，赎铜钱一十二贯。"②明代中期实行的《老少废疾并妇人收赎则例》则变动为："杖六十，徒一年，全赎钞一十二贯。杖六十，该钞三贯六百文。徒一年，该钞八贯四百文，每月该钞七百文，每日二十三文三分三厘。每一下，该徒六日；十下，六十日；六十下，三百六十日，即一年也。"③又如，世宗嘉靖七年（1528年）十二月，颁行了《赎罪与收赎钱钞则例》。据《明世宗实录》载："时巡抚湖广都御史朱廷声言：收赎与赎罪有异，在京与在外不同，钞贯止聚于都下，钱法不行于南方。故事审有力及命妇、军职正妻及例难的决者，有赎罪例钞；老幼废疾及妇人余罪，有收赎律钞。赎罪例钞原定钱钞兼

---

① 《明史》卷九三《刑法一》，中华书局，1974，第2294页。
② 《大明律》卷一《名例律·五刑》。
③ 《大明律直引》卷一《老少废疾并妇人收赎则例》，日本尊经阁文库藏明嘉靖五年刻本；又见杨一凡编《中国律学文献》第3辑第1册，黑龙江人民出版社，2006，影印本，第71～72页。

收，如笞一十该钞二百贯，收钱三十五文，其钞一百贯折银一钱；杖一百该钞二千二百五十贯，收钱三百五十文，其钞一千二百五十贯折银一两。今收赎律钞笞一十，止赎六百文，比例钞折银不及一厘；杖一百赎钞六贯，折银不及一分，似为太轻。盖律钞与例钞贯数既不同，则折银亦当有异，请更定为则。凡收赎者，每钞一贯，折银一分二厘五毫；如笞一十，赎钞六百文，则折银七厘五毫；以罪轻重递加折收。令天下问刑诸司，皆以此例从事。刑部议以为可，遂命行之。"① 明代史籍中记载的赎罪则例，除极少数律赎则例外，均为例赎则例。

　　明代以例赎罪的规定，各朝均有更定，内容前后互异。考察明代例赎则例的变迁，其制定的起因及有关情况，大体可概括为以下五点：

　　其一，明代的例赎则例，基本上都是为解决边防、赈灾或朝廷的其他急需而制定的。明朝疆域辽阔，边防开支浩大；永乐朝时迁都北京，与物资富庶的南方相距甚远，南粮北运常年不息；加之各地自然灾异颇多，仅《明实录》所载就有数千起。为解决国库匮乏和边防、京师急需的问题，朝廷制定了各种旨在增加国家财政收入的则例，罪犯例赎则例也因此屡颁。仅以宪宗成化朝为例。成化二年（1466 年）二月初八日，针对"京仓料豆见在数少"、"刍豆之给，多折银两，军士易于使费，以致马多羸瘦，不堪骑操"的情况，颁行《在京杂犯死罪并徒流笞杖纳豆则例》，令"行内外问刑衙门，将所问罪犯杂犯死罪以下，审有力者，在京纳豆，在外纳米"。规定赎罪纳豆的数额是："死罪：八十石。流罪：五十石。徒罪三年：三十五石；二年半：三十

---

① 《明世宗实录》卷九六。

石；二年：二十五石；一年半：二十石；一年：十五石。杖罪一百：一十石；九十：一十石；八十：九石；七十：八石；六十：七石。笞罪五十：六石；四十：五石；三十：四石；二十：三石；一十：二石。"①成化二年三月，因花马池等处军士急需马草，重定《陕西纳草赎罪则例》："杂犯死罪：一千束；三流：五百束；五徒：自四百束递减五十，止二百束。俱送右副都御史陈价定拨营分上纳。"②成化六年（1470年）十二月初十日，为处置顺天府救荒恤民事宜，制定《纳粟赎罪则例》，内容是："行移刑部、都察院及巡按北直隶监察御史，除笞、杖并真犯死罪外，但系杖罪以上囚犯，在京应该运炭、运灰等项者，俱各改顺天府，定立限期，押发前去灾重缺粮州县，自备粮米上纳。在外者，就发所在官司定拨缺赈去处上纳。取获通关，连人送回原问衙门，照例发落。若是各犯不行上紧完纳，过违限期者，每十日加米一斗上纳，候来年秋收，此例停止。"并规定纳米的标准是："斩、绞罪自备米二十石；三流并徒三年，自备米一十六石；徒二年，自备米一十三石三斗；徒一年半，自备米九石；徒一年，自备米六石五斗；杖罪，每十下，自备米四斗。"③成化十四年（1478年）五月，因辽东沿边旧草已尽，新草未收，命"凡有囚犯除笞罪及真犯死罪外，杂犯死罪以下俱定则例，纳草赎罪"。④

其二，明代的例赎之法，因不同时期朝廷的急需不一样而有

① 《皇明条法事类纂》卷一《在京杂犯死罪并徒流笞杖纳豆则例》，见《中国珍稀法律典籍集成》乙编第4册，第11～13页。

② 《明宪宗实录》卷二七。

③ 《皇明条法事类纂》卷一《纳米赎罪则例》，见《中国珍稀法律典籍集成》乙编第4册，第21～25页。

④ 《明宪宗实录》卷一七八。

变化。赎铜和运米之赎，始于洪武；纳钞和运砖、运灰、运炭，始于永乐；纳马之法，始于成化；折收银钱之制，确立于弘治；钱钞兼收之制，确立于正德。赎罪之法的每一重大变化，朝廷往往制定则例，把纳赎的细则从法律上确认下来，明令法司遵行。据史载，成祖永乐朝定有"京仓纳米赎罪例"、"运粮赎罪例"和"斩、绞、徒、流、笞、杖赎钞例"；宣宗宣德朝定有"纳米赎罪例"、"在外罪囚赎罪例"；英宗正统朝定有"罪囚赎银例"、"罪囚无力输赎者事例"和"纳草赎罪例"；景宗景泰朝定有"输作赎罪例"、"运砖赎罪例"和"纳米豆赎罪例"；宪宗成化朝定有"纳豆赎罪例"和"罪囚纳马赎例"；孝宗弘治朝定有"折收银钱赎罪例"；武宗正德朝定有"钱钞兼收赎罪例"；世宗嘉靖朝定有"赎罪条例"；思宗崇祯朝定有"赎罪例"等。明代例的形式有条例、事例、则例、榜例等，各种例的功能也不尽相同。检《明实录》、《明史》、《大明会典》等诸书，以上所述赎罪例的内容，除个别者外，均有较为详细的记载。从中可知，这些例的称谓中除标明"事例"、"条例"或"收赎"字样者外，均为例赎则例。

其三，纳赎的地点和路途远近的变更，也导致例赎则例屡颁。明代罪囚纳赎，不仅有以役赎罪与以物赎罪之分，纳赎地点也常有变化。每遇这种变化，朝廷就制定新的则例，对纳赎钱物、地点、不同刑罚纳赎的数量等予以详细规定。如景泰三年（1452 年）十一月，景帝批准户部奏请，定《直隶等处罪人纳米赎罪地方则例》。规定："保定、真定、顺德府卫所属，俱倒马关；河间、大名、广平府卫所属并顺天府霸州等州县，俱紫荆关。其则例悉如右金都御史邹来学所奏：杂犯死罪九十石，三流并徒三年七十石，余徒四等递减十石，杖罪每一十二石，笞罪每一十一石。"① 宪宗成化二十年（1484 年），"令辽东管粮官会同抚按等官，将附近顺、永二府所属州县并永平、卢龙卫所见问罪囚，内有杂犯死罪以下，酌量地里远近，定拟则例，发山海卫仓关领粮米，送广宁前屯、广远二城仓收贮。及将辽东所属官吏人等有犯各项罪名者，亦照例于辽阳城六仓关领粮米，运送东州、瑷阳、清河、碱场、马根单五堡各备用。"②

其四，一些例赎则例是针对赎刑实施过程中遇到的新的情况，对原则例内容适当修正后重新颁布的。如英宗正统十四年（1449 年）十月制定的《运米则例》规定："通州运至京仓，杂犯斩绞三百六十石，三流并杖一百、徒三年者，二百八十石；余四等递减四十石，杖每一十八石，笞每一十四石。通州运至居庸关、隆庆卫等仓，杂犯斩绞九十石，三流并杖一百、徒三年，七十石；余四等递减十石，杖每一十二石，笞每一十一石。"③ 景帝景泰六年（1455 年）七月，因北直隶一些地区粮食歉收，米价上涨，修订了《在京法司并北直隶囚犯运米赎罪则例》，对原《则例》规定的赎罪纳米的石数作了调整。规定："杂犯死罪九十石，三流并徒三年七十石，俱减二十石；杖九十、徒二年半六十石，减其十五石；杖八十、徒二年五十石，杖七十、徒一年半四十石，杖六十、徒一年三十石，俱减其十石。杖罪每一十二石，减作一石五斗。笞罪不减。"④

其五，为纠正"赎罪轻重不一"的弊端，而制定有调整力赎、物赎数额及赃物估钞类例赎则例。在明代法律体系中，例赎

---

① 《明英宗实录》卷二二三。
② （明）申时行等重修：《明会典》卷二八《户部十五·会计四·边粮》，中华书局，1989，影印本，第 208 页。
③ 《明英宗实录》卷一八四。
④ 《明英宗实录》卷二五六。

则例为权宜之法，它发展的基本趋势是：随着赎例屡颁，例赎成为赎刑的主体；随着钞法日坏，钞与银的比价愈来愈低，赎例规定的钞数愈来愈高，例赎重于律赎；例赎的方式，明初以役赎为主，以后逐渐向物赎发展，罚役也多以折工值计算。为适应赎刑制度的变化，以则例的形式规范钱钞、白银以及与各种物品的比价，就成为防止赎刑的规定畸重畸轻的重要举措。如英宗天顺五年（1461 年）十二月，都御史李宾上疏曰："法司赎罪轻重不一，刑官得以为私，宜定则例，以革其弊。"英宗采纳了李宾的意见，经刑部、都察院、大理寺议定，颁布了《赎罪则例》："守卫操备官旗将军、校尉、边军、边民犯笞、杖，妇人犯笞、杖、徒，文官、监生犯笞，俱令纳钞。若官员与有力之人，仍如前例运砖、炭等物。笞一十：运灰一千二百斤，砖七十个，碎砖二千八百斤，水和炭二百斤，石一千二百斤，纳钞二百贯。余四笞、五杖：灰各递加六百斤，砖各递加三十五个，碎砖各递加一千四百斤，水和炭各递加一百斤，石各递加六百斤，钞各递加一百贯。至杖六十，钞增为一千四百五十贯；余四杖，各递加二百贯。徒一年：运灰一万二千斤，砖六百个，碎砖二万四千斤，水和炭一万七千斤，石一万二千斤。余四徒、三流：灰各递加六千斤，砖各递加三百个，碎砖各递加一万二千斤，水和炭各递加九百斤，石各递加六千斤。惟三流水和炭同减为加六百斤。杂犯二死：各运灰六万四千二百斤，砖三千二百个，碎砖一十二万八千斤，水和炭九千斤，石六万四千二百斤。"① 孝宗弘治二年（1489 年）十一月，颁行了《赃物估钞则例》。② 明初制定《大

---

① 《明英宗实录》卷三三五。
② 《皇明条法事类纂》卷五《赃物估钞则例》，见《中国珍稀法律典籍集成》乙编第 4 册，第 206～224 页。

明律》时，律文规定赃物以钞计算，每银一两值钞一贯。到弘治时，经百年之变迁，每银一两值钞八十贯。赃罪以原定的钞数论罪，明显轻重失宜。针对这一情况，朝廷制定了《赃物估钞则例》，就金银铜锡、珠玉、罗缎布绢丝绵、米麦、畜产、蔬菜、巾帽衣服、器用等各类物品应值的钞价，逐一详细规定，作为计算赃物价值时使用。这类则例在明代钞法贬值、通货膨胀、物价多变的情况下，为解决赎罪轻重不一、刑官得以为私的问题发挥了应有的作用。

史籍中记载的明代赎罪则例，主要是有重大影响的赎例，且多是概述，使人难以得见则例的完整内容。一些明代律学文献中，收录了司法实践中常用的几则赎例。如《大明律直引》① 中收有《会定运砖运灰等项做工则例》，明人胡琼撰《大明律集解》② 中收有《在京罚运则例》、《在京折收钱钞则例》，雷梦麟撰《读律琐言》③ 中收有《原行赎罪则例》。这些赎例都经过了一个逐步完善的过程，也是明代司法实践中经常使用的则例。这些则例的内容是关于笞、杖、徒、流、杂犯死罪及这五种刑中的不同等级的刑罚如何赎罪的规定，在每一种刑罚下，明确规定了各种赎罪的办法。如《会定运砖运灰等项做工则例》关于杖一百收赎的规定是："杖一百：灰六千六百斤，砖三百八十五个，碎砖一万五千四百斤，水和炭一千一百二十斤，石六千六百斤，米十石，做工六个月，钞二千二百五十贯，折铜钱七

① 《大明律直引》，见《中国律学文献》第 3 辑第 1 册，黑龙江人民出版社，2006，影印本。
② （明）胡琼撰：《大明律集解》，中国国家图书馆藏明正德十六年刻本。
③ （明）雷梦麟撰：《读律琐言》，台湾"中央图书馆"藏明嘉靖四十二年歙县知县熊秉元刻本。又见《中国律学文献》第 4 辑第 2、3 册。社会科学文献出版社，2007，影印本。

百文。"① 在执行赎刑的过程中，罪犯可根据赎例的规定，选择赎罪的办法。

明代的赎刑律、例有别，赎例的规定多变，且京、外有异，南北不同，显得复杂和混乱。在实施赎刑制度的过程中，朝廷采用则例这一法律形式，对不同时期赎刑的执行作了具体规定，这是明代赎刑能够在多变中得以实施的主要原因。

6. 宗藩则例

明代实行封藩制度。封藩的用意大抵有三：一曰安边，二曰制臣，三曰亲亲，合而言之，即藩屏皇室，永享太平。藩王拥有政治、经济、军事、司法方面的诸多特权，随着宗室人数的膨胀及其为非作歹、横征暴敛事件的增多，宗藩的特殊待遇和权力成为妨害国家和社会发展的一大祸患。为了既确保藩王和皇族宗室人员享有优厚待遇，又防止他们坑害百姓，朝廷以则例的形式规定了其所享受的待遇，并对其特权进行严格限制。据《明会典》载：太祖洪武六年（1373 年），令"亲王钱粮就于王所封国内府分，照依所定则例期限放支，毋得移文当该衙门，亦不得频奏。若朝廷别有赏赐，不在已定则例之限"。② 宪宗成化十四年（1478 年）颁行了《给价则例》，就山西、湖广、陕西、河南、山东、江西、四川、广西各地的藩王府、郡王、镇国将军、辅国将军、郡主、奉国将军、镇国和辅国中尉、县主、郡君、县君、乡君无房屋者，自行起盖所需银两的数额作了详细规定。孝宗弘治元年、二年、十四年，世宗嘉靖二十二年、二十九年、三十一年、四十四年和神宗万历十年，朝廷又多次补充完善《给价则

---

① 见《中国律学文献》第 3 辑第 1 册，黑龙江人民出版社，2006，影印本，第 661 页。
② （明）申时行等重修：《明会典》卷三八《户部二十五·廪禄一·宗藩禄米》，中华书局，1989，影印本，第 272 页。

例》，就藩王和宗室人员自行起盖房屋的有关造价作了补充规定。① 嘉靖八年（1529 年）世宗朱厚熜下令："湖广各宗室禄米，俱照楚府则例，亲王每石折银七钱六分三厘，郡王每石折银七钱，将军、中尉、郡主、夫人、仪宾每石折银五钱。"② 嘉靖十三年（1534 年），朱厚熜又题准："郡县等主君病故，仪宾禄粮务要遵奉先年题准一九、二八则例，毋得妄行奏扰。"③

明代自洪武三年起，陆续赐给诸王、勋臣、国戚等大量土地，以庄田代之俸禄。凡赐勋戚庄田，宪宗成化六年（1470 年）题准："各王府及功臣之家，钦赐田十佃户，照原定则例，将该纳子粒，每亩征银三分，送赴本管州县上纳。令各该人员关领，不许自行收受。"④ 随着皇庄和庄田的扩张，明代中叶以后，大量民田被侵夺。为此，朝廷就查勘庄田和打击奸豪、投献田宅制定了一些则例。地处河南开封的周王府，无视朝廷的规定，每亩田征收佃户子粒租粮多至一斗五升，百姓苦不堪言。为此，宪宗成化十九年（1483 年）五月，颁布了《周府庄田征租则例》，明文规定："每田一亩征子粒八升。"⑤ 嘉靖十六年（1537 年），世宗敕谕："差科道部属官各一员，前去会同巡按查勘八府庄田。但自正德以来朦胧投献及额外侵占者，尽行查出，各依拟给主召佃，管庄人员尽数取回，着管屯田佥事兼带督管。该征税租，照依原定则例折收银钱。原系皇庄者，解部类进。系皇亲

① （明）申时行等重修：《明会典》卷一八一《工部一·营造一·王府》，中华书局，1989，影印本，第 919～921 页。
② （明）申时行等重修：《明会典》卷三八《户部二十五·廪禄一·宗藩禄米》，中华书局，1989，影印本，第 273 页。
③ （明）申时行等重修：《明会典》卷三八《户部二十五·廪禄一·宗藩禄米》，中华书局，1989，影印本，第 273 页。
④ （明）申时行等重修：《明会典》卷一七《户部四·给赐》，中华书局，1989，影印本，第 116 页。
⑤ 《明宪宗实录》卷二四〇。

者，赴部关领。不许自行收受。"① 隆庆二年（1568 年），穆宗朱载垕令："令天下有王府去处，或有仪宾军校诱引奸豪投献田宅，及宗室公然借名置买恃强不纳差粮者，有司验契查实，先将投献人依律究遣，田宅入官。另给军民管种输租，以补各宗禄粮之缺。中有宗室执留占恡，就照民间编纳差粮则例，尽数抵扣应得禄粮，方行补给。有司滥受馈遗，阿纵不举者，抚按纠劾重治。"②

7. 军士供给、给赏、优给则例

《明史·兵志》曰："明以武功定天下，革元旧制，自京师达于郡县，皆立卫所。外统之都司，内统于五军都督府，而上十二卫为天子亲军者不与焉。征伐则命将充总兵官，调卫所军领之，既旋则将上所佩印，官军各回卫所。盖得唐府兵遗意。"③ 鉴于明代逃军问题十分突出，为了稳定军心和确保武官的世袭，朝廷在不断清理军伍和勾捕逃军的同时，就奖赏、抚恤和保障军士的供给颁布了一些则例。

在保障官军供给方面，宪宗成化十三年（1477 年）七月，时户部奏："辽东三万仓粮被雨浥烂，所司请以折军士冬衣之赐。"为此，朝廷制定了《辽东军士冬衣布花折色则例》，"命布一匹准米豆兼支二石五斗，绵花一斤兼支四斗，无得侵欺妄费。"④ 又据《明宪宗实录》载："成化二十一年三月丙午，真定府知府余瓒奏……陕西、山西大同、宣府、辽东等处，虏贼出没

---

① （明）申时行等重修：《明会典》卷一七《户部四·给赐》，中华书局，1989，影印本，第 116 页。
② （明）申时行等重修：《明会典》卷一七《户部四·田土》，中华书局，1989，影印本，第 115 页。
③ 《明史》卷八九《兵一》，中华书局，1974，第 2175 页。
④ 《明宪宗实录》卷一六八。

无常，而供饷无限，设法转运，亦不能济。访得边墙内地土肥饶，近皆为镇守内外等官私役，军士尽力开耕，所获粮草甚富。凡遇官民买纳，加倍取息。以此观之，则各边所出皆足各边之用矣。请敕遣科道部属官刚正有为、深达大体者数员，往会巡抚、巡按、镇守内外等官堪视，凡堪种熟地，系军民并千百户以下者，听如旧管业。其在指挥以上者，请定则例，量拨多寡，以资其用。余皆计常操官军若干队分拨，每人宅地二亩，田地二十亩；每队分为班耕守，以备征操。亦但征取十一，则民可免转输之劳，军可无饥寒之苦矣。诏下其章于所司。"① 世宗嘉靖四十一年（1562 年）定蓟辽曹家寨军士行粮则例，规定："蓟、辽、曹家寨军士专随游击操练，与别项班军不同。令照客兵行粮则例，每月支米四斗五升。"②

在给赏军士方面，《明会典》对于行赏的原则、运作程序、赏赐的物品及赏赐则例的制定情况作了这样的概述："国初论功行赏，皆临时取旨。差次重轻，不预为令。承平以来，意存激劝，率以首功定赏格，条例渐广。凡官及军有功，查勘明白，造册到部。当升赏者，各照立功地方则例，具奏升赏。"③ 又云："国朝赏赐，用钞锭、胡椒、苏木、铜钱并银两、衣服等项。其系礼兵掌行者，具见二部。惟岁给军士冬衣、布、花等项，沿革则例不一。"④ 由此可知，明朝赏赐军士时，都要制定相应的则例，且则例的内容不尽相同。《明会典》还记述了洪武、永乐年

① 《明宪宗实录》卷二六三。
② （明）申时行等重修：《明会典》卷三九《户部二十六·廪禄一·行粮马草》，中华书局，1989，影印本，第 282 页。
③ （明）申时行等重修：《明会典》卷一二三《兵部六·功次》，中华书局，1989，影印本，第 631 页。
④ （明）申时行等重修：《明会典》卷四〇《户部二十七·经费一·赏赐》，中华书局，1989，影印本，第 283 页。

间三次颁行这类则例的情况。洪武六年（1373 年），制定《给赏则例》，规定："北平军士：永平、居庸古北口为一等，密云、蓟州为一等，北平在城为一等，通州、真定为一等。"[1] 洪武二十六年，制定《赏赐则例》："凡在京赏赐，该用钞锭，户部查数具奏，于内府关支。凡有钦赏官军人等，当该衙门将该赏人名、钞数于户部委官处磨算相同，该赏数目附簿，验名给散。其委官仍将日逐各起赏过钞数，开呈户部，立案备照。候季终，户部将原关并赏过钞数通类具奏。及赏赐胡椒、苏木、铜钱等项，亦如之。其在外如有钦依赏赐官军及赈济饥民等项，户部酌量会计钞锭具奏，委官赴内府照数关领，点闸明白，于户科给批，差人管运，仍行移所在官司。如运钞到彼，照依坐去则例，眼同验名给散，造册回报户部，以凭稽考。"[2] 永乐十七年（1419 年），"定赏山西都司所属卫分布花则例。振武卫：正军有家小，绵布四匹，绵花一斤八两。太原左右中三护卫、太原左右前三卫、镇西卫、宁化千户所：正军校尉、续添校尉并各护卫牧养马匹军人有家小，绵布三匹，绵花一斤八两。山西行都司所属大同左右前后、朔州、天城、阳和、安东中屯等卫正军、恩军校尉并旗手等卫：调去入伍军匠有家小者，绵布四匹，绵花一斤八两。凡各卫所只身旗军校尉，巡营守门铺、养马、看仓、看草、老幼久病、残疾、复役未及三年逃军，及沈阳中护卫，平阳潞州卫，沁州、汾州千户所，正军校尉并旗手等卫：调去入伍军匠，俱各绵布二

---

① （明）申时行等重修：《明会典》卷四〇《户部二十七·经费一·赏赐》，中华书局，1989，影印本，第 283 页。

② （明）申时行等重修：《明会典》卷四〇《户部二十七·经费一·赏赐》，中华书局，1989，影印本，第 283 页。

匹，绵花一斤八两。"①

优给是对伤残、亡故、年老军人及其家属的抚恤方式，其内容包括优给、优养两个方面。明朝制定的这类则例较多。以洪武朝为例。如洪武元年（1368 年）十二月制定的"优给将士例"规定："凡武官军士，两淮、中原者，遇有征守病故、阵亡，月米皆全给之。若家两广、湖湘、江西、福建诸处阵亡者，亦全给。病故者，初年全给，次年半之，三年又半之。其有应袭而无子及无应袭之人，则给本秩之禄，赡其父母终身。"② 洪武二十六年（1393 年），颁布军士《优给则例》，规定："凡阵亡、失陷、伤故、淹没者全支，边远守御出征并出海运粮病故者减半。一品：米六十石，麻布六十匹。二品：米五十石，麻布五十匹。三品、四品：米四十石，麻布四十匹。五品、六品：米三十石，麻布三十匹。"③

8. 其他则例

明朝除颁布上述各类则例外，还制定了一些行政、经济管理中与财政收支有关的其他则例，主要有以下几种。

（1）适用于官吏考核的则例。据《明会典》载，明太祖洪武年间，出于强化吏治和内外官考核的需要，颁行了《繁简则例》。该则例按照管理事务的复杂和重要程度，把中央各部门和各个地方政府划分为简繁两类："在外，府以田粮十五万石以上，州七万石以上，县三万石以上，或亲临王府、都司、布政司、按察司并有军马守御、路当驿道、边方冲要供给去处，俱为

---

① （明）申时行等重修：《明会典》卷四○《户部二十七·经费一·赏赐》，1989，影印本，第 283～284 页。

② 《明太祖实录》卷三七。

③ （明）申时行等重修：《明会典》卷一○一《礼部五十九·丧礼六·恩恤》，中华书局，1989，影印本，第 559 页。

事繁。府州县田粮在十五万、七万、三万石之下，僻静去处，俱为事简。在京衙门，俱从繁例。"在事繁、事简不同衙门或地区任职的官员，因承担职责的不同，考核、晋级和处分的标准亦不同："繁而称职、无过，升二等。有私笞公过，升一等。有纪录徒流罪，一次本等用，二次降一等，三次降二等，四次降三等，五次以上杂职内用。繁而平常、无过，升一等。有私笞公过，本等用。有纪录徒流罪，一次降一等，二次降二等，三次降三等，四次以上杂职内用。简而称职，与繁而平常同。简而平常、无过，本等用。有私笞公过，降一等。有纪录徒流罪，一次降二等，二次杂职内用，三次以上黜降。考核不称职，初考繁处降二等，简处降三等。若有纪录徒流罪者，俱于杂职内用。"①《会典》未记《简繁则例》颁行于何年。查阅《明太祖实录》，洪武十四年（1381年）冬十月壬申定考核之法，其内容与《简繁则例》同，可知该例制定于洪武十四年十月。《简繁则例》的特色是把官吏职务的升降与实绩考核结合起来，对于改变当时官场存在的不求有功、但求无过和只钻营升迁、不干实事的不良作风产生了一定作用。

（2）官员俸禄处罚则例。明代为提高官员的工作效率，严惩官员的失职行为，把俸禄处罚作为对官员过失在经济上的一种处罚方式。明太祖洪武元年颁行的《大明令》规定："凡民官月俸钱米，相兼罚俸，止罚俸钱。"②俸禄处罚有罚俸、住俸、奖俸、减俸和扣俸之分。明代法律规定的官员的失职行为有多种，各朝俸禄处罚的规定也不尽相同。然而，《照刷文卷罚俸则例》

---

① （明）申时行等重修：《明会典》卷一二《考核通例》，中华书局，1989，影印本，第76页。
② 《大明令》之《刑令》，见《中国珍稀法律典籍集成》乙编第1册，第43页。

却始终没有变动。明代律学文献《律解辩疑》、① 《律条疏议》、② 《大明律直引》③ 诸书都收录有这一则例，其内容是：

> 每俸一石，罚钞一百文。知府：例合罚俸十日，该钞八百文；若一月，该钞二贯四百文。同知：例合罚俸十日，该钞五百三十四文；若一月，止该钞一贯六百文。通判：十日，三百三十三文；一月，钞一贯。推官：十日，二百五十文；一月，七百五十文。知州：十日，四百六十文；一月，一贯四百文。州同知：十日，二百三十四文；一月，八百文。州判：十日，二百三十四文；一月，七百文。知县：十日，二百五十六文；一月，七百五十文。县丞：十日，二百一十七文；一月，六百五十文。主簿：十日，一百八十三文；一月，五百五十文。巡检：十日，四十文；一月，一百二十文。教官、训导同例。

《律解辩疑》系明初人何广撰，成书于洪武十九年（1386 年）；《律条疏议》系弘治朝张楷撰，刊于明英宗天顺五年（1461 年）；《大明律直引》刊于明嘉靖二十三年（1544 年）。多书刊载这一则例，表明它在明代曾长期实行。

（3）减免官吏及监生、举人、生员赋役方面的则例。如嘉靖二十四年（1545 年）发布了《优免则例》，规定："京官一

---

① （明）何广撰：《律解辩疑》，台湾"中央图书馆"藏该书明刻本。又见《中国珍稀法律典籍续编》第 3 册，黑龙江人民出版社，2002。

② （明）张楷撰：《律条疏议》，上海图书馆藏明天顺五年刻本，日本尊经阁文库藏明嘉靖二十三年重刻本。又见《中国律学文献》第 1 辑第 1、2 册，黑龙江人民出版社，2004，影印本。

③ 《大明律直引》，日本尊经阁文库藏明嘉靖五年刻本。又见《中国律学文献》第 3 辑第 1 册，黑龙江人民出版社，2006，影印本。

品，免粮三十石，人丁三十丁；二品，免粮二十四石，人丁二十四丁；三品，免粮二十石，人丁十二丁；四品，免粮十六石，人丁十六丁；五品，免粮十四石，人丁十四丁；六品，免粮十二石，人丁十二丁；七品，免粮十石，人丁十丁；八品，免粮八石，人丁八丁；九品，免粮六石，人丁六丁。内官内使亦如之。外官各减一半。教官、监生、举人、生员，各免粮二石，人丁二丁。杂职省祭官承差知印吏典，各免粮一石，人丁一丁。以礼致仕者，免十分之七。闲住者，免一半。其犯赃革职者，不在优免之例。如户内丁粮不及数者，止免实在之数。丁多粮少，不许以丁准粮。丁少粮多，不许以粮准丁。俱以本官自己丁粮照数优免，但有分门各户，疏远房族，不得一概混免。"①

（4）钱法和钞法管理则例。明建国之初，确定铜钱和宝钞是法定货币，而白银在禁例之中。然钞法行之未久，日渐贬值。永乐至景泰间，凭国家采取的各种措施，使钞法得以维持。在民间力量的推动下，正统至成化朝，白银逐渐成为实际货币。与此相适应，朝廷就维持法定货币和银、钱通融行使颁行了一些则例。据《明会典》载："成化二年，差主事二员于九江、金沙洲监收钱钞，定为则例。候一年满日，该府各委佐贰官一员，照例输收。"② 又据《明宪宗实录》："成化十七年二月戊午，户部以京城内外私钱滥行，旧钱阻滞，是致钱轻物贵，不便于民，虽尝奏请禁约，犯者枷项示众；然愚民贪利，鼓铸私贩者益多，请严加禁治，且定《银钱通融则例》。上曰：今后只许使历代并洪

---

① （明）申时行等重修：《明会典》卷二〇《户部七·户口·赋役》，中华书局，1989，影印本，第135页。

② （明）申时行等重修：《明会典》卷三五《户部二十二·课程四·钞关》，中华书局，1989，影印本，第245页。

武、永乐、宣德钱，每八十文折银一钱。能告捕私造者，量赏。及私贩者，官校用心缉捕，有知情容隐者咸究问。见今拣钱枷项监问者，姑宥之。"①《明会典》在记述《钞法》时说："国初宝钞，通行民间，与铜钱兼使，立法甚严。其后钞贱不行，而法尚存。今具列于此。其折禄折俸罪赎，及各项则例，轻重不等，详见各部。"② 又云："弘治六年，令各关照彼中则例，每钞一贯折银三厘，每钱七文折银一分。"③ 由于朝廷对通货不能有效管理，最终以宝钞的贬值和铸钱的混乱而告终。这一结果有利于白银作为国家主币地位的确立，但同时也给明朝的财政金融体系和人民的生活造成了负面的影响。

（5）漕运则例。明朝是中国历史上漕运高度发展时期。这一时期，江南漕粮输往北方，运输方式发生了一系列变革。洪武间采用海运，永乐前期海陆兼运，永乐中期以后运法有三变："初支运，次兑运、支运相参，至支运悉变为长运而制定。"④ 所谓支运，是江南民户运粮到所指定的各个官仓后，再分遣官军分段递运至京师。因各地官军运粮时先要从各仓支出再运，故称"支运法"。支运法推行后，民运漕粮到各地粮仓，往返时间甚长，经常耽误农时。宣宗宣德六年（1431 年），朝廷决定运粮由官军承担，由民户向官军"加耗"，即量路程远近，给予官军路费和耗米，这种做法称为"兑运"。自宣德朝起至成化十年（1474 年）间，南粮征调多采取兑运或兑运、支运相参的办法，

① 《明宪宗实录》卷二一二。
② （明）申时行等重修：《明会典》卷三一《户部十八·库藏二·钞法》，中华书局，1989，影印本，第 224 页。
③ （明）申时行等重修：《明会典》卷三五《户部二十二·课程四·钞关》，中华书局，1989，影印本，第 246 页。
④ 《明史》卷九七《食货三》，中华书局，1974，第 1915 页。

朝廷颁布了不少则例，对兑运加耗的数量作了规定。宣德六年十一月，行在户部定《官军兑运民粮加耗则例》，规定江南各地民向运军付给每石米"加耗"的数量是："每石湖广八斗，江西、浙江七斗，南直隶六斗，北直隶五斗。民有运至淮安兑与军运者，止加四斗。"并规定："如有兑运不尽，令民运赴原定官仓交纳。不愿兑者，听自运官，军补数不及，仍于扬州卫所备倭官军内摘拨。其宣德六年以前军告漂流运纳不足者，不为常例，许将粟米、黄黑豆、小麦抵斗于通州上仓。军兑民粮请限本年终及次年正月完就出通关，不许迁延，妨误农业。其路远卫所，就于本都司填给勘合。"① 宣德十年（1435 年）九月，又对兑运法有关"加耗"的规定作了调整："湖广、江西、浙江每米一石，加耗六斗，南直隶五斗，江北直隶四斗，徐州三斗五升，山东、河南二斗五升。"比初行时有所减轻。同时又规定："耗粮以三分为率，二分与米，一分以物折之。"② 英宗正统元年（1436 年）九月，定《运粮官军兑运各处民粮来京输纳加耗则例》，规定："湖广、江西、浙江每石六斗五升，南直隶五斗五升，江北扬州、淮安、凤阳四斗五升，徐州四斗，山东、河南三斗。若民人自运至淮安、瓜州等处兑与军运者三斗。正粮尖斛，耗粮平斛。务令军士装载原兑干圆、洁净粮输纳，抵易粗粝者罪之。民不愿兑，令自运至临清仓纳。"③ 宪宗成化以后，朝廷再次改革漕粮运输之法，实行"长运"，即漕粮运输全部改为由官军承担。

（6）给驿和起运物品则例。《明会典》卷一四八载："国初，公差人员应合给驿及应付脚力，各有等差。累朝以来，给驿渐

---

① 《明宣宗实录》卷八四。
② 《明英宗实录》卷九。
③ 《明英宗实录》卷二二。

广，事例不一。嘉靖中，申明旧制，公差俱改给勘合，其应给勘合及拨夫俱有则例。"① 并记述了洪武二十六年制定的《应合给役例》7条，《应付脚夫例》6条，嘉靖三十七年制定的《应给勘合例》51条，《拨夫例》6款，就公差人员享受给驿和脚力的资格、交通工具、随从人员、口粮和其他事宜作了详尽的规定。又据《明会典》卷一五八："嘉靖元年题准：马船水夫逃回，行各该司、府州县，查照江西则例，计日扣算歇役银两，追征解部，作修理船只等项支用。逃夫解部，照例参问。"② "嘉靖三十一年题准，会同内外守备礼、工二部并科道等官，将南京各衙门起运品物共四十七起，逐一查议某项原额若干，续添若干，某项相应照旧供运，某项应并，某项应省。先论物数轻重，次计用扛多寡，后定船只数目。如制帛龙衣等扛，则宽以计之，其余则稍加多载。内官监饯金、膳桌、铜器等件，约二三年起运一次。巾帽局苎布等物，就于原来箱内带回。添造新箱应当查革，如竹器节年供造已多，可以会计暂停。将快船四十只改造平船，以便装载板枋、竹木。自后一应取用物料，俱由该科抄出，兵部咨送本部，转行各该衙门，查照供应。即将议过船只则例，刻石记载，永为遵守。"③

（7）救荒则例。明代时，朝廷遇到重大灾荒，地方官府需把荒情和赈灾措施紧急上报朝廷。朝廷根据灾情的严重程度确定救灾应发给受灾人员粮米的斗数，并以则例的形式予以规定，以

① （明）申时行等重修：《明会典》卷一四八《兵部三十一·驿传四·驿传事例》，中华书局，1989，影印本，第759页。
② （明）申时行等重修：《明会典》卷一五八《兵部四十一·南京兵部》，中华书局，1989，影印本，第813页。
③ （明）申时行等重修：《明会典》卷一五八《兵部四十一·南京兵部》，中华书局，1989，影印本，第816页。

便在赈灾中遵行。据《明会典》卷一七载："洪武二十七年定灾伤去处《散粮则例》。大口六斗，小口三斗，五岁以下，不与。"①"永乐二年，定苏、松等府水淹去处《给米则例》。每大口米一斗，六岁至十四岁六升，五岁以下不与。每户有大口十口以上者，止与一石。其不系全灾，内有缺食者，原定《借米则例》：一口借米一斗，二口至五口二斗，六口至八口三斗，九口至十口以上者四斗。候秋成，抵斗还官。"②

则例还适用于地方立法。明代时，有些地方政府和长官为减轻地方经济事务的管理，也制定了则例。《明史·崔恭传》记述崔恭天顺年间巡抚苏、松期间，恢复了《耗羡则例》一事："初，周忱奏定《耗羡则例》，李秉改定以赋之轻重递盈缩。其例甚平，而难于稽算，吏不胜烦扰。恭乃罢去，悉如忱旧。"③《王阳明文集》记述了王守仁于正德朝后期至嘉靖朝初巡抚任内制定则例的情况。《颁定里甲杂办》云："今申前因，看与本院新定则例相同，及照宁都等九县，及南安所属大庚等县事体民情，当不相远，合就通行查编。"④《奖劳剿贼各官牌》云："照得八寨积为民患，今克剿灭，罢兵息民，此实地方各官与远近百姓之所同幸。昨支库贮军饷银两，照依后开则例，买办彩币羊酒，分送各官，用见本院嘉劳之意。开报查考。"⑤《督责哨官牌》中说："其各兵快义官百长人等口粮，各照近日减去五分则

① （明）申时行等重修：《明会典》卷一七《户部四·灾伤》，中华书局，1989，影印本，第117页。
② （明）申时行等重修：《明会典》卷一七《户部四·灾伤》，中华书局，1989，影印本，第117页。
③ 《明史》卷一五九《崔恭传》，中华书局，1974，第4339页。
④ （明）王阳明撰：《王阳明全集》之《知行录·公移二·颁定里甲杂办》，红旗出版社，1996，第234页。
⑤ （明）王阳明撰：《王阳明全集》之《知行录·公移七·奖劳剿贼各官牌》，红旗出版社，1996，第335页。

例。每月人各二钱，义官百长各三钱五分，总小甲各二钱五分，俱仰前去赣州府支给，亦不许冒名顶替关支，查访得出，定行追给还官，仍问重罪发落。"① 海瑞为使赋役均平，民得安生，嘉靖年间在淳安知县任上，曾制定了《量田则例》。② 隆庆年间，他在任应天巡抚时期制定了《均徭则例》，③ 在琼山闲居时期还写了《拟丈田则例》。④

　　明代颁行的则例，因年代久远，现存于世的内容完整的则例已不多见。但是，考察诸多史籍中有关明代则例的记述，仍然能够较为全面地揭示这一时期则例的大体面貌。大量的资料表明，明代则例的内容是与行政、经济、军政、司法等管理中与钱物和财政收支、运作有关，是这方面法律的实施细则。由于明代的社会经济处于不断地发展变化之中，各类则例的制定、修订和实施都很频繁，它作为明王朝的法律形式之一，始终处于权宜之法的地位。这也是明代的则例立法虽然十分发达，但始终未有长期稳定的单行法规颁布的原因。

　　长期以来，不少著述往往从律典这一刑事法典中搜寻资料，作为描述古代行政、经济、军政法律制度的基本依据。实际上，中国古代存在着极其丰富的诸如明代则例这样的各类立法资料。只有走出"以律为主"即"以刑为主"的误区，开阔学术视野，加强中国古代基本法律资料的搜集和研究，才可能比较科学地阐述中国法律发展史。

---

① （明）王阳明撰：《王阳明全集》之《知行录·三征公移逸稿·督责哨官牌》，红旗出版社，1996，第309页。
② （明）海瑞撰：《海瑞集》，中华书局，1981，第190～201页。
③ （明）海瑞撰：《海瑞集》，中华书局，1981，第269～272页。
④ （明）海瑞撰：《海瑞集》，中华书局，1981，第278～287页。

（六）明代的榜例

"榜例"一词作为法律用语始于明初。在明代法律体系中，榜例始终被赋予"一时权宜"的法律地位，并在国家的立法和司法活动中广泛使用。鉴于前人对榜例这一法律形式尚未进行研究，本书用稍多一点文字予以考证。

1. 洪武榜例的制定及其功能

榜例是明初统治者在沿袭前代榜文、告示的基础上，经过反复的立法实践，被确认为国家的重要法律形式。

在中国古代，人们把"木片"、"匾额"称为"榜"。自原始社会末到春秋战国时期，文字载体经历了从甲骨、金石到竹木简、缣帛漫长的演变和发展。战国、秦、汉、三国时期，竹简、木简和缣帛成为文字载体的主要形态，当时官方向民众发布并张贴、张挂的布告类文书，通常是写在木简上，人们把这类官方文书称为"榜"、"榜文"或"告示"。魏晋以降，随着造纸技术的日益成熟，特别是东晋末桓玄颁"以纸代简"令之后，纸逐渐成为官方"榜文"、"告示"的主要载体，"榜"、"榜文"的称谓被继续沿用，其含义扩展为泛指官方张贴、张挂的各类官方文书。明代以前，官方布告类文书的称谓有多种，不同历史时期的称谓也有变化，"榜文"与"告示"二者的名称也往往混用，此外还有告谕、文告、公告等称呼。进入明代以后，大概是出于"上下有别"并区分其适用地域的范围以及榜文在国家法律体系中地位提升的缘故，君主和朝廷六部的布告称榜文，地方各级政府和长官的布告则称为告示。在现见的明代榜文文献中，除明代前期尚有几则榜文是由朝廷大臣或府官在治理地方时出榜且榜文渊源不明外，均是由皇帝或中央各部院奉旨颁发的。

榜文、告示是兼有法律和教化双重功能的官方文书。就其内容和功能而言，大体可分为两类：一是以告谕、教化为宗旨。内容是指陈时弊，申明纲常礼教和治国之道，意在使人知所警觉，趋善避恶。二是公布朝廷和地方官府制定的法律、法令、政令，要求臣民一体遵守。后一类榜文、告示具有法律的规范性和强制性，其作为有法律效力的文书，是国家法律体系的有机组成部分，也是古代法律的形式之一。

制定和发布榜文、告示在中国有悠久的历史。历代为把法律和政令贯彻到基层，使百姓知法守法，都很重视法律和政令的公布。西周的"悬法象魏"之制，就是朝廷把法令悬挂在宫廷外的门阙向民众宣示的一种方式。春秋末期郑国执政子产"铸刑书"、晋国大夫赵鞅和荀寅"铸刑鼎"，则是诸侯国公布法令的创举。"悬法象魏"、"铸刑鼎"、"铸刑书"这些向民众公布法令的举措，实际上就是后世所说的"榜文"、"告示"，只是名称不同而已。自秦汉到唐代，运用榜文、告示公布政令、法令成为官府经常采用的方式。史籍中有关这类的记载甚多。查阅两汉、唐宋诏令及会典类文献就可看到，"格文榜示"、"版榜写录此条"之类的用语频频出现。宋元时期，地方官府和长官运用榜文公布政令、法律法令的做法已很盛行，《古代榜文告示汇存》①中所收入的朱熹榜文、黄干榜文、黄震榜文、胡祗遹榜文中有关公布法令的榜文就是这类文书。

明开国之初，朱元璋在采取一系列措施恢复社会经济的同时，很注重健全国家法律制度和向民众进行法律教育。他说：

---

① 杨一凡、王旭编：《古代榜文告示汇存》（10 册），社会科学文献出版社，2006，影印本。

"民经乱世，欲度兵荒，务习奸滑，至难齐也。"① "不明教化则民不知礼义，不禁贪暴则无以遂其生。"② 认为只有把健全法律与教化结合起来，治国才会有成效。由于榜文具有法律和教育双重功能，这一法律形式受到朱元璋的青睐。他在位 31 年间，曾颁布了大量的榜文。这些榜文中，既有晓谕教化性榜文，也有公布法律、法令性榜文。晓谕教化性榜文的内容是针对时弊，向百姓陈述某一方面的事理，或公告某一被处理的案件，以使民知法明礼，不敢轻易犯法。在朱元璋以榜文形式颁布的各类法律、法令中，许多是有关治理国家特别是民间事务管理方面的事例或禁例，称为榜文禁例或榜例。如《明会典》卷一五二载：

> 凡管马官员，洪武榜例：各卫所、府州县管马官员，职专提调马匹，不许管署卫所、府州县事务及别项差占。③

又据《明会典》卷一四三：

> 洪武二十七年圣旨榜例：自古到如今，各朝皇帝差军守卫皇城，务要本队伍正身当直。上至头目，下至军人，不敢顶替。这等守卫是紧要的勾当。若是顶替，干系利害。拨散队伍守卫，尤其利害。且如论队伍守卫，拨那所军，若用军多，尽本所守卫；若用少，或五百、三百、二百、一百，务要整百户守卫。若军别无事故，各各见在卫所，其当该管军

---

① 《皇明祖训序》，见杨一凡、田涛主编《中国珍稀法律典籍续编》第 3 册，第 483 页。
② （清）谷应泰撰：《明史纪事本末》卷一四《开国规模》，中华书局，1977，第 196 页。
③ （明）申时行等重修：《明会典》卷一五二《兵部·马政三·禁约》，中华书局，1989，影印本，第 780 页。

人员不行仔细检点，照依原伍上直，致令小人卖放，或闲居在卫所，或私自纵放不在卫所，点视不到，定将本管指挥、千百户、卫所镇抚、总小旗各杖一百。指挥降千户，调边远；千户降百户，调边远；百户降总旗，调边远；卫镇抚降所镇抚，调边远；总旗降小旗，调边远；小旗降做军，调边远。如是受财卖放，以致队伍不全，系是围宿重事，不问赃多少，处以重罪。①

这则榜例全文较多，在明太祖的"圣旨"后，列有军人守卫皇城必须遵守的 18 条条规，就守卫皇城的各项制度以及对于守卫军官、军士无故不行上值、当值军人顶替、军官擅自调离守值军人、不按规定交班和对出入人员认真搜检等的处罚作了详细规定。

上述记载表明，"榜例"于洪武年间已被作为法律形式的称谓。

洪武朝的榜例，就内容讲，涉及吏、户、礼、兵、刑、工各个方面。其功能除其本身具有向民众宣传法律、推行教化的作用外，它在完善国家法制和社会治理中的作用主要是两个方面：

一是针对国家和地方治理方面急需解决的问题，公布了不少有关行政、经济、民事、军政和学校管理类榜例，用以完善国家的各类行政管理制度。如洪武三年（1370 年）二月，朱元璋曾"召江南富民赴阙，上口谕数千言刻布之，曰《教民榜》"。②《教民榜》字数如此之多，可见它是若干榜文的汇集。又如，洪

---

① （明）申时行等重修：《明会典》卷一四三《兵部·守卫》，中华书局，1989，影印本，第 730 页。

② （明）谈迁撰：《国榷》卷四，中华书局，1958，第 408 页。

武十三年（1380 年）六月，朱元璋谕户部臣曰："曩者奸臣聚敛，深为民害。税及天下纤悉之物，朕甚耻焉。自今如军民嫁娶丧祭之物，舟车丝布之类皆勿税。尔户部其榜示天下，使其周知。"① 洪武十八年（1385 年）五月，朱元璋因"各处驿传多赋民出赀买马以应役，劳费已甚，其孳息又有司取之"，诏兵部尚书温详卿："凡陕西、山西、北平各驿马，不问官给及民自买，其孳息听其货鬻，勿禁。仍令揭榜谕之。"② 洪武年间，榜文屡颁，从未间断。直到朱元璋死的前两月，即洪武三十一年（1398 年）四月间，他还诏令户部把《教民榜文》刊布天下。《教民榜文》亦称《教民榜例》。其内容共 41 条，对老人、里甲理断民讼和管理其他乡村事务的方方面面，如里老制度的组织设置、职责、人员选任和理讼的范围、原则、程序、刑罚及对违背榜文行为的惩处等作了详尽的规定。《教民榜文》曾在明一代通行，堪称是中国历史上一部极有特色的民事管理和民事诉讼法规。

二是针对社会上出现的各类犯罪行为，公布了不少律、令所不载的刑事禁例，用以惩治犯罪行为。如《明太祖实录》载："洪武三年十二月丁丑，禁武官纵军鬻贩者。敕都督府曰：兵卫之设，所以御外侮也。故号令约束常如敌至，犹恐不测之变伏于无事之日。今在外武臣俸禄非薄而犹役使所部出境行贾，观小利而忘大防。苟有乘间窃发者，何以御之？尔其榜示中外卫所，自今犯者，罪之无赦。"③ "洪武十五年冬十月壬寅，刑部尚书开济奏曰：钦惟圣明治在复古，凡事务从简要。今内外诸司议刑奏札

---

① 《明太祖实录》卷一三二。
② 《明太祖实录》卷一七三。
③ 《明太祖实录》卷五九。

动辄千万言，泛滥无纪，失其本情况。至尊一日万机，似此繁琐，何以悉究，此皆吏胥不谙大体，苟非禁革，习以成弊。上曰：浮词失实，浮文乱真，朕甚厌之，自今有以繁文出入人罪者罪之。于是命刑科会诸司官定拟成式，榜示中外。"① 又据《明会典》载："洪武二十三年，榜谕各处税课司局巡拦，令计所办额课，日逐巡办，收于司局，按季交与官攒，出给印信收票。不许官攒侵欺，致令巡拦陪纳。违者重罪。"② "洪武二十四年，榜谕各处商税衙门、河泊所官吏：每遇收办课程，不许勒要料钞。但有字贯可辨真伪者，不问破烂、油污、水迹、纸补，即与收受解京。若官吏、巡拦刁蹬不收，及因而以不堪辨验真伪钞解京者，俱罪之。"③ "洪武三十年，诏榜示通接西蕃经行关隘并偏僻处所，着拨官军严谨把守巡视，但有将私茶出境，即拿解赴官治罪，不许受财放过。仍究何处官军地方放过者，治以重罪。"④

洪武年间，朱元璋为"治乱世"，以重典为整顿之术。公布严刑峻法，惩治奸顽，是洪武朝榜例的重要内容和特色，也是它的突出功能。《南京刑部志》卷三《揭榜示以昭大法》⑤ 收录了明太祖洪武年间发布的 45 榜榜文。把这些榜例与当时行用的明律⑥对比考察，可知其中有不少属于重刑性质。

一是许多规定属于新的刑事立法，其内容不是为明律所未设，就是律文的规定比较笼统，榜例规定的更加具体。比如：洪

---

① 《明太祖实录》卷一四九。
② （明）申时行等重修：《明会典》卷三五《户部·课程四·商税》，中华书局，1989，影印本，第257页。
③ （明）申时行等重修：《明会典》卷三一《户部·库藏二·钞法》，中华书局，1989，影印本，第224页。
④ （明）申时行等重修：《明会典》卷三七《户部·课程六·茶课》，中华书局，1989，影印本，第267页。
⑤ （明）曹栋撰：《南京刑部志》，美国国会图书馆藏明嘉靖刻本。
⑥ 本文以下所引明律，均为洪武二十二年律。

武二十二年（1389年）八月二十九日颁布的榜文规定："今后法司精审来历，设有仍前所告，动经五六十及百余人、一二十者，审出诬告情节得实，将好词讼刁民凌迟于市，枭首于住所，家下人口移于化外。"洪武二十六年（1393年）八月榜文规定："朝廷命礼部出榜晓谕，军民商贾技艺官下家人火者，并不许穿靴，止许穿皮札鞈。违者，处以极刑。此等靴样一传于外，必致制度紊乱，宜加显戮。洪武二十六年八月初三日钦奉圣旨：这等乱法度，都押去本家门首枭令了，全家迁入云南。"洪武二十七年（1394年）三月初二日颁布的榜文规定："今后里甲邻人老人所管人户，务要见丁着业，互相觉察。有出外，要知本人下落，作何生理，干何事务。若是不知下落，及日久不回，老人邻人不行赴官首告者，一体迁发充军。"洪武二十七年四月二十六日颁布的榜文规定："今后不许人于街上碾损街道，只许他于两傍土地上推行。如有故违号令，拿住，发充军。"洪武三十年（1397年）二月十三日榜文云："奉圣旨：如今军卫多有将官用战船私下卖了，工部出榜去各处张挂。但有卖官船的，凌迟处死，家迁一万里。私买者同罪。"洪武三十一年（1398年）正月十六日颁布的榜文规定："今后敢有将官船私下卖者，正犯人俱各处以极刑，籍没其家，人口迁发边远"。

二是榜例中所列刑罚苛刻，大多较当时行用的洪武二十二年律的律文或相近条款量刑为重。洪武二十四年（1391年）七月二十三日发布的榜文规定："今后若是诬指正人的，本身虽犯笞罪，也废他；但诬指人笞罪，也一般废他。本身已得人死罪，又诬指人，凌迟，都家迁化外。"依明律"诬告"条："凡诬告人笞罪者，加所诬罪二等；流、徒、杖罪，加所诬罪三等；各罪止杖一百，流三千里。……至死罪，所诬之人已决者，反坐以死；

未决者，杖一百，流三千里，加役三年。"① 也就是说，对犯诬
告罪者，区分不同罪情分别论罪；诬告罪的最高刑罚为死刑
（法定刑为斩），只适用于犯罪者本人，不株连同居亲属。榜文
不仅对诬告情节轻微、按律本应处笞刑的治以重刑，而且把重惩
"大恶"罪的凌迟刑、株连法，也适用于犯诬告罪者，无疑是律
外加刑。洪武二十七年三月十四日发布的榜文规定："今后敢有
以弟为男及姑舅姊妹成婚者，或因事发露，或被人首告，定将犯
人处以极刑，全家迁发化外。"依明律《尊卑为婚》条，这类犯
罪最高刑为杖一百。② 洪武二十七年十月三十日榜文规定："在
京犯奸的奸夫奸妇，俱各处斩。做贼的、掏摸的、骗诈人的，不
问所得赃物多少，俱各枭令。"依照明律，和奸罪止杖一百。③
窃盗罪应计赃科断，除监临主守盗所监官钱40贯者，均不处死
刑。④ 榜例把此类犯罪一律加重为死罪，实是过于严酷。

　　唐代以后各朝律典，基本上是在沿袭唐律的基础上有所损
益。各朝律典的刑名、刑罚指导原则及适用范围大体一致，除明
清律典和元代法律把"大恶"罪的刑罚加重为凌迟刑、明清律
典规定对流罪最重者处充军刑外，唐、宋、明、清律典的其他犯
罪的最高刑也大体相同或相近。各类犯罪最高刑以下的刑罚，虽
间有变化，但差异不大。由于现见的洪武刑事榜例对"事关典
礼及风俗教化"（即明律较之唐、宋律用刑较轻方面的条款）的
违法行为大多是以"斩"、"重罪"、"枭令"、"极刑，全家迁发
化外"、"阉割"论罪，苛重无比，因此榜例中所处刑罚重于明

① 〔朝鲜〕金祗等撰：《大明律直解》卷二二《刑律·诉讼》"诬告"条。
② 〔朝鲜〕金祗等撰：《大明律直解》卷六《户律·婚姻》"尊卑为婚"条。
③ 〔朝鲜〕金祗等撰：《大明律直解》卷二五《刑律·犯奸》"犯奸"条。
④ 〔朝鲜〕金祗等撰：《大明律直解》卷一八《刑律·贼盗》"窃盗"、"监守自盗仓库钱
粮"条。

律者，一般也较唐、宋、元、清律典为重，较之"其失在乎缓弛"的元代法律则更为加重。

在《南京刑部志》所载洪武年间朱元璋发布的 45 榜榜文中，最早的发布于洪武十九年四月初七日，最晚的一榜发布于洪武三十一年（1398 年）正月二十五日。其中洪武十九年 4 榜，二十年（1387 年）1 榜，二十二年（1389 年）3 榜，二十三年（1390 年）4 榜，二十四年（1391 年）3 榜，二十五年（1392 年）1 榜，二十六年（1393 年）5 榜，二十七年（1394 年）16 榜，二十八年（1395 年）2 榜，二十九年（1396 年）1 榜，三十年（1397 年）2 榜，三十一年正月 2 榜，无年代者 1 榜。阅读这些榜文可知：洪武二十七年发布的榜例最多；在洪武二十八年前发布的榜例中，许多榜例的刑罚是律外加刑，而洪武二十九年至洪武三十一年正月发布的 5 榜中，虽然仍有 3 榜较律刑罚加重，但不再使用肉刑。

明太祖于洪武二十八年闰九月颁布的《皇明祖训》云：

> 朕自起兵至今四十余年，亲理天下庶务，人情善恶真伪，无不涉历。其中奸顽刁诈之徒，情犯深重，灼然无疑者，特令法外加刑，意在使人知所警惧，不敢轻易犯法。然此特权时处置，顿挫奸顽，非守成之君所用常法。以后子孙做皇帝时，止守《律》与《大诰》，并不许用黥刺、刖、劓、阉割之刑。[①]

洪武三十年五月，《大明律》颁行天下。明太祖所撰《御制

---

① 见《皇明祖训》：《祖训首章》，收入《中国珍稀法律典籍续编》第 3 册，黑龙江人民出版社，2002，第 484 页。

大明律序》云："特敕六部、都察院官，将《大诰》内条目，撮其要略，附载于《律》。其递年一切榜文禁例，尽行革去，今后法司只依《大诰》议罪。"《皇明祖训》是朱元璋为朱氏天下长治久安、传之万世给子孙制定的"家法"，也是子孙、宗室和后代必须严守的各种制度及其他行为规范。《祖训》所述与《御制大明律序》说的是同一个意思。结合洪武榜文考察，不难看出，律《序》中所说的"榜文禁例"，并不是泛指行政、经济、民事、军事、文化教育管理方面的各类的榜文或禁例，而是指洪武年间以榜文形式发布的刑罚严苛的各种刑事禁例。

榜例在洪武朝的法律体系中属于"权宜之法"，而刑事榜例的刑罚往往较《大明律》为重，故朱元璋在《御制大明律序》中申明，洪武间"递年一切榜文禁例，尽行革去"，明令子孙后代不许使用。

2. 永乐榜例的制定及其变化

明成祖朱棣于建文四年（1402 年）七月即皇帝位，他宣布废除建文帝年号，"令年仍以洪武三十五年为纪，其改明年为永乐元年"。① 朱棣发动靖难之役的借口之一，就是建文帝"更改成宪"，大加讨伐，同时为标榜正统，极力倡导"遵循祖制"。他夺取皇位后，不仅明令凡洪武年间一应榜文，俱各张挂遵守，② 还仿照明太祖的做法，颁行了大量的榜例。现见的永乐榜例，以《南京刑部志》一书所记为多。该书所记朱棣在位期间发布的 69 榜榜文中，有明成祖于洪武三十五年十一月二十一日申明继续实行的洪武榜文 45 榜，他在洪武三十五年七月至永乐

---

① 《明太宗实录》卷一〇上。

② （明）申时行等重修：《明会典》卷二〇《户部·户口二·读法》，中华书局，1989，影印本，第 135 页。

十一年（1413 年）间发布的榜文 24 榜。这 24 榜榜文，都是中央各部院奉明成祖圣旨颁行的（详见表 3 - 3）。

表 3 - 3　　《南京刑部志》载永乐榜例

发布衙门	榜 例 发 布 时 间 及 内 容
户部	为给还人口事，永乐二年正月十五日奉圣旨：但是各处官军下拘掳的人口，都是好百姓，不许拘留。都教放回去，依亲完聚
	为收买马匹事，永乐十一年五月十四日奉圣旨：这换马的茶，也照旧中盐的，着客商每将官茶运去中
礼部	为禁约事，洪武三十五年七月十六日奉圣旨：今后奏事，俱依洪武年间旧例，不要更改
	洪武三十五年十月初八日，奉圣旨：恁礼部将洪武年间定立朝参奏讨、筵宴侍坐、官员出入回避等项制度，备榜申明，教天下知道，不要犯着
	洪武三十五年十一月初二日，为禁约事，奉圣旨：近有军民人等私自下番贩卖番货，诱蛮夷为盗，走透事情。恁礼部将洪武年间诸番入贡禁约事理申明，教各处知道。犯了的，照前例罪他。不问官员军民之家，但系番货番香等物，不许存留贩卖。其见有者，限三个月销尽。三个月外，敢有仍前存留贩卖者，处以重罪
兵部	为私役军人事，洪武三十五年十月初四日奉圣旨：内外卫所大小官军，中间多有不体朝廷爱军的心，往往私自役使，非法凌虐，百般生事。今后每私役一日，追工钱一贯，仍论罪如律，因而致死者偿命。但有在逃军士，论数住俸。如有百户逃军一名，住俸一石；逃十名，全住；逃三十名，降充总旗；四十名，降充小旗；五十名，发边远充军
	钦定住俸事例：千户：逃军十名，住俸一石。指挥：逃军五十名，住俸一石
	钦定跟官等项事例：指挥至佥事，每人六名；千户镇抚，每人三名；百户所镇抚，每人二名，俱许队伍正军内差拨，每三日一次差使操练。直厅六名，把门二名，看监四名，看库一名，俱许队伍正军内拣老军充当，每一月一换
	洪武三十五年十一月二十五日，为马匹事。龙江卫中所百户周德轮、该本管旗军孙来旺关养马匹，不知朝廷正欲操练军士，演其威武，惟欲利己偷安，临事避难，公行贿赂，欺诳朝廷，同恶结成党类。似此奸顽，俱各处斩

发布衙门	榜 例 发 布 时 间 及 内 容
兵部	为比试事，永乐六年三月二十日奉圣旨：今后军官子孙，务要如法操练，弓马惯熟，不许怠惰废弛。日后如有赴京比试不中的，发充军三年，着他知道祖父已先从军立功的艰难。三年过，再着他来比试。若再不中时，发他烟瘴地面，永充军役。别选户下有才能、有志气、有本事、有见识的儿男袭替，又不误了朝廷恩待功臣的好意思
兵部	为恩宥事，永乐九年闰十二月二十五日奉圣旨：各处卫所军人，并为事充军，或远年，或近年，有在营逃的，有征进公差等项逃的，有懒惰不肯种田逃的，又有犯罪工役囚人逃的，今要改过自新，自因惧罪，不肯出来。惩兵部出榜，限一月以里首告，与免本罪
刑部	为禁约事，洪武三十五年十二月二十七日奉圣旨：近因在京有等撒泼的人，杀人抢夺，并强买人货物，已曾禁约，但有犯的，废了。如今在外也有这等人，低价强籴人粮米，市镇铺舍强买货物，良善的人好生被他搅扰，都做不得生理。惩刑部通行禁约。今后但有这等的，也照在京犯的一般罪他
刑部	为申明禁约事，永乐元年二月二十八日奉圣旨：比先有号令：但有拿住强盗的，赏银五十两，缎子四表里，钞二千贯，仍赏犯人财产。两邻知而不首者，与犯人同罪。同盗之人能出首，免罪，一般赏银。刑部出榜申明。但有被劫之家，左右前后邻人，东西各十家，南北各十家，都要出来救护捉拿。若是拿住贼人，不问几名，赏银五十两，缎子四表里，钞二千贯，仍给犯人家产均分。敢有坐视不相救护，将这四十家都拿到官，要他均陪被劫人家财物了，着一百斤大枷枷着，直等拿住强盗，方才放他
刑部	为禁约事，永乐元年四月十二日奉圣旨：比先免死发去充军，近来将来告那逃叛，希望升赏。似这等欺瞒朝廷，好生不便。今后不许将这等事告言绑缚。若违了号令的，重罪。果有逃叛等项人，许他首将出来，都免他死罪
刑部	为禁约私卖军器事。韩三保故违号令，仍将军器货卖出境。似此玩法，原情深重，已将正犯人斩首号令，家财没官，成丁男子俱发三万卫充军。今后敢有仍将军器出卖外境，及见卖之人，知而不首，关津去处不行盘获，一体治以重罪。永乐二年八月十九日奉圣旨：是
刑部	为禁约事，永乐三年六月十一日奉圣旨：今后但有非奉朝廷明旨，王府擅自行移有司，及发落一应事务，随即具奏，不许承行。敢有隐匿不奏，及擅自承行者，许被害之人陈告，及诸人首发，治以重罪。的然不恕
刑部	为故违禁令事。都匀卫指挥佥事司华赍捧冬至表笺到京，辞回，不即前去，却于仪凤门外延住二十余日，收买纻丝花翠等项。本部将本犯情罪具奏，明正典刑。永乐九年闰十二月钦奉圣旨：比先有号令，辞了的不许在这里停住，但过了半日不去，便废了。这厮却敢故违，延住了许多日子，还着刑部将情犯出榜，各处张挂，着多人知道

发布衙门	榜 例 发 布 时 间 及 内 容
工部	为私宰耕牛事，洪武三十五年八月初七日奉圣旨：恁本部便出榜禁约，着锦衣卫与兵马司差人捉拿
工部	为作弊事，永乐元年四月十一日奉圣旨：各处织造缎匹所用颜料，并不曾着百姓出备。该管官吏堂长，不守法度，往往作弊扰民，有将官物减克，有将人匠私役，以致所织缎匹，多有不堪。及致验出，关发追赔，其官吏匠作又不自行赔纳，却乃通同有司，洒派小民，揹要银钞，十分害民。工部便出榜张挂，教百姓每知道。若有被害的，许他指实径赴上司陈告，究问犯人，处以极刑。告人，不问他越诉
工部	为禁约事，永乐二年二月二十一日奉圣旨：朕自即位之初，首诏不急之务，一切停罢，不得一毫妄用民力，期在休息，以臻太平。今后军民大小衙门，非奉朝廷明文，敢有妄兴造作，擅用一军一民，及科敛财物者，处以极刑，家迁化外
都察院	洪武三十五年七月十三日，为禁约事，奉圣旨：如今军民中，有等不知道理的人，又行生事，妄将一应官员人等擅自绑缚，非理凌辱，甚至抢夺家财，因而希求升赏，似这等好生不便，有伤治体。今后敢有仍前不遵号令，妄自绑缚人来者，治以重罪
都察院	为造言惑众事，洪武三十五年九月二十五日奉圣旨：如今有等奸诈小人，不思朝廷凡事自有公论，但不满所欲，便生异议，捏写匿名文书，贴在街巷墙壁，议论朝政，谤人长短，欺君罔上，煽惑人心。似这等文书，必有同商量写的人，也有知道的人。恁都察院便出榜张挂晓谕，但有知道有人曾写这等文书的，许他首告。问得是实，犯人全家处死；首告之人，官升三等，军民都与官职，赏银一百两，钞一千贯，仍给犯人财产
都察院	为建言事。永乐元年二月内，该江西建昌府南城县老人傅季满，假以建言为由，诬告民人曾显驴等。节该钦奉圣旨：送都察院问了，就出榜去各处禁约。今后不许于建言事内告人。钦此
都察院	为禁约事。该刑科署都给事中曹润等奏：乞敕下法司：今后人民娼优，装扮杂剧，除依律神仙道扮，义夫节妇，孝子顺孙，劝人为善，及欢乐太平者不禁外，但有亵渎帝王圣贤之词曲、驾头杂剧，非律所该载者，敢有收藏传诵印卖，一时拿赴法司究治。永乐九年七月初一日奉圣旨：但这等词曲，出榜后，限他五日都要干净将赴官烧毁了。敢有收藏的，全家杀了

发布衙门	榜 例 发 布 时 间 及 内 容
都察院	为禁约事，永乐四年十月初八日奉圣旨：有等小人，他与人有仇，要生事告那人，又怕虚了，都捏谤讪朝廷无礼的言语，假写仇人名字帖子，丢贴街市，煽惑人心，意在朝廷替他报仇。且如田瑛这等，都诛戮断没了。今后但见没头帖子便毁了。若揭将来告，见了不弃毁，念与人听的，都一般罪他。若有见人正在那里贴帖子，就便拿住，连帖子解送到官的，问得是实，依律赏他
	为钞法事，永乐十六年五月十一日奉圣旨：今后民间一应交易，除挑描剜补及字贯不全，不成张片，难辨真伪的，不许行使。其余亦依榜上所帖钞贯样，不拘大小，不分油污水迹，成边栏虽有损缺，其贯百字样分明的，务要流通行使。敢有仍前指以新旧昏软为由，高抬物价，折准分数，沮坏钞法的，许诸人捉拿首告，犯人处以重罪，财产断没入官。如有奸顽之徒，故将挑描剜补，字贯不全，不成张片，难辨真伪钞贯，强买货物的，许被害人连人钞拿到官，一体治罪不饶

在上述榜文中，就奉旨发布榜例的衙门来说，属于户部的 2 榜，礼部的 3 榜，兵部的 4 榜，刑部的 6 榜，工部的 3 榜，都察院的 6 榜。就其内容而言，涉及礼仪、亵渎帝王圣贤、王府擅自行移有司、官衙妄行造作科敛民财、盐茶、沮坏钞法、织造缎匹、私宰耕牛、私自下番贩卖番货、马政、私役军人、逃军、私卖军器、军官子孙操练、拘虏人口、杀人抢夺、诬告、奖赏捕盗、军民擅自绑缚官吏、恩宥和重申洪武榜例等方面。

明成祖永乐年间发布的榜例，远不止这些，仅从《明太宗实录》中录五例于后：

永乐二年二月戊寅，祭太社太稷。大理寺臣奏：市民以小秤交易者，请论违制律。上问工部臣曰：小秤之禁已申明否？对曰：文移诸司矣。曰：榜谕于市否？对曰：未。上曰：官府虽有令，民固未悉知之。民知令则不犯，令不从则加刑。不令而刑之不仁，其释之。①

　　永乐三年春二月丁丑，巡按福建监察御史洪堪言十事。……其七曰：无知愚民不谙常宪，或因小忿辄诉公庭，及论以法，方觉悔俱。推原其情，亦出愚戆误犯。（乞）令着有司，今后词讼除奸盗、诈伪、人命外，若户婚、田土、斗殴相争一切小事，依洪武年间《教民榜例》，付该管老人、里长从公剖决。若里老徇私不公及顽民不服者，有司方如律治之，庶使狱讼清简。②

　　永乐五年五月辛未，上闻河南饥，有司匿不上闻，命刑部悉逮置于法。又敕都察院左都御史陈瑛等曰：国之本在民，而民无食，是伤其本。……比者河南郡县荐罹旱涝，有司匿不以闻，又有言雨旸时若，禾稼茂实者。及遣人视之，民所收有十不及四五者，有十不及一者，亦有掇草实为食者。闻之恻然。亟命发粟赈之，已有饥死者矣。此亦朕任用匪人之过。已悉置于法。其榜谕天下有司，自今民间水旱灾伤不以闻者，必罚不宥。③

　　永乐八年冬十月乙未，行在都察院左副都御史李庆言：公侯都督往往令家人子弟行商中盐，凌轹运司及各场官吏，倍数多支。朝廷申明旧制，四品以上官员之家，不许与民争利，已令罢支。今都督蔡福等妄行奏请，既付于法，其公侯

———————————

① 《明太宗实录》卷二八。
② 《明太宗实录》三九。
③ 《明太宗实录》卷六七。

有犯者，亦宜鞫治。上曰：姑勿治。令户部榜谕禁止。①

永乐十一年二月壬戌，上命刑部揭榜沿途，禁约扈从官军扰民。谕之曰：帝皇巡狩，将以安民。闻前者扈从军士往往在途扰民，咸取势夺，无所不至，是厉民也。今后有犯，所管官旗皆连坐，勿恕。②

明永乐年间颁布的榜文，较之洪武朝而言，有两点新的变化：

其一，榜文中榜例的数量所占的比重不同。笔者把搜集到的洪武、永乐榜文进行比较，结果是：洪武朝榜文中大多属于晓谕、教化类榜文，少数属于榜例，而永乐榜文大多属于榜例。

其二，洪武榜例是在朱元璋"刑用重典"的历史条件下颁布的，许多榜例规定的刑罚比较苛刻，带有重刑性质，其中不乏肉刑和律外之刑。永乐榜文除个别者外，基本上属于"中制"，实施的时间也相对较长。

3. 宣德、正统、嘉靖三朝榜例举要

现见的明代榜例，除明太祖朱元璋颁布的《教民榜文》、《南京刑部志》所载洪武、永乐榜例及《军政备例》③ 所辑榜例外，其他都是比较零散地存于各种史籍中。其中记载永乐至明末各朝榜例较多者，主要有《明实录》、《明会典》、《军政条例》、《皇明条法事类纂》、④《条例备考》、⑤《军政备例》六书。《皇明

① 《明太宗实录》卷一〇九。
② 《明太宗实录》卷一三七。
③ （明）赵堂辑：《军政备例》，天津图书馆藏清抄本。
④ 《皇明条法事类纂》，日本东京大学总和图书馆藏明抄本。收入《中国珍稀法律典籍集成》乙编第4、5、6册。
⑤ （明）佚名辑：《条例备考》，日本内阁文库藏明嘉靖刻本。

条法事类纂》、《条例备考》、《军政备例》记载的是榜例的全文，各榜例的文字较长，短则数百字，长则数千字；《明实录》、《明会典》所记榜例，除特别重要的榜例全文照录外，多是记其要略，文字长短不一；《军政条例》则是申明"照依榜例"如何清理军伍和勾捕逃军，部分地反映了原榜例的规定。此六书中所记榜例，又以宣德、正统、成化、弘治、嘉靖五朝为多。本文因篇幅所限，不可能把诸书所记各朝榜例一一列举。为了使读者大体了解明代榜例的概貌，笔者仅就宣德（1426～1435年）、正统（1436～1449年）、嘉靖（1522～1566年）三朝制定的榜例作一简要介绍。现见的成化、弘治两朝榜例，主要记载于《皇明条法事类纂》一书。考虑到此两朝的榜例与正统朝榜例的内容大同小异，也考虑到《皇明条法事类纂》一书已点校整理出版，读者可查阅该书了解其榜例制定状况，故不再列举。另外，正统朝所制定的榜例，主要出于《军政备例》和《条例备考》两书，原文大多文字较多，为压缩行文篇幅，表中仅介绍其榜例名称。

（1）明宣宗宣德朝榜例举要。

现选录《明宣宗实录》、《军政条例》、《军政备例》和《明会典》四书有关明宣宗宣德朝颁行榜例的记载列表述后（见表3-4）。

表 3-4　宣德朝榜例举要

奏准时间	榜 例 内 容 及 制 例 背 景	文献出处
宣德元年春正月甲子	严京城捕盗之禁……于是，（塞）义等议：凡为强盗者，许诸人及四邻擒捕。如无力擒捕者，许指实赴官陈告。捕鞫是实，犯人依律处死；原捕及首者，各赏钞一千贯，仍给犯人财产；为首者，官旗军校升一级；民及工匠人等优免差役一年。如同为强盗，其中有能自首及擒获者，免罪，亦给赏，仍给犯人财产。其四邻藏匿之家，知情容隐不首者，罪同。上从其议，命揭榜以示中外	《明宣宗实录》卷一三

续表 3-4

奏准时间	榜 例 内 容 及 制 例 背 景	文献出处
宣德元年夏四月庚寅	行在兵部尚书张本言：臣尝奉诏榜谕军官存恤军士。比闻各处勾解补伍新军所管官旗视为泛常，略不存恤……上曰：武人知贪利，不知教令。可再出榜晓谕，俾改过自新。凡新军到卫半月，即与之粮，容其两月修置宅舍，然后役之。若仍蹈前非，肆虐不悛，风宪及镇守官体实究治	《明宣宗实录》卷一六
宣德二年六月丙寅	巡按浙江监察御史吴讷言……乞敕法司揭榜禁约：今后凡逃军、囚吏，除本身及其家被人杀害侵夺者，方许指实陈诉，余皆不许，诸司亦不得擅与受理。若果有冤抑，须自下而上陈诉。有越次者，准洪武中例，发回应理衙门问断。……上命法司从其言	《明宣宗实录》卷二八
宣德二年八月甲申	严反逆家属在逃之令。先是，高煦叛，官吏军民多从之者，于法全家男子斩，妇女给配。上不忍一概加刑，止戮正犯，余家属悉宥死，发戍边或京卫为匠，或给官家为奴。其发戍边者，往往谋害解送之人而逃；为奴者，亦多逃归其乡。上闻之，命五城兵马及卫、所、府、县巡检司捕之，又命行在都察院榜示中外未获者，许出首，犯者及藏匿者处死，首得实赏钞一千贯。榜出后，逃者能自首宥死，仍发原配所；或不首而自回原配所，亦免罪	《明宣宗实录》卷三〇
宣德三年二月甲寅	行在都察院各道及六科具所举清理军伍监察御史、给事中姓名以闻。……赐敕谕之曰……。复以新上清理事例十一条、通前八条，榜示天下	《明宣宗实录》卷三六
宣德三年三月壬辰	上阅行在三法司所上系囚罪状，谕之曰……受财枉法及犯榜例死罪宥死并徒流以下，论轻重如例罚输作	《明宣宗实录》卷三九
宣德三年三月癸卯	行在户部尚书夏原吉言……今拟内外卫所仓各就一处，各筑垣墙。每仓各置一门，榜曰：某卫仓。屋三间为一厫，厫复置一门，榜曰：某卫某字号厫。若收支之际，验是纳户及应关粮之人许入，余人不许。其斗斛准洪武中制度。……上从原吉言，命揭榜中外戒约	《明宣宗实录》卷四〇

奏准时间	榜 例 内 容 及 制 例 背 景	文献出处
宣德三年闰四月甲午	少保行在工部尚书吴中奏：诸色工匠多有逃逸，当追捕问罪。上曰：工匠赴役，皆与粮赏，朝廷非是不恤，但管工之人贪虐害之，致其逃逸。凡事当究其本，即出榜禁约：管工匠官及作头有虐害工匠者，治以重罪；逃者许两月内自首，免罪赴工，仍与粮赏	《明宣宗实录》卷四二
宣德三年闰四月丙申	行在都察院左都御史刘观奏：抽分场材木等料抽分，悉有定例。比来内外官员军民不循礼法，恃其豪横，凡物料当抽分者，或私隐匿，或妄称奏免。请悉禁止，违者罪之。场局官吏受贿纵容者，罪同。上从观言，命揭榜晓示	《明宣宗实录》卷四二
宣德三年七月戊辰	上阅三法司所进系囚罪状，谕之曰：反逆、人命、伪造印信如律，诈传诏旨、诬告人因而致死，宥死，杖一百，发戍辽东。监守自盗、常人盗仓库钱粮、盗官畜产与受枉法财，皆追赃，论重轻谪戍辽东边卫及口外。徒、流者，如例罚输作。杖以下，准钞法榜例追钞。无罪者释之。凡决遣千六百三十五人	《明宣宗实录》卷四五
宣德三年八月乙未	行在兵部尚书张本奏……请揭榜戒谕：自今凡军民无文引及内官内使来历不明、有藏匿寺观庵院者，必执送官。仍许诸人首告，得实者给赏。里长、邻人纵容不首者，与犯人同罪。从之	《明宣宗实录》卷四六
宣德三年十一月戊辰	命御史巡察皇城四门。时四门官军玩法怠弛……上谕都御史顾佐曰：守门官军，违法害民如此，其揭榜晓示：若不革前弊，悉处重刑。常以御史一员，往来四门巡察	《明宣宗实录》卷四八
宣德四年三月乙亥	行在户部左侍郎李昶奏：江南官吏率民运粮至者，京师力士、军校、工匠之无赖者，多端诈伪，强索财物及揽纳诓骗，扰害非小，乞严禁止。上命行在都察院揭榜禁戒，锦衣卫遣人缉捕	《明宣宗实录》卷五二
宣德四年夏四月丁丑	行在吏部奏：各处吏多有考满不给由……轻视国法，当严禁约，违者论罪。上谕尚书蹇义曰……其揭榜严禁之	《明宣宗实录》卷五三

奏准时间	榜例内容及制例背景	文献出处
宣德四年夏四月甲午	四川按察司奏……请严禁约：果有机密重事，许实封进呈；若私事须论诉者，必自下而上陈告。有擅动实封者，令法司治之，并穷究教诱之人，皆坐以罪，连家属发戍边境。正军则仍于其家别选壮丁，于原卫补伍。庶使奸顽知惧，讼简民安。上从之，命行在都察院揭榜禁约	《明宣宗实录》卷五三
宣德四年四月庚子	上御奉天门，谕行在都察院右都御史顾佐等曰……既已命禁约，仍榜谕天下：今后机密重事，有实迹者，方许实封奏闻。其余事应告理者，必须自下而上。若仍前越诉，不问虚实，法司一体治之。仍究主使教诱及代书词状之人，俱杖一百，并家属悉发戍辽东。永为定例	《明宣宗实录》卷五三
宣德四年六月戊子	逃军，除自首免问，责限起解外，其余拿获者，就于原籍并所在官司取问明白。初犯、再犯依律的决，差亲属、邻里管解原卫所着役。三犯者，监候申详，依律处决，先将户丁解补。里邻人等，仍照隐藏逃军榜例治罪，窝家发附近卫所充军。若窝家系军人，发边远卫分充军。其窝家如或惧罪不拿，将逃军转递他所藏躲者，不分军民，俱发烟瘴地面充军。所在官司知情故纵者，依律坐罪	《军政条例》
宣德四年六月戊子	逃军正身未获，照依榜例，现将户丁解补，仍责限根要正身。得获，替出户丁宁家	《军政条例》
宣德四年六月戊子	各处有司起解逃军及军人军丁，务要量地方远近，定立程限，责令长解人等，依限管送。若长解人等纵容在家，迁延不即起程，照依榜例，违限半年之上者，依律坐罪；一年之上者，收发附近卫所充军，犯人发边远充军	《军政条例》
宣德四年六月戊子	旗军有逃回原籍，或诈称病故，或更改姓名，于各衙门充当吏卒、主文、写发拨置害民；或出家为僧、为道，投充生员；或于豪强势要官员军民之家作家人伴当，看庄种田等项名色；及冒给文引，在外买卖，并于邻境别都妄作民人，另立户籍；照依榜例，许令出首改正，解赴原卫着役。敢有违者，逃军发边远充军。里邻窝家人等，照依隐藏逃军榜例问断	《军政条例》

奏准时间	榜 例 内 容 及 制 例 背 景	文献出处
宣德四年六月戊子	勾补军役，若正军户下本有人丁，比先朦胧捏作无勾，即便改正勾解，与免前罪。如仍扶捏回申，照依榜例，军丁发边远充军。原保结里邻人等，收发附近卫所充军。官吏依律坐罪	《军政条例》
宣德四年六月戊子	新勾军士，合照依宣德元年四月内奏奉圣旨榜文内事理，限半月之内收帮月粮，一个月整理房屋，候安插定，方许差操。如是不遵，生事虐害，在内监察御史，在外巡按御史、按察司官及镇守官员巡察，将故违之人、军吏、总小旗，就行拿问。军官，具奏定夺。其原降榜文，都司、卫所置立板榜，各于公厅常川悬挂，永为遵守	《军政条例》
宣德四年六月戊子	勾军违限，合照依宣德四年二月内奏奉圣旨事意，违限二年之上者，官追俸，旗军就于户下选丁补伍。再限一年以里，将所勾军数赴京回话。一年以里又不赴京，全家调发别卫。舍人余丁户下，一般起调正犯人，各该卫所挨拿解京。若官吏人等容情不行举拿，不饶。仍照榜例，许巡按御史、按察司拿解	《军政条例》
宣德四年六月戊子	军户有等依恃豪强，因充粮里老人，每遇勾取之际，买求官吏及勾军人员，挟制小民佃户，朦胧保结，及有里老人等俱系军户，递年互相捏故回申，许照榜例首告改正。如是仍不改正，事发，正军解发原卫，户下再罚一丁，发附近卫所充军	《军政条例》
宣德四年六月戊子	山西等处抽丁等项军士，原选并续勾军丁，俱系精壮之人。到卫不久，往往买求贪污头目人等，令户下软弱人丁，私自轮流替换，以致军伍不精。今后敢有仍前作弊替换，合照榜例，许原籍官司、里老人等捉拿，及许原卫同伍旗军并诸色人等，指实赴亲临上司及把总操备官员处陈告，依律照例问断。事内作弊人员，就行拿问。其军士果有残疾并软弱不堪差操，照例相验明白，方许勾丁替换	《军政条例》
宣德四年六月戊子	军户之家，多有全家在逃躲避，及官司递年勾取里老邻佑明知逃避去处，暗地取索财物，容情不行拿解。今后若有此等作弊之人，照依榜例，正军发边远充军，知情保结里老、邻人等，发附近卫所充军	《军政条例》

奏准时间	榜 例 内 容 及 制 例 背 景	文献出处
宣德四年 六月戊子	为事编发及调卫旗军，多有更易姓名、乡贯。及到卫所，又不将原籍、原卫丁口从实供报。着役之后，或逃或故。卫所止凭原报乡贯、姓名坐勾，有司回无名籍，似此迷失者多。今后若有此等作弊之人，照依榜例，正军发边远充军，家下另金壮丁补伍。里邻知而不首者，依律问断	《军政条例》
宣德四年 六月戊子	今后纪录军丁，年方出幼，当发补役。其原卫所离原籍千里之外，合照榜例，发附近卫所收役充军，具由申达兵部，转行原卫所开豁原伍	《军政条例》
宣德四年 六月戊子	各州县勾解逃军及补役军丁，多有于所在官司冒给家人文引供送，其实家人不行随送前来。及到卫所，不一两个月，即将冒给文引照身，逃回原籍，及影射各处潜住，或经商，或受雇于人。今后若有此等作弊之人，照依榜例，正军发边远充军，家下另选壮丁一名补伍	《军政条例》
宣德四年 六月壬寅	定塌坊等项纳钞例。初以钞法不行，命行在户部议。至是，掌部事太子太师郭资等条列具奏，请榜示中外：一、南北二京公、侯、驸马、伯、都督、尚书、侍郎、都御史及内官、内使与凡官员军民，有蔬果园，不分官给私置，但种蔬果货卖者，量其地亩果株，蔬地每亩月纳旧钞三百贯，果每十株岁纳钞一百贯。其塌坊、库房、店舍停 塌客商货物者，每间月纳钞五百贯。一、驴、骡车受雇装载物货或出或入，每辆纳钞二百贯。委监察御史、户部、锦衣卫、兵马司官各一员，于各城门巡督监收。一、船受雇装载，计其载料之多少，路之远近，自南京至淮安，淮安至徐州，徐州至济宁，济宁至临清，临清至通州，俱每一百料纳钞一百贯；其北京直抵南京，南京直抵北京者，每百料纳钞五百贯。委廉干御史及户部官于缘河人烟辏集处监收。一、蔬果园并塌坊、库房、店舍，委监察御史、户部官按月催收运库。有恃势隐匿不报、不纳钞者，地、树、船、车、房设俱没官，仍治其罪。若其地不系种鬻取利，牛车、小车止载柴草、粮米及空船往回者，俱不在纳钞之例。上从其议	《明宣宗实录》 卷五五

奏准时间	榜 例 内 容 及 制 例 背 景	文献出处
宣德四年八月丙申	上谕行在礼部尚书胡濙曰：祖宗时，文武官之家不得挟妓饮宴。近闻大小官私家饮酒，辄命妓歌唱，沉酗终日，怠废政事；甚者留宿，败礼坏俗。尔礼部揭榜禁约：再犯者，必罪之	《明宣宗实录》卷五七
宣德四年十一月戊申	上御正朝，谓右都御史顾佐等曰……尔都察院即揭榜禁约：今后老人只依《教民榜例》行事，违者，令巡按御史、按察司鞫治。若有司故违，巡按御史、按察司罢不问者，亦罪之	《明宣宗实录》卷五九
宣德四年	宣德四年，榜谕各仓：凡收支粮草，官吏人等有折收金银并揽纳偷盗者，许诸人首告，或拿送法司。正犯处斩，仍追原物入官，家属发边远充军。首告者，赏钞五十贯	《明会典》卷二一
宣德四年	又令榜谕两京军民官员人等，菜园、果园及塌房、车房、店舍停塌客商物货者，不分给赐自置，凡菜地每亩月纳旧钞三百贯，果树每十株岁纳一百贯，房舍每间月纳钞五百贯。差御史同户部官各一员，按月催收送库。如有隐瞒不报及不纳钞者，地亩、树株、房舍没官，犯人治罪。其园地自种食用，非发卖取利者，不在纳钞之例	《明会典》卷三一
宣德四年	宣德四年榜例：招募等项军士，如有彼先全户见丁充军事故，今次俱各照名勾补，合将一名先行解发，通将实有人丁开报兵部，议拟奏闻定夺	《军政备例》
宣德四年	宣德四年榜例：官员军民之家有家人义男、女婿等项，自愿投充军役及为己事发充军者事故，止于本人当房人丁内勾解补役。若当房死绝，转达兵部复查开豁。一正军顶当祖辈军役，而余丁空闲遇例投充别卫所军役者，本户祖军户绝，着令余丁顶补祖军仍行投充卫分，开豁前役	《军政备例》
宣德五年五月辛未	上谕行在六部、都察院臣曰：朝廷差内外官出外公干所至，多有奸狡小人投托随从，因拨置害人，而分受财物，以十计之，差去者得一二，彼得八九。都察院即榜示禁约，仍令巡按御史、按察司官体访。再有犯者，就擒解赴京，处以重罪。盖因有司屡奏其弊故也	《明宣宗实录》卷六七

续表 3－4

奏准时间	榜 例 内 容 及 制 例 背 景	文献出处
宣德五年 六月丙戌	命行在户部揭榜禁戒中官人等，不许官船夹带私盐货物	《明宣宗实录》 卷六七
宣德五年 秋七月戊午	巡按直隶监察御史余思宽言：张家湾两河多有逋逃军民、工匠，或潜匿人家，或为盗贼，宜遣人密察捕治。上谓行在户部曰：逃所出于无奈，逃岂人情所欲，必有不得已者，可揭榜示之。令十日内，凡逃逸者，许自首，军匠还役，民还原籍，限外不首者治罪。若非逃逸而于河岸生理者，听	《明宣宗实录》 卷六八
宣德五年 八月乙未	兼掌行在户部事兵部尚书张本言……仍依先行榜例：如每丁种有成熟田地五十亩之上、已告在官者，准令寄籍。有于百里之内或百里之外分房耕种、原籍徭役不误者，或远年迷失乡贯，见在居住未经附籍者，所在有司勘实，书籍送部查考。其不还者，同藏匿之家，俱发所在卫所，永充屯军。若军卫屯所容隐者，逃民收充屯军；容隐之人，依隐藏逃军例，发边卫；该管官吏、旗甲、里邻徇情容隐者，俱依前榜例论罪	《明宣宗实录》 卷六九
宣德五年 九月戊申	上谕兼掌行在户部事、兵部尚书张本曰：闻各处细民，多因有司失于抚字及富豪之家施贷取息过虐，以致贫窘，流移外境。既招复业，蠲负租、免更徭以优恤之。尚虑贪墨官吏并豪民仍前肆害，尔户部榜示天下严禁约之，并劝谕亲邻同里之人协助周恤。有扰害之者，罪之	《明宣宗实录》 卷七〇
宣德六年 夏四月丙辰	上闻并海居民有私下番贸易及出境与夷人交通者，命行在都察院揭榜禁戢	《明宣宗实录》 卷七八
宣德六年 五月戊子	直隶松江府知府赵豫言：比户部榜谕：凡逃移人户皆限三月复业，违者与隐藏之家俱发充军。此法至严，人知畏惧，然亦有未复业者。……乞敕户部备榜通行晓谕：仍令有司从实取勘逃亡民户。凡公私欠负，俱停征三年；凡诸差徭，亦在三年之后。如是而犹不复业、人犹容隐者，依前例发遣充军，庶几逃民来归。上命行在兵部、户部参酌行之	《明宣宗实录》 卷七九

奏准时间	榜 例 内 容 及 制 例 背 景	文献出处
宣德七年春正月丙子	行在兵部奏：兵马司巡警不严，盗于都城内诈称校尉，拘扎都督谭广家属，劫财而去，请付法司，责令捕盗。上宥之，令榜谕：许首告，如例升赏，仍给犯人财产；如盗能自首亦免罪；匿盗不首，罪与盗同	《明宣宗实录》卷八六
宣德七年二月己未	行在兵部奏……清理军伍官到处，令各卫所取勘先次收到清出远年迷失等项，并二千里外带操军士数，内但有在逃者，各督有司里、邻人等拘捉到官，依律的决，差人押解原卫所着役。如里邻人等仍前窝藏不拿，依原定榜例问断	《明宣宗实录》卷八七
宣德七年三月庚申	敕谕行在五府、六部、都察院等衙门……缘边军士，职专备御。近年多有投托总兵镇守等官作家人，及被役使种田生理等项，有一官占用数百人者。兵部即出榜禁约，巡按监察御史、按察司官时常巡察。违者，具实奏闻	《明宣宗实录》卷八八
宣德七年夏四月戊申	行在都察院言：守皇城四门官军职专关防，搜捡出入之人。其应出入者，搜检既毕，随即放行。有偷盗内府财物者，则当引奏，不当擅自棰挞。今军职多不守法……法实难容，请究罪之。上曰：姑榜谕之，使改。如又不改，执而罪之，勿恕	《明宣宗实录》卷八九
宣德七年夏四月甲寅	行在刑科给事中李原缙言：各处递运所递送犯人，无问轻重，并加桎梏，逼索财物，夺其衣食，多有冻饿死者。乞命行在都察院出榜禁约，仍移文中外诸司：自今凡发回原告及起解罪人等，必须斟酌。果情犯深重，发递运所防解。轻者，或本衙门差人押送，或送卫所、府州县递送；又轻者给引照行，不许概送递运所，庶不累死无辜。从之	《明宣宗实录》卷八九
宣德七年十二月戊申	右副都御史贾谅以公事往甘州，遣人奏言……乞敕该司揭榜禁约，并行诸衙门，凡起关文，将应送官物填写数目，不许夹带私货。仍遣廉干京官一员，自京师抵甘州往来巡视。遇官军人等经过，除关文所开正数外，余私物令所在有司称盘，见数入官。及查不应驰驿而辄应付者，俱擒解京。庶使奸顽知惧，人亦获安。上命行在都察院出榜禁约	《明宣宗实录》卷九七

奏准时间	榜 例 内 容 及 制 例 背 景	文献出处
宣德八年二月壬寅	革山东都司济南卫仓、莱州卫仓、青州左卫仓副使，以其不收粮故也。行在户部奏：征收税课有定法。今中外收税衙门多法外生事，邀阻行旅，搜捡囊箧，倍需税钱。上命刑部揭榜禁革	《明宣宗实录》卷九九
宣德八年二月壬寅	行在户部奏：征收税课有定法。今中外税收衙门多法外生事，邀阻行旅，搜检囊箧，倍需税钱。上命刑部揭榜禁革	《明宣宗实录》卷九九
宣德八年二月丁未	禁京城商税之弊。时有言在京权豪贵戚及无藉之徒，停积商货、隐匿官税者。上命行在刑部揭榜禁约，违者罪之。有能首者，赏钞一千贯	《明宣宗实录》卷九九
宣德八年秋七月乙未	申明前禁榜谕：沿海军民有犯者，许诸人首告。得实者，给犯人家赀之半。知而不告及军卫有司纵之弗禁者，一体治罪	《明宣宗实录》卷一〇三
宣德八年秋七月戊寅	命行在都察院严官吏军民隐藏逃军、逃囚之禁。定首捕赏格，揭榜示之	《明宣宗实录》卷一〇三
宣德八年闰八月癸卯	顺天府尹李庸等言：北京城隍庙军民往往于内互市博奕，因而盗取砖石，剪伐林木及纵放孳畜作践，请禁约。上曰：事神贵清净，其揭榜禁约，敢再犯者，擒送法司治之	《明宣宗实录》卷一〇四
宣德八年十一月壬午	行在兵部奏：旧制公务急者给驿马，无符验不给。今太仆寺少卿刘宁言：比经直隶、永济等驿，见都指挥萧敬、指挥李英，遣人于太监刘通处计事，辄署文牒，令驰驿马。且询之，各驿类此者多。以故马无停息，往往罢死。请揭榜严约之。从之	《明宣宗实录》卷一〇七
宣德八年十一月丙午	顺天府尹李庸言，比奉命修筑桥道，而豪势之家占据要路，私搭小桥，邀阻行人，权取其利，请行禁革。上曰：豪势擅利至此，将何所不为。命行在都察院揭榜禁约。不悛者，具以名闻	《明宣宗实录》卷一〇七
宣德九年冬十月丁巳	行在兵部奏：朝廷于广宁、开原等处立马市，置官主之，以便外夷交易，无敢侵扰之者。凡马到市，官买之余，听诸人为市。近闻小人或以酒食衣服等物邀于中途，或诈张事势，巧为诱胁，甚沮远人向化之心。请揭榜禁约。从之	《明宣宗实录》卷一一三

与洪武、永乐两朝比较，宣德朝制定的榜例有下述特色：

其一，榜例被确认为朝廷立法的重要形式，其立法数量之多，为前朝所不及。洪武年间，榜例被朱元璋视为一时"权宜之法"，许多刑事榜例刑罚严苛，并于洪武末被宣布废止不用。宣德朝时，榜例成为朝廷经常采用的立法形式，朝廷立法以榜文为主，其数量远远超过条例、则例等其他形式的法律。《实录》为明代官修史书，修史者所记均是当时认为值得一书的重大事件。就明代各朝《实录》所记榜例而言，以宣德朝为最多。在上表中，"榜例"一词出现 7 次，说明它已是朝廷通用的法律用语。宣德朝国祚较短，仅有 9 年，然《明宣宗实录》却记载了如此众多的榜例，这表明榜例这一法律形式在宣德年间受到空前的重视。

其二，刑事榜例摆脱了洪武、永乐"刑用重典"的影响，立法崇尚"中制"。如果说洪武榜例中存在着大量的用于"惩创奸顽"的严刑峻法，永乐榜例也程度不同的受到明初重典政策影响的话，宣德朝奉行的是"贵存中道"的立法原则，刑事榜例的刑罚属于"中制"，因而，这些榜例大多为后代所沿用。

（2）明英宗正统朝榜例举要。

正统朝榜例在多种史籍中都有记载，仅把《明英宗实录》、《军政备例》两书所记该朝榜例的制定或发布时间、榜例的内容提要列表述后（见表3-5）。

表3-5 中列举的正统朝榜例，以军政和治理流民方面的事例为多。明英宗朱祁镇登基时距明开国已 68 年，逃军和流民问题十分突出。榜例是针对时弊而发布，它的内容反映了当时的国情实际和立法的重点。当然，《军政备例》以记载明代军事管理和清理逃军为基本内容，《明英宗实录》记载的均是重大的立法

表 3-5 正统朝榜例举要

榜例制定或 发布时间	榜 例 内 容 提 要	文 献 出 处
正统元年 八月十二日	委官清勾 解军有无妻小 供招更改名籍及诈文潜回 军丁互相替换 远年全家逃移 军丁口粮并司卫交割 役卖逼逃 逃住自首 抚恤流移 朦胧勾扰 冒籍开户 带操军士 勾军差人不回	明抄本《军政备例》 榜例部分
正统元年 十月庚辰	禁京外掘土冶窑	《明英宗实录》 卷二三
正统二年 九月	逃军老疾 中途故军妻小 逃军户丁带操 委官不许别差 调卫军士户丁 混扰无勾军丁 妄投附近带操 复逃止递解 诉告冒解 起解军士小许计告 未纪录出幼军 有军有丁重勾 诬妄勾扰 附近收操	明抄本《军政备例》 榜例部分
正统三年 二月庚午	申明俱照钦定榜例以次陈诉	《明英宗实录》 卷三九
正统三年 五月庚子	命天下府州县修葺申明、旌善二亭,复置板榜于内	《明英宗实录》 卷四二

榜例制定或发布时间	榜 例 内 容 提 要	文 献 出 处
正统三年十二月己丑	禁偷开坑穴，私煎银矿	《明英宗实录》卷四九
正统三年十二月丙寅	禁江西瓷器窑场烧造官样清花白地瓷器于各处货卖及馈送官员之家	《明英宗实录》卷四九
正统三年	山东等处军丁改补 两广等处军丁改补 应天等处军丁改补 山东等处军丁改补 河南等处军丁改补	明抄本《军政备例》榜例部分
正统四年三月辛酉	禁虐谪戍各处罪人	《明英宗实录》卷五三
正统四年	陕西等处军丁改补 两广等处军丁改补 浙江等处军丁改补	明抄本《军政备例》榜例部分
正统五年正月壬子	禁营造各厂内官役占军夫，所遗田地拨还顺天府给民耕种，照例起科	《明英宗实录》卷六三
正统五年正月甲子	命河南、山西、南北直隶各处流民复业，不服招抚者治罪	《明英宗实录》卷六三
正统五年四月乙未	严禁违例收息	《明英宗实录》卷六六
正统五年八月乙卯	禁大同、宣府、辽东、陕西、四川诸边仓官攒斗库不得掯索纳赂，虚出仓钞通关	《明英宗实录》卷七〇
正统五年十月甲戌	复申旧例：军丁力士犯盗者皆戍边	《明英宗实录》卷七二
正统六年三月壬子	申明重造赋役黄册	《明英宗实录》卷七七
正统六年四月己巳	禁僧道伤败风化及私创寺观	《明英宗实录》卷七八

榜例制定或 发 布 时 间	榜 例 内 容 提 要	文 献 出 处
正统六年 十二月乙酉	敕各处儒学刊置版榜洪武、永乐间钦定学规事例，永为遵守	《明英宗实录》 卷八七
正统六年 十二月甲寅	禁军民私宰牛、马、驴、骡	《明英宗实录》 卷八七
正统七年 二月庚子	许逃住直隶凤阳府民向所在官司报籍，三年一体当差	《明英宗实录》 卷八九
正统七年 十二月己丑	禁官军民习尚胡俗	《明英宗实录》 卷九九
正统八年 正月辛巳	申明机密重事许军民奏闻，其余私事以次陈告	《明英宗实录》 卷一〇〇
正统八年 四月庚戌	招居境外中国人来归，原逃叛者宥其罪	《明英宗实录》 卷一〇三
正统十年 十一月乙丑	禁云南左、临安等卫官军家人私采银矿	《明英宗实录》 卷一三五
正统十一年 十月丁酉	申明先帝钦定榜例：文武官有私事，须令家人陈状，不许本人擅奏	《明英宗实录》 卷一四六
正统十二年 五月丙午	申明兑运粮例，不得一概尖斛	《明英宗实录》 卷一五四
正统十二年 十二月甲戌	禁江西饶州府私造黄紫红绿青兰白地青花等瓷器	《明英宗实录》 卷一六一
正统十三年 五月庚寅	禁使铜钱	《明英宗实录》 卷一六六
正统十四年 正月丙申	贼盗生发之处宥、奖事宜榜示各府州县	《明英宗实录》 卷一七四
正统十四年 二月戊寅	命兵部出榜备开官员合用皂隶数，敢有仍前多佥者依律惩治	《明英宗实录》 卷一七五
正统十四年 三月丁酉	命兵部备榜揭谕浙江处州诸县，对曾参与民变小民悉宥前罪	《明英宗实录》 卷一七六

事件，仅据此两书还不能说已全面地展现了正统朝制定榜例的全貌。但是，据表中列举的榜例可以证明，榜例的制定和发布具有很强的针对性，从各朝发布的榜例内容和数量的多少，可以判断当时带有普遍性的社会时弊和统治者的立法倾向。

（3）明世宗嘉靖朝榜例举要。

现见的嘉靖朝榜例主要记载于《条例备考》、《明世宗实录》，在《明会典》、《古今图书集成》等书中也有零星记载。现把四书所记该朝代表性榜例列表述后（见表3-6）。

表3-6 嘉靖朝榜例举要

榜例制定或 发布时间	榜 例 内 容 及 制 例 背 景	文 献 出 处
嘉靖年间	查处净身男子。礼部言事：净身人已有处死明禁，因见前项净身者俱得收用，遂各仿效……乞敕司礼监量拨各王府使用，惟复本部审其原系充军为民者，径送该衙门，仍押发原卫、原籍官司，责令收管着役。如有脱逃赴部告收者，照旧发遣本部，仍将原籍经该官吏参问重罪。其新净身者，俱照例发边卫充军。今后敢有净身者，送去法司，照依先次圣旨榜例问断。庶使人知警惧，不致有伤和气	《条例备考》 都通大例 卷一
嘉靖年间	正刁风以安良善。都察院题……覆奉钦依通行内外法司：今后内有前项奸徒并主使及捏写本状、教唆之人，在内听东厂、锦衣卫并巡城御史，在外听巡按御史、按察司官，一体拿问，追究明白，照依律例从重拟断。其捏词，查照见行事例，俱立案不行。本院仍将节年及近日有行禁令，出榜申明晓谕	《条例备考》 都察院卷一
嘉靖年间	亲王奏禁宗室出游生事。都察院题……覆奉钦依通行各该抚按衙门，转行各长史司启谕各宗室人等，务要恪遵祖训，检饬身心，以保全富贵。但有故犯及一应违法事情，各长史、教授指实启王，轻则申宣训旨，省令改过图新，重则参奏请旨处置。各亲王、郡王亦须正色崇谦，交相敦睦，不得轻易凌忽宗室，致生疑异。巡抚衙门仍刊刻大字榜文给发晓谕	《条例备考》 都察院卷二

榜例制定或 发布时间	榜 例 内 容 及 制 例 背 景	文 献 出 处
嘉靖年间	盗卖骑操官马。刑部题,该监督团营都督朱泰奏,为严禁盗卖官马以实军伍事。……奉圣旨:马匹系军需重事。近来奸宄之徒将自己及他人骑操官马偷盗,通同接手受寄贩卖,好生不畏法度。今后有违犯的,各依拟问罪,枷号充军。该枷的都着锦衣卫用一百五十斤大枷,枷在人烟凑集去处。晓谕两邻,知而不首的,事发从重治罪。还着都察院通行出榜,严加禁约。钦此	《条例备考》 刑部卷一
嘉靖元年 十月	诋訾程朱。嘉靖元年十月内礼部题,该礼科给事中章侨奏,为崇正学以图治理事。……奉圣旨……你部里便通行各该巡按提学官出榜晓谕,严加禁约。教人取士一遵程朱之言,但有判道不经之书,不许私自刻板,互相传习,致误初学。其余俱依拟行。钦此	《条例备考》 礼部卷一
嘉靖二年 三月	议茶马禁私贩。嘉靖二年三月内户部题,为清理茶法申明旧例以裕财用以安地方事。……奉圣旨:是。这茶马事宜,你部里查议明白,都依拟行四川地方,私立抽税,尽行革罢。还着巡抚官出榜申明晓谕禁约,有违犯的,照依旧例从重治罪。钦此	《条例备考》 户部卷一
嘉靖二年 三月壬子	固安县民张惠等九百人自宫求用。礼部言其违例奏扰,命笞之百,逐归。仍敕都察院榜示严禁	《明世宗实录》 卷二四
嘉靖四年	又题准严督兵备备倭等官,将沿海军民私造双桅大船尽行拆卸。如有仍前撑驾者,即便擒拿。检有松杉板木枝圆藤靛等物,计其贯数并硫磺五十斤以上,俱比照收买贩卖苏木胡椒至一千斤以上,不分首从,并将接买牙行及寄顿之人俱问发边卫充军,船货入官。其把守之人并该管里老、官旗通同故纵及知情不举者,亦比照军民人等私出外境钓豹捕鹿等项故纵隐蔽例,俱发烟瘴地面。民人里老为民,军丁充军,官旗军吏带俸食粮差操。仍给榜文通行浙、福二省海道地方,常川张挂,晓谕禁约	《古今图书集成·经济汇编详刑典》第三十二卷《律令部》
嘉靖五年 五月	诏严禁西山戒坛及天宁寺受戒僧人并男女相混者,因令都察院给榜遍谕天下,犯者罪无赦	《明世宗实录》 卷六四

榜例制定或 发布时间	榜 例 内 容 及 制 例 背 景	文 献 出 处
嘉靖六年	嘉靖六年，令各处板荒、积荒、抛荒田地遗下税粮，派民陪纳者，所在官司出榜召募，不拘本府别府军民、匠灶，尽力垦种，给与由帖，永远管业，量免税粮。三年以后，照例每亩征官租，瘠田二斗，肥田三斗，永免起科加耗及一应田土差役。其概县原陪税粮，即以所征官租岁报巡抚衙门，照数扣减	《明会典》 卷一七
嘉靖七年 八月	户部复议：给事中陆粲等奏核坝上等马牛羊房见在头畜共三千九百七十七，岁应用料三万九千三百一十五石有奇，草九十万一千五百八十四束足矣。比之原数，该减料一十四万二千余，草四百六万一千余。盖自有马房以来，百数十年糜费侵渔，不知凡几？根盘势据，莫敢谁何？谨参酌时宜，条陈十事⋯⋯上曰：各牛马房宿弊非止一端，蠹国害民，长奸惠恶，莫此为甚！既议拟明白，都准行，仍悬榜晓示。自今敢有复蹈前弊，科道官及缉事衙门即指实参奏，处以重罪	《明世宗实录》 卷九一
嘉靖八年 正月	户部覆：大学士杨一清等所奏恤民穷事，略言：今天下被灾地方，四川、陕西为甚，湖广、山西、南北直隶、河南、江浙、山东、广东、大同次之。自蠲免停征及动支仓库粮银之外，计所发内帑银一百六十三万二千三百有奇，盐一百五十一万八千五百引有奇。圣恩旷荡，莫此为极，但恐有司奉行不谨，民无实惠。宜如一清言，严行督治，毋事弥文。上以为然，命兵部驰谕各抚按官行令所司，具以从前恩诏，出给榜文：其除免分数并赈济救荒事宜，务从实举行；有苟且塞责及干没为奸利者，处以重典；守巡官督察不严，抚按官以名闻	《明世宗实录》 卷九七
嘉靖八年 二月	新建伯诋毁先儒。嘉靖八年二月内，吏部等衙门尚书桂萼等会题，为推用才望近臣以抚按地方事。内议参奏新建伯王守仁缘由，奉圣旨⋯⋯都察院出榜通行禁约，不许踵袭邪说，以坏人心。敢有故违，罪不轻贷。及有徇私示恩论奏者，重治弗饶。钦此	《条例备考》 吏部卷二

续表 3-6

榜例制定或发布时间	榜 例 内 容 及 制 例 背 景	文 献 出 处
嘉靖九年五月	陕西道御史郭登庸言：榆林各卫所官占种屯田，私役军卒，扣减粮廪，大为奸利，而纳级武官为尤甚。故今军士一遭凶年，死者枕籍。请重贪官之罚，罢入粟之例，则宿害可革，灾变可弭。上深然之，命都察院诵行各抚按官榜谕禁革	《明世宗实录》卷一一三
嘉靖十一年正月	正文体。嘉靖十一年正月内该本部尚书夏题，为正文体以变士习事。节奉圣旨：是。文运有关国运，所系不细。近来士子经义诡异艰深，大坏文体，诚为害治。恁部里便出榜晓谕：今后会试文卷，务要醇正典雅、明白通畅的，方许中式。如有仍前钩棘奇僻，痛加黜落，甚则令主考官指名具奏处治。钦此	《条例备考》礼部卷三
嘉靖十一年正月	禁止有司科派以恤饥民。嘉靖十一年正月内该户部题，为荒政事。内称：近年来，有司多有不恤民穷，咨为科罚，或借公用为名而敛收银两，或因迟误小故而摊办财物，多方馈送与人，因而克落入己。……题奉钦依通行各处抚按官员转行所属，一体出给榜文，严加禁约	《条例备考》户部卷二
嘉靖十一年九月	禁奸弊。嘉靖十一年九月内礼部题……题奉钦依通行各处抚按衙门，转行各王府长史司启王知会：今后但遇有公事奏理，不得听信差来人役。……其批文务要定限月日、远近销缴，到京之日径报，入会同馆安歇。事完即回。□有潜住日久并在京各色人役容令安歇通同作弊者，许厂卫缉事衙门及五城兵马访拿，俱各指实参送法司，问以诓骗打点罪名。仍行都察院出榜禁约	《条例备考》礼部卷一
嘉靖十一年	宗室潜自赴京。嘉靖十一等年，节该本部议得，郡王、将军、中尉等俱以宗室懿亲，不遵礼法，往往越关赴京陈奏。覆奉钦依移咨都察院，通行各该有王府地方，刊刻板榜禁谕：各该宗室，但有应奏事件，照例启王转奏，毋得违训玩法，擅离封域，自取卑辱。若不行悔改，仍蹈故辙者，听本部参奏。情轻者，革去爵禄；情重者，送发高墙	《条例备考》礼部卷三

榜例制定或 发布时间	榜 例 内 容 及 制 例 背 景	文 献 出 处
嘉靖十四年 四月	禁诡异巾服。嘉靖十四年四月内礼部题。该提学御史窦一桂题,为禁革诡异冠服以昭圣制以齐风俗事。……奉圣旨:这本说的是。比年冠服诡异,已有旨禁革。生儒人等乃敢违禁制用,好生不畏法度。都察院便出榜晓谕,但有巾服异样并制卖的,着缉事衙门及五城兵马即时拿送法司问罪,仍通行南京都察院及各处巡按御史,一体严加禁约。该衙门知道。钦此	《条例备考》 礼部卷二
嘉靖十五年 闰十二月癸亥	上御奉天殿,以初定庙制上两宫徽号,颁诏天下,曰……大同军士先年因被避官兵畏死走入虏中逃移四外者,诏书到日,该地方总督、巡抚官即便出榜晓谕,许令回还出首复业,各与免罪,仍量加存恤	《明世宗实录》 卷一九五
嘉靖十六年 三月	官员服色。嘉靖十六年三月内礼部题,为钦遵圣训慎法制以严禁僭肆事。该本部钦奉圣旨,钦遵。议得在京在外文武官,除本等品级服色及特赐者外,不许僭分。……若有仍前僭用者,在京听科道及缉事衙门,在外听巡按等官,照依律例参究。题奉圣旨:依拟便出榜文,严加禁约。钦此	《条例备考》 礼部卷二
嘉靖十七年 十月	嘉靖十七年十月乙卯,上曰:天寿山,祖宗陵寝所在,培养林木,关系甚重。我英祖物降严旨禁治。近来法令纵弛,肆伐无忌,贼人敢于率众屡犯。既经御史论死,尔等却欲宽纵,又不参究。该管巡视之人具以状对。孙纪等依原拟监候处决,家属押发辽东边卫充军。未获者严行缉捕,期于必获。更揭榜申禁	《世宗实录》 卷二一七
嘉靖十七年 十一月	昌平州古佛寺僧田园伪造妖言惑众……都给事中朱隆禧上言:迩时妖僧倡为白莲教以惑众,谋不轨者非止一园也。缘禁令不严,人心轻玩。宜榜谕中外,申明保甲之法,庶民不敢保奸为邪。上是其言,命都察院出榜禁谕,嗣后有妖贼潜匿,酿成大患,缉事官校不预侦捕者连坐之	《明世宗实录》 卷二一八

榜例制定或 发布时间	榜 例 内 容 及 制 例 背 景	文 献 出 处
嘉靖十九年 四月	雇借骑操官马。嘉靖十九年四月内兵部题。该云南道御史胡植题，为乞申旧禁以裨军政事。……覆奉钦依申明禁例，出给榜文张挂，仍转行缉事衙门并五城兵马司严加访察，但有仍前将骑操官马雇借与人骑驮等项，恣肆作践者，即时捕获到官，转送法司，照例枷号治罪	《条例备考》 兵部卷二
嘉靖二十年 十二月	正士风。嘉靖二十年十二月内吏部题，为陈言尊朝宁正士风以裨治道事。内称……伏望圣明涣发纶音通行禁革……扮戏子弟，五城地方即时逐送出京。中外往来简帖不许擅用大红洒金摺简作帖，应该改除。升调官员不许擅自投见吏部，私自谋求及央求乡里势要互相请托。以上诸事，如违者，听科道官纠举。……覆奉圣旨：览卿所奏，具见经济，都察院便出榜禁约。钦此	《条例备考》 吏部卷三
嘉靖二十四年 十二月	南京户部复议：铺役扰民，弊在审编之始，贫富失实。今宜尽蠲贫户，籍其稍赢者隶名应天府。凡遇内府诸监局制造及太常、光禄诸祭祀厨料，先一月移文应天府按籍召买，如时价给银。其大小诸司公用物料取，具本府印票出买价银，不得过三日。至于私家一切诸费，不得干扰铺行。户部复可。诏从之，仍令南京都察院出榜禁约	《明世宗实录》 卷三〇六

　　明刊本《条例备考》一书记载了明初至嘉靖间的代表性条例。从该书所记条例截止于嘉靖二十年（1541年）而此后至嘉靖四十五年（1566年）未见收录这一点看，《条例备考》应成书于嘉靖二十年以后。该书内容以记述嘉靖条例为主，应该说嘉靖二十年前颁布的代表性条例不会有大的遗漏。此书所记嘉靖前期朝廷各部院奏准的20多件榜例中，以吏部、户部、礼部、兵部和都察院奏准的为多，而刑部奏准的仅有2件。《条例备考》全书为24卷，其中刑部仅2卷。考明代弘治朝前所颁榜例，以

刑例为多。嘉靖朝所制榜例中，刑例所占的比重大大下降，而有关经济、军政管理和整顿社会风气方面的榜例有所增加。出现这种变化的原因，既与当时急需解决的社会时弊有关，也反映了《问刑条例》颁行后刑事条例已比较完善，客观上不需要制定更多的刑例的这一现实。

4. 明代榜例制定和实施状况考析

终明一代，中经十六帝。以上已着重介绍了洪武、永乐、宣德、正统、嘉靖五朝颁布榜例的情况，那么整个明代榜例的制定和实施状况如何呢？下面就这问题作些考析。

（1）榜例制定情况概述。

自明初起到明末，虽然各朝君主对于榜例的制定和实施的重视程度有所不同，但榜例作为重要的法律形式被累朝沿相使用，从未中断。以《明实录》所记为例。

据《明英宗实录》：景帝朱祁钰在位不到 8 年间，曾屡颁榜例。如：景泰元年（1450 年）闰正月，榜谕严惩在逃官军；① 景泰元年二月，榜谕优免沿边备掳人口，奖赏杀敌有功者；② 景泰元年三月，出榜晓谕贵州各处军职土官，有能出米赴普定等卫缺粮仓分纳者，量纳米多少，官员分别加级，土人、民人授予不同官职；③ 景泰元年六月，命户部榜示天下公布中盐则例；④ 景泰二年（1451 年）二月，出榜晓谕宽恤畏避差操逃散潜住官军；⑤ 景泰二年三月，榜谕各布政司、府州县依正统七年定赋役黄册格式造完进呈；⑥ 景泰二年七月，命都察院揭榜招谕浙江、福建贼

---

① 《明英宗实录》卷一八八。
② 《明英宗实录》卷一八九。
③ 《明英宗实录》卷一九〇
④ 《明英宗实录》卷一九三。
⑤ 《明英宗实录》卷二〇一。
⑥ 《明英宗实录》卷二〇二。

盗遗孽藏山谷者自首；① 景泰二年八月，出榜申谕天下，禁止传用妖书妖言；② 景泰三年（1452 年）六月，出榜禁约福建沿海居民，毋得与琉球国货物交易；③ 景泰三年闰九月，出榜禁约朝觐官员不得借机重敛害民；④ 景泰四年（1453 年）七月，出榜禁止军民越讼；⑤ 景泰七年（1456 年）七月，出榜禁止民间自宫求进及投入王府并官员势要之家。⑥

据《明宪宗实录》：宪宗朱见深在位 23 年间，很重视榜例的制定和颁布。如成化三年（1467 年）三月，出榜禁止贩卖私盐，若不悛改，盐徒并知情店主、牙行，正犯处斩，家属发边远充军；⑦ 成化四年（1468 年）二月，命法司第赌博囚犯轻重论罪，并出榜禁之；⑧ 成化五年（1469 年）十二月，禁京城九门并通州等处抽分，命都察院榜示之；⑨ 成化八年（1472 年）二月，榜谕不许私藏妖书，传用惑众；⑩ 成化八年七月，命榜谕各边将不许倚势放债、卖马多收价利；⑪ 成化十年（1474 年）五月，出榜禁止官吏、军民、僧道人等收藏妖书、勘合等项；⑫ 成化十二年（1476 年）六月，治修武伯沈煜等罪，以其蔑弃礼法，有伤风化，令都察院出榜禁约；⑬ 成化十三年（1477 年）五月，出榜

---

① 《明英宗实录》卷二〇六。
② 《明英宗实录》卷二〇匕。
③ 《明英宗实录》卷二一七。
④ 《明英宗实录》卷二二一。
⑤ 《明英宗实录》卷二三一。
⑥ 《明英宗实录》卷二六八。
⑦ 《明宪宗实录》卷四〇。
⑧ 《明宪宗实录》卷五一。
⑨ 《明宪宗实录》卷七四。
⑩ 《明宪宗实录》卷一〇一。
⑪ 《明宪宗实录》卷一〇六。
⑫ 《明宪宗实录》卷一二八。
⑬ 《明宪宗实录》卷一五四。

禁谒刁讼；① 成化十四年（1478 年）春正月，出榜禁革仓场积弊；② 成化十四年六月，都察院奏请京城内外强夺人财及口称圣号者，并以其事榜示禁约，从之。③ 成化十四年七月，出榜禁止人于西山凿石；④ 成化十四年八月，出榜申禁私铸造铜钱；⑤ 成化十六年（1480 年）三月，禁盗伐陵园树，命都察院申明旧例揭榜禁约。⑥ 成化十九年（1483 年）三月，出榜禁势家中盐，以清商利；⑦ 成化二十年（1484 年）三月，榜谕官军、民匠逃伍缺工者一月内自首，违者治罪；⑧ 成化二十二年（1486 年）十一月，都察院右都御史以击鼓诉状人数有自残者，奏请重出榜牌禁约，上从之，并命锦衣卫官一员守登闻鼓。⑨

又据《明孝宗实录》：孝宗朱祐樘在位 18 余年中，也曾颁布了不少榜例。如：弘治元年（1488 年）正月，敕礼部把《教民榜》、《马政条例》等书疏其节要，榜谕天下；⑩ 弘治六年（1493 年）五月，出榜禁约不许私自净身；⑪ 弘治七年（1494 年）二月，榜谕天下，禁纵容盗贼、罚害军民、淹禁罪囚、虐害小民、科差奸弊、不遵信牌、积年民害、滥罚纸札、凶徒害人、赌博为非十事；⑫ 弘治九年（1496 年）九月，揭榜禁勋戚

---

① 《明宪宗实录》卷一六六。
② 《明宪宗实录》卷一七四。
③ 《明宪宗实录》卷一七九。
④ 《明宪宗实录》卷一八〇。
⑤ 《明宪宗实录》卷一八一。
⑥ 《明宪宗实录》卷二〇一。
⑦ 《明宪宗实录》卷二三八。
⑧ 《明宪宗实录》卷二五〇。
⑨ 《明宪宗实录》卷二八四。
⑩ 《明孝宗实录》卷九。
⑪ 《明孝宗实录》卷七五。
⑫ 《明孝宗实录》卷八六。

家人扰害商贾，侵夺民利；① 弘治十年（1497 年）七月，揭榜严禁左道惑众；② 弘治十一年（1498 年）十二月，出榜令府部等衙门悉遵旧章，务从省约，严禁奢靡；③ 弘治十三年（1500 年）正月，出榜禁徭役不均之弊，明令徭役编派需造册缴报，官府不得侵克；④ 弘治十七年（1504 年）正月，榜谕严诬告之禁；⑤ 弘治十七年二月，命礼部查节次榜例，通行申明禁约奢僭事；⑥ 弘治十七年十二月，出榜晓谕卫所屯田营堡草场事例；⑦ 弘治十八年（1505 年）二月，出榜禁止窃开密云县山中银矿，违者治以重罪。⑧

　　仁宗、宪宗、武宗、神宗、穆宗、光宗、熹宗、思宗等各朝君主，也都曾颁布过榜例。如《明武宗实录》载，正德二年（1507 年）二月，礼部奏请申明礼制榜例，武宗朱厚照圣旨："累朝榜例既查明，尔礼部即申明晓谕，令一体遵守。"⑨ 正德六年（1511 年）二月，"出榜晓谕：将新铸铅锡薄小低钱，尽革不用，以洪武、永乐、洪熙、宣德、弘治通宝及历代旧钱兼行，不许以二折一，有仍踵前弊者，各罪如律。"⑩ 又如《明神宗实录》载："万历四十年六月戊辰，抚臣以盘获通倭船犯并擒海洋剧盗奏言……乞敕法司将前项走倭者，出本者，造舟与为操舟者，窝买装运与假冒旗引者，以及邻里不举、牙埠不首、关津港

---

① 《明孝宗实录》卷一一七。
② 《明孝宗实录》卷一二七。
③ 《明孝宗实录》卷一四五。
④ 《明孝宗实录》卷一五八。
⑤ 《明孝宗实录》卷二〇七。
⑥ 《明孝宗实录》卷二〇八。
⑦ 《明孝宗实录》卷二一九。
⑧ 《明孝宗实录》卷二二一。
⑨ 《明武宗实录》卷二三。
⑩ 《明武宗实录》卷七二。

口不盘诘而纵放者，并馈献倭王人等以礼物者，他如沙埕之船当换、普陀之香当禁、船当稽、闽船之入浙者当惩，酌分首从辟遣徒杖，着为例。部覆如议以请。上是之，并谕：新定条例与旧例并行，永为遵守。仍着抚按官刊榜晓谕：有违犯的，依例重处，不得纵容。"① 再如《增修条例备考·兵部》卷四载：隆庆六年（1572 年）五月，南京兵部因安庆府指挥马负图挟私、倡乱、违法干纪事上书穆宗皇帝，奏请将马负图等各犯"即日处决，传首枭示，仍抄招通行内外大小衙门刊榜张挂。后又故犯，照例重处。……奉穆宗圣旨：各犯依拟监侯处决。钦此"。②

榜例作为明代的重要法律形式，直到明末仍被朝廷使用。据《崇祯长编》载，崇祯十六年（1643 年）十月丁丑，"户部用司务蒋臣议行钞法，条上八事：一曰速颁榜文……"③ 同日，思宗朱由校谕礼部："迩来兵革频仍，灾寝迭见。内外大小臣工、士庶等全无省惕，奢侈相高，僭越王章，暴殄天物，朕深恶之。……在外抚按提学官大张榜示，严加禁约，违者参处。"④ 这说明明亡国前五月，朝廷还在发布榜例。

认真阅读明代各朝《实录》，人们不难发现，以明弘治十三年颁布《问刑条例》为分界线，前期各朝发布的榜例甚多，而弘治以后各朝发布的榜例数量较少。何以出现这种现象？笔者认为，很可能是出于以下原因：一是弘治朝以后，随着《问刑条例》和《大明会典》的颁布，法制已较为完善和稳定，用榜文补充成法的实际需要有所减少；二是实际上发布的榜例在数量上

---

① 《明神宗实录》卷四九六。
② （明）翁遇汝等辑、（明）史继辰等校订：《增修条例备考》，日本尊经阁文库藏明万历二十五年刻本。
③ 痛史本《崇祯长编》卷一。
④ 痛史本《崇祯长编》卷一。

虽然较多，但弘治以后各朝更加注重条例的编纂，《实录》以记载重要的典章制度为主，较之条例的编纂而言，榜例作为"权宜之法"的地位较前期下降，因而，未在《实录》上多加记载。当然，这只是笔者阅读《明实录》后的分析，还有待进一步考证。

（2）明代榜例的发布及实施。

榜例不是随意发布的，每一榜例的制定和公布，都要经一定的批准程序。从现存榜例文献看，它的制定和发布大体分为以下几种情况。

一是朝廷各部院等中央机构或大臣、监察御史等官员针对时弊，拟定或议定榜例的内容，奏请皇帝批准。《明实录》记载的数百个榜例，大多属于这类情况。如："成化十四年八月丁未，申禁私铸铜钱。都察院奏：先因南直隶并浙江、山东有私铸铜钱者揭榜禁约。今掌锦衣卫事都指挥同知牛循奏：河南、许州民亦私铸，请通行天下禁约，其言宜从。从之。"① "弘治十七年二月辛丑，礼部覆奏：礼科给事中葛嵩所言禁奢僭事，谓官民房舍、车服、器物之类，多不循理，虽累经禁革而循习如故。请如嵩所奏裁之以制。命礼部查节次榜例，通行申明禁约。"②

二是君主根据时局的需要，命六部、都察院、大理寺、通政司等衙门就某一急待解决的问题立法，以榜文形式公告天下。如景帝朱祁钰执政时期，"景泰元年三月辛未，命户部出榜召募军民客商人等纳米，以满各处军饷及赈济饥民"。该榜例对各地客商每名纳米石数和奖励办法作了具体规定，凡如数完成者，"俱给冠带，以荣终身"；"半其数者，赐敕旌为义民"。③景泰三年

---

① 《明宪宗实录》卷一八一。
② 《明孝宗实录》卷二〇八。
③ 《明英宗实录》卷一九〇。

（1452 年）六月辛巳，命刑部出榜禁约福建沿海居民，毋得收贩中国货物，置造军器，驾海交通琉球国，招引为寇。①

三是命布政司、府州县或有关衙门把朝廷制定的榜文，出榜公布。如《明英宗实录》载："景泰元年三月己未，命靖远伯王骥会同左侍郎侯琎并贵州都、布、按三司出榜晓谕各处军职土官：有能出米二百石赴贵州普定等卫缺粮仓分纳者，量升一级；三百石者，升二级。土人、旗军、舍人、余丁、民人出米二百石者，土人、民人量与驿丞、河泊等官，旗军、舍人、余丁授以所镇抚。三百石者，土人、民人授以县佐、巡检；旗军、舍人、余丁授试百户。若赴龙里、兴隆等卫缺粮仓分纳者，各减其半，授官如例。"②《条例备考·户部》卷一载："嘉靖三年九月初一日，该司礼监太监扶安传，奉圣旨谕：说与户部：日前有旨禁约，低钱不许行使。如有弊尚未革，显是号令欠严不遵守。你部里便出给榜文，晓谕京城内外买卖人等，今后只用好钱，每银一钱倒换七十文。若是低钱，每银一钱着倒换一百四十文。再有似前违犯的，着缉事衙门及五城御史缉访得出，在人烟辏集去处，用一百二十斤大枷枷号示众。"《明世宗实录》卷一九五："嘉靖十五年闰十二月癸亥，上御奉天殿，以初定庙制上两宫徽号，颁诏天下，曰……大同军士先年因被官兵畏死走入虏中逃移四外者，诏书到日，该地方总督、巡抚官即便出榜晓谕，许令回还出首复业，各与免罪，仍量加存恤。"

明代的榜例基本上是以皇帝的名义或是中央各部院奉旨发布的，也有一些榜例是巡按各地的大臣或地方长官奉旨发布的。然而，任何一件榜例的发布，均需经皇帝的批准或授权。也就是

---

① 《明英宗实录》卷二一七。
② 《明英宗实录》卷一九〇。

说，榜文的制定和发布，有严格的法定程序。

明代榜文的内容十分广泛，涉及吏治、安民、兵政、田粮、学政、盐禁、救荒、庶务、关防、里甲、风俗和惩治盗贼等各个方面。榜例所及事项，既有适应全国的普遍性问题，也有针对某一地区、某一特定群体发生的问题。如《明英宗实录》卷一八九："景泰元年二月癸未……参赞军务右副都御史罗通奏：请圣旨榜文于沿边谕众：凡被掳人口有能自还者，军免差役三年，民免徭役终身，官支全俸，各赏银一两、布二匹；有能杀获达贼一级者，军民人等俱与冠带，赏银五两，官升一级，一体给赏。若能杀给也先，赏银五万两，金一万两，封国公、太师；杀伯颜帖木儿、喜宁者，赏银二万两，金一千两，封侯。诏即行之。"这一榜例是针对沿边被掳人口发布的。《明宪宗实录》卷一七四："成化十四年春正月丁亥，禁革仓场积弊。上谕都察院臣曰：京、通二仓并各场粮草俱国用所系，近各卫监支官多不守法度，私立大小把总名色，不肯依期守放，故为刁蹬迁延，以致军士到仓日久不得关支。其贪婪委官通同官攒人等以斛面高低为名，就中扣除者有之；军吏人等指以答应为由，于内克减者有之；及关粮到营十不得七，以致军士多饥窘失所；及有官旗舍余人等倚势用强，搅扰仓场，需索财物者。似此奸弊，非止一端。事觉之日，从重处治。巡视御史及管粮委官坐视不理者，一体治罪。其出榜禁约之。"这一榜例是针对管理仓场的官吏发布的。因地域、人文环境、习俗各异和不同时期各地出现的时弊不同，明代发布的榜文的内容也不一样。然而，具有很强的针对性，是榜例的特色之一。

榜例通常是张贴或张挂在道路四通八达或人口密集之处，以便及时让更多的百姓知晓。也有不少榜例是针对官吏、军丁、书生等特定群体发布的，这类榜例通常是在被告知对象所在地公告的。朝廷对于一些重要的榜例，明令各级官府刻在木板上，悬挂衙门正厅，要求官吏永久铭记和恪守。如《南京刑部志》所载69榜洪武永乐榜文，就是嘉靖朝南京刑部仍悬挂的板刻榜文。明代时，还有少数榜文是铁榜、石榜的形式公布的。如朱元璋为了防止公侯及其家人习染顽风，恃其有功，欺压良善，于洪武五年（1372年）六月乙巳作铁榜申诫公侯。铁榜的内容是：

其一，凡内外各指挥、千户、百户、镇抚并总旗、小旗等，不得私受公侯金帛、衣服、钱物。受者，杖一百，发海南充军；再犯，处死。公侯与者，初犯、再犯免其罪，附过；三犯，准免死一次。奉命征讨与者、受者，不在此限。其二，凡公侯等官非奉特旨，不得私役官军。违者，初犯、再犯免罪，附过。三犯，准免死一次。其官军敢有辄便听从者，杖一百，发海南充军。其三，凡公侯之家强占官民山场、湖泊、茶园、芦荡及金银铜场、铁冶者，初犯、再犯免罪，附过；三犯，准免死一次。其四，凡内外各卫官军，非当出征之时，不得辄于公侯门首侍立听候。违者，杖一百，发烟瘴之地充军。其五，凡功臣之家管庄人等，不得倚势在乡欺殴人民。违者，刺面、剕鼻，家产籍没入官，妻、子徙至南宁。其余听使之人，各杖一百，及妻、子皆发南宁充军。其六，凡功臣之家屯田佃户、管庄、干办、火者，奴仆及其亲属人等倚势凌民、侵夺田产财物者，并依倚势欺殴人民律处断（抱经楼本作斩）。其七，凡公侯之家，除赐定仪仗户及佃田人户已有名额报籍在官，敢有私托门下影蔽差徭者，斩。其八，凡公侯之家倚恃权豪，欺压良善，虚钱实契，侵夺人田地、房屋、孳畜者，初犯，免罪附过；再犯，住支俸给一半；三犯，停其禄；四犯，与庶民同罪。其九，凡功臣之家，不得受诸人田土及朦胧投献物业。违者，初犯（者）免罪，附过；再犯，住支俸给一半；三犯，停其禄；四犯，与庶人同罪。①

朱元璋发布的"申诫公侯"铁榜例，通行于明代，累朝君主都一再申明，要求公侯严守铁榜。《明史·英宗后纪》："天顺三年秋八月已未，禁文武大臣、给事中、御史、锦衣卫官往来交通，违者依'铁榜例'论罪。"② 明英宗为了强调这九条榜文的重要性，命臣下再次用铁板镌刻，明示天下。此外，明代还把重要的榜例刻于石板或石碑上，令人们熟读铭记。据《明会典》卷七八："洪武十五年，颁禁例于天下学校，镌勒卧碑，置于明伦堂之左，永为遵守。"③ 榜例是为了解决治理国家过程中出现的某一紧急事务或社会时弊而发布的，它的实施情况如何，成为衡量长官执政能力、功绩的重要标准，还可能与其官职的升降相关联。因此，有司衙门和长官至少在榜例颁行之初，都很重视它的实施。从《明实录》记载看，累朝颁布的榜例，对当时遇到的各类突发性或紧急事务的处理，一般都发挥了应有的作用。

为了保证榜例的实施，朝廷采取了不少行政和法律措施。如，严令各级官吏必须按榜例行事，不得随意曲法。对于前朝制定的榜例，凡过时者适时废止，明令法司不得沿用；凡适用当朝

---

① 《明太祖实录》卷七四。
② 《明史》卷一二《英宗后纪》，中华书局，1974，第156页。
③ （明）申时行等重修：《明会典》卷七八《礼部三十六·学校·学规》，中华书局，1989，影印本，第452页。

者及时重申，要求各级衙门继续遵守。宣德四年（1429 年）颁布的 33 条《军政条例》中，就有 12 条申明依前朝榜例问断。如规定对于逃军三犯者，"邻里人等仍照隐藏逃军榜例治罪"；"逃军正身未获，照依榜例先将户丁解补，仍责限跟要正身得获替出户丁宁家"①等。又如，据《明宣宗实录》卷一〇五载：宣德八年闰八月乙亥，"行在兵部奏：密云后卫百户张政、忠义左卫百户张旺，先避事逃，今援榜例自首。稽其逃已久，请罪之以示惩。上曰：既许自首，而又罪之，令不一矣。复其职。"可见，明宣宗是很注意维护榜例的法律权威的。明代各朝对于本朝制定的榜例特别是刑事榜例，也适时清理，确定是否废止还是继续施行，明令法司在审判中不得妄引已废止的榜例。在明代史籍中，也记载了一些榜例颁行后实施的效果。如成化十九年（1483 年）二月，有自宫求进的 30 人私投周府汝阳等王爷处当差役，在闻知朝廷颁发的相关榜例后，投案自首。礼部把此事上报宪宗皇帝，宪宗命发南海子充净军种菜。②明王朝还派出监察御史或其他官员巡视各地，监督榜例的实施情况及其效果，并对于非议榜例或实施榜例不力的官员给予严厉处罚。据《明孝宗实录》卷七五："弘治六年五月戊寅，先是有旨：今后私自净身者，本身并下手之人处斩，全家发边远充军，两邻及主家不举首者同罪，且令礼部出榜禁约。而安肃县人韩清等三百余人复冒禁入京，击登闻鼓求进。礼部劾之，下镇巡抚司鞫问，送法司拟罪。大理寺卿冯贯与刑部尚书彭韶议，以清等自宫并在五年三月初八日赦宥、并礼部近奉诏旨之前，因收回该部发审奏词，止拟

---

① （明）佚名辑：《条例备考》兵部卷一"拿获逃军"、"逃军正身未获"条，日本内阁文库藏嘉靖明刻本。

② 《明宪宗实录》卷二三七。

违制不应杖罪发遣，寻奉旨各自引咎自陈。上以贯私嘱该拟，韶
辄听从，重加诘责，于是贯、韶复上本待罪。命宥韶而停贯俸五
月，少卿屠勋、马中锡各两月，其主使自宫及下手之人仍严限督
捕之。"又据《明孝宗实录》卷八〇："弘治元年十一月己巳，
时有盗入贡夷人马者捕获，上命依榜例处决。户部尚书李敏言：
盗马之人，律止徒罪，况夷人已去，无所示信，乞令所司械系群
盗须之岁月，待夷人再来杀之未晚。若三岁之后，夷人不至，则
亦姑依律治之，庶信可全而刑不滥。上曰：朝廷法令布于象魏，
所以示大信于天下。盗夷马者真之极刑，已有成宪。今群盗故
犯，处死何疑，乃欲计夷人在否而变更其法，于信安在！敏为大
臣，不知大体，巧言谏阻，法当究治，姑宥之。"从上述记载可
以看出，朝廷对于榜例的实施是很重视的。

　　鉴于榜例是具有法律和教化双重功能的法律形式，为使各级
官吏和广大百姓都熟悉榜例，自觉遵守，明王朝也很注重榜例的
张挂和宣示。如洪武六年（1373 年）九月，明太祖"命设榜于
午门外并省府台，凡有戒饬之事则书之"。① 据《明会典》：永乐
十七年（1419 年），明成祖令各处军卫有司张挂并遵行洪武年间
榜文，"如有藏匿弃毁，不张挂者，凌迟处死"。② 又据《条例备
考》：宣德四年颁行的《军政条例》中规定，要求有司把"原降
榜，都司卫所置立板榜，各于公厅常川悬挂，永为遵守"。③ 宪
宗成化元年（1465 年）奏准："各处修盖榜房，将洪武、永乐、

①　引自李国祥、杨昶主编《明实录类纂》宫廷史料卷《官禁制度》，武汉出版社，1992，
　　第 19 页。
②　（明）申时行等重修：《明会典》卷二〇《户部·户口二·读法》，中华书局，1989，影
　　印本，第 135 页。
③　（明）佚名辑：《条例备考》兵部卷一《存恤新勾军士》条，日本内阁文库藏明嘉靖刻
　　本。

正统年间节次颁降榜文，誊写张挂，谕众通知。"① 明世宗鉴于"礼教不明，民俗奢僭"，他在登基后不久，于正德十六年（1521 年）十一月，命把洪武、永乐板榜中"服舍器用之式、婚丧傧燕之仪榜示天下"。② 世宗嘉靖八年（1529 年）题准："每州县村落为会，每月朔日，社首社正率一会之人，捧读圣祖《教民榜文》，申致警戒。有抗拒者，重则告官，轻则罚米，入义仓以备赈济。"③

①（明）申时行等重修：《明会典》卷二〇《户部·户口二·读法》，中华书局，1989，影印本，第 135 页。

②《明世宗实录》卷八。

③（明）申时行等重修：《明会典》卷二〇《户部·户口二·读法》，中华书局，1989，影印本，第 135 页。

四 清代例考

人言"清以例治天下"。① 此说虽似有夸大之嫌，但就例的发达程度和在国家社会生活中的作用而言，确实达到了登峰造极的地步。清代例的修订基本沿袭明制，又有许多创新和发展：主要表现在：其一，在仿效明制、律例合编的基础上，适时和定期修订刑例，以补律之未备，《大清律》后所附例条数之多，变异之繁，远远超过了明代。自乾隆朝始，司法审判活动中实行"先引例，例无而后引律"的原则，例取得了优先于律的地位；其二，则例作为规范国家机关的活动规则及一些重大事项的实施细则被广泛采用，成为行政立法的主体。以则例形式颁行的《会典》则例和数以百计的单行行政法规，全面地完善了清代的行政法制。其三，以则例、事例、条例为基本形式的例的体系更加完备，例的内容覆盖了国家社会生活的各个领域，特别是以例的形式确认的有关经济法律制度、民事法律制度、少数民族法律制度、秋审制度，在很多方面属于开拓性立法。清朝制例数量之多，成就之大，为历朝之冠；其四，省例作为规范地方行政和民间事务管理的重要法律规范，登上了国家法律体系的舞台。它的

---

① 邓子诚著：《中华二千年》卷五，中华书局，1958，第531页。

制定和完善，标志着古代地方立法进入了成熟阶段。

现存的有关清代例的文献浩如烟海。要全面、正确地阐述清代制例、编例及例的实施状况，实非易事。本书作为"例考"，仅对例在清代的新的重大发展及学界研究清例的有关疑义作些考述。

（一）大清律中的附例

《大清律》是清朝的刑法典。清开国之初沿袭明制，对刑事法律采取律例合体的编纂方式。清代刑例的修订，以其发展程度的不同，可以乾隆朝为界限分为前后两个阶段。前一阶段是律例并重，围绕修律兼修刑例。乾隆朝以后各朝坚持律文恒存，修例而不修律。

自顺治朝至乾隆五年（1740 年）期间，清廷大规模的修律活动主要有三次，先后颁布了三部律书，即顺治律、雍正律和乾隆律。顺治四年（1647 年）三月颁布的《大清律》，即清王朝的第一部律典，不仅全盘照抄明律，而且也继承了明律附载的条例，几乎完全看不到有创新意义的改变。

康熙时期，整理开国以来陆续制定的条例 264 条，定名为《刑部现行则例》，于康熙十九年（1680 年）四月颁行。《刑部现行则例》是清朝第一次大规模的修例活动。其分类大体是按照顺治律的律目确定的，是清代统治者系统制定本朝刑事法律的尝试。

由于《刑部现行则例》是例自成一体，存在与律典不相协调的问题，雍正初年进行第二次修律时，便把前明及顺治、康熙两朝及本朝零星颁布的条例加以整理，按例制定的时间先后顺序依类附入律中。并把各律条后附例分别标明"原例"、"增例"、"钦定例"等名目，编纂体例比较混杂。

乾隆皇帝即位之初，就命朝臣开始了清律的第三次修订。这次修订删除了集解，吸收了清统治者长期积累的统治经验，对律例逐条逐句加以考证，重新编辑，于乾隆五年冬修成《大清律例》，颁布天下。律文为 47 卷，30 门，436 条。律文后附条例 1049 条。《大清律例》是清朝刑事立法的定型化成果，直至清末，律文从未改动。《大清律令》颁布之时，朝廷就宣布：以后条例"有陆续增修之处，定限三年一次编辑，附律列之后颁行直省，从此永著为例"。① 乾隆十一年（1746 年），又把三年一修延长至五年一修。此后，五年一小修，十年一大修，成为清朝修例的定制。每次修例，又以所修条例的性质把其分为"续纂"、"修改"、"移并"、"移改"、"删除"五类，附于律后。自乾隆五年以后，清廷修例实现了经常化、定期化和规范化。

据《清会典事例》记载，乾隆八年（1743 年）到咸丰二年（1852 年）110 年间，清朝修例 22 次。之后停止了 18 年，于同治九年（1870 年）进行了最后一次修例。

《大清律例》中的附例，来源于明代的旧例和康熙朝制定的《刑部现行则例》。现列表述后（见表 4 - 1）。

1. 明代的旧例

《大清律例》收入前明条例 241 条，占全部附例的 13% 左右。②

---

① 《钦定大清律例》卷首《大清律例凡例》，故宫博物院图书馆藏清乾隆三十三年武英殿刻本。
② 这是笔者根据《读例存疑》进行的统计分类。

表4-1　《大清律例》附例采用明代旧例的条数

序　号	来　源	条　数	备　考
1	明《问刑条例》	159	
2	明《会典》	11	
3	明洪武年间定例	1	
4	明正统年间定例	3	
5	明天顺年间定例	1	
6	明成化年间定例	3	
7	明弘治年间定例	2	
8	明正德年间定例	1	
9	明嘉靖年间定例	5	
10	明万历年间定例	12	
11	明旧例	36	年代及来源不清
12	其他	7	包括明大诰、大明令等
13	总　　计	241	

2. 康熙朝制定的《刑部现行则例》

据《读例存疑》作者统计，《大清律例》有72条采用了《刑部现行则例》的例文（部分条文经过了修改删并）。其具体分布如表4-2。

3. 清代各朝因时因事制定的个例

在《大清律例》的附例中，有1938条来源于各朝随时、因事制定的个例。其中收入乾隆朝为879条，占附例总数的45.3%，其他朝代相对较少。这类条例的形成时间如表4-3所示。①

---

① 这也是笔者利用《读例存疑》进行统计的结果。需要说明，如果将本表的总计1938条和继承的前明旧例241条相加，则总数远远大于同治初年的1892条。这是因为一条附例包括多个内容，分别来自不同时期，有可能出现重复计算的情况。

表 4 - 2 《大清律例》附例采用《刑部现行则例》情况

分 类	附 例 内 容 编 号	数 量
名例律附例	五刑—03、04、06、08、11，职官有犯—02，文武官犯私罪—01，犯罪免发遣—01，流囚家属—02，常赦所不原—01、04、10，给没赃物—03、14，滥设官吏—02	15 条
吏律附例	事应奏而不奏—01，信牌—01，照刷文卷—02，强占良家妻女—05	4 条
户律附例	钱法—01，收粮违限—01，私充牙行埠头—02	3 条
礼律附例	失仪—02，服舍违式—14	2 条
兵律附例	私越冒度关津—01，私出外境及违禁下海—29，宰杀马牛—01，隐匿孳生官畜产—01，驿使稽程—02，多乘驿马—03，私役民夫抬轿—01	7 条
刑律附例	谋反大逆—01，谋叛—04、05，监守自盗仓库钱粮—02，强盗—04、05、09、12、13，发冢—12，庸医杀伤人—01，威逼人致死—06，斗殴—01，殴受业师—01，威力制缚人—02，良贱相殴—01，奴婢殴家长—07、12，越诉—01、10，投匿名文书告人罪—02，诬告—04、05、17、18，官吏受财—03，私铸铜钱—01、02、09，犯奸—01，失火—01，故禁故勘平人—02，陵虐罪囚—02，主守教囚反异—02，狱囚衣粮—04，鞫狱停囚待对—01，依告状鞫狱—01，原告人事毕不放回—01，官司出入人罪—03，辩明冤枉—03，有司决囚等第—01	41 条
工律附例	无	0

表 4 - 3 《大清律例》附例采用清代各朝定例情况

形成时期	总计	顺治	康熙	雍正	乾隆	嘉庆	道光	咸丰	同治	光绪
附例数量	1938	27	296	379	879	191	110	35	21	不详

　　从清律附例的产生途径进行分析，主要是两个方面：一是因言而生例，二是因案而生例，分述如下。

（1）因言而生例。"言"指的是皇帝的谕旨或者大臣的建言，也可以说是一种对策性立法。即为了适应形势的变化，应对特殊的情况，在对相关政策进行调整和改变时，相应的对于法律空白进行补充或者对于原有的法律进行修改。"因言"而产生的例，大致是以下几种情况：

一是皇帝上谕。即根据最高统治者的要求，将其某一具体指示制定为条例。现择举数例于后（见表4-4）。

二是出自臣下建言。这些建议有的来自地方督抚，有的来自部院大臣，也有的来自担负谏言职责的科道官员。

三是刑部等部院的议准。在各朝各廷部院议准的刑例中，以刑部为最多，表明刑部在这类例的制定中具有特殊的作用。现择几例于后（见表4-5）。

清例附例中有关各朝刑例的来源，许多很难按照上述三个方面清晰的予以区分，更常见的是三者相互结合的产物。据笔者初步统计，由督抚等臣工条奏、经部（主要是刑部）议复、最后皇帝批准的条例，计544条。《大清律例》附例规定："除正律、正例而外，凡属成案，未经通行，著为定例，一概严禁，毋庸得混行牵引，致罪有出入。如督抚办理案件，果有与旧案相合，可援为例者，许于本内声明，刑部详加查核，附请著为定例。"①据《清实录》记载，乾隆三年（1738年）十月乙巳："刑部议准，御史王柯奏称：刑部定拟罪名，除正律正例外，凡成案未著为定例者，嗣后概不准混行牵引。如督抚办理，果有与旧例相合，可援为例者，令于本内声明，由部详核奏请审定，从之。"②

---

① 《大清律例》卷三七《刑律·断狱下》"断罪引律令"条。
② 《清高宗实录》卷七九。

表4-4　奉皇帝上谕制定刑例情况举例

序　号	附　例　内　容	来　源
犯罪存留养亲-01	凡犯罪有兄弟俱拟正法者，存留一人养亲，仍照律奏闻，请旨定夺	据康熙五十年上谕，雍正三年增入，乾隆五年纂定
职官有犯-05	凡被参革职讯问之员，审系无辜，即以开复定拟。不得称已经革职，无庸议题。覆其原参，重罪审虚，尚有轻罪应以降级罚俸归结者，开复原职，再按所犯分别降罚	雍正八年，奉上谕，纂为例。原载辩明冤枉门，嘉庆六年，移入此门
给没赃物-12	凡内外官员名下应追因公核减借欠等项，及该员本系分赔、代赔，经地方官查明结报家产尽绝，无力完缴者，俱照例题豁，毋庸再于同案各员名下摊追	乾隆五十九年奉上谕，纂为例
应议者犯罪-04	凡宗室犯案到官，该衙门先讯取大概情形，罪在军流以上者，随时具奏。如在徒、杖以下，咨送宗人府会同刑部审明，照例定拟。罪应拟徒者，归入刑部，按季汇题。罪应笞杖者，即照例完结，均毋庸具奏。若到官时未经具奏之案，审明后，罪在军流以上者，仍奏明请旨	嘉庆十三年，奉上谕，纂辑为例
徒流迁徙地方-25	凡发往热河之员，于解到日，即由该都统奏明，派在何处当差。至三年期满，亦分别具奏请旨。若有事故者，随时附奏	嘉庆十五年，奉上谕，纂为例，道光二十五年删定
徒流人又犯罪-09	发遣吉林、黑龙江等处免死盗犯，在配偷窃官粮，计赃八十两以上者，为首拟斩立决，其不及八十两并为从之犯，仍各照本例问拟	嘉庆十九年奉上谕，纂为例
五刑-1	生员不守学规，好讼多事者，俱斥革，按律发落，不准纳赎	嘉庆二十年奉上谕，纂为例

表4-5　采纳刑部议准定例情况举例

序　号	附　例　内　容	备　注
私借钱粮-01	凡管民地方官员，借用官银，初次逾限不能完者，即令离任，限一年还完，开复。若限内不完，革职。着落家产还完。旗员交与该旗催追，汉官交与该督抚催追	此条系康熙四十六年，刑部议准定例
收支留难-02	凡钱粮物料等项解送到部，当该官吏，限文到三日内即行查收，掣给批回。如无故不收完给批者，照律即日治罪。至书役人等，指称估验、掣批、挂号等项费用名色，借端包揽索诈者，许解官、解役即于该衙门首告，交送刑部治罪。一两以下，杖一百。一两至五两，杖一百，枷号一个月（下略）	此条系康熙二十八年，刑部议准定例，雍正三年、乾隆五年、三十二年修改，嘉庆十九年改定
隐瞒入官家产-03	凡欠帑人员，或因独力难赔，或因产尽无着，遂将分居别业之弟兄亲族，并不知情之亲友旁人，巧借认帮名目转辗株连，勒令赔补者，将承审承追各官，均照违制治罪	此条系乾隆元年部刑部议准定例
谋反大逆-03	反逆坐案内，给功臣为奴人犯，除有脱逃干犯别情，照例从重办理外，其有伊主呈明不能养赡，讯无别情者，改发各省驻防为奴	此条系乾隆五十九年，刑部议准定例。嘉庆十七年修改，二十二年改定
窃盗-02	窃盗恭遇恩诏，得免并计后，三犯拟流。复遇恩赦，累减释放。如再犯窃，仍以三犯科断	此条系嘉庆六年，刑部议准定例

　　分别考察这类附例产生的三种不同途径，可看出它们各有不同的特点。皇帝上谕个人色彩明显，体现了特定皇帝的法律思想和做事风格。刑部议准的专业性质较强，注意法律内部的协调一致。地方督抚条奏的地方性强，因地制宜的色彩过于浓厚，甚至造成一地一法的弊端，使法律的统一性受到影响。譬如，律文

"恐吓取财"条后附例24条，其中督抚奏准15条，占全部附例的62.5%。

表4-6　《大清律例》"恐吓取财"条附例采用督抚奏准情况

编码	条例首句	来　源	备　注
04	凡苗人有伏草捉人	康熙四十四年，刑部议覆湖广总督喻成龙题准定例	乾隆三十六年改定
05	凡附近番苗地方吏民人等	乾隆十四年，刑部议覆贵州巡抚爱必达，题结陈君德图奸苗妇阿乌拒捕伤人一案，遵旨议定条例	
09	凡台湾无藉游民犷悍凶恶	乾隆五十三年，行在军机大臣会同刑部议准定例	
10	黔省匪徒如有帽顶大五、小五等名号	道光七年，贵州巡抚嵩溥奏准定例	咸丰元年改定
11	安徽省拿获水烟箱主匪徒，除审有抢劫、杀伤、强奸、拐卖等情	道光七年，刑部议覆安徽巡抚邓廷桢奏准定例	
12	陕西省所属匪徒，如结伙三人以上	道光十七年，陕西巡抚富呢杨阿奏准定例	
13	盛京地方，如有外来棍徒勾结旗民，或投托宗室	道光二十一年，刑部会同宗人府议覆盛京将军宗室耆英等奏准定例	
15	山东、安徽两省匪徒，如有结捻、结幅	道光二十五年，刑部议覆山东巡抚觉罗崇恩奏准定例	咸丰二年改定
16	江西省南安、赣州、宁都州三府州所属匪徒，如有拜会、抢劫、讹诈等案	道光十年，刑部议覆江西巡抚吴光悦。又二十三年，江西巡抚吴文镕，并广西巡抚周之琦奏准，并纂为例	

编码	条例首句	来　源	备　注
17	江苏省徐州、淮安、海州三府州，及山东兖州，沂州、曹州三府，河南汝宁、陈州、光州三府州，并安徽。陕西二省，所属匪徒	道光六年，钦奉上谕，恭纂为例	十二年、二十五年修改。同治九年改定
18	广东、广西二省房捉匪犯，如有将十五岁以下幼童捉回勒赎者	道光二十五年，刑部议覆两广总督耆英等条奏定例	咸丰三年改定
19	广东、广西二省捉人勒赎之案，如被捉数在三人以上，及房捉已至三次以上	道光二十五年，刑部议覆两广总督耆英等条奏定例	咸丰三年改定
21	广东省匪徒捏造图记纸单，作为打单名色，伙众三人以上	道光四年，刑部遵旨议覆两广总督阮元等奏拿获打单匪徒，请定治罪专条一折，纂辑为例	同治三年改定
22	广东省凶恶棍徒，及打单吓诈各犯	道光二十七年，两广总督宗室耆英奏准定例	
23	广东、广西二省捉人勒赎之案，如审无凌虐重情	咸丰三年，广西巡抚劳崇光奏准定例	

薛允升曾对此现象批评说："此门内各条，有滇、黔、台湾、陕西、江苏、山东、河南、安徽、江西、广东、广西、奉天各省专例"，"窃盗门内有两湖、福建、广东、云南、山东、安徽、直隶、四川、陕、甘，而未及黔省、广西等处，且有彼此互相参差之处。抢夺门亦然。"他认为，"一省一例"的做法弊大于利，"例文愈多，愈不能画一"。①

---

① （清）薛允升撰：《读例存疑》卷三〇《恐吓取财》门按语，清光绪三十一年京师翰茂斋刻本。

（2）因案而生例。清朝为了使法律能够与不断变化的案情相适应，在法无明文的情况下，通常是把具有典型性的成案提升为定例，对法律进行修改和补充。成案有立即著为定例者，有确定为通行者，有先确定为通行后来又成为定例者，也有后来修例时直接上升为定例者。《大清律例》中的附例，均属于朝廷选编的有代表性的定例。因案产生的定例，其生成途径主要是三种情况：

一是皇帝审批案件时，结合案情发表上谕，据以定例。例如，"杀一家三人"律第17条附例："杀一家非死罪三四命以上者，凶犯依律凌迟处死、凶犯之子，除同谋加功及有别项情罪者，仍照本律定拟外，其实无同谋加功，查明被杀之家未至绝嗣者，凶犯之子，年在十六岁以上，改发极边足四千里安置，年在十五岁以下，与凶犯之妻女，俱改发附近充军地方安置。若被杀之家实系绝嗣，将凶犯之子，年未及岁者，送交内务府阉割。"这一条例是在乾隆皇帝就三个特殊的杀人案件发布的三个上谕指导下，逐步修订完成的。

乾隆四十年（1775年），山东高唐州王之彬挟嫌逞忿，杀死董长海和王三麻子夫妻、子女一家六口。山东巡抚依律判处王之彬凌迟处死，该犯之妻和年仅十岁的幼子王小雨受到牵连，被从重发落，发配新疆伊犁为奴。此案上报刑部复核，遭到刑部驳斥，提出加重对犯人妻、子的处罚，将王小雨改为拟斩立决。乾隆皇帝支持刑部意见，发表了一道长篇大论的"上谕"："王之彬……连毙六命，凶恶惨毒，实属从来所罕有。然按律不过凌迟处死，实觉罪浮于法。至伊妻刘氏、子王小雨虽据该（督）抚从重拟发伊犁，给与种地兵丁为奴，尚不足以蔽其辜。夫王三麻子全家具被杀害，而凶犯之子尚得幸生人世，以延其后，岂为情法之平？若云王小雨年仅十岁，则该犯斩杀之王四妮、王五妮皆孩稚无知，尚未至十岁，一旦尽遭惨死，何独凶犯之子转因其幼而矜全之乎？且此等凶恶之徒为戾气所钟，不应复留余孽。……至刑部律例所载，惟及杀一家非死罪三人，而甚至全家被杀多人之犯，作何加重未经议及，此等凶徒明知法止其身，或自拼一死，逞其残忍，杀害过多，以绝人之嗣，而其妻子仍得幸免，于天理人心实未允协。朕非欲改用重典，但为民除害，不得不因事严防，俾凶暴奸徒见法网严峻，杀人多者，其妻孥亦不能保，庶可稍知敛戢，是即辟以止辟之意。其应如何增改律例，并著刑部另行妥议具奏。"据皇帝的圣旨，朝廷于乾隆四十一年（1776年）制定了新例："如杀一家四命以上致令绝嗣者，凶犯拟以凌迟处死。将凶犯之子，无论年岁大小，概拟以斩立决。妻女改发伊犁给厄鲁特为奴。"

乾隆四十四年（1779年），又发生了一起案情相似的案件，四川合江县余膺杀死熊王氏一家四命。依照新例，余膺应凌迟处死，其四个儿子也应处斩立决。但是这样一来，就是五命抵偿四命。针对这一问题，乾隆皇帝又下旨，网开一面，将其中最小的儿子从宽免死，发往伊犁给厄鲁特为奴。并制定新例："嗣后如有杀一家四命以上之案，悉按其所杀人数，将凶犯父子照数定罪，俾多寡相当，其有浮于所杀之数，或一人或二人者，均以其幼者照此办理。"

乾隆五十三年（1788年），又发生了一起杀死一家三命、致伤一人的案件，伤者生死难卜，出现了是依律还是按乾隆四十四年例处理的问题。依照前者，本人凌迟处死，妻子问拟发遣；按照后者，犯者之子处斩抵偿。结果是按照乾隆皇帝"此等凶残之犯，既绝人之嗣，不可复令其有嗣"的旨意，适当变通，把原例的有关内容修订为："嗣后凡杀死一家三、四命以上者，不拘死者之家是否绝嗣，其凶犯之子无论年岁大小，一体阉割，以示惩创。"①

　　二是督抚题奏案件，附请定例。即督抚在奏题上报具体案件时，认为按照律文和现有的例文定案都存在一定的问题，对此案件的处置提出相关的建议，并请求制定新例。如果得到皇帝批准，也会产生新的条例。表4-7中列举的条例都是如此产生的。

表4-7　采用督抚题奏制定刑例情况举例

序号	时间	起　因	条　例　内　容	编号	备考
1	乾隆六年	安徽巡抚陈大受题强卖伯母之董宫一案，附请定例	凡谋占资财，贪图聘礼，期功卑幼用强抢卖伯叔母姑等尊属者，拟斩监候。期功卑幼抢卖人妻、胞姊，及缌麻卑幼抢卖尊属尊长，并疏远无服亲族，抢卖尊长、卑幼者，均拟绞监候（下略）	强占良家妻女-04	嘉庆六年修改
2	乾隆十七年	镶蓝旗满洲都统参奏朱隆阿佐领下参将石得家人拉哈指典者格等甲米钱粮，送部治罪一案，附请定例	佐领、骁骑校、领催等，有在本佐领、或弟兄佐领下，指扣兵丁钱粮、放印子银者，系佐领、骁骑校照流三千里之例，枷号六十日。系领催照近边充军例，枷号七十五日。俱鞭一百。伙同放印子银者，照为从杖一百，徒三年例，枷号四十日，鞭一百（下略）	违禁取利-04	嘉庆十四年修并

---

① 以上均见（清）全士潮等纂辑：《驳案新编》卷一四，见《历代判例判牍》第7册，中国社会科学出版社，2005，第360~388页。

序号	时间	起　　因	条　例　内　容	编号	备考
3	乾隆六年	云贵总督张允随题者租等捆卖者业一案，附请定例	贵州、云南、四川地方，民人诱拐本地子女在本省售卖，审无勾通外省流棍情事，仍照诱拐妇人子女本例分别定拟。如捆绑本地子女，在本地售卖，为首拟斩监候。为从发近边充军	略人略卖人－07	乾隆八年改定
4	乾隆二十九年	贵州巡抚图尔炳阿审题苗民雄讲等。图财杀死民人刘锡升一案，附请定例	苗人有图财害命之案，均照强盗杀人斩决枭示例办理	谋杀人－06	
5	乾隆六年	云贵总督张广泗题刘四贵谋杀小功服侄刘先佑，刘三贵下手加功一案，附请定例	尊长谋杀卑幼，除为首之尊长仍依故杀法，分别已行、已伤、已杀定拟外，其为从加功之尊长，各按服制亦分别已行、已伤、已杀三项，各依为首之罪减一等。若同行不加功，及同谋不同行，又各减一等。为从系凡人，仍照凡人谋杀为从科断	谋杀祖父母父母－01	
6	乾隆三十年	河南巡抚阿思哈审题蔡勤札伤家主之子阎松身死一案，附请定例	奴婢殴家长之期亲及外祖父母至死者，皆拟斩立决	奴婢殴家长－01	
7	乾隆二十九年	安徽巡抚托庸审题解役魏荣等，递解遣犯崔国泰，在途疏脱一案，附请定例	直省并无监狱地方，该管官遇有解犯到境，即行接收，多拨兵役于店房内严加看守，毋致疏虞，如有藉词推诿不收人犯，仅令原解兵役看守，致犯逃脱者，该督抚即行严参，交部从重议处	因应禁而不禁－05	

三是刑部议复案件，奏准定例。刑部在复核案件的过程中，针对法律适用中遇到的新问题，提出判决意见，并对今后审理类似案件议拟出新的条例，经皇帝批准后成为定例。这是因案生例的主要形式，史籍中记载甚多，仅选择一些代表性的这类定例列表如后（见表4-8）。

表4-8 刑部因核覆案件奏准或议准定例举要

序号	时间	起　因	条　例　内　容	条例编号	备考
1	乾隆四十二年	刑部办理镶黄旗蒙古原当披甲之德永等，因犯逃走等罪，发黑龙江等处当差，在途遇赦回京一案，奏准定例	凡在京八旗兵丁、闲散人等，因犯逃罪及别项罪名，发遣黑龙江、新疆等处当差者，如在途在配，遇赦回京，仍归入本旗档内，严加管束，即准以步甲等差挑取。傥挑差后怙恶不悛，仍复滋事及脱逃被获者，即销除旗档，发遣烟瘴地方，照民人一例管束，不准释回（下略）	流犯在道会赦-02	嘉庆四年改定
2	乾隆五十四年	直隶总督刘峨题陈相卜中殴烧贼人韩晚成身死一案，刑部议准定例	杀人之犯，有秋审应入缓决，应准存留养亲者，查明被杀之人有无父母，是否独子，于本内声明。如被杀之人亦系独子，但其亲尚在，无人奉侍，不论老疾与否，杀人之犯，皆不准留养。（中略）至擅杀罪人之案，与殴毙平人不同，如有亲老应侍，照例声请，毋庸查被杀之家有无父母、是否独子	犯罪存留养亲-07	嘉庆六年修并，道光四年改定

序号	时间	起　因	条　例　内　容	条例编号	备考
3	康熙四十八年，乾隆五年	宁古塔将军题，发遣人犯骚达子在配打死齐兰保一案，议准定例。刑部议覆宁古塔将军吉党阿咨免死盗犯刘五图等行窃一案，经九卿议准定例	免死减等发遣新疆宁古塔、黑龙江等处盗犯。除脱逃被获，仍照定例斩决外，如在配所杀人及犯别项无关人命，罪应斩绞监候者，该将军等奏咨到部，刑部查明原案，定拟斩决，分别题奏，行文该将军，于众人前即行正法。犯该徒罪以上者，拟斩监候。犯该笞杖者，枷号三个月，鞭一百。至平常发遣人犯，在配杀人，仍分别谋故斗殴，按律定拟（下略）	徒流人又犯罪 -02	乾隆五年修改五十三年修并，道光十四年改定
4	乾隆三十九年	刑部核覆四川总督文绶，题双瞥何腾相跪伤董联珩身死一案，奏准定例	凡笃疾犯一应死罪，俱各照本律、本例问拟，毋庸随案声请，俱入于秋审，分别实缓办理（下略）	老小废疾收赎 -06	嘉庆八年改定
5	乾隆四十三年	陕甘总督勒尔谨咨赏给庆阳协副将武灵阿为奴之厄鲁特巴哈酗酒滋横一案，经刑部奏准，纂辑为例	新疆及内地遇有为奴之额鲁特、土尔扈特、布鲁特回子等酗酒生事，犯该发遣者，俱发往烟瘴地方。如系新疆犯事，解交陕甘总督，定地转发（下略）	徒流迁徙地方 -24	乾隆五十三年修定
6	道光十六年	刑部审奏，镶白旗汉军马甲德恒之母陈陈氏，将次女许配与民人高祯保为妻一案，经户部奏准定例	八旗内务府三旗人，如将未经挑选之女许字民人者，将主婚人照违制律，杖一百。若将已挑选及例不入选之女，许字民人者，照违令律，笞五十。其聘娶之民人一体科罪	嫁娶违律主婚媒人罪 -05	

续表 4 - 8

序号	时间	起　因	条例内容	条例编号	备考
7	雍正七年	刑部议覆湖广总督迈柱审题江陵县参革知县李德征亏空一案，议准定例	凡亏空之案，审出民欠那垫是实，除将本犯照例议罪外，另限四个月委员彻底清查，出具并无假捏影时印结，再令接任官出具认征印结，仍向欠户催征，如限满不完，将接任官照例参处	那移出纳 - 10	乾隆五年改定
8	乾隆十一年	刑部议覆兰洲巡抚黄庭桂题报州牧亏空一案，附请定例	凡审拟那移之案，于定案口，查明完过若干，准予开除，以现在未完之数定拟	那移出纳 - 13	
9	康熙五十七年	刑部议覆两江总督常鼐，题副都统俞章言隐匿罪犯俞文言入官财产一案。经九卿遵旨议准定例	凡罪犯入官财产，止应着落正犯追取，傥正犯将无干之人肆行诬赖者，从重治罪。仍着落伊身追取（下略）	隐瞒入官家产 - 01	
10	乾隆七年	刑部议覆浙江巡抚常安，题，越境贩卖官盐，拒捕殴死巡役，为从之田大士一案，附请定例	凡收买肩贩官盐越境货卖，审明实非私枭者，除无拒捕情形，仍照律例问拟外，其拒捕者，照罪人拒捕律加罪二等。如兴贩本罪应问充军者，仍从重论（下略）	盐法 - 14	
11	乾隆九年	刑部议覆提督舒赫德奏送俞在中等翻刻时宪书一案，附请定例	私刻《地亩经》及占验推测，妄诞不经之书，售卖图利，及将旧有书板藏匿不行销毁者，俱照违制律治罪	禁止师巫邪术 - 04	
12	乾隆四十二年	刑部审拟蓝翎侍卫僧保在京白契典买家人福儿，并不当官立契，擅自携带出口，复违例转卖一案，奏请定例	东三省身任京员及在京当差者，置买家奴，（下略）只许永远役使，不许转卖图利，如违，俱按兴贩人口例治罪	私越冒度关津 - 08	

序号	时间	起　因	条　例　内　容	条例编号	备考
13	乾隆五十六年	刑部题覆福建巡抚觉罗伍拉纳题续获逆犯何东山之侄何适，年已十八，依律问拟斩决一案，奉旨纂辑为例	反逆案内律应问拟凌迟之犯，其子、孙讯明，实系不知谋逆情事者，无论已、未成丁，均解交内务府阉割，发往新疆等处，给官兵为奴（下略）	谋反大逆－01	嘉庆十七年、道光六年、十三年修改，同治九年改定
14	嘉庆二十一年	刑部议覆福建巡抚王绍兰审题漳浦县盗犯魏粹等，听从逸盗陈玉泉越城行劫蔡本猷当铺一案，奉旨恭纂为例	爬越入城行劫，罪应斩决者，加以枭示。失察越城之官员兵丁分别参处，责革	强盗－08	
15	乾隆三十五年	刑部题覆盛京刑部侍郎朝铨等审拟西梗旗人齐了其等行劫花义相家一案。奉旨纂定为例	满州旗人有犯盗劫之案，俱照强盗本律定拟，不得以情有可原声请	强盗－23	
16	嘉庆四年	刑部议覆盛京刑部侍郎铁保审题承德府民刘祥行窃，强奸事主沈王氏，复强奸刘冯氏已成一案，纂为定例	因窃盗而强奸人妇女，凡已成者，拟斩立决，同谋未经同奸及奸而未成者，皆绞监候。共盗之人不知奸情者，审确，止依窃盗论	强盗－28	
17	雍正四年	乾隆元年刑部议覆江西巡抚裴伸度题宜黄县捕役吴胜等行窃一案，附请定律	凡捕役兵丁地保等项，在官人役，有稽查缉捕之责者，除为匪及窝匪本罪应拟斩绞外遣，各照本律本例定拟外，如自行犯窃罪，应军流徒杖，无论首从，各加枷号两个月，兵丁仍插箭游营（下略）	窃盗－26	乾隆三十二年、五十三年修改

序号	时间	起　因	条　例　内　容	条例编号	备考
18	乾隆元年	刑部议覆正红旗察哈尔总管陈泰等，呈贼犯阿毕达等偷马匹一案，纂为定例	偷窃马匹案件，除外藩蒙古仍照理藩院蒙古律拟罪外，其察哈尔、蒙古有犯偷窃马匹之案，审明，如系盗民间马牛者，依律计赃以窃盗论（下略）	盗马牛畜产 -08	
19	同治元年	刑部审办宝玉，即郎七儿偷窃紫禁城内太监财物，被拿，弃赃，持刀欲行拒捕一案，纂为定例	行窃紫禁城内该班官员人等财物，不计赃数、人数，照偷窃衙署拟军例上加一等，发新疆酌拨种地当差。赃重者，仍从重论。如临时被拿，拒捕杀人者，不论金刃、他物、手足，均拟斩立决（下略）	盗内府财物 -03	
20	乾隆十四年	刑部议覆贵州巡抚爱必达，题结陈君德图奸苗妇阿乌拒捕伤人一案，遵旨议定条例	凡附近番苗地方吏民人等，擅入苗境，藉差欺凌，或强奸妇女，或抢劫财物，以及讹诈不遂，聚众凶殴，杀死人命等案，将所犯查照定例。如原系斩决绞决之犯，审实具题，俟命下之日，将该犯押赴犯事处所正法（下略）	恐吓取财 -05	
21	乾隆四年	刑部议覆两广总督鄂弥达审题琼州客民林罗道等，赴安南国贸易，买回番仔一案，纂为定例	略卖海外番仔之内地民人，不分首从，杖一百、流三千里。俟有便船，仍令带回安插。文武官稽查不力，照外国之人私自进口，不行查报，交部分别议处。得赃者，以枉法治罪	略人略卖人 -11	

序号	时间	起　因	条　例　内　容	条例编号	备考
22	乾隆三十五年	湖广总督吴达善审奏窃贼窝主王坤窝留群贼肆窃多赃一案，将王坤照积匪例拟遣，经刑部查核该犯先后所得之赃，统计已逾满贯，将王坤改拟绞候，并纂定此例	凡造意分赃之窝主，不得照窃盗律以一主为重，应统计各主之赃数，在一百二十两以上者，拟绞监候。其在一百二十两以下，亦统计各赃科罪	盗贼窝主 - 14	
23	乾隆四十八年	刑部议覆直隶总督郑大进题张魏氏拒奸，殴伤魏贤生身死一案，奏请定例	凡妇女拒奸杀死奸夫之案，如和奸之后，本妇悔过拒绝，确有证据，后被逼奸，将奸夫杀死者，照擅杀罪人律减一等，杖一百、流三千里（下略）	杀死奸夫 - 11	
24	乾隆三十四年	刑部核覆广西巡抚宫兆麟审题梁亚受与卢将未婚之妻黄宁嫜通奸，被卢将捉奸，登时殴逐致死一案，奏请定例	凡聘定未婚之妻与人通奸，本夫闻知往捉，将奸夫杀死，审明奸情属实，除已离奸所，非登时杀死不拒捕奸夫者，仍照例拟绞外，其登时杀死，及登时逐至门外杀之者，俱照本夫杀死已就拘执之奸夫，引夜无故入人家已就拘执而擅杀律拟徒（下略）	杀死奸夫 - 12	
25	道光二十五年	刑部议覆陕甘总督富呢杨阿题，奏安县民李进朱因疯殴死胞兄李朱粪儿等一案，奏准定例	因疯致毙期功尊长尊属一命，或尊长尊属一家二命，内一命系凶犯有服卑幼，律不应抵。或于致毙尊长尊属之外，覆另毙平人一命，俱仍按死期功尊长尊属本律问拟，准其比引情轻之例，夹签声请，候旨定夺（下略）	戏杀误杀过失杀伤人 - 21	同治九年改定

续表 4 - 8

序号	时间	起 因	条 例 内 容	条例编号	备考
26	嘉庆二十年	刑部议覆山西巡抚陈预题郑源调奸，逼毙一家三命一案，遵旨恭纂为例	因奸威逼人，致死一家三命者，拟斩立决	威逼人致死-13	
27	乾隆三年	刑部审议萨哈图因调奸，殴伤张氏，越十六日身死一案，附请定例	强奸已成，将本妇杀死者，斩决枭示。强奸未成，将本妇立时杀死者，拟斩立决。将本妇殴伤，越数日后，因本伤身死者，照因奸威逼致死律，拟斩监候（下略）	威逼人致死-14	嘉庆八年改定
28	乾隆四十二年	刑部议覆山东巡抚国泰题，回民张四等，听从沙振方谋殴赵君用，至途中札死葛有先一案，附请定例	凡回民结伙三人以上，执持器械殴人之案，除至毙人命罪应拟抵之犯，仍照民人定拟外，其余纠伙共殴之犯，但有一人执持器械者，不分首从，发云、贵、两广极边烟瘴充军（下略）	斗殴-05	道光元年修改，五年改定
29	乾隆四十年	刑部议覆黑龙江将军傅玉咨队长甘三保之妻厄素尔氏，殴死遣犯赵应大随带之妻何氏一案，奏请定例	凡发遣黑龙江等处为奴人犯，有自行携带之妻子跟随。本犯在主家倚食服役，被主责打身死者，照殴死雇工人例，拟杖一百、徒三年。其妻子自行谋生，不随本犯在主家倚食者，仍以凡论	奴婢殴家长-13	
30	乾隆六年	刑部议覆河南巡抚雅尔图题赵二妮，殴伤大功堂弟赵二保身死一案，附请定例	殴死同堂大功弟妹、小功堂侄，及缌麻侄孙，除照律拟流外，仍断给财产一半养赡。其大功以下尊长殴卑幼至笃疾，均照律断给财产。惟殴尊长至笃疾，罪应拟绞者，不在断给财产之内	殴大功以下尊长-01	乾隆八年改定

序号	时间	起　因	条　例　内　容	条例编号	备考
31	乾隆五十六年	刑部奏覆四川省邵在志殴伤为匪小功服侄邵朴身死，又五十八年，奏覆安徽省陈玺等听从王立兴，帮同勒死王四孜一案，议准定例	期亲以下有服尊长杀死有罪卑幼之案，如卑幼罪犯应死者，为首之尊长俱照擅杀应死罪人律，杖一百。听从下手之犯，勿论尊长凡人，各杖九十（下略）	殴期亲尊长-09	嘉庆六年、十九年改定
32	道光四年	御史万方雍奏参刑部审拟文元殴死胞侄伊克唐阿一案，经刑部奏请定例	期亲卑幼听从尊长主使，共殴以次尊长、尊属致死之案，凡系迫于尊长威吓，勉从下手，避逅致死等，仍照本律问拟斩决。法司核议时，夹签声请，恭候钦定，不得将下手伤轻之犯止科伤罪。如尊长仅令殴打辄行叠殴多伤至死者，即照本律问拟，不准声请	殴期亲尊长-11	道光十四年刑部议覆御史俞焜条奏修改，同治九年改定
33	乾隆三十四年	刑部核拟广东省何长子诱奸幼女何大妹，致伊母廖氏服毒身死一案，议准定例	凡子孙有犯奸盗，祖父母、父母并未纵容，因伊子孙身犯邪淫，忧忿戕生，或被人殴死，及谋故杀害者，均拟绞立决。如祖父母、父母纵容祖护，后经发觉，畏罪自尽者，将犯奸盗之子孙，改发云、贵、两广极边烟瘴充军（下略）	子孙违犯教令-03	嘉庆五年、九年及十一年修改，十四年改定
34	雍正十二年	刑部议覆四川巡抚鄂昌题徐良强奸邹氏未成，用菜刀砍伤本妇及其子平复一案，纂定条例	强奸妇女，除并未伤人者，已成未成仍照本律定拟外，其因强奸执持金刃凶器戳伤本妇，及拒捕致伤其夫与父母，并有服亲属，已成奸者，拟斩监候。未成奸者，拟绞监候（下略）	犯奸-05	嘉庆八年修改，道光三年增定

续表 4 - 8

序号	时间	起　因	条 例 内 容	条例编号	备考
35	乾隆十四年	刑部审拟廖以仪强奸十一岁幼女未成一案，附请定例	凡强奸十二岁以下幼女幼童未成，审有确据者，发黑龙江给披甲人为奴	犯奸-07	乾隆三十二年，嘉庆十三、十七年、二十四年修改，咸丰二年改定
36	乾隆二十年	刑部议覆河南巡抚蒋炳题，杨有图奸期亲服属雇工人曹三之妻赤氏未成，致氏自缢一案，纂为定例	家长之有服亲属，强奸奴仆雇工人妻女未成，致令羞忿自尽者，杖一百，发近边充军	奴及雇工人奸家长妻-02	
37	乾隆五十三年	刑部议覆山西巡抚明兴咨祁闰月子持刀强奸雇主贾伯衡之母梁氏未成一案，纂辑为例	凡奴及雇工人强奸家长之母与妻女，审有损伤肤体，毁裂衣服，及邻证见闻确据者，无论已未成奸，将奴及雇工人，拟斩立决。若调奸未成，发黑龙江给披甲人为奴	奴及雇工人奸家长妻-03	嘉庆十四年修改，咸丰二年改定
38	乾隆五十八年	刑部议覆两广总督郭世勋，审奏差役梁姜潜通信息，致逃军黄汉章复逃一案，遵旨恭纂为例	官役奉公缉捕罪人，除受财故纵，照律与囚同罪外，其未经得贿，潜通信息，致罪人逃避者，如所纵之囚，罪在军流以下者，亦与囚同科，不准减等。若系斩绞外遣等罪，将该犯减发极边烟瘴充军	应捕人追捕罪人-09	

序号	时间	起　　因	条　例　内　容	条例编号	备考
39	嘉庆七年	刑部议覆直隶总督颜检咨平泉州民田雪子，因石勇强奸伊母李氏未成，登时殴伤石勇身死一案，纂辑为例	强奸未成罪人，被本妇之子登时杀死者，勿论。若杀非登时，杖一百，徒三年。图奸未成罪人，被本妇之子登时杀死者，杖一百，徒三年。非登时杀死者，杖一百，流三千里	罪人拒捕－07	道光五年改定
40	嘉庆十一年	刑部议覆陕西巡抚方维甸咨富平县民韦孝割伤调奸罪人韦秉清脚筋成废一案，纂为定例	本夫及本夫、本妇有服亲属捉奸，殴伤奸夫，或本妇及本夫、本妇有服亲属，殴伤图奸、强奸未成罪人，或男子拒奸殴伤奸匪，或事主殴伤贼犯，或被害人殴伤挟雠放火凶徒及实在凶恶棍徒，至折伤以上者，无论登时、事后、概予勿论（下略）	罪人拒捕－08	道光四年改定
41	乾隆十八年	刑部议覆河南巡抚蒋炳题禁卒陈得魁贿纵申玢等越狱一案，奉旨恭纂为例	凡监犯越狱，如狱卒果系依法看守，一时疏忽，偶致脱逃，并无贿纵情弊，审有确据者，依律减囚罪二等治罪（下略）	主守不觉失囚－06	

此外，还有经九卿议准定例（如"殴祖父母父母"例第3条，"私铸铜钱"例第2条，"杀死奸夫"例第32条）、群臣遵旨会议定例（如"奴婢殴家长"例第3条）、理藩院议覆的例（如"盗马牛畜产"例第11、13条）及军机大臣会同刑部议奏定例（如"有司决囚等第"例第35条）等。

　　因案生例的例是来自司法实践又反复权衡的结果。清廷在决定这类例的过程中，形成了一整套的制例原则和措施。案例能否成为附例，要从案例是否具有典型性进行考虑，只有可能在今后的司法实践中反复适用的案例才被确定为附例。有的需要经过一段时间的检验，再提升为附例；有的是悬搁几年之后，在再次修例时才转化为附例。每次修例时，还需要审查所立之例与原来的法律规定有无冲突，如何协调。所有这些，标志着成文法吸收判例法的方式方法已经趋于成熟。

清代修订刑例所取得的成就是巨大的。然而，全面考察《大清律例》中的附例，可发现其中存在的问题也不少。

其一，某些律文所附例条数量过多。《大清律例》中，有23条律文每条的附例在20个以上。最多的一条附例达61个，字数为8200字；次多的附例49个，9400字，其规模几乎相当于一部单行法规。需要指出的是，在一条律文后增附如此之多的条例，并非是因为原来的律文过于简单。从表4-9中可看到，有的律文本身就达千字左右。如"发冢"条律文900余字，其后的附例为23条。"诬告"条律文近1200字，其后的附例居然有27条之多。

诚然，修例者把如此众多的例附于律条之后，是认为这样做有其必要性，但这样做却背离了"法贵简当，使人知晓"这一历朝公认的立法原则。即使仅从形式上看，一条律文后面附以几十条例文，最多字数分别达到八九千字，也影响到整个法律结构的均衡和匀称。

律文后附例过多产生的重大弊端，是条例制定于不同时期，内容往往前后冲突，量刑轻重不一，使执法者无所适从。

以"强嫁孀妇"例为例。清末薛允升指出："唐律系徒一年，期亲减二等，则杖九十。明律俱改杖八十，本较唐律为轻。

表 4 - 9　《大清律例》附例较多的 23 条中律与例字数比较

按附例条数排序	律文序号、名称	律文字数（字）	附例条数（条）	附例字数（字）	律例字数合计（字）
1	411. 有司决囚等第	241	61	8200	8400
2	45. 徒流迁徙地方	282	49	9400	9680
3	266. 强盗	310	49	6800	7100
4	225. 私出外境及违禁下海	179	44	7000	7200
5	285. 杀死奸夫	133	36	4300	4440
6	269. 窃盗	343	32	4400	4750
7	394. 盗贼捕限	149	29	4400	4549
8	268. 白昼抢夺	247	27	4588	4800
9	332. 越诉	120	27	3750	3870
10	336. 诬告	1183	27	3100	4300
11	390. 徒流人逃	247	27	4640	4900
12	76. 人户以籍为定	120	25	2760	2880
13	278. 盗贼窝主	355	25	2330	2700
14	141. 盐法	1029	25	3600	4600
15	299. 威逼人致死	163	25	2400	2560
16	273. 恐吓取财	114	24	4340	4450
17	137. 转解官物	282	23	约2000	2300
18	276. 发冢	895	23	3730	4600
19	292. 戏杀误杀失杀伤人	298	22	2440	2740
20	271. 盗田野谷麦	108	22	3660	3770
21	281. 起除刺字	113	22	1330	1440
22	290. 斗殴及故杀人	176	20	2520	2700
23	412. 检验尸伤不以实	313	21	2920	3230

乃例则愈改愈重，尊长有问拟流徒，卑幼有问拟死罪者矣。律添入已未成婚，例又添入已未被污，均属节外生枝。且抢夺强嫁以

致被污，亲属加重拟徒，知情同抢者仅拟杖罪，其义安在？"他认为这是定例太繁所致："原例颇觉简明，屡次修改，遂不免诸多参差，要知此事总以简为贵也。"

再如"威逼人致死"罪名。此门共 25 条，事涉奸情者 17 条。例文规定："调奸致本妇及亲属自尽，绞候；无图奸之心，不过出语亵狎，本妇一闻秽语自尽，流；调奸和息后，因人耻笑自尽，流；二命，边远军；因事詈骂，秽语村辱自尽，流；夫妇二命，绞；戏言，觌面相狎自尽，绞；非觌面相狎，流。"清末薛允指出，此例"均系因事纂定，轻重亦参差不齐。"他把该例与唐明律进行比较后说："唐律有恐迫人使畏惧致死者，各随其状，以故斗戏杀伤论，而无威逼致死之法。明律定为满杖，除奸盗及有关服制外，虽因事用强殴打致成、残废、笃疾，及死系一家三命，或三命以上，亦只充军而止，非亲行杀人之事，故不科死罪也，后来条例日烦，死罪名目日益增多，如刁徒、假差、蠹役，及和奸、调奸、强奸、轮奸等类，致令自尽，并其亲属自尽者，不一而足，秋审且有入于情实者，较之亲手杀人之案，办理转严，不特刑章日烦，亦与律意不符矣。究而言之，律文未尽妥协，故例文亦诸多纷岐也。"

再如，对于疯病杀人，唐、明律均没有规定。明代处理这类案件的做法是，犯有此罪者，仍以命抵罪。清廷为完善"疯病杀人"罪的法律规定，"康熙年间，始有照过失杀之例。雍正、乾隆年间，又定有照斗杀拟绞之例。此外，二命有例，三命以上有例，尊长卑幼莫不有例，例文愈烦，案情益多矣。"①

《大清律例》中之所以附例数量过多，还有更深层次的原

---

① （清）薛允升撰：《读例存疑》卷三三。

因。有些例是根据皇帝的谕旨制定的。上谕具有超越、凌驾于一切法律之上的权威，很难在修例过程中进行修改。除非是皇帝的谕旨否定了前面的上谕，否则修例大臣只能坐视律例之间的矛盾，致使荒谬依旧。

因案生例的例有其实践性强的优点，但也有其弱点。对于案件的当事人、同情或者厌恶者，案件的具体情节容易使人产生感情因素，不利于人们客观地看待案件本身的因果联系，往往会导致作出前后不一的判断。

清朝为完善刑事法律制度，除注重《大清律》附例的修订外，还颁行了一些单行的刑事法规。如《督捕则例》、《五军道里表》、《三流道里表》、《刺字条例》、《西宁番子治罪条例》等。此外，为了便利各级官吏熟悉和掌握《大清律》后的附例，清代还把律后附例单独编纂成书，颁行了《大清律续纂条例》、《大清律续纂增修条例》等。

（二）以则例为主体的清代行政例

清朝统治者为规范各级机关的办事规则和强化对国家各项事务的管理，建立了一整套"以《会典》为纲、则例为目"的空前完善的行政法律制度。则例、条例、事例作为清例的基本形式，在清代的法规编纂中被广泛使用。这三种例作为区分不同法规的产生方式、功能和效率等级的立法形式，一般来说，条例主要表示用以补律、辅律的刑事类法规，则例主要用以表示中央部院的规章，事例主要用以表示"因一时一事立法"性质的定例。但是，由于清人还不具有现代这样明确区分各类部门法的认识，他们对法律形式的运用也经过了长期探索的过程，各类条例、则例、事例内容的编纂也存有交叉之处，今人不能简单地仅凭清代法规的立法形式就确定它的性质是属于刑事法规还是行政法规。譬如，"则例"这一法律形式就有一个演变过程。清开国之初，则例主要用于表示钱粮方面的立法。清嘉庆朝以前，刑事法规亦有以则例命名者，如康熙朝颁布的《刑部新定现行则例》、乾隆时期编纂的《秋审则例》等。自嘉庆朝始，则例成为中央部院规章的专称，从现代法学观点看，这种规章基本上属于行政法规的范畴。因此，那种不加分析地认为清代的"条例"都是刑事法规、"则例"都是行政法规的观点是值得商榷的。

清廷在健全行政法律体系的过程中，以则例的形式制定和颁行了数百种各类单行法规，内容包罗万象，卷帙浩繁，构成了行政例的主体。鉴于以往的著述在论述清代法律制度时，注重对刑例的阐发而很少涉及行政例，为了正确地阐述清朝的行政法律制度，必须加强行政例的研究。本部分重点考察清代的则例，同时对于行政例中的条例、事例也作一简述。

1. 行政例中的事例和条例

清代的行政法律制度，是以制定则例、条例、事例和修定《会典》从法律上确认的。法律规定的行政活动规则，针对的不是特定的人和事，而是具有普遍性的、可以反复适用的行为规范。就行政例的制定和编纂而言，通常是两种情况：一种是关于中央机构或某一行政管理领域活动规则的系统编纂，一种是针对某一具体事项的立法。后者就是人们通常所说的"因事立法"。这种因事立法形成的例，称为事例，亦称定例。事例结构简单，以一个或者多个条文构成，清人也称其为条例。清代法律文献中对于因一时一事制定的例，称其为"事例"者有之，称其为"条例"者亦有之。其实，二者名异而实同，可以说是一物而两名。

清代法律形式之所以"条例"与"事例"两种称谓并存，是因为二者既有联系，也有区别。条例除主要用以表示刑事法规外，通常还用以表述用下述形式编纂的行政类法规。

一是定例汇纂类法规。清代时，每一事例或定例产生以后，都要下达有关衙门乃至全国各地实行。事例根据需要随时制定，日积月累，数量庞大。为了方便各级官吏掌握和执行，朝廷和各省都很重视例的编纂，形成了诸如"上谕条例"、"颁发条例"、"通饬条例"等法律或法规汇编。清人把通过编例形成的法规称为条例。这样，"条例"一词便被赋于双重涵义。一是单个的定例，即立法中最初产生的原始形态的事例；一是经过编纂定例形成的内容比较系统的条例。汇编成书的条例因编纂的机构不同，体例不一，有些是以时间为序，有些是按六部分类，内容也因适用对象、范围及类别不同各有特色。

二是专门规范某一特定领域事务的条例。清王朝在治国实践中，有些行政管理方面的事务繁杂，适用的地域较广，为了防止以事例进行法律调整易于出现前例与后例冲突的弊端，实现法制一统，就需要制定比较全面和系统的条例予以规范。适应这种立法的要求，清代制定了一些专门规范某一特定领域事务的条例。这种条例篇幅较大，结构相对庞杂。以《科场条例》为例。该条例由礼部纂修，初修于康熙年间，内容比较简略。乾隆六年（1741年）经过重修，全书为4卷。乾隆四十四年（1779年）续修至54卷、28门，嘉庆十九年（1814年）增修至60卷、38类，道光十四年（1834年）和二十九年（1849年）、咸丰二年（1852年）、光绪十三年（1887年）又先后重修。光绪十三年增修的《钦定科场条例》，① 在 60 卷的基础上并附事例，对乡试会期、科举、乡试考官、乡会试中额、关防、禁令、冒籍、坐号、闱墨、解卷、殿试、题名、翻译等有关科举考试的方式、组织管理、监督及录取、待遇等作了详细的规定。清代每逢乡试会试，官方把《科场条例》颁发给各相关机构，要求严格遵守。

清代的事例，除用于表述单个定例外，也有两种特定的涵义：

其一，带有权宜性质、由多个事例汇纂而成且内容比较系统的法律文件。这类事例的制定通常是与临时性财政筹款有关。如清代各朝制定的多种捐纳事例，就属于这一立法性质。捐纳是朝廷依靠卖官鬻爵的一项财政收入措施。捐纳事例的基本内容，是有关捐纳者可入仕途、已入仕者通过捐纳在任职方面享受优先待遇的各种办法。

清代捐纳事例分为两种，即暂行事例和现行事例。暂行事例主要用于解决拯荒、河工、军需等费用的不足，期满或事竣即停；现行事例则长期实行。清代捐监始于顺治六年（1649 年），康熙七年（1668 年）又开加级、纪录捐例，文官捐始于康熙十三年（1674 年），武职捐始于雍正初。自清初起，直到光绪二十七年（1901 年）清政府下令停开捐例，捐纳制度实行了 226 年之久。《清史稿》对清代的捐纳官爵名目作了这样的概述

> 捐途文职小京官至郎中，未入流至道员；武职千、把总至参将。而职官并得捐升，改捐，降捐，捐选补各项班次、分发指省、翎衔、封典、加级、纪录。此外降革留任、离

---

① （清）奎润等纂修：《钦定科场条例》，清光绪十三年内府刻本。

任，原衔、原资、原翎得捐复，坐补原缺。试俸、历俸、实授、保举、试用、离任引见、投供、验看、回避得捐免。平民得捐贡监、封典、职衔。大抵贡监、衔封、加级、纪录无关铨政者，属现行事例，余属暂行事例。①

　　清代的捐例，时有变更。不同时期捐纳的各类官、爵应交纳的钱粮数额也不一样。为保证捐纳筹资的目标得以实现，各朝每开捐纳，都制定有相应的事例。如："雍正二年，开阿尔台运米事例。五年，直隶水灾，议兴营田，从大学士朱轼请，开营田事例"；②乾隆十三年（1748 年），"进剿大金川，四川巡抚纪山奏行运米事例"；③"嘉庆三年，从户部侍郎蒋赐棨请，开川楚善后事例"。④清代晚期，国家财政困难，捐纳事例更成为筹款的不二法门。咸丰元年（1851 年），"特开筹饷事例"；⑤光绪二年（1876 年）六月，"开云南实官捐例"；⑥光绪九年（1883 年）六月，"山东以水灾开办赈捐事例"；⑦光绪二十六年（1900 年）十一月，"以长沙等府旱灾，开赈捐事例"；⑧光绪二十七年（1901 年）正月，"诏以救济顺直兵灾，开实官捐例"。⑨捐纳之制，历代有之。然开捐项目之繁，次数之频，颁行事例之多，以清为最。自顺治至清道光二十年（1840 年），清政府开设的暂行捐例就有 50 余次。清末颁行的捐纳事例的次数，则又远远超过

---

① 《清史稿》卷一一二《选举七》，中华书局，1996，第 3233～3234 页。
② 《清史稿》卷一一二《选举七》，中华书局，1996，第 3235 页。
③ 《清史稿》卷一一二《选举七》，中华书局，1996，第 3235 页。
④ 《清史稿》卷一一二《选举七》，中华书局，1996，第 3236 页。
⑤ 《清史稿》卷一一二《选举七》，中华书局，1996，第 3237 页。
⑥ 《清史稿》卷二三《德宗本纪一》，中华书局，1996，第 857 页。
⑦ 《清史稿》卷二三《德宗本纪一》，中华书局，1996，第 875 页。
⑧ 《清史稿》卷二四《德宗本纪二》，中华书局，1996，第 937 页。
⑨ 《清史稿》卷二四《德宗本纪二》，中华书局，1996，第 938 页。

了清代前中朝。

其二，具有因地因时制宜特点的经济管理方面的条规。清人把哪些从特定时期、特定地区实际出发制定的用以加强钱物管理或调整经济利益关系方面的条规，也称为事例。例如，雍正五年（1727 年），怡贤亲王总理水利营田时，与大学士朱文端公汇奏《营田事例》4 条："一、自营己田者，照顷亩多寡，予九品以上、五品以下顶带；一、效力者，酌量工程难易，顷亩多寡，分别录用；一、降革人员效力者，准开复；一、流徒以下人犯效力，准减等。从之，惜全功未竟。"① 又如，乾隆四年（1739 年），户部议准陕西巡抚张楷奏定《社仓事例》："一、社长三年更换；一、春借时酌留一半，以防秋歉；一、限每年清还；一、将借户谷数姓名晓示；一、令地方官稽查交代分赔。五年，议定陕、甘社谷凡系民间者，听自择仓正、副管理。"②

其三，会典事例。康熙、雍正两朝纂修的会典，仿效《明会典》体例，以官统事，以事隶官，典文与例合编。自乾隆朝起，始典、例分编，乾隆《会典》后附例称为会典则例。嘉庆、光绪两朝所修《大清会典》，因则例已成为各部、院、寺、监等国家机关行政规章的专称，该书所附的例改称为"会典事例"。《会典》由专门机构编纂，使用规范的文字表述。它们或是皇帝就某项事务发布的上谕，或是皇帝批准的各政府部门或朝臣的各类题奏等，并由此区分为上谕、奏准、题准、议准、核准、咨准等名目。会典事例在每一事项下，把不同时期形成的事例依时间先后为序编排。这种编纂方式既有利于官吏掌握现行事例，也有助于人们了解一代事例变化的轨迹。

---

① （清）陈康祺撰：《郎潜纪闻初笔》卷二 "怡贤亲王奏营田事例"。
② 《清史稿》卷一二一《食货二》，中华书局，1996，第 3560～3561 页。

　　清代的全面系统的行政立法，是通过《会典》和则例的编纂和修订实现的。就清代行政法律体系而言，《会典》是纲，张举一代之典制；则例是目，是法典的实施规则。在则例的编纂过程中，定例（兼指事例、则例和条例，简称为例）和成案（即先前经朝廷处理的事项或中央司法机关核准的案件，简称为案）则是其立法资源和素材。这就是会典、事例、条例、则例及案例的相互间的一般关系。

　　大体而言，清代例的存在形态有四种。定例是其第一种形态，立法中最初制定的事例或因一时急需制定的单个则例、条例，一般是分条而未必成册，是例的原生形态。条例汇编是例的第二种形态，由中央机构或者地方官府纂辑成册，但编纂体例尚不统一。会典事例是第三种形态，其在例的编选方面有所取舍，自成体系，但对于不同时期形成的定例的内容未加修改。经朝廷精心修定的则例、大清律纂修条例是例的第四种形态，它们是经整理和删改定例而成的，编纂体例比较严谨，内容也更为规范。

　　由于历史上"条例"的涵义有广义、狭义两种不同理解，条例与事例、则例之间又有密不可分的联系，清代统治者在完善例的体系的过程中，重点进行了则例的编纂和修定，而在制定条例和事例方面，仍沿袭了明代的涵义和做法，加之清代前期对于如何区分各类形式例的功能也经历了逐步认识的过程，因此，一些清代文献特别是清代前期著述中，往往把条例、则例、事例三者混淆使用，给今人研究清例造成了不少困惑。然而，只要我们把握清代各类例的基本涵义，把法律文献与法律形式结合考察，就能够对于当时的各种法律、法规和法律形式、法律文献的性质予以正确的界定。

2. 清代编修则例的三个发展阶段及现存文献版本举要

清代则例按其规范的对象和性质，可以分为会典则例、六部和各院寺监则例、中央机关卜属机构的则例、规范特定事务的则例。

明代及明以前各代的则例，只是国家各项事务管理中与钱物和财政收入、支给、运作相关的法律的实施细则，这类则例基本是针对不同时期或不同地区实施法律的需要制定的，稳定性较差，各代也没有进行过内容系统、长期通行全国的则例的编纂。进入清代以后，统治者逐步扩大了则例的适用范围，提升了它在国家法律体系中的地位，将其作为规范国家机关活动和重大事务管理的基本法律形式。清代的立法活动，除了定期修订《大清律》后的附例外，主要是进行则例的编纂和修定。清代编修的则例数量之多，各种则例的篇幅之长，内容之系统，占国家立法总量的比重之大，都是历史上其他朝代无法比拟的。据我们初步调研，国内外许多图书馆都藏有清代则例文献，其中国外馆藏清代则例文献较多的单位是日本东京大学东洋文化研究所，为217种；国内馆藏清代则例文献较多的 3 个单位分别是：北京大学图书馆 155 种，中国科学院情报资料中心图书馆 154 种，中国国家图书馆 147 种。① 现把北京大学图书馆、中国科学院情报资料中心图书馆、中国国家图书馆藏清代则例分类统计列表于后（见表 4 – 10）。

① 上述统计数字，据这三家藏书单位网站公布的书名标为"则例"的法规及出版的馆藏书目整理而来。则例满文本、汇编类文献及内容实为则例但书名未标明"则例"者，未包括在内。

表 4–10　三家图书馆馆藏代表性清代则例文献一览表

单位：种

法规类别＼图书馆名称	北京大学图书馆	中国科学院情报资料中心图书馆	中国国家图书馆
宗人府则例	9	3	5
宫中则例	3	5	6
王公处分则例	4	1	
内务府则例	19	22	19
六部则例	18	5	1
吏部则例	42	37	27
户部则例	6	16	12
礼部则例	7	5	6
兵部则例	4	16	7
刑部则例	1	1	1
工部则例	15	24	21
工程做法则例	3	1	4
物料价值则例	7	6	6
理藩院则例	6	5	7
都察院则例（台规）	1	1	2
太常寺则例	2	2	5
光禄寺则例	4	1	2
国子监则例	4	3	7
其他院、寺、监则例			9
合　计	155	154	147

这三家图书馆馆藏的清代则例中固然有一些复本，然剔除复本后仍不是一个小数目。

为了弄清现存清代则例文献的版本的大体情况，近年来，我们对中国国家图书馆、故宫博物院图书馆、中国社会科学院法学研究所图书馆等41家①图书馆所藏清代编纂、刊印的则例的版本进行了初步调研，先后查阅了有关图书馆馆藏书目和已出版的图书目录，并对北京一些图书馆所藏清代则例代表性文献版本进行了核查。台湾几家图书馆藏这类文献目录，是据张伟仁主编的《中国法制史书目》②统计的；日本东京大学东洋文化研究所大木文库所藏这类文献，是据田涛编译《日本国大木干一藏中国法学古籍书目》③统计的。这41家图书馆现存的不同版本的清代则例文献共851种，现把这些文献的刊刻时间及内容、类别列表述后（见表4－11）。

———————

① 41家图书馆的名称及在本部分中的简称分别是：国图（中国国家图书馆）、故宫（故宫博物院图书馆）、历博（中国历史博物馆图书馆）、首图（首都图书馆）、科图（中国科学院情报资料中心图书馆）、法学所（中国社会科学院法学研究所图书馆）、近代史所（中国社会科学院近代史研究所图书馆）、北大（北京大学图书馆）、清华（清华大学图书馆）、人大（中国人民大学图书馆）、北师大（北京师范大学图书馆）、中央民族（中央民族大学图书馆）、上图（上海图书馆）、南图（南京图书馆）、浙图（浙江省图书馆）、辽图（辽宁省图书馆）、吉图（吉林省图书馆）、山东（山东省图书馆）、湖南（湖南省图书馆）、云南（云南省图书馆）、福建（福建省图书馆）、武大（武汉大学图书馆）、中山（中山大学图书馆）、南大（南京大学图书馆）、复旦（复旦大学图书馆）、吉大（吉林大学图书馆）、安大（安徽大学图书馆）、东北师大（东北师范大学图书馆）、华东师大（华东师范大学图书馆）、山东师大（山东师范大学图书馆）、天一阁（浙江宁波天一阁文物管理所）、大连（大连市图书馆）、香港新亚（香港新亚研究所图书馆）、台故图（台北"故宫博物院"图书馆）、台傅（台湾"中央研究院"历史语言研究所傅斯年图书馆）、台近（台湾"中央研究院"近代史研究所图书室）、台央图（台湾"中央图书馆"）、台分图（台湾"中央图书馆"台湾分馆）、台师大（台湾师范大学图书馆）、台大文（台湾大学文学院联合图书室）、大木（日本东京大学东洋文化研究所大木文库）。

② 张伟仁主编：《中国法制史书目》，台湾"中央研究院"历史语言研究所专刊之67，1976。

③ 田涛编译：《日本国大木干一藏中国法学古籍书目》，法律出版社，1991。

表 4-11　41 家图书馆藏清代则例文献统计表

单位：种

刊印年代 \ 类别	综合类	宫廷类	吏部类	户部类	礼部类	兵部类	刑部类	工部类	其他衙门	合计
顺　治				1	1					2
康　熙	33		8	2	2	8	2			55
雍　正	7		27	5	2	2		5		48
乾　隆	30	3	26	33	17	32	2	10	16	169
嘉庆至清末	48	78	106	78	68	45	2	85	67	577
总　　计	118	81	167	119	90	87	6	100	83	851

　　这里需要说明的是，由于下述原因，我们对 41 家图书馆藏清代则例版本的统计，还属于不完全的统计。一是不少图书馆只编写了善本书目，有些图书馆尚未对该馆藏这类文献进行全部编目，这样，势必有许多文献特别是清嘉庆以后的则例版本被遗漏。二是清代颁行的则例一般有满、汉两种文本，因笔者不懂满文，加之时间所限，对满文文献未进行调研和统计。三是我们在统计中，采用了"宁严勿宽"的原则，只统计书名为"则例"者，内容属于则例性质而书名标为"条例"、"条款"、"章程"、"定例"、"新例"、"常例"、"事例"、"事宜"等称谓者，均未统计；综合汇编类法律文献，书中虽辑有单行的则例，但不属于专门汇编则例的图书，亦没有统计。实际上，就这 41 家图书馆而言，他们实际上馆藏的清代刊印的则例文献版本，远比上表中的统计数字要多得多。

　　王钟翰于 1940 年所写《清代则例及其与政法关系之研究》一文中说：

　　曩者钟翰习明清史，于清代各部署则例，心焉好之；课余之暇，凡为本校（燕京大学）图书馆访购五六百种，欲遍读之，以悉一代因革损益。惟卷帙极繁，几无从措手。有清一代，各部署无虑数十；且开馆重修，大约五年或十年一次，为书尚不知凡几。已购得者，不过五分之一，其余尚待访求。①

　　王钟翰 1937 年夏至 1941 年冬为燕京大学访购的清代则例文献书目，载于他所写《清代则例及其与政法关系之研究》一文后附录的《清代各部署则例经眼录》② 中，计有不同版本的清代则例文献 524 种。可惜其中许多文献的版本，我们至今未能从北京大学图书馆或其他图书馆的馆藏目录中找到。国内外现存清代则例文献版本到底有多少，这需要在有组织地、认真地普查基础上才能确定。但从我们对部分图书馆的调研结果看，清代对则例的编纂、修订是很频繁的，官方和私家对各类则例文献的纂辑和刊印也是很发达的。如果说国内外现藏的不同版本的清代则例文献在千种以上，应当说是没有夸大成份的。

　　清代统治者对于则例的编修，经历了一个认识不断深化、由不成熟到逐步完善的过程。这个发展过程大体可分为三个发展阶段。

　　（1）顺治、康熙时期是清代则例的草创和奠基阶段。

　　清入关前和清王朝建立之初的行政立法，基本上是以制定事

①　王钟翰著：《王钟翰清史论集》第 3 册，中华书局，2004，第 1697 页。
②　王钟翰著：《王钟翰清史论集》第 3 册，中华书局，2004，第 1847～1877 页。王氏辑录的清代则例书目，除题名"则例"者外，也包括大量的"成案"、"条例"、"新例"、"定例"、"章程"、"案例"、"事宜"、"图说"、"条约"、"说帖"、"事宜"、"歌诀"等形式的文献在内，均未标明藏馆。他在很多文献的版本后标有（？），表示这些文献的版本有待鉴定。本部分各表中列举的清代文献则例版本，系笔者根据 41 家图书馆现存文献目录整理，其中部分文献的版本可能与王钟翰所辑书目为同一版本。

例和单行条例的方式逐步建立起来的。据史载，太宗皇太极天聪、崇德年间，为了满足后金政权建设需要，就很注重制例。天聪五年（1631年），"六月癸亥，定功臣袭职例"；①天聪五年秋七月甲戌，"更定讦告诸贝勒者准其离主例，其以细事讦诉者禁之"；②天聪六年（1632年）三月，"庚戌，定讦告诸贝勒者轻重虚实坐罪例，禁子弟告父兄、妻告夫者；定贝勒大臣赐祭葬例"；③天聪八年（1634年）二月壬戌，"定丧祭例，妻殉夫者听，仍予旌表；逼妾殉者，妻坐死"；④崇德三年（1638年）九月，"丁丑，定优免人丁例"；⑤崇德七年（1642年）闰十一月己未，"定围猎误射人马处分例"；⑥崇德八年（1643年）三月，"辛酉，更定六部处分例"；⑦崇德八年七月，"壬寅，定诸王贝勒失误朝会处分例。"⑧1644年，即顺治元年，清入关取代明朝建立大清国后，战事不断，政局动荡，朝廷没有足够的精力从事系统的行政法律的编纂活动。清世祖福临顺治四年（1647年）《大清律》颁行后，由于《大清律》基本上是照抄明律，加之国家行政、经济管理方面的基本法律尚未来及制定，顺治朝对于治理国家中出现的大量社会问题，主要是采取因事制例的立法措施解决的。清开国之初的因事制例，仍是沿袭明代的做法，多是以则例表示钱粮方面的立法，钱粮之外的刑例和其他行政诸例，则主要是采取事例这一法律形式。据史载，顺治年间制定的各类事

① 《清史稿》卷二《太宗本纪一》，中华书局，1996，第34页。
② 《清史稿》卷二《太宗本纪一》，中华书局，1996，第35页。
③ 《清史稿》卷二《太宗本纪一》，中华书局，1996，第38页。
④ 《清史稿》卷二《太宗本纪一》，中华书局，1996，第44页。
⑤ 《清史稿》卷三《太宗本纪二》，中华书局，1996，第65页。
⑥ 《清史稿》卷三《太宗本纪二》，中华书局，1996，第79页。
⑦ 《清史稿》卷三《太宗本纪二》，中华书局，1996，第79页。
⑧ 《清史稿》卷三《太宗本纪二》，中华书局，1996，第80页。

例的数量是庞大的，比如，顺治八年（1651年）三月，"辛卯，定王公朝集例。壬辰，定袭爵例。癸卯，定斋戒例"；① 顺治九年（1652年）三月，"庚辰，定官员封赠例"；② 顺治十年（1653年）四月，"丁巳，定满官离任持服三年例"；③ 顺治十年五月，"丁丑，定旌表宗室节孝贞烈例"、"庚辰，定热审例"；④ 顺治十年六月，"癸卯，复秋决朝审例"；⑤ 顺治十年，"九月壬子，复刑部三复奏例"；⑥ 顺治十三年（1656年）二月，"庚午，定部院满官三年考满、六年京察例"；⑦ 顺治十五年（1658年）九月，"庚戌，更定理藩院大辟条例"；⑧ 顺治十六年（1659年）闰三月，"丁卯，定犯赃例，满十两者流席北，应杖责者不准折赎"；⑨ 顺治十六年十二月，"乙巳，定世职承袭例"。⑩

顺治年间，朝廷也制定了用以规范钱粮事务方面的不少则例。比如：顺治五年（1648年）三月"壬戌，定优免则例"，该则例对各级品官、以礼致仕官员、教官、举贡监生、生员、杂职吏员在免除田粮方面所享受的优待作了详细规定。⑪ 顺治七年（1650年）八月"癸卯，户部奏：故明卫所军丁有领运之责，故屯田征派较民地稍轻。今军丁既裁，凡无运粮各卫所屯田地

---

① 《清史稿》卷五《世祖本纪二》，中华书局，1996，第124页。
② 《清史稿》卷五《世祖本纪二》，中华书局，1996，第128页。
③ 《清史稿》卷五《世祖本纪二》，中华书局，1996，第133页。
④ 《清史稿》卷五《世祖本纪二》，中华书局，1996，第133页。
⑤ 《清史稿》卷五《世祖本纪二》，中华书局，1996，第134页。
⑥ 《清史稿》卷五《世祖本纪二》，中华书局，1996，第135页。
⑦ 《清史稿》卷五《世祖本纪二》，中华书局，1996，第144~145页。
⑧ 《清史稿》卷五《世祖本纪二》，中华书局，1996，第153页。
⑨ 《清史稿》卷五《世祖本纪二》，中华书局，1996，第155页。
⑩ 《清史稿》卷五《世祖本纪二》，中华书局，1996，第157页。
⑪ （清）王先谦撰：《东华录》顺治十，《续修四库全书》史部第369册，上海古籍出版社，2002，第279页上。

亩，俱应查照州县《民田则例》一体起科征解。从之"；① 顺治十一年（1654 年）三月"丙申，敕谕赈济直隶大臣马哈纳曰……但系饥民，一体赈济，务使均霑实惠，不许任凭胥吏等人侵克冒支。其应征、应停、应免钱粮，查照该部奏定《则例》，逐一明白开列，示谕小民。"② 顺治十四年（1657 年）十月"丙子，谕户部……《钱粮则例》俱照万历年间。其天启、崇祯时加增，尽行蠲免……原额以明万历年刊书为准。"③

顺治朝在草创清代法制方面的一个重大发展，是突破了明代把则例局限于钱粮事务方面立法的模式，扩大了则例的适用范围，把这一法律形式运用于钱粮之外的其他领域的立法，并进行了刑事、行政类单行则例法规的编纂。据《清文献通考》的按语称："臣等谨按，旗逃名例古所未有，顺治初创为则例。康熙十五年命大学士索额图校定。"④ 这里说的"旗逃名例"，就是《督捕则例》。《国朝宫史》在"书籍"条目中列有"《督捕则例》一部"，该条目下注曰："世祖章皇帝特命纂成《督捕则例》，圣祖仁皇帝命重修。"⑤ 薛允升在《读例存疑》中曾经对《督捕则例》进行了详细考析。指出："《督捕则例》始于国初，乾隆八年奏明全行修改，以后或增或删，均有按语可查。惟督捕原例及康熙年间改纂之例，历次修例按语均未叙入，是以无从稽考。"⑥ 据薛氏考证，乾隆时纂修的《督捕则

① （清）王先谦撰：《东华录》顺治十五，《续修四库全书》史部第 369 册，上海古籍出版社，2002，第 305 页上。
② （清）王先谦撰：《东华录》顺治二十二，《续修四库全书》史部第 369 册，上海古籍出版社，2002，第 376 页上。
③ （清）王先谦撰：《东华录》顺治二十九，《续修四库全书》史部第 369 册，上海古籍出版社，2002，第 425 页下。
④ 《清朝文献通考》卷二二二《经籍十二》，浙江古籍出版社，2000，影印本，第 6850 页。
⑤ 《国朝宫史》卷二六。
⑥ （清）薛允升撰：《读例存疑》卷五三《督捕则例上》。

例》，其内容与顺治时颁布的督捕原例相同或相近的条目，仅有
"另户旗人逃走"、"窝逃及邻佑人等分别治罪"、"另户人不刺
字"、"十日内拿获不刺字"、"携带同逃"、"外省驻防属下人
逃"、"误行刺字"等 7 条，且这些条目的文字分别在康熙、乾
隆时有所改动。① 由此可知，顺治时制定的《督捕则例》内容是
比较简略的。

　　顺治年间，还编纂有以考核官吏成绩为基本内容的《考成
则例》。《清史稿》曰："漕粮为天庾正供，司运官吏考成綦严。
清顺治十二年，定漕粮二道考成则例。经征州县卫所各官，漕粮
逾期未完，分别罚俸、住俸、降级、革职，责令戴罪督催，完日
开复。"② 其记载与《清史稿》相同。又据顺治十七年（1660
年）吏部尚书孙廷铨《用人四事疏》，其一曰"宽考成"，内称：
"自钱粮考成，头绪繁杂，以致降级革职者一岁不可胜纪。人材
摧残，催科酷烈。"；"今莫若将《考成则例》敕下户部，再详加
考订，酌量宽减。"③ 另外，清乾隆《台规》卷六载："顺治十八
年都察院题定，各项钱粮向有《考成则例》。"这些记载表明，
顺治年间颁行过《考成则例》。

　　如果说顺治年间对于编纂则例进行了有益的探索的话，那
么，朝廷有计划地进行则例的编纂，则是从康熙年间开始的。康
熙朝是清代法制的奠基时期，在则例的编纂方面同样取得了很大
的成绩。据我们对 41 家图书馆的初步调研，其馆藏的康熙时期
编纂和刊印的则例文献有 50 余种，现把代表性文献列表述后
（见表 4-12）。

---

① （清）薛允升撰：《读例存疑》卷五三。
② 《清史稿》卷一二二《食货三·漕运》，中华书局，1996，第 3590 页。
③ （清）贺长龄辑：《皇朝经世文编》卷一三《治体七》，又见于《皇清奏议》卷一五。

表 4 - 12　康熙朝则例文献举要

类别	则例名称	卷数·册数	成书或刊印时间	馆藏单位
六 部	六部题定新例（内含则例八卷）	不分卷，25 册	康熙九年刻本	法学所
	六部题定新例	6 卷	康熙九年增修本	科图
	六部题定新例	11 卷，16 册	康熙二十四年官撰，宛羽斋刻本	大木
	新增六部题定现行则例	存 7 卷，7 册	康熙官撰，清抄本	大木
	钦定六部则例	不分卷，6 册	康熙十五年刻本	法学所
	六部则例	不分卷，4 册	康熙十五年抄本	法学所
	六部现行则例（清初至康熙四十一年定例）	11 册	清抄本	台傅
	六部考成见行则例	不分卷，10 册	康熙八年抄本	北大
	新定六部考成现行则例	17 卷，24 册	康熙二十九年刻本	法学所
	新增更定六部考成现行则例	16 卷，目录 2 卷，18 册	康熙四十一年官撰清抄本	大木
	新增更定六部考成现行则例	14 册	康熙间颁，清抄本	法学所
	钦定处分则例	不分卷，4 册	康熙刻本	法学所
	钦定删繁从简处分则例	不分卷，存 3 册	康熙十四年官撰，十五年宛羽斋李伯龙书房刻本	大木
吏 部	满洲品级考 1 卷，汉军品级考 1 卷，汉品级考 5 卷，铨选满洲则例 1 卷，铨选汉则例 1 卷		康熙十二年官撰，刻本	大木
	满州品级考	1 卷，1 册	康熙刻本	科图
	汉品级考汉军品级考	6 卷，5 册	康熙刻本	科图
户部	浙海钞关征收税银则例	1 卷，1 册	康熙刻本	上图
礼部	礼部题准更定科场条例	1 卷，1 册	康熙刻本	法学所

类别	则例名称	卷数·册数	成书或刊印时间	馆藏单位
兵部	中枢政考	4 卷，4 册	康熙十一年官撰，康熙刊本	故宫、辽图
	钦定中枢政考	无卷数，12 册	康熙三十九年刻本	法学所
	中枢政考	4 卷	康熙刻本	北大
	兵部督捕则例	不分卷，2 册	康熙十五年刻本	北大
	督捕则例	1 卷，1 册	康熙十五年官撰，刻本	大木
	兵部督捕则例	1 卷，1 册	康熙刻本	国图
刑部	刑部新定现行则例	2 卷，4 册	康熙二十九年刻本	北大
	刑部新定现行则例 2 卷，附兵部督捕则例 1 卷	16 册	康熙刻本	科图
其他	六部则例全书	20 卷，16 册	康熙五十四年刻本	北大 法学所
	六部则例全书	20 卷，11 册	康熙五十五年青门公署宽恕堂刻本	北大
	六部则例全书	无卷数，6 册	康熙刻本	国图
	本朝则例全书	18 卷，16 册	康熙六十一年刻本	法学所
	本朝则例类编	12 卷，续增新例 4 卷，16 册	康熙四十二年庆宜堂刻增修本	科图
	本朝则例类编	12 卷，14 册	康熙云林书坊重刻本	法学所 北大
	本朝续增则例类编	14 册	康熙五十二年刻本	法学所
	本朝则例	12 卷	康熙刻本	大连
	定例全编	50 卷，34 册	康熙五十四年刻本	法学所 辽图
	大清律例疎注广汇全书（内有六部则例）	30 卷，10 册	康熙四十五年重刻本	法学所

类别	则例名称	卷数·册数	成书或刊印时间	馆藏单位
其他	定例成案合镌（附续增28卷，逃人事例1卷续增1卷）	30卷，8册	康熙四十六年刊增修本	科图
	定例成案合镌（内有六部处分则例、六部续增则例、刑部现行则例、兵部督捕则例等）	30卷，10册	康熙五十二年刻本	法学所
	定例成案合镌	30卷，16册	康熙六十年刻本	法学所
	本朝题驳公案	11卷，10册	康熙五十九年	法学所

康熙年间，在编纂则例方面的代表性立法成果主要有：

①《钦定处分则例》和《续增处分则例》。

《钦定处分则例》是康熙年间则例编纂的重要创举，其内容是关于行政官员违制行为应受行政处分的规定。因主管文职官员行政处分事宜的机关是吏部，故又称《吏部处分则例》；又因其处分对象主要是六部官员，编纂体例以六部分类，也简称为《六部则例》。它始定于康熙九年（1670年），康熙十五年（1676年）再次修订颁行，之后又于康熙二十五年（1686年）续修，增补了康熙十五年后新定的则例，续修本题名为《续增处分则例》。

康熙九年（1670年）四月五日，湖广道御史李之芳上书，建议编纂《处分则例》，他在奏本中说："则例纷纭，权总归于胥吏。欲轻则有轻条，欲重则有重拟。"建议康熙皇帝"特谕部院大臣，将该部见行事例彻底推究，实实厘定，务使永远可行"。① 李

---

① （清）李之芳撰：《请除无益条例疏》，见（清）贺长龄等辑《皇朝经世文编》卷一五。

之芳奏本中所云"则例纷纭"，说明在康熙九年之前，朝廷已颁行过不少有关官吏处分方面的条例，并未系统编纂。又据《钦定处分则例》卷首载康熙十四年（1675 年）四月十二日吏部题本云：

> 吏部题为《处分则例》进呈御览事。康熙十二年九月十八日奉上谕：谕吏部等衙门：国家致治，首在崇尚宽大，爱惜人才。俾事例简明，易于遵守，处分允当，不致烦苛，乃符明作惇大之治。向来各部衙俱定有处分条例，已经颁行。但其中款项太多，过于繁密，以致奉行者或以胶执为守法，或以苛察为详明；或例所未载，援引比附，轻重失宜，徒据成规，罔原情理。大小各官，稍有过误，动触文纲。虽是才能，勿获展布，深为可惜。着该部各衙门将见行处分条例重加订正，斟酌情法，删繁从简，应去应留，逐一分别，详议具奏。特谕。钦此。查臣部处分文职官员条例，有会同各部衙门题定者，亦有臣部题定者，亦有各部衙门题定者。今臣等会同各部衙门，将康熙九年题定之例，并续经臣部等衙门题定之例内，斟酌情法，删繁从简；处分过重者改轻，应去应留之处逐一分析明白，仍订七册进呈。①

康熙十五年（1676 年）二月二十一日，康熙皇帝命将《处分则例》"依议册并发"，颁布大卜遵行。从吏部题本看，康熙十五年《处分则例》颁行前，朝廷曾制定有"康熙九年题定之例"，说明李之芳的关于制定《处分则例》的建议得到了康熙皇帝的采纳。康熙十五年之所以再次修订《处分则例》，目的是为

---

① （清）对哈纳等纂修：《钦定处分则例》卷首载吏部题稿，中国社会科学院法学研究所图书馆藏清康熙刻本。

了贯彻"崇尚宽大，爱惜人才"的治吏原则，删繁就简，改重从轻，使处分允当。该则例是在修订"康熙九年题定之例"和康熙九年至十四年四月间各部衙门题定之例的基础上形成的。

现见的《钦定处分则例》的版本，有中国社会科学院法学研究所图书馆藏康熙刻本。该所藏《钦定六部则例》康熙十五年刻本及《六部则例》康熙抄本，内容及编纂体例等均与《钦定处分则例》康熙刻本相同，只是书名有异，很可能《钦定六部则例》为书坊刻本，《六部则例》为私家抄本。康熙朝制定的《钦定六部则例》，由文华殿大学士管吏部尚书事对哈纳等奉敕纂修。该书不分卷，由《吏部则例》、《户部则例》、《礼部则例》、《兵部则例》、《刑部则例》、《工部则例》及《督捕则例》七部分组成。共258条。其中，《吏部则例》有抚绥无术、选官回避、升员离任、丁忧违限、失误朝仪式、失报事故、推委事件、不报逃官、失火、擅行裁汰、留用贪官、馈送礼物、亲友招摇、误用印信等63条；《户部则例》有地丁钱粮限满、盐课限满、运解漕粮议叙处分、仓库坐粮考核、钱粮未完离任、关税考核、失察私铸、违例起解、报灾逾限、隐匿地亩、那移钱粮、克扣兵饷、违例支给、造册遗漏等78条；《礼部则例》有科场、徇庇劣生、擅放贡舡、禁止邪教、考试迟延等12条；《兵部则例》有盗案、土官处分、捕役为盗、违禁出海、制造军器、私发马匹、违误驿务、克扣驿饷、盗窃处分等23条；《刑部则例》有官员停止监锁、失察衙役犯赃、监毙人命、重犯越狱不报、擅用非刑、承问失出、误行正法、错行折赎、检验不确、擅行发配、错解人犯、错行处决等40条；《工部则例》有解送匠役、不修堤桥、造作迟延、未修营房、城郭等项限内坍塌等11条；《督捕则例》有不实查报逃人、隔地方失察、取保释放、隐留窝家产业、文武官员窝逃、拿解良民、谎递逃牌等 31 条。

《续增处分则例》颁布于康熙二十五年（1686 年）。康熙二十三年（1684 年）奉上谕："各部院衙门所定之例，有互相参差者，着九卿詹事科道官员将现行例逐件详查，划一议定具奏。"经过吏部"会同九卿詹事科道官员将现行例逐件详查，划一议定，具题遵行在案"。① 朝廷对于纂修《续增处分则例》的工作是抓的很认真的。康熙二十三年八月三十日癸亥，九卿会议定刑部侍郎高尔位被降三级调用，其原因是："高尔位身为侍郎，于本衙门启奏重定则例，如意见与众合，当列名本内；如另出意见，则当两议上请。彼既不列名，又不两议，及九卿会议时，乃复列名。"② 从这则记载可知当时修例的程序是：各部由尚书侍郎议定本部的则例，把议定结果联名上奏；如有人持不同意见，可以单独上奏，然后再经过九卿会议集体讨论，最后报皇帝批准。刑部侍郎高尔位就是由于没有遵照上述程序而遭到降级处分的。

《处分则例》在康熙年间曾三次修订，之后各朝又屡次修订。由此可见，清代统治者对这一则例的制定和实施是何等重视。

② 《六部考成现行则例》的修订。

《六部考成现行则例》是清廷考核各级官吏业绩及奖惩办法的规定。该则例始修于顺治年间，康熙初又进行了重修。北京大学图书馆藏《六部考成见行则例》10 册，系康熙八年残抄本。中国社会科学院法学研究所图书馆藏该书康熙二十九年（1690 年）刻本、《新定六部考成现行则例》康熙抄本各一部。据北京

---

① 《续增处分则例》书首吏部等衙门奏疏，日本内阁文库藏本。
② 《康熙起居注》康熙二十三年八月三十日载大学士明珠奏。

大学图书馆藏本前所记康熙皇帝上谕及吏部等衙门题奏，鉴于康熙元年（1662 年）六月以来，对在外官员三年一次考察的制度停止执行；康熙四年（1665 年）正月以来，六年一次考察京官的制度也未进行，为了健全官吏考核制度，康熙皇帝采纳了朝臣的意见，命吏部、兵部、都察院等衙门纂修《考成则例》。康熙六年（1667 年）三月，该则例修成。吏部等衙门为该书所写的题奏云："应自此考核年分算起，六年一次考察京官，三年一次大计外官，命下通行直隶各省督抚，遵行可也。"① 康熙皇帝圣旨："依议。"

《六部现行考成则例》以吏、户、礼、兵、刑、工六部为序，分为六部分编纂，就中央各部及所属衙门的职掌、考核规则、业绩纪录、加级、降罚、录用及违法治罪等作了详细规定。其中，《吏部考成则例》内有朝觐则例、五等考满例、六年考察例、地方失事处分例、离任处分例、军功纪录例、恤刑纪录例、科道究参例、钱粮革职完职例、京外各官推升例和各部院考满加衔加级例等目；《户部考成则例》内有各省职掌定例、正项杂项钱粮各级官府初次处分例、年限已满二次处分例、各省钱粮议叙例、私铸处分例、关说规则等目；《吏部考成则例》内有科场定例、会试例、岁科并考例、举人录用例、祀典例、封赠例、因袭例等目；《兵部考成则例》内有兵部察例、隐匿逃人治罪例、武官收赎例、武官品级例、减报盗贼奖罚例、驿递应付例、军功加级例等目；《刑部考成则例》内有不准折赎例、行贿受贿治罪例、官员犯赃籍没例、收赎徒流例、越狱处分例、恤刑考成例、朝审例、会审例、以重作轻处分例、自首免罪例等目；《工部考

---

① 《六部考成现行则例》卷首，北京大学图书馆藏清康熙抄本。

成则例》内有芦课钱粮考成例、河工加级例、修理城垣录用例、修理兵马营房录用例、捐造文庙大小官纪录例、捐修城坝堤岸等项纪录例等目。书末还附有续补考成则例多条。

该则例的颁行,使清王朝的官吏考核制度进一步规范和完善。康熙年间,朝廷按照《考成则例》的规定,曾多次在全国范围内考核官吏,对严明吏治发挥了较好的作用。该则例的基本内容,为雍正及以后各朝纂修《吏部则例》和《吏部处分则例》时所吸收。

③《兵部督捕则例》的修订。

《督捕则例》始修于顺治年间,康熙年间又进行了重修。中国国家图书馆藏康熙刊本《兵部督捕则例》一卷,题索额图等纂。卷首载索尔图等题本云:"康熙十五年正月十四日奉上谕:谕兵部督捕衙门:逃人事情关系旗人重大,因恐致百姓株连困苦,故将条例屡行更改减定,期于兵民两益。近见各该地方官奉行疏玩,缉获日少,旗下民生深为未便。兹应遣部院大臣会同尔衙门,将新旧条例逐一详定,务俾永远可行。"① 由于康熙对修订《督捕则例》十分重视,修订工作进度很快,用了不到一个半月的时间,就起草完毕。同年二月二十七日书成,四月初五日康熙皇帝下旨刊行。

《督捕则例》正文收有关逃人条例113条,内有十日内不刺字例、另户人不刺字例、买人例、窝家地方等治罪例、出首逃人例、店家治罪例、遗漏逃牌例、顺治元年以前逃走例、文武官员功过例等目。书末另附有新续则例3条,卷后之文曰:"兵部督捕咨东司案呈,查得本部则例于康熙十五年四月内题定,刊刻通

---

① (清)索尔图等纂修:《兵部督捕则例》,中国国家图书馆藏清康熙刻本。

行内外";"今将题定则例并新续数条通行直隶各省督抚,仍照前刊刻"云云。乾隆八年(1743年)刊行的《督捕则例》书首载律例馆总裁官、大学士徐本等题稿云:"自我朝定鼎之初,世祖章皇帝特命臣工纂成《督捕则例》,嗣于康熙十五年,复蒙圣祖仁皇帝钦点大学士臣索额图等重加酌定,刊布遵行,迄今七十余年,未经修辑。"① 据上述记载可知,《督捕则例》自康熙十五年(1676年)到乾隆二十九年(1764年)间近90余年中,没有进行过系统修订。这期间刊印的《督捕则例》,只是增加了一些新续条数,基本上保持了该书的原貌。

④《中枢政考》。

《中枢政考》实际上是清代的兵部则例,始修于康熙十一年(1672年)。时任兵部尚书的明珠曾于康熙十年(1671年)二月充经筵讲官,同年十一月调任兵部尚书。在《中枢政考》编纂前,明珠曾以"经筵讲官兵部尚书"领衔向皇帝进呈奏本《题为则例更正已成恭缮黄册进呈事》,内称:"本年四月内具题,请将现行则例斟酌更正,颁布中外。"行文中提及兵部条规,皆以"则例"称之。明珠把兵部职掌及其性质概括为"职典邦政,事关枢机",故将兵部则例题名为《中枢政考》。《中枢政考》的称谓是否来源于此,有待进一步考证,然其内容为兵部则例无疑。康熙年间编纂的《中枢政考》,与以后各朝卷帙浩繁的《中枢政考》相比较,内容还相当简略。

⑤《浙海钞关征收税银则例》。

《浙海钞关征收税银则例》康熙刻本,现藏上海图书馆。中国国家图书馆亦藏有此书,书目"出版项"栏标明刊于清初。

---

① (清)徐本、唐绍祖等纂修:《督捕则例》,清乾隆八年武英殿刻本。

其内容是各海关、口岸对各种应上税课的货物征收税银的具体规定，征收税银的货物包括锦缎罗绫纱绸丝绵布葛麻、颜料胶漆、铜铁锡铅、瓷器纸箔瓦缸钵、腌鲜牲畜野味皮张毛角、杂色药材、藤漆什物竹木柴炭、绒毡毯棕竹席、香椒糖蜡干鲜果菜油面茶酒粉、海味鱼鲜等。朝廷制定该则例的目的，既是为了防止商人逃税，确保国家财政收入，也是为了防止官吏额外勒索，保障商业活动正常进行。据《康熙起居注》载，康熙二十八年（1689年），圣祖玄烨巡视浙江时谕臣下曰："至各处榷关原有则例，朕舟行所至，谘访过关商民，每不难于输纳额税，而以稽留关次不能速过为苦。榷关官员理宜遵奉屡颁谕旨，恤商惠民，岂可反贻商民之累！"① 可知当时浙江所设的榷关是依照则例管理的。

康熙朝编纂的则例，除行政类则例外，还编纂有刑事类则例。康熙十九年（1680年）颁行的《刑部新定现行则例》，其编纂体例仿效顺治初颁布的《大清律》，以吏、户、礼、兵、刑、工六部分类，并于康熙二十八年（1689年）收入《大清律》条例内，是清代统治者创造性地制定本朝刑事法律的尝试。这部刑律以"则例"为名，说明在康熙朝君臣的心目中，则例仍是用于完善刑事、行政诸方面立法共同使用的重要法律形式，还不像清代中后期那样，用于完善律典的刑例不再以则例为名，则例主要用于规范行政法律制度。康熙朝编纂的则例，虽然内容尚不完善，主要是进行了以"六部一体"为特点的综合性则例的编纂。然而，这一历史时期编纂则例的实践和成就，为清一代实行以则例为主体完善行政法制的立法制度提供了丰富的经验。

在现见的康熙朝刊印的则例文献中，除官刻本外，民间书坊

---

① 《康熙起居注》康熙二十八年二月己巳。

本亦不少，这反映了当时社会对则例一类书籍的需要。对于各级官吏乃至准备进入仕途的人们来说，则例是不可或缺的读物，故这类图书有相当的市场。则例书坊本的编纂方式和刊刻质量，较之官刻本并不逊色。以《本朝则例全书》为例。该书首载康熙五十五年（1716 年）川陕总督鄂海序，故有人将此书题为鄂海辑。按鄂海序，此书是将"凡皇上钦定各案，有关国政有阐律文者，逐为登记，汇成一书"。它属于半官方的印刷品。从鄂序后的朱植仁撰《纂辑则例记言》看，朱植仁应该是实际编者。该书正文分为两部分，一为六部定例，共 12 册；二为六部处分，共 4 册。《纂辑则例记言》曰："是集分为二编，一曰定例，一曰处分。定例者，兴利除弊，革故图新，行其所不得不行，止其所不得不止，治天下之大经，政也；处分者，彰善瘅恶，激劝臣工，陟黜有定衡，叙罚有定数，治天下之大法，令也。坊钞悉皆合载，以致错杂难稽。今特分而二之：六部定例一十二本，六部处分四本。依类而取阅焉，政令于是乎备矣。"① 针对一些坊间刻本把定例与处分混编在一起、"以致错杂难稽"的情况，该书把两者明确区分，分别编辑，颇为难得。关于处分则例的内容，据《记言》云，是"以康熙十五年颁发《钦定处分则例》为主，继以康熙二十五年颁行《续增则例》，嗣此后各年题定诸条，俱依类附载，其有刊本未备款项，则于从前行过各成案，一并附记，以资考正"。② 上述文字也从侧面证实了康熙修订刊发处分则例的情形。

康熙时期的则例坊刊本还有《本朝则例类编》、《本朝续增则例类编》等。坊刻本往往以官方颁布的"则例"为基础，增

---

① （清）鄂海辑：《本朝则例全书》书首《纂辑则例记言》，康熙六十一年刻本。
② （清）鄂海辑：《本朝则例全书》书首《纂辑则例记言》，康熙六十一年刻本。

辑朝廷新定的相关定例，以内容更加完整、系统、实用为标榜。其合法性在于所增辑的定例或者是皇帝的上谕，或者是经皇帝批准的臣工奏疏。鉴于则例系皇帝钦定，必须"一字无讹"，辑者所做的只是对于定例的分类编排。只有在定例前后不一致时，才有选择取舍的问题，取舍的原则也很简单：按照定例颁行时间的先后去旧存新而已。坊刻本不仅有助于推动则例的传播，其编辑方法对于官方编纂则例也有一定的借鉴意义。

（2）雍正、乾隆时期是清代则例编修逐步走向系统化、制度化和规范化的阶段。

世宗胤禛执政时期，一直很重视则例的编纂。据《清史稿》载："雍正元年，巡视东城御史汤之旭奏：'律例最关紧要，今《六部现行则例》，或有从重改轻，从轻拟重，有先行而今停，事同而法异者，未经画一。乞简谙练律例大臣，专掌律例馆总裁，将康熙六十一年以前之例并《大清会典》，逐条互订，庶免参差。'世宗允之，命大学士朱轼等为总裁，谕令于应增应减之处，再行详加分析，作速修完。三年书成，五年颁布。"① 由于《大清会典》与《六部现行则例》二者是纲与目的关系，内容密切相关，则例是实施会典的细则，故世宗皇帝下旨要求同年同时修订并同于雍正五年（1727 年）颁行。雍正三年（1725 年）七月四日，世宗谕旨曰："今律例馆纂修律例将竣。著吏、兵二部会同将铨选、处分则例并抄白条例，逐一细查详议，应删者删，应留者留。务期简明确切，可以永远遵守。仍逐卷缮写，开原书进呈，朕亲加酌量刊刻颁行。"② 胤禛的谕旨要求同时制定《吏

① 《清史稿》卷一四二《刑法一》，中华书局，1996，第 4184 页。
② 《清世宗实录》卷三四"雍正三年七月己亥"，《清实录》第 7 册，中华书局，1985，第 513～514 页。

部则例》、《吏部处分则例》、《兵部则例》、《兵部处分则例》，足见雍正皇帝对完善行政立法之重视。据日本学者古井阳子考证，《吏部处分则例》颁布于雍正十二年（1734 年）。①《国朝宫史》卷二六《书籍五》记："《钦定吏部则例》一部：雍正十二年律例馆修辑《吏部则例》告竣。"然现存于世的清代则例文献中，故宫博物院图书馆藏有雍正三年内府刊《钦定吏部则例》58 卷本，中国社会科学院法学研究所图书馆藏有清雍正三年刊《钦定吏部处分则例》47 卷本。有的著述说雍正三年的修例没有结果，这一观点需要进一步考证。

雍正年间则例的编纂取得了很大成绩，治理国家的许多重要则例陆续颁布。其中有：以"六部一体"为特色的综合性法规《六部现行则例》，用于规范中央机关行政活动的《吏部则例》、《吏部处分则例》、《兵部则例》、《兵部处分则例》、《工程做法则例》，旨在加强经济事务管理的《常税则例》、《浙海钞关征收税银则例》等。有些行政事务管理比较繁杂的中央机构，还以则例形式制定了有关事务管理的实施细则。如吏部制定了《钦定吏部铨选满官则例》、《钦定吏部铨选汉官则例》。

为了维护朝廷制定的法律法规的权威性和严肃性，防止出现刊印、传抄之误，世宗皇帝曾于雍正三年下令禁止书坊编印则例："书肆有刻卖《六部则例》等书，行文五城，并各直省督抚，严行禁止。"②现存的雍正时期刊印的则例文献，几乎看不到坊刻本的存在，证明这一禁令起到了作用。这里，把我们所知

---

① 见《中国法制史考证》丙编第 4 册，中国社会科学出版社，2003，第 206 页。
② 《雍正上谕内阁》卷三四。又见《清世宗实录》卷三四 "雍正三年七月己亥"，中华书局，1985，第 514 页。

的雍正朝编纂、刊印的一些代表性则例文献及其版本、藏馆列表
（见表 4 – 13）述后。

表 4 – 13 雍正朝则例文献举要

类别	则例名称	卷数·册数	成书或刊印时间	馆藏单位
六部	六部则例（清初至雍正三年定例）		清抄本	台傅
	六部则例新编	不分卷，4 册	雍正八年官撰，雍正京师刻本	大木
	六部则例新编	6 卷	雍正八年刻本	北大
	六部则例新编	不分卷，6 册	雍正八年刻本	法学所
吏部	钦定吏部则例	58 卷	雍正三年内府刻本	故宫
	钦定吏部则例	存 11 卷	雍正内府刻本	复旦
	钦定吏部铨选则例	58 卷	雍正十二年内府刻本	大连
	钦定吏部处分则例	47 卷，16 册	雍正三年刻本	法学所
	钦定吏部处分则例	47 卷，16 册	雍正十三年内府刻本	故宫
	钦定吏部铨选满官则例	1 卷，1 册	雍正内府刻本	国图
	钦定吏部铨选满官则例	1 卷，1 册	雍正官刻本	北大
	钦定吏部铨选汉官则例	3 卷，3 册	雍正十三年内府刻本	故宫
	吏部铨选满官则例	1 卷，1 册	雍正内府刻本	复旦
	吏部铨选汉官则例	1 卷，1 册	雍正内府刻本	复旦
	钦定吏部满州品级考	2 卷，2 册	雍正十三年内府刻本	故宫
	钦定吏部汉官品级考	5 卷，4 册	雍正十三年内府刻本	故宫

类别	则例名称	卷数·册数	成书或刊印时间	馆藏单位
户部	北新关商税则例	不分卷，1 册	雍正刻递修本	国图
	常税则例	2 卷，2 册	雍正五年古香斋刻本	北大
	浙海钞关现行收税则例	1 卷，1 册	雍正七年刻本	国图
	浙海钞关现行收税则例	1 卷，1 册	雍正刻本	北大
	浙海钞关征收税银则例	1 卷，1 册	雍正二年浙江提刑按察使司刻本	故宫
兵部	钦定中枢政考	16 卷	雍正刻本	湖南
工部	工程做法则例	74 卷，20 册	雍正十二年内府刻本	故宫、国图
	工程做法则例	74 卷，20 册	雍正十二年官撰，雍正刻本	大木
	题定河工则例	7 卷，2 册	雍正十二年官刻本	国图东北师大

　　乾隆时期，清代行政法制建设进入成熟阶段，行政法律体系臻于完善，则例的纂修实现了制度化和规范化。乾隆朝在制定或修订则例方面采取了一系列重大措施，使则例成为行政立法的主体，并为嘉靖至清末各朝的行政法律建设奠定了基础。乾隆朝在这方面的重大贡献有几个方面。

　　第一，确立了典、例分立的《大清会典》编纂方针，为则例成为行政立法主体开辟了道路。乾隆皇帝为一统天下法制，则例成为清廷规范各部、院、寺、监行事规程及其实施细则的基本法律形式。清廷在修律的同时，于乾隆十二年（1747 年）编纂《大清会典》。这次修订《会典》时，采取典、例分立的编纂方针，即在修订《会典》的同时，把例从典中分离出来，单独编为一书，称为《会典则例》。"《会典》原本，以则例散附各条下，盖沿历代之旧体。至是乃各为编录，使一具政令之大纲，一备沿革之细目，互相经纬，条理益明。"① 乾隆《大清会典》历时十七年修订，于乾隆二十九年（1764 年）完成，其中《会典》100 卷，《会典则例》180 卷。乾隆朝修订的《会典》，改事例为则例，这种做法存在着使"则例"一名易与单行则例相混淆的弊端，故清廷修嘉庆会典时又恢复了事例旧名。乾隆朝在修订会典中虽然也存在一些缺陷，但其开创的典、例分立的编纂方针及按例的颁布时间先后分门别类编纂事例的方法，是法律、法规编纂的重大进步，既有利于人们掌握一代典章制度，也有利于人们稽考例的原委始末。乾隆《会典》及其《会典则例》的编纂，极大地丰富了大清行政法典的内容，提高了则例的法律地位，对于推动朝廷各部、院、寺、监办事细则的全面修订发挥了积极作用。

第二，改变统一由专门编纂机构进行法规编纂的方式，由六部分别编纂各部的则例。根据《国朝宫史》卷二六的记载，雍正朝的《吏部则例》是由律例馆修辑的。乾隆《会典则例》的编纂，开始时也是由律例馆统一修订，各部仅负校勘之责："每修成会典一卷，即副以则例一卷，先发该衙门校勘，实无遗漏讹错，然后进呈，恭候钦定"。② 对此，吏部认为本部事务极其复杂，则例的编纂殊非易事，采用由律例馆统一修订各部署则例的办法，操作起来比较困难。指出："若非臣部堂官时加督率，互参考订，斟酌损益，难免遗漏舛错之愆。其律例馆所委纂修各官，于臣部事宜素非历练，未能周知，若经年累月，咨访采择，

① 《四库总目提要》卷八一。
② 《吏部处分则例》卷首张廷玉奏折。

则又未易成书。"① 吏部请求由本部承担《吏部则例》的编纂，这一请求得到乾隆皇帝批准。在此之后，各部署的则例也改由本衙门编纂，由朝廷审议通过和皇帝批准后颁布。这种做法尽管存在部门自行立法的弊端，还存在就各部之间的则例规定不一致需要进行协调的问题，但是，却提高了编纂效率，保证了则例编纂的质量。

第三，建立定期修例制度。"乾隆元年，刑部奏准三年修例一次。"② 乾隆十一年（1746 年）七月辛酉，针对御史戴章甫上书奏请续修吏部则例一事，发布上谕，就刑部则例原奏明三年一修等问题指出："从前所定三年，朕意亦谓太速，嗣后刑部似应限应五年。至于吏部等部则例，即限以十年，亦不为迟"，并"著大学士会同九卿将如此分年纂辑之处定议具奏"。③ 各部、院、寺、监则例"五年一小修、十年一大修"之制自此形成。高宗弘历执政期间，从乾隆十一年到乾隆六十年（1795 年）50 年间，定期修例制度基本得到了执行。乾隆朝以后，这一制度存在的未顾及各部署实际、修例时限过分机械的弊端日渐突出，事务繁多的部署或因例案众多，或因刊印时间较长，无法做到按时修订则例；事务较简的机构则因例案较少，频繁修订既无实际必要，也耗费人力财力。在这种情况下，诸如户部这类事繁的部署往往奏请延长修例期限，而事简的部署又要求改变延长原定的修例期限，实际上一些部署并未严格执行"五年一小修，十年一大修"的制度，常常是在奏请皇帝后变通修例时限。如国子监

---

① 《吏部处分则例》卷首张廷玉奏折。
② 《清史稿》卷一四二《刑法一》，中华书局，1996，第 4186 页。
③ （清）王先谦撰：《东华续录》乾隆二十四，《续修四库全书》史部第 372 册，上海古籍出版社，2002，第 178 页下。

自乾隆六十年（1795 年）纂修则例后，直到道光二年（1822 年）才进行增修，期间间歇 27 年之久；理藩院于乾隆五十四年（1789 年）校订则例后，直到嘉庆十六年（1811 年）才再次增修，期间间歇 22 年之久。据王钟瀚考察，乾隆朝制定的"十年一大修"的制度，到道光十年（1830 年）时停止执行，①实行时间达 80 余年。道光十年以后，各部、院、寺、监则例何时续修，由该部、院、寺、监根据实际需要确定。定期修例制度在其实行的过程中，虽然出现过修例时限变通的现象，但多数部署还是遵守了朝廷规定的修例时限，并对道光朝以后的修例产生了影响。如《户部则例》于乾隆四十一年（1776 年）至同治十二年（1873 年）间，曾先后修订过 15 次，各次修订的时间间隔不到 6 年。定期修例制度对于及时完善清代法规的编纂，保证法律制度的有效实施，无疑是发挥了积极的作用。

自乾隆朝起进行的则例的修订，主要是在原来颁布的则例的基础上，把其后颁行的定例（包括一些由成案上升的定例）增补进去。由于这些定例是根据社会生活中新发生的问题制定的，为增补新例而修定则例，更能增强则例的适应性，也有利于法律制度的进一步完善。故每次进行则例修定时，必须对旧例与新例之间有无矛盾比较鉴别，决定去留，删除过时的条文，对部分过时的条款予以改定，以保持法律内容的和谐一致。修定则例是一项复杂而严肃的工作，卷帙较繁的则例常常是历时多年才能完成。

① 王钟瀚著：《王钟瀚清史论集》第 3 册，中华书局，2004，第 1712～1714 页。又，龚自珍：《在礼曹日与堂上官论书事》云："定制，各部则例十年一修。"见《龚自珍集》卷五。又，道光三年陶廷杰上《请辑六部稿案以杜吏弊疏》云："查向例，刑部五年一修例，吏户礼兵工五部十年一修例。"见盛康辑《皇朝经世文续编》卷二八《吏政十一·吏胥》。

　　各部独立编纂则例是在乾隆《会典则例》颁行后才大规模开始的。在此之后，各部可以根据政务的实际需要，修订本部门的则例，经皇帝批准后实施。除非皇帝颁有特旨，朝廷各部、院、寺、监长官在修订则例的时限方面是有一定的自主权的。

　　乾隆朝制定的则例种类齐全，数量较大，内容覆盖了国家和社会事务的各个方面。为了使读者了解该朝制定则例的情况，现把乾隆年间编纂和刊印的有代表性的则例文献列表于后（见表4－14）。

表4－14　乾隆朝则例文献举要

类别	则例名称	卷数·册数	成书或刊印时间	馆藏单位
内务府	总管内务府现行则例	1卷，1册	乾隆内府抄本	上图、国图
	内务府咸安宫官学现行则例	1卷，1册	乾隆内府抄本	科图、国图
六部	乾隆二十四年六部例	不分卷	清抄本	北大
	钦定户兵工三部军需则例	15卷，5册	乾隆五十年刻增修本	法学所 华东师大
吏部	钦定吏部则例	47卷，18册	乾隆四年刻本	法学所
	钦定吏部则例	47卷，18册	乾隆七年刻本	法学所
	钦定吏部则例	66卷，19册	乾隆七年武英殿刻本	故宫、辽图
	钦定吏部则例	66卷	乾隆二十六年武英殿刻本	辽图
	钦定吏部则例	68卷	乾隆四十八年武英殿刻本	故宫、辽图
	钦定吏部则例	68卷，10册	乾隆六十年武英殿活字印本	辽图
	钦定吏部则例	68卷，32册	乾隆六十年官撰，武英殿刻本	大木

类别	则例名称	卷数·册数	成书或刊印时间	馆藏单位
吏部	钦定吏部则例	66 卷，28 册	乾隆武英殿刻本	国图
	钦定吏部处分则例	47 卷，18 册	乾隆七年刻本	法学所
	钦定吏部处分则例	47 卷，24 册	乾隆四十四年刻本	法学所 科图
	钦定吏部铨选满州官员则例（乾隆）	5 卷，5 册	清刊本	台故图
	钦定吏部铨选满官则例	5 卷	乾隆七年武英殿刻本	东北师大
	吏部铨选满官则例	3 卷，4 册	乾隆四十七年官撰，清抄本	大木
	钦定吏部铨选汉官则例	8 卷	乾隆七年武英殿刻本	东北师大
户部	钦定户部则例	126 卷，40 册	乾隆四十一年官撰，四十八年江苏布政司刻本	大木
	钦定户部则例	126 卷，首 1 卷	乾隆四十六年武英殿刻本	故宫、辽图
	钦定户部则例	134 卷，48 册	乾隆五十六年官撰，刻本	大连、大木
	户部则例	存 20 卷，20 册	乾隆内府抄本	国图
	户部则例	1 册	乾隆间朱丝栏抄本	国图
	钦定户部续纂则例	38 卷	乾隆刻本	北大
	钦定户部军需则例	9 卷，4 册	乾隆五十年户兵工部刻本	台近 台大文
	钦定户部军需则例	9 卷，续纂 1 卷	乾隆五十三年武英殿刻本	故宫、北大
	漕运则例纂	20 卷，11 册	乾隆三十一年刻本	法学所
	漕运则例	20 卷	乾隆内府抄本	故宫
	漕运则例纂	20 卷，20 册	乾隆三十五年刻本	国图、南图

类别	则例名称	卷数·册数	成书或刊印时间	馆藏单位
户 部	钦定户部旗务则例	12 卷，4 册	乾隆三十四年武英殿刻本	故宫、国图
	钦定户部铸鼓则例	10 卷	乾隆三十四年武英殿刻本	辽图、故宫
	夔关则例	34 页	乾隆八年桂园香堂刻本	浙图
	九江关征收船税则例	不分卷，2 册	乾隆三十七年刻本	北师大
	崇文门商税则例现行比例增减新例	1 卷，1 册	乾隆户部编，四十五年刻本	国图、北大
	崇文门商税则例	1 卷，1 册	乾隆四十五年刻本	人大、大连
	江海关则例	1 卷，1 册	乾隆五十年刻本	北大
	太平遇仙浛光三关则例	1 卷，1 册	乾隆十三年官撰，刻本	大木
礼 部	钦定礼部则例	194 卷，图 1 卷	乾隆三十八年武英殿刻本	国图、辽图
	钦定礼部则例	194 卷，32 册	乾隆四十九年武英殿刻本	法学所故宫
	钦定礼部则例	194 卷，24 册	乾隆五十九年官修，刻本	北大、大木
	钦定礼部则例	194 卷，8 册	乾隆六十年礼部刻本	国图
	钦定科场条例	4 卷，2 册	乾隆六年武英殿刻本	辽图
	钦定科场条例	54 卷，12 册	乾隆四十四年刻本	浙图
	钦定科场条例	54 卷，续增1 卷	乾隆六十年刻本	大连
	钦定科场条例	5 卷，5 册	乾隆刻本	法学所
	钦定繙译考试条例	1 卷，1 册	乾隆六年武英殿刻本	辽图
	钦定学政全书	80 卷，8 册	乾隆三十九年武英殿刻本	辽图、云南

类别	则例名称	卷数·册数	成书或刊印时间	馆藏单位
礼部	钦定学政全书	82 卷，8 册	乾隆五十八年内府刻本	东北师大
	钦定学政全书	8 卷，8 册	乾隆刻本	福建、大木
	续增学政全书	4 卷	乾隆刻本	福建
	盛京礼部则例	1 卷，1 册	乾隆内府抄本	国图
兵部	钦定兵部则例	50 卷	乾隆刻本	国图
	钦定中枢政考	31 卷	乾隆七年武英殿刻本	故宫、辽图
	钦定中枢政考	31 卷，18 册	乾隆二十九年武英殿刻本	台故图
	钦定中枢政考	31 卷，18 册	乾隆三十九年武英殿刻本	台故图
	钦定中枢政考	16 卷，10 册	乾隆三十九年武英殿刻本	历博
	钦定中枢政考	15 卷，8 册	乾隆三十九年武英殿刻本	法学所
	钦定中枢政考	31 卷，18 册	乾隆四十九年武英殿刻本	台故图
	钦定中枢政考·绿营	16 卷，10 册	乾隆三十九年官修，刻本	大木
	钦定中枢政考·八旗	15 卷，8 册	乾隆七年刻本	法学所
	钦定中枢政考·八旗	15 卷，8 册	乾隆官撰，刻本	大木
	钦定八旗则例	12 卷，10 册	乾隆六年武英殿刻本	中央民族华东师大
	钦定八旗则例	12 卷，4 册	乾隆七年武英殿刻本	法学所故宫
	钦定八旗则例	12 卷，3 册	乾隆三十九年武英殿刻本	故宫、国图

类别	则例名称	卷数·册数	成书或刊印时间	馆藏单位
兵 部	钦定八旗则例	12 卷，4 册	乾隆五十年武英殿刻本	故宫、国图
	钦定八旗则例	12 卷，10 册	乾隆武英殿刻本	国图
	钦定兵部军需则例	5 卷	乾隆五十三年武英殿刻本	故宫、北大
	钦定军器则例	20 卷	乾隆二十一年刻本	辽图
	钦定军器则例	不分卷，4 册	乾隆五十六年武英殿刻本	故宫、辽图
	督捕则例	2 卷，2 册	乾隆八年武英殿刻本	故宫、国图
	督捕则例	2 卷，8 册	乾隆武英殿刻本	国图
	盛京兵部则例	1 卷，1 册	乾隆内府抄本	国图
刑 部	盛京刑部则例	1 卷，1 册	乾隆内府抄本	国图
	秋审则例	1 卷，1 册	乾隆刻本	法学所
工 部	钦定工部则例	50 卷，10 册	乾隆十三年刻本	科图、首图
	钦定工部则例	50 卷，6 册	乾隆十四年刻本	北大、大连
	工部则例	存 32 卷，32 册	乾隆内府抄本	国图
	钦定工部则例	50 卷，10 册	乾隆刻本	科图、国图
	盛京工部则例	1 卷，1 册	乾隆内府抄本	国图
	钦定工部军需则例	1 卷，1 册	乾隆五十三年武英殿刻本	故宫 近代史所
	钦定工部军器则例	不分卷，32 册	乾隆二十一年刻本	北大
	工程做法则例	20 册	乾隆刻本	南图
	九卿议定物料价值	4 卷，8 册	乾隆元年刻本	历博
	物料价值则例	24 卷，24 册	乾隆三十三年刻本	历博
	物料价值则例·山东省	6 卷	乾隆三十三年刻本	北大
	物料价值则例·山西省	16 卷，6 册	乾隆三十三年刻本	北大
	物料价值则例·甘肃省	8 卷	乾隆三十三年刻本	北大

类别	则例名称	卷数·册数	成书或刊印时间	馆藏单位
工部	钦定河工杨木椿规则例	2 册	乾隆九年刻本	国图
	钦定硝磺铅斤价值则例	不分卷，1 册	乾隆五十七年刻本	国图、北大
	钦定药铅火绳做法则例	1 卷，1 册	乾隆五十七年官撰，刻本	大木
	钦定水陆运费则例	1 卷，1 册	乾隆五十七年官撰，刻本	大木
	题定河工则例	12 卷	乾隆刻本	国图
理藩院	理藩院则例	存 8 卷，8 册	乾隆内府抄本	国图
	蒙古律例	12 卷	乾隆三十一年武英殿刻本	故宫
	蒙古律例	12 卷，2 册	乾隆五十二年刻本	法学所
都察院	钦定台规	8 卷，8 册	乾隆八年官撰，刻本	法学所
	钦定台规	8 卷，4 册	乾隆都察院刻补修本	科图
	都察院则例	2 卷，2 册	乾隆内府抄本	国图
	都察院则例	存 5 卷，5 册	乾隆内府抄本	国图
通政使司	通政使司则例	1 卷，1 册	乾隆内府抄本	国图
大理寺	大理寺则例	1 卷，1 册	乾隆内府抄本	国图
翰林院	翰林院则例	1 卷，1 册	乾隆内府抄本	国图
	起居注馆则例	1 卷，1 册	乾隆内府抄本	国图
詹事府	詹事府则例	1 卷，1 册	乾隆内府抄本	国图

类别	则例名称	卷数·册数	成书或刊印时间	馆藏单位
太常寺	钦定太常寺则例	114 卷，另辑 6 卷，首 1 卷	乾隆四十二年武英殿刻本	故宫、国图
	太常寺则例	1 卷，1 册	乾隆内府抄本	国图
光禄寺	光禄寺则例	84 卷，首 1 卷	乾隆四十年武英殿刻本	故宫、国图
鸿胪寺	鸿胪寺则例	1 卷，1 册	乾隆内府抄本	国图
国子监	钦定国子监则例	30 卷，首 2 卷	乾隆三十七年武英殿刻本	辽图、国图
钦天监	钦天监则例	1 卷，1 册	乾隆内府抄本	国图
其他	钦定大清会典则例	180 卷，100 册	乾隆十三年刻本	法学所
	钦定大清会典则例	180 卷，100 册	乾隆二十九年内府刻本	法学所
	钦定大清会典则例	180 卷，108 册	乾隆内府刻本	北师大科图
	则例便览	49 卷，12 册	乾隆三十九年刻本	北大
	则例便览	49 卷，10 册	乾隆五十六年刻巾箱本	法学所科图
	则例便览	49 卷，16 册	乾隆五十八年刻本	法学所
	则例图要便览	49 卷	乾隆五十九年刻本	法学所
	增订则例图要便览	49 卷，6 册	乾隆五十九年刻本	法学所
	户部则例摘要	16 卷	乾隆五十八年杨氏铭新堂刻本	科图
	定例全编		乾隆十年荣锦堂刻本	法学所北大

类别	则例名称	卷数·册数	成书或刊印时间	馆藏单位
其他	定例续编	12 卷，1 册	乾隆十年刻本	法学所
	定例续编增补	不分卷，7 册	乾隆十三年刻本	法学所
	续增新例全编	18 册	乾隆十八年刻本	法学所
	定例汇编	23 卷，30 册	乾隆三十五年江西布政司刻本	法学所

（3）嘉庆至清末是清代则例继续发展和完善阶段。

自嘉庆至清末的一百余年间，清王朝经历了由盛至衰的变化过程。为了维护对辽阔疆域的有效统治，对付列强的入侵，解决日渐加剧的财政困难，朝廷通过加强立法，不断严密了法律制度。这一时期，在修订嘉庆、光绪《会典》及《会典事例》的同时，运用则例这一法律形式，制定和颁行了大量的法规。据笔者初步考察，这一时期纂修清代则例情况大体如下：一是则例编纂的数量大大超过了康熙、雍正和乾隆三朝。嘉庆以后各朝都对前朝制定的则例进行了定期增修，一些重要的则例如《吏部则例》、《吏部处分则例》、《户部则例》、《礼部则例》、《钦定学政全书》、《中枢政考》、《工部则例》及有关院、寺、监则例等，都先后进行过多次增修，适时补充了当朝颁行的新例，使这些重要的法规更加充实和完善。同时，还反复修订了一些规范中央机关下属机构的办事规程及有关重大事项方面的则例，如吏部文选司、考功司、验封司、稽勋司则例，铨选满官、汉官则例，《户部军需则例》和《钦定科场条例》等。二是根据治理国家的需要，制定了一些新的则例，进一步完善了国家的法律制度。如强化了经济和工程管理方面的立法，多次修订了《漕运则例》、

《工程做法》、《工程则例》，颁行了一批新的物料价值则例、海关税银则例、进口及通商则例；建立和健全了皇室及宫廷管理法规，制定了《宗人府则例》、《钦定宫中现行则例》、《钦定总管内务府现行则例》、《钦定王公处分则例》、《钦定八旗则例》等；注重有关管理少数民族地区事务方面的则例的制定，颁行了《回疆则例》、《理藩院则例》等。所有这些，都极大地完善了清代的法律制度，特别是有关民族立法、经济立法、宫廷管理立法方面的成果，都颇有新创，在清代乃至中国古代的立法史上，达到了前所未有的高度。

鉴于嘉靖至清末颁行的各类则例数量众多，我们在下述表中，着重介绍41家藏书单位馆藏的清代编纂或刊印的有代表性的宫廷则例、吏部则例、户部则例、工部则例文献，对于有关其他部、院、寺、监的则例文献，则简略地加以介绍（详见表4-15至表4-19）。

表4-15　嘉庆至清末刊宫廷类则例文献举要

文　献　名	卷数·册数	成书或刊印时间	馆藏单位
钦定宗人府则例	16卷	嘉庆七年内府抄本	国图、故宫
钦定宗人府则例	23卷，12册	嘉庆十七年官修，刻本	大木
钦定宗人府则例	23卷，首1卷，24册	嘉庆二十五年官修，刻本	北大
钦定宗人府则例	31卷，首1卷，10册	道光二十九年官修，刻本	法学所北大
宗人府则例	31卷，10册	道光三十年活字印本	南图
宗人府则例	32卷，8册	道光间内府朱丝栏精抄巾箱本	台央图
钦定宗人府则例	31卷，首1卷，19册	同治七年刻本	法学所

文　献　名	卷数·册数	成书或刊印时间	馆藏单位
钦定宗人府则例	31 卷，首 1 卷，10 册	光绪十四年官刻本	国图、南图
钦定宗人府则例	31 卷，首 1 卷，16 册	光绪二十四年刻本	历博、武大
钦定宗人府则例	31 卷，首 1 卷，16 册	光绪三十四年官刻本	法学所 北大
钦定宗人府则例	31 卷，首 1 卷，16 册	清宣统刻本	国图
钦定宫中现行则例	4 卷	清嘉庆二十五年武英殿刻本	故宫、国图
钦定宫中现行则例	4 卷	道光二十一年内府抄本	故宫、国图
钦定宫中现行则例	4 卷	咸丰六年武英殿刻本	故宫、国图
钦定宫中现行则例	4 卷	同治九年内府抄本	故宫、国图
钦定宫中现行则例	4 卷	光绪五年内府抄本	故宫、国图
钦定宫中现行则例	4 卷，4 册	光绪六年武英殿刻本	故宫 北师大
钦定宫中现行则例	4 卷，4 册	光绪十年武英殿刻本	故宫 法学所
钦定王公处分则例 （乾隆至嘉庆）	4 卷，4 册	清活字本	大连
钦定王公处分则例	4 卷，2 册	清刻本	台傅
钦定王公处分则例	不分卷	咸丰六年官刻本	故宫
钦定总管内务府现行则例	4 卷，4 册	嘉庆二十年官修，刻本	南图、大木
钦定总管内务府现行则例	4 卷，续纂 2 卷	道光二十年武英殿刻本	故宫
钦定总管内务府现行则例	4 卷，4 册	道光二十九年刻本	大木
钦定总管内务府现行则例	4 卷，4 册	咸丰二年刻本	大连
钦定总管内务府现行则例	57 卷	咸丰内府刻本	故宫
钦定总管内务府现行则例	4 卷，4 册	同治内府武英殿刻本	辽图

文　献　名	卷数·册数	成书或刊印时间	馆藏单位
钦定总管内务府现行则例	4 卷，8 册	光绪十年刻本	武大
钦定总管内务府现行则例	4 卷，4 册	宣统三年官修，刻本	大木
钦定总管内务府堂现行则例	4 卷，4 册	咸丰二年官修，刻本	台傅
钦定总管内务府堂现行则例	4 卷，4 册	同治九年刻本	历博
钦定总管内务府堂现行则例	4 卷，4 册	光绪十年刻本	国图
总管内务府现行则例 （都虞司）	4 卷，4 册	清写本	科图
总管内务府现行则例 （掌仪司）	4 卷，4 册	清抄本	法学所 科图
掌仪司现行则例	4 卷	清抄本	科图
总管内务府现行则例 （宗仪司）	4 册	抄本	法学所
总管内务府会计司现行则例	4 卷	道光二十六年内府抄本	故宫、国图
内务府营造司现行则例	3 卷，3 册	嘉庆抄本	大连
总管内务府现行则例 （营造司）	2 卷	清抄本	北大
总管内务府现行则例 （庆丰司）	1 卷，1 册	嘉庆抄本	北大
总管内务府现行则例 （武备院）	1 卷，1 册	清抄本	北大
总管内务府现行则例 （奉宸苑）	2 卷，4 册	清写本	科图
总管内务府现行则例 （南苑）	2 卷，2 册	清抄本	法学所
内务府现行则例 （咸安宫官学）	1 卷，1 册	清写本	科图
总管内务府现行则例 （牺牲所）	1 卷，1 册	光绪内府抄本	科图
总管内务府圆明园现行则例	2 卷	清内府抄本	国图

续表 4 –15

文　献　名	卷数·册数	成书或刊印时间	馆藏单位
总管内务府畅春园现行则例	3 卷	清内府抄本	国图
总管内务府畅春园现行则例	1 卷，1 册	清内府抄本	国图
总管内务府现行则例静宜园 1 卷、清漪园 1 卷、静明园 1 卷	3 卷，3 册	清写本	科图
总管内务府现行则例静宜园 1 卷、清漪园 1 卷、静明园 1 卷	3 卷	同治内府抄本	国图
热河园庭现行则例	12 卷	清抄本	国图

表 4 –16　嘉庆至清末刊吏部类则例文献举要

文　献　名	卷数·册数	成书或刊印时间	馆藏单位
钦定吏部则例	24 册	道光四年刻本	人大
钦定吏部则例	87 卷，40 册	道光二十三年刻本	国图
钦定吏部则例	87 卷，30 册	道光内府刻本	山东
钦定吏部处分则例	47 卷，16 册	嘉庆十二年内府刻本	台师大
钦定吏部处分则例	48 卷，8 册	道光四年官修，刻本	台分图
钦定吏部处分则例	52 卷，26 册	道光二十三年官修，刻本	台分图
钦定吏部处分则例	52 卷，20 册	咸丰刻本	武大、吉大
钦定吏部处分则例	52 卷，20 册	同治官撰，刻本	大木
钦定吏部处分则例	52 卷，24 册	光绪三年金东书行刻本	北大
钦定吏部处分则例	52 卷，20 册	光绪十一年刻本	福建、吉大
钦定吏部处分则例	52 卷，20 册	光绪十二年官修，刻本	北大
吏部铨选则例	4 卷	嘉庆抄本	大连
吏部铨选则例	35 卷，27 册	道光二十三年官撰，刻本	大木
钦定吏部铨选则例	21 卷，21 册	光绪十一年官撰，刻本	大木

文　献　名	卷数·册数	成书或刊印时间	馆藏单位
钦定吏部铨选则例	24 卷, 18 册	光绪刻本	国图
钦定吏部铨选满洲官员则例	4 卷, 2 册	嘉庆十二年内府刻本	台师大
钦定吏部铨选满洲官员则例	4 卷, 4 册	道光二十三年官修, 刻本	台分图
钦定吏部铨选满洲官员则例	5 卷, 5 册	光绪十二年官修, 刻本	台傅
钦定吏部铨选汉官则例	8 卷, 5 册	嘉庆十二年内府刻本	台师大
钦定吏部铨选汉官则例	8 卷, 8 册	道光二十三年官修, 刻本	台分图
钦定吏部铨选汉官则例（附《吏部铨选汉军官员品级考》）	8 卷, 12 册	同治以后刻本	法学所 武大
钦定吏部铨选汉官则例	8 卷, 10 册	光绪十二年官修, 刻本	台傅
钦定吏部铨选满洲官员品级考	5 卷, 2 册	嘉庆十二年内府刻本	台师大
钦定吏部铨选满洲官员品级考	4 卷, 4 册	道光二十三年官修, 刻本	台分图
钦定吏部铨选满洲官员品级考	4 卷, 2 册	光绪十二年官修, 刻本	台傅
钦定吏部铨选汉官品级考	4 卷, 2 册	嘉庆十二年内府刻本	台师大
钦定吏部铨选汉官品级考	4 卷, 4 册	道光二十三年官修, 刻本	台分图
钦定吏部铨选汉官品级考	4 卷, 2 册	光绪十二年官修, 刻本	台傅
吏部文选司则例稿（附光绪五年八月筹饷八十卯挚签簿 1 卷, 光绪五年十二月筹饷八十一卯挚签簿 1 卷）	不分卷, 4 册	稿本	科图
吏部考功司则例（道光间）		清刻本	北大
钦定吏部验封司则例	6 卷, 2 册	嘉庆十二年内府刻本	台师大

续表 4 - 16

文　献　名	卷数·册数	成书或刊印时间	馆藏单位
钦定吏部验封司则例	6 卷，5 册	光绪十二年官修，刻本	北大
钦定吏部稽勋司则例	8 卷，4 册	嘉庆刻本	北大
钦定吏部稽勋司则例	13 卷，2 册	嘉庆十二年内府刻本	台师大
钦定吏部稽勋司则例	8 卷，4 册	道光二十三年官修，刻本	国图
钦定吏部稽勋司则例	8 卷，4 册	咸丰刻本	国图
钦定吏部稽勋司则例	8 卷，4 册	光绪十二年刻本	北大山东师大
钦定磨勘则例（后附续增勘磨条例）	4 卷，1 册	嘉庆刻本	法学所南图

表 4 - 17　嘉庆至清末刊户部类则例文献举要

文　献　名	卷数·册数	成书或刊印时间	馆藏单位
钦定户部则例	134 卷，60 册	嘉庆七年刻本	中山、北大
钦定户部则例	134 卷，62 册	嘉庆十七年刻本	法学所
钦定户部则例	99 卷，目录 1 卷，64 册	道光二年校刻本	法学所吉大
户部则例	99 卷，23 册	道光十一年户部刻本	大连、台傅
户部则例	99 卷，36 册	道光十一年刻本	大连、北大
户部则例	99 卷，72 册	咸丰元年刻本	法学所
钦定户部则例	99 卷，24 册	咸丰五年江苏布政使司衙门刻本	北大
钦定户部则例	100 卷，60 册	同治四年户部校刻本	台分图
户部则例	100 卷，48 册	同治四年刻本	浙图、北大
钦定户部则例	100 卷，首 1 卷 60 册	同治十三年校刻本	法学所国图

文　献　名	卷数·册数	成书或刊印时间	馆藏单位
钦定户部续纂则例	14 卷	嘉庆十一年刻本	吉图
钦定户部续纂则例	13 卷	嘉庆二十二年刻本	大连
钦定户部续纂则例	15 卷	道光十八年内府刻本	辽图、大连
钦定户部军需则例	9 卷，续纂 6 卷，8 册	同治五年皖江臬署刻本	大连
钦定户部旗务则例		写本	北大
户部炉藏则例	1 卷，1 册	光绪十五年抄本	国图
常税则例	2 卷，1 册	同治五年古香斋刻本	台分图
闽海关常税则例	2 卷，2 册	清爱莲书屋抄本	国图
北新钞关商税则例	1 册	抄本	浙图
崇文门商税则例	1 册	清刻本	南图
崇文门税则	1 卷，1 册	光绪十七年官修，蓄石斋排印本	大木
崇文门商税衙门现行税则	1 卷，1 册	光绪二十七年官修，刻本	大木
崇文门商税衙门现行税则	1 卷，1 册	光绪三十四年刻本	历博、台傅
崇文门商税则例现行比例增减新例	1 卷，1 册	光绪十年官修，刻本	大木
崇文门商税则例现行比例增减新例	1 卷，1 册	清刻本	国图
北京商税征收局现行税则		光绪三十四年刻本	国图
太平遇仙洺光三关则例	1 卷，1 册	清文林堂刻本	上图
芜湖关户税则例	1 卷，1 册	清刻本	南图
山海钞关则例	不分卷，2 册	清抄本	国图
大粮库则例		清抄本	国图
银行则例	1 卷，1 册	宣统元年群益书局本	北大

表 4 - 18　嘉庆至清末刊工部类则例文献举要

文　献　名	卷数·册数	成书或刊印时间	馆藏单位
钦定工部则例	98 卷，8 册	嘉庆三年刻本	大连、浙图
钦定工部则例	50 卷，12 册	嘉庆十年刻本	大连
钦定工部则例	50 卷，6 册	嘉庆十四年重刻本	国图
钦定工部则例	142 卷，目录 1 卷，12 册	嘉庆二十年刻本	故宫
钦定工部则例	142 卷，20 册	嘉庆济南官署刻本	台近 台大文
工部则例	160 卷，40 册	光绪十年官刻本	台傅
钦定工部则例	116 卷，首 1 卷，40 册	光绪十年刻本	法学所 故宫
钦定工部续增则例	136 卷，20 册	嘉庆二十四年刻本	大连
工部续增则例（附《保固则例》4 卷）	136 卷，28 册	嘉庆二十四年刻本	北大、故宫
钦定工部续增则例	153 卷，32 册	嘉庆武英殿刻本	国图
钦定工部军器则例	60 卷，34 册	嘉庆十七年刻本	国图
钦定工部军器则例	24 卷，24 册	嘉庆二十一年刻本	国图
广储司磁器库铜作则例	1 册	清抄本	国图
广储司锡作则例	1 册	清抄本	国图
工程做法则例	74 卷，20 册	清刻本	国图
物料价值则例	存 19 卷，6 册	清内府写本	科图
各省物料价值则例	存 6 卷，6 册	清抄本	国图
钦定南河物料价值现行则例	存 1~3 卷	嘉庆十二年刻本	南大
杂项价值现行则例	1 册	清抄本	国图
松木价值现行则例	1 册	清抄本	国图
钦定硝磺铅斤价值则例	1 卷，1 册	清刻本	南大
内庭物料斤两尺寸价值则例	不分卷，1 册	清抄本	国图
钦定河工则例章程	7 册	嘉庆刻本	南图

文　献　名	卷数·册数	成书或刊印时间	馆藏单位
题定河工则例	9 册	清刻本	国图
钦定河工实价则例章程	5 卷，卷首 1 卷，6 册	清刻本	国图
内庭大木石搭土油裱画现行则例	4 卷	清抄本	国图
圆明园修建工程则例	不分卷	稿本	北大、国图
圆明园工程则例	不分卷，20 册	清抄本	国图
圆明园内工汇成工程则例	不分卷	稿本	国图
圆明园供器把莲则例	1 册	清抄本	国图
圆明园画作现行则例	2 册	清抄本	国图
圆明园佛像背光宝座龛案执事现行则例	1 册	清抄本	国图
圆明园内土石作现行则例	1 册	清抄本	国图
圆明园万寿山内廷汇同则例	不分卷	清抄本	国图
圆明园内工补集则例	1 册	清抄本	国图
万寿山工程则例	19 卷，19 册	清抄本	国图
养心殿镀金则例	1 册	清抄本	国图
大木作现行则例	1 册	清抄本	国图
装修作现行则例	1 册	清抄本	国图
石作现行则例	1 册	清抄本	国图
瓦作现行则例	1 册	清抄本	国图
搭彩作现行则例	1 册	清抄本	国图
土作现行则例	1 册	清抄本	国图
工部土作现行则例	1 册	清抄本	国图
油作现行则例	1 册	清抄本	国图
画作现行则例	2 册	清抄本	国图
裱作现行则例	1 册	清抄本	国图
硬木装修现行则例	1 册	清抄本	国图

文 献 名	卷数·册数	成书或刊印时间	馆藏单位
漆作现行则例	1 册	清抄本	国图
佛作现行则例	1 册	清抄本	国图
陈设作现行则例	1 册	清抄本	国图
热河工程则例	存 17 卷，17 册	清抄本	国图
热河园庭现行则例	12 卷	清抄本	国图

表 4 – 19　嘉庆至清末刊其他各部署则例文献举要

类别	文 献 名	卷数·册数	成书或刊印时间	馆藏单位
六部	六部处分则例	24 册	咸丰九年刻本	南图
	六部处分则例	存 48 卷 23 册	同治十二年刻本	南图
	钦定六部处分则例	24 册	光绪三年金东书行刻本	福建
	六部处分则例	25 册	光绪七年重修本	南图
	钦定六部处分则例	16 册	光绪十一年刻本	福建
	钦定六部处分则例	52 卷，8 册	光绪十八年上海图书集成局铅印本	北大、科图
	钦定六部处分则例	52 卷，8 册	光绪二十一年紫英山房刻本	南图、北大
	钦定续纂六部处分则例	47 卷，首 1 卷	嘉庆十年刻本	吉大
	钦定增修六部处分则例	24 卷，12 册	同治四年沈椒生、孙眉山校勘本	台傅
	钦定增修六部处分则例	52 卷，20 册	同治十年重刊道光二十七年官刻本	大木
	钦定增修六部处分则例	24 卷，12 册	光绪十一年三善堂重刻本	台分图
	钦定重修六部处分则例	52 卷，24 册	咸丰五年刻本	法学所北大

续表 4 – 19

类别	文　献　名	卷数·册数	成书或刊印时间	馆藏单位
六部	钦定重修六部处分则例	24 册	同治八年金东书行刻本	浙图
	钦定重修六部处分则例	52 卷，8 册	光绪十八年上海图书集成局刻本	武大
	钦定重修六部处分则例	52 卷，18 册	光绪二十三年刻本	香港新亚
礼部	钦定礼部则例	202 卷，10 册	嘉庆十一年刻本	国图
	钦定礼部则例	202 卷，24 册	嘉庆二十一年官修，刻本	大木
	钦定礼部则例	202 卷，24 册	嘉庆二十五年刻本	山东师大
	钦定礼部则例	202 卷，24 册	道光内府刻本	山东
	钦定礼部则例	202 卷，24 册	道光二十一年官修，刻本	大木
	钦定礼部则例	202 卷，24 册	道光二十四年官刻本	故宫、国图
	钦定礼部则例	202 卷，24 册	光绪二十一年官刻本	台分图
	钦定礼部则例	20 卷，12 册	光绪二十四年官刊本	台分图
	钦定学政全书	86 卷，18 册	嘉庆十七年武英殿刻本	故宫 法学所
	钦定科场条例	58 卷，12 册	嘉庆九年刻本	法学所
	钦定科场条例	60 卷，20 册	嘉庆二十三年重刻本	人大
	钦定科场条例	60 卷，首 1 卷，19 册	道光十四年刻本	国图
	钦定科场条例	60 卷，22 册	咸丰二年刻本	故宫、南图
	钦定科场条例	60 卷，首 1 卷，24 册	咸丰刻本	国图
	钦定科场条例	60 卷，40 册	光绪十三年内府刻本	国图
	新颁续增科场条例	16 册	光绪十七年浙江书局刻本	南图
	续增科场条例	1 卷，1 册	光绪二十九年刻本	人大
	科场则例	1 卷，1 册	道光九年刻本	国图
	科场则例	1 卷，1 册	道光十九年增刻本	国图

类别	文 献 名	卷数·册数	成书或刊印时间	馆藏单位
	钦定中枢政考	32 卷，32 册	嘉庆八年刻本	浙图
	钦定中枢政考	32 卷，20 册	嘉庆十三年刻本	安大、武大
	钦定中枢政考	40 卷，首 1 卷，44 册	嘉庆刻本	人大
	钦定中枢政考	72 卷，72 册	道光五年兵部刻本	辽图、故宫
	钦定中枢政考（八旗）	32 卷，32 册	道光五年官刻本	辽图
	钦定中枢政考（绿营）	40 卷，15 册	道光五年官刻本	辽图
	钦定中枢政考	30 卷，30 册	清刻本	台师大
兵	钦定中枢政考续纂	4 卷，4 册	道光十二年官刻本	法学所 故宫
	钦定兵部处分则例	76 卷，8 册	道光三年内府刻本	法学所 辽图
	钦定兵部处分则例	76 卷，31 册	道光兵部刻本	国图、上图
	钦定兵部续纂处分则例	4 卷，4 册	道光九年兵部刻本	上图、法学所
	钦定军器则例	32 卷，12 册	嘉庆十年刻本	历博
部	钦定军器则例	24 卷，24 册	嘉庆十九年刻本	武大
	钦定军器则例	24 卷，24 册	嘉庆二十一年兵部刻本	浙图、国图
	钦定军器则例	32 卷	嘉庆二十一年官刻本	故宫
	钦定军器则例	24 卷，12 册	光绪十七年排印本	台傅、南图
	钦定军器则例	32 卷，7 册	清兵部刻本	国图
	督捕则例	2 卷，1 册	光绪十二年刻本	国图
	督捕则例附纂	1 卷，1 册	道光八年刻本	国图
	督捕则例附纂	2 卷，1 册	同治十一年湖北谳局刻本	国图、北大
	鞍库则例	1 卷，1 册	清内府抄本	中央民族
	钦定东省外海战船则例	4 卷，4 册	清末刻本	法学所

类别	文　献　名	卷数·册数	成书或刊印时间	馆藏单位
理藩院	钦定回疆则例	8 卷，5 册	道光二十二年官刻本	南图
	钦定回疆则例	8 卷，9 册	道光刻本	国图
	理藩院修改回疆则例	4 卷，4 册	咸丰内府抄本	国图
	钦定回疆则例	8 卷，3 册	光绪三十四年铅印本	国图
	钦定理藩院则例	63 卷，通例等 6 卷，16 册	嘉庆二十二年官刻本	故宫
	钦定理藩院则例	64 卷，32 册	道光二十三年刻本	辽图
	钦定理藩院则例	64 卷	光绪十二年刻本	吉大
	钦定理藩院则例	64 卷，32 册	光绪十七年刻本	山东师大历博
	钦定理藩部则例	64 卷，16 册	光绪三十四年刻本	北大、吉大
都察院	钦定台规	20 卷，8 册	嘉庆九年都察院刻本	法学所
	钦定台规	40 卷，16 册	道光七年官刻本	历博、故宫
	台规	42 卷，24 册	光绪十六年官刻本	故宫法学所
太常寺	钦定太常寺则例	125 卷，另辑 6 卷，首 1 卷，32 册	嘉庆官刻本	大木
	钦定太常寺则例	133 卷，64 册	道光朱丝栏抄本	台分图
	钦定太常寺则例	127 卷，另辑 6 卷，49 册	道光刻本	国图
	钦定太常寺则例	127 卷，另辑 6 卷，66 册	道光太常寺刻本	国图
	钦定太常寺则例	6 卷，4 册	清刻本	大连
太仆寺	太仆寺则例	1 卷，1 册	清内府朱丝栏抄本	台故图

类别	文　献　名	卷数·册数	成书或刊印时间	馆藏单位
光禄寺	光禄寺则例	104 卷	道光内府抄本	故宫、国图
	光禄寺则例	104 卷，53 册	道光十九年武英殿刻本	辽图
	钦定光禄寺则例	90 卷，丧仪 14 卷	咸丰五年刻本	国图、大连
国子监	钦定国子监则例	44 卷，卷首 6 卷	嘉庆二年刻本	法学所 北大
	钦定国子监则例	44 卷，首 6 卷，24 册	嘉庆内府抄本	国图
	钦定国子监则例	45 卷，9 册	道光四年国子监刻本	国图、辽图

3. 清代则例编纂的成就

清代在以《会典》为纲、则例为目的立法框架下，充分利用则例这一法律形式，建立起了中国古代历史上空前完善的行政法律制度。与明代及其以前各朝比较，清代则例编纂取得的突出成就有以下五个方面。

（1）则例作为经常编修的行政条规，覆盖了所有国家机关，是六部和其他中央机构行政活动必须遵守的规则，从而实现了国家行政运转的规范化和制度化。

清代法制较前代的一个重要发展，就是运用则例这一法律形式，制定和确认了中央各部、院、寺、监及其下属机构活动的规则。在这些则例中，既有"六部一体"为特色的《钦定六部则例》，又有单独编纂的《吏部则例》、《户部则例》、《礼部则例》、《兵部则例》、《刑部则例》、《工部则例》、《都察院则例》、《通政使司则例》、《大理寺则例》、《翰林院则例》、《起居注馆则例》、《詹事府则例》、《太常寺则例》、《太仆寺则例》、《光禄寺则例》、《鸿胪寺则例》、《国子监则例》、《钦天监则例》等。还有各中央机构下属单位活动规则的则例，如吏部制定有：《文选司则例》、《考功司则例》、《验封司则例》、《稽勋司则例》等。此外还制定有跨部的则例，如《军需则例》就是一部这样的则例，分别颁行有"户部军需则例"、"兵部军需则例"、"工部军需则例"。

这些则例就朝廷各级机构的职掌和办事规程作了详细具体的规定。如乾隆三十五年（1770 年）修订的《礼部则例》，内容是清初至乾隆中期各种礼仪的规定。其编纂体例是以礼部仪制、祭祠、主客、精膳分类。仪制门下有朝贺通例、圣训、颁诏、册封、婚礼、冠服、仪仗、赏赐、学政、科举场规等 92 目；祭祀门下设有祭祀通例、太庙、丧仪、贡使等 85 目；主客门下设有朝贡通例、四译馆事例、边关禁令等 21 目；精膳门下设有太和殿宴、皇后宴、大婚宴、婚礼宴等 22 目。该则例曾于乾隆、嘉庆、道光、同治、光绪朝续修，可谓清代各种礼仪制度之大全。

又如，《兵部则例》，名曰《中枢政考》。清代编纂的有关兵部职掌和军政事务方面的则例，初修于康熙十一年（1672 年），题名为《中枢政考》。雍正、乾隆、嘉庆、道光等朝对该法规均有修订。乾隆七年（1742 年）颁行的该书武英殿刻本，分为八旗与绿营两个部分，八旗则例部分内有职制、公式、户役、仓库、田宅、仪制、军政、宫卫、邮驿、马政、关津、盗贼、营造、杂犯等门；绿旗则例部分内有职制、公式、户役、仓库、漕运、田宅、仪制、马政、邮驿、关津、军政、土番、盗贼、营造、杂犯等门。各门之下又设有若干目，条举各种军政、军事规定。乾隆及以后各朝曾多次增补《中枢政考》，每次修订主要是增补了该书颁行后所定新例，对于过时的条款也有删减。道光五年（1825 年）对该法规的体例作了较大的修改，把八旗、绿营两部分分立编纂。其中八旗 32 卷、绿营 40 卷。八旗部分内有品级、开列、补放、奏派、封荫、改武、世职、仪制、通例、公式、禁令、仓库、俸饷、户口、田宅、承催、营伍、军政、议功、关津、巡洋、缉捕、杂犯、八旗马、驻防马、训练、兵制、营造等卷。绿营部分有品级、营制、开列、京营、铨政、题调、水师、门卫、边俸、拣选、保举、考拔、封赠、荫袭、程限、开缺、亲老、土番、仪制、通例、公式、禁令、仓库、俸饷、户口、田宅、承催、漕运、营伍、军政、议功、巡洋、关津、缉捕、绿营马、牧马、马禁、驿额、驿费、驿递、给驿、兵制、考试、营造等卷。《钦定中枢政考》经多次修订，内容逐步完善，编纂体例也更加规范。

各部、院、寺、监则例详细地规定了行政组织、行政程序和行政准则及办事细则。王钟翰先生指出："有清一代，凡十三朝，历二百六十有七载，不可谓不久者矣；然细推其所以维系之故，除刑律外，厥为则例。大抵每一衙门，皆有则例，有五年一修、十年一修、二十年一修不等。则例所标，为一事，或一部一署，大小曲折，无不该括。其范围愈延愈广，愈广愈变，六部而外，上起宫廷，如《宫中现行则例》；下及一事，如《王公俸禄章程》；不惟《会典》所不及赅，且多有因地因时，斟酌损益者；故不得不纂为则例，俾内外知所适从。"[1]

（2）通过编纂《吏部则例》和《处分则例》，明确了吏部的办事规则，加强了对各级官吏的管理和监督，特别是《处分

---

① 　王钟翰著：《王钟翰清史论文集》第 3 册，中华书局，2004，第 1701 页。

则例》对于官吏违制惩处的一系列规定，实现了行政责任与刑事责任分立，行政处分法规的相对独立。

《吏部则例》是关于吏部职掌、官吏铨选和办事规范的规定。如乾隆七年（1742 年）刊行的《吏部则例》，内容包括满官品级考、汉官品级考、满官铨选、汉官铨选、处分则例五个部分。道光二十三年（1843 年）颁行的《吏部则例》，内容除上述五个部分外，又增加了验封、稽勋等吏部所属清吏司则例。清代各朝增修的吏部铨选和文选、考功、验封、稽勋司则例，是《吏部则例》的实行细则，各朝颁行的方式不一，把其收入《吏部则例》者有之，单独刊行者亦有之。吏部铨选则例分为《吏部铨选满官则例》和《吏部铨选汉官则例》。《吏部铨选满官则例》内有开列、月选、拣选、杂例、笔帖式等门。《吏部铨选汉官则例》内有开列、月选、升补、除授，拣练、拣选、杂例等门。吏部所属文选、考功、验封、稽勋四司则例，内容分别详细地规定了各清吏司办事规则。如《吏部验封司则例》，内有世爵、封典、恩荫、难荫、土官、书吏等门。世爵门下有功臣封爵、世爵袭替、世爵犯罪、绿营世职等目；封典门下有请封品秩、封赠妻室、丁忧官给封等目；恩荫门下有承荫次序、荫生考试、荫生录用等目；难荫门下有难荫录用、殁于王事赠衔等目；土官门下有土官承袭、土官降罚、土官请封等目；书吏门下有充补书吏、书吏调缺等目。

《吏部处分则例》始修于康熙年间，雍正朝做过较大增补，乾隆及以后各朝均有增删，它规定了各级各类官吏办事违误应受处分的种类、适用原则和各种具体违制行为的处分标准。清朝行政处分的方式有罚俸、降级、革职三种。罚俸以年月为差分为七等；降级有降级留任和降级调用之分，两者共为八等；革职仅一等。三种处分之法凡十六等。革职是行政处分的最高形式，被革职的人员中如有犯赃等情形，加"永不叙用"字样。革职不足以惩治者，交刑部议处。《吏部处分则例》以吏、户、礼、兵、刑、工六部分门别类，吏部有公式、降罚、举劾、考绩、旷职、营私等目；户部有仓场、漕运、田宅、盐法、钱法、关市、灾赈等目；礼部有科场、学校、仪制、祀典等目；兵部有驿递、马政、军政、海防等目；刑部有盗贼、人命、逃人、杂犯、提解、审断、禁狱、用刑等目；工部有河工、修造等目。该则例对上述这些领域的违制行为，规定了相应的行政处分。

清代还颁行了《钦定六部处分则例》。该则例始纂于康熙初，之后曾多次修订，内容是六部办事章程和违制的规定。另外，对于军职人员违制的惩处，清代在遵循《吏部处分则例·刑部》、《六部处分则例·刑部》的基础上，又根据军职违制犯罪的实际情况，增加了许多有针对性的处分条款，编纂和多次修订过《钦定兵部处分则例》、《续纂兵部处分则例》。《兵部处分则例》在各条下注明公罪、私罪，并要求对犯罪者引律议处。应处笞杖之刑者：公罪罚俸，私罪加倍；应处徒刑以上罪者，则有降级、留用、调用、革职之别；如有因立功表现而形成的加级记录，可以抵消。

在中国古代，历代对于官吏的犯罪行为，主要是依据刑律进行处置。对于官场中经常发生的官吏渎职、违制、违纪行为，各代虽有行政处分方面的规定，但很不系统和严密。清代编修的各类官吏处分则例，以专门的法规的形式，详细、具体地把文武官员各种违制行为及应受的处罚从法律上确定下来，进一步强化了对官员的约束，使得对于违纪官吏的制裁有法可依，有规可循，这是中国古代行政立法的重大的发展。

（3）适应社会经济发展的需要，制定了一系列有关加强经济和工程管理的则例。

《户部则例》主要内容为户部的职掌以及国家经济方面的规定。现见的这一则例有乾隆、嘉庆、道光、咸丰、同治年间修订的多种版本。《户部则例》分别对户口、田赋、库藏、仓庚、漕运、钱法、盐法、茶法、参课、关税、税则、廪禄、兵饷、蠲恤、杂支等方面的管理作了具体规定。属于户类的则例还有《户部续修则例》、《军需则例》、《漕运则例》、《河工则例》、《闽海关则例》、《江海关则例》、《夔关则例》、《通商进口税则》等。

《工部则例》始修于雍正十二年（1734 年），乾隆、嘉庆、光绪朝进行过续修，内容是有关工部职掌和工程标准的规定。乾隆朝续修的《工部则例》，为以后各朝进一步完善该法规奠定了基础。嘉庆三年（1798 年）内务府刊行的《工部则例》为 98 卷，内分四门，一是营缮，有城垣、仓敖、营房、物料等目；二是虞衡，有钱法、军需、杂料等目；三是都水，有河工、漕河、水利、江防、关税等目；四是屯田，有薪炭、通例等目。嘉庆二十年（1815 年）颁行的《钦定工部则例》，计 142 卷，例文 1027 条。光绪十年（1884 年）颁行的《工部则例》沿袭了该书的体例，内容更加丰富和严密。光绪朝《钦定工部则例》在原四门的基础上，又增加了制造、节慎、通例三门，对有关制造、桥道、船政、恭理事宜等作了规定。除《工部则例》外，清代还颁布有《工部续增则例》、《物料价值则例》、《工程则例》、《工程做法》、《匠作则例》、《圆明园工部则例》等。

（4）颁布了多个专门规范宫廷事务管理和皇室贵族行为的则例。清代制定的这方面的法规之健全，为历代之冠。

清朝立国之初，就很注意通过法律手段限制皇室贵族的特权。当时发布的这类法规法令，散见于各种法律、法规、政令之中。自乾隆朝起，朝廷陆续制定了一些专门规范宫廷内部管理和皇室贵族行为的单行法规。宗人府是清代管理皇室贵族事务的专门机构。清顺治初，仿效明代建立宗人府，主要职责是纂修谱牒、给发宗室人员养赡、恩赏、办理袭封爵位及审理皇族成员犯罪等。清乾隆年间，始制定《宗人府则例》，内容是该府处理皇室宗族的各种事务的规定。该则例于嘉庆间颁行，并拟定每十年修一次。道光以前，所修则例内容较为简略。该则例曾于嘉庆、道光年间几次修订。现见的该书道光间刊本，下设命名、指婚、继嗣、封爵、册封、诰命、追封、封号、仪制、教养、授官、考试、优恤、职制、律例等门，内容较前大为充实。该则例在光绪二十四年（1898年）、三十四年（1908年）又先后修订，增补了许多新的条款，内容更加系统和规范。清廷还制定了用以规范王公行为及违制处罚的《王公处分则例》，内有处分条款、降级兼议罚俸分别抵销、公式、选举、考劾、户口、本章、印信、考试、营伍、禁卫、火禁、缉捕、杂犯、缉逃、旷职、审断、刑狱、犯赃、窃盗等目。

清代制定的管理宫廷事务的单行法规主要有：《钦定宫中现行则例》、《庆典则例》、《庆典章程》等，其中《钦定宫中现行则例》是最重要的法规。它是规范宫中事务的法令、章则的汇纂，内容为列朝训谕、名号、礼仪、宴仪、册宝、典故、服色、宫规、宫分、铺宫、安设、谢恩、钱粮、岁修、处分、太监等目。该书初颁于乾隆七年（1742年），后每次纂修，多有增补。

清代对皇室及宫廷的管理由内务府总管，职责是管理皇帝统领的正黄旗、镶黄旗、正白旗的全部军政事务和宫廷内部的人事、经济、礼仪、防卫、营造、庄园、牧放、刑狱及皇帝、皇后、妃、皇子等的日常生活。《内务府则例》是内务府的职掌、办事规则和违制处分的规定。为了使内务府所属机构管理的事务有章可循，清代还编纂了《总管内务府堂现行则例》及各司、院、处则例，如《总管内务府广储司现行则例》、《总管内务府都虞司现行则例》、《总管内务府掌仪司现行则例》、《总管内务府营造司现行则例》、《总管内务府总理工程处现行则例》、《总管内务府武备院现行则例》、《总管内务府静明园现行则例》、《总管内务府颐和园现行则例》、《总管内务府管理三旗银两庄头处现行则例》、《总管内务府造办处现行则例》、《总管内务府南苑现行则例》、《总管内务府禁城现行则例》等。

（5）通过制定《蒙古则例》、《回疆则例》及《理藩院则例》等法规，全面加强了少数民族事务的管理。

在蒙古地区，清代制定了《蒙古则例》，又称《蒙古律例》，作为适用于蒙古族居地区的法律。《蒙古律例》初颁于乾隆六年（1741 年），此后屡经修订，乾隆五十四年（1789 年）校订为209 条；嘉庆十九年（1814 年）又纂入《增订则例》23 条。它对于巩固北方边疆区域，具有特别重要的意义。

清代适用新疆地区的代表性法规是《钦定回疆则例》，又称《回例》。其适用范围主要是新疆南部及东部哈密、吐鲁番等地的维吾尔族、新疆西北部的哈萨克族以及帕米尔高原以西的布鲁特（塔吉克）人、浩罕（吉尔吉斯）人等。《回疆则例》于嘉庆十九年（1814 年）修成后，因故未公布，直到道光二十二年（1842 年）才正式颁行。《钦定回疆则例》针对维吾尔族的宗教信仰特点，保护教会的正常活动，但又限制其干预政务，充分体现了因地制宜的民族立法特色。

在西藏地区，清代于乾隆五十八年（1793 年）制定了《钦定西藏章程》29 条，又称《西藏通制》。在该法规中，以法律形式确立了中央政府对西藏的国家主权。

为了加强对青海地区民族事务的管理，清政府先曾制定《禁约青海十二事》，后又于雍正十二年（1734 年）颁行了《西宁青海番夷成例》，又称《番律》或《番例》。《西宁青海番夷成例》是在摘选清立国后陆续形成的蒙古例的基础上编纂而成的，因而内容与《蒙古律例》有相同之处。这部法规专门适用于青海地区。它对于协调稳定青海的民族关系有很大作用，一直沿用到民国初年。

在清代的各种民族法规中，《理藩院则例》是体系最为庞大、条款最多、适用范围最广泛的民族法规。它集清一代民族立法之大成，是我国古代民族立法的代表性法律。该《则例》于嘉庆二十二年（1817 年）颁行。这部法规是在乾隆朝《蒙古律例》的基础上编纂而成的，并吸收了《钦定西藏章程》的内容，增加了有关蒙古地区行政规划的条款，分为"通例"、"旗分"等 63 门，共 713 条。在此之后，道光、光绪年间又经过 3 次增修。光绪朝增修的《理藩院则例》为 64 门，内有律条 971 条，条例 1605 条。它所适用的民族、地域几乎涵盖了西北、东北地区以及部分西南地区。该法规的内容以行政法为主，并包括有刑事、经济、宗教、民事、军事和对外关系方面的法规，对于维护和巩固清王朝多民族国家的统一和稳定发挥了积极的作用。

（三）清代的省例

"省例"一词作为法律用语始于清代。在乾隆时期的法律文书中，已有"省例"的称谓出现。例如，《福建省例》中有一则题为《船只缘事留人不留船》的文书："前于乾隆三十七年间，福清县经承杨华澳差魏发勒索船户许列辉、陈仲就两照发觉，经本司议拟详明，并列款出示各海口，复刊入'省例'，永远遵行在案。"① 由此可知，至迟在乾隆三十七年（1772 年），福建省已刊发省例，省例已成为该省发布地方法规、政令的官方文书的称谓。或者有人会因"复刊入省例"一语中的"复"字而疑其非当时之事，《福建省例》中另一则题为《署理悬缺员应扣修署俟扣完后始可详借》的官文书，内有"窃查各官借廉修理衙署，前于乾隆三十八年间原定省例"云云②，确证"省例"称谓在乾隆三十八年已在福建行用。

《福建省例》③ 一书收入的 484 件文书中，文书标题有"省例"字样者 4 件，正文中记载该文书"刊入省例颁行"、"刊入省例颁送"、"刊入省例在册"以及"著为省例"的有 138 件。

乾隆至光绪年间，随着《湖南省例成案》、《粤东省例新纂》、《江苏省例》、《福建省例》等地方法规、政令汇编文献的刊印，"省例"成为当时一些省区通行的法律用语。

清代省例汇编类文献中辑录的地方法规和法律文书的内容极其丰富，是研究清代法制的珍贵资料。早在 20 世纪初，日本学者织万田在《清国行政法》第 2 编《清国行政法之渊源》部分，

---

① 台湾银行经济研究室辑：《福建省例》，见《台湾文献丛书》第 199 种，台湾大通书局，1964，第 637 ~ 638 页。
② 台湾银行经济研究室辑：《福建省例》，见《台湾文献丛书》第 199 种，台湾大通书局，1964，第 370 ~ 371 页。
③ 据《福建省例》书前百吉撰《弁言》："这部《福建省例》原只称作《省例》，'福建'二字是我们加上去的。"该文献清刻本系戴炎辉教授珍藏。见台湾银行经济研究室辑《福建省例》，《台湾文献丛书》第 199 种，台湾大通书局，1964，第 1 页。本书中的引文均出于整理本《福建省例》。为行文方便，我们对该省例的称谓也以整理本为准，一律写为《福建省例》。

就专节介绍了清代的省例。近年来，清代省例研究日益受到了国内外学界的关注，先后发表了几篇重要的论文，提出了一些新的见解。① 然而，省例研究仍是法史研究的薄弱环节。对于清代省例的形成、内容、批准程序、编纂、实施、发展演变以及省例与朝廷立法的关系等一系列问题，还有待深入探讨；对于"省例"的含义、性质及其"是不是一种独立的法律形式"、"是不是一省的综合性法规"等疑义，学界尚存有不同观点。本书作为"例考"，为了使读者了解清代省例的性质，着重就清代省例的含义、形成及代表性文献的编纂等发表一些浅见。

关于清代省例的含义，笔者认为，从现存文献看，清人主要是在三层意义上使用"省例"这一称谓的。

一是指清代省级政府制定的以地方性事务为规范对象、以地方行政法规为主体，兼含少量朝廷颁布的地区性特别法的法律文件的汇编。现见的以"省例"命名的这类文献有《湖南省例成案》、《湖南省例》、《广东省例》、《江苏省例》等。

二是指刊入具有省例性质的官方文书和地方法规、政令汇编中的每一种法规、政令或具有法律效力的规范性文件。以"省例"命名的地方法规、政令汇编类文献，"省例"一词既是该书的书名，也同时指收入书中的各个法规、政令及其他规范性文件。这些法规、政令是从该省一定时期内颁行的法律文件中选编而来的，其具体名称有章程、条约、告示、檄示、禁约、通饬等多种。它们在收入被称为省例的汇编性文献后，无论某一法规、

① 近年来发表的研究清代省例的论文有：〔日〕谷井阳子撰《清代则例省例考》（该论文日文见载日本《东方学报》第67册，1995年出版。中文本见《中国法制史考证》丙编第4册），〔日〕寺田浩明撰《清代的省例》一文，（收入滋贺秀三主编的《中国法制史基本资料的研究》（东京大学出版会，1993年出版）。国内学者的研究成果主要是王志强写的《论清代的地方法规——以清代省例为中心》一文。

政令是何时颁布的，采用的是何种法律形式，人们把它们都统称为省例。所以，省例本身虽不是独立的法律形式，但它却可以作为一省地方性法规、政令的称谓或简称使用。

三是特指省级政府刊发地方法规、政令及具有法律效力的规范性文件的一种官方文书形式。《福建省例》中大量有关"刊入省例颁行"、"刊入省例颁送"、"刊入省例在册"以及"著为省例"的记载，就是这方面的典型例证。

在清代，"省例"这一称谓也是基于与"部例"的称谓相对应而出现的。当时，一些省区在行政、司法实践和公文来往中，习惯上把中央部署则例称为"部例"，把地方省级政府颁布的法规称为"省例"。省例和部例是法典的两翼，都是为着更好地实施《会典》、律典规定的国家的基本法律制度而制定的。省例作为地方性法规，也是为更好地实施部例中有关地方事务管理的规定而制定的。清人对于省例与部例的关系作了这样的概述："举凡通行部章，因时损益，所以辅律例之简严；通饬省章，因地制宜，所以阐部章之意指"；[①] "条例是国家令典，天下通行，一律遵办。省例是外省申详事件酌定章程，各就一省而言"；[②] "省例则尤因地制宜，助部例所不备"。[③] 也就是说，省例作为一省范围内的地方立法成果，其功能是补充部例所不备。从典、例关系即《会典》为纲、例为实施细则的层面考察，六部则例是规范朝廷六部活动的法律细则，省例是治理一省地方事务的法律细则。

① （清）钟庆熙辑：《四川通饬章程》臬司《序》，清光绪二十七年四川臧局刻本。
② （清）王有孚撰：《一得偶谈》，见《中国律学文献》第3辑第4册，黑龙江人民出版社，2006，影印本。
③ （清）宁立悌等辑：《粤东省例新纂》两广总督耆英《序》，清道光二十六年刻本。

省例作为地方法规的称谓之所以能够在清代出现，是有其深刻的社会经济背景的，也是中国古代地方立法发展到比较成熟的阶段以及法规编纂经验积累的必然结果。

中国自古就是一个领土辽阔的多民族国家，各地自然条件、风俗习惯和人文环境千差万别，经济发展很不平衡，各地方发生的大量的新问题，需要因地制宜地制定地方法规，对各种事项和社会矛盾进行调整。清代中后期，随着清王朝疆域的扩大、人口的增加、经济的发展，社会矛盾日趋复杂，各种新的问题不断出现。在这种情况下，为了把国家法律制度落实到基层，有效地进行地方事务的管理，各地都加强了地方法规的制定工作。

地方立法并不是清代才出现的。在中国古代，地方立法及其法律形式的形成和发展，经过了相当漫长的过程。《睡虎地秦墓竹简》中的《语书》，是南郡太守腾给县道啬夫的告谕文书，就属于地方法令性质。这说明由地方长官发布政令的做法，至迟在战国时期就已存在。汉代时，地方法律形式有教令、科令等。这一时期，太守专郡，综理庶绩，权力甚重，根据地方施政需要颁布教令、科令等，是其职权之一。唐代时，地方立法水平有了较大的提高。敦煌出土的《沙州敦煌县行用水细则》（亦称《唐沙州敦煌地区灌溉用水章程》），就是在民间习惯和前代地方法规基础上形成的地方性水利规范，可以说是唐代中央法规《水部式》在敦煌地区的实施细则。宋元时期，发布榜文、禁约是地方长官施政经常采用的法律形式。《中国古代地方法律文献》甲编①收录的朱熹榜文、黄榦榜文、胡祗遹榜文等，就是这类法律文献的代表。明代地方立法出现了繁荣的局面，法律形式更加多

---

① 杨一凡、刘笃才编：《中国古代地方法律文献》甲编（10 册），世界图书出版公司，2006，影印本。

样化，立法数量也远远超过前朝。特别是明代中后期，地方立法活动空前活跃。当时，除省、府、州、县各级长官发布了大量的政令和制定了不少地方法规外，朝廷派出巡按各地的官员针对地方的时弊，也以条约、檄示、告示、禁约等形式颁布地方性法规。从现存明人文集中，可以看到许多这方面的材料。如万历年间，吕坤在山西任提刑按察使及巡抚时，颁布了《籴谷条约》、《放赈十禁》、《存恤十条》、《乡甲事宜》、《提刑事宜》等地方法规。《全陕政要》、《宝坻政书》、《惠安政书》等专门的地方政书的编纂，反映了明代中后期包括地方立法在内的地方法制建设有了很大进展。这类文献多是由地方官员或文人编写，编者的初衷是将其掌握的该地方的政务资料和制定的法规，提供给时人或后人参阅。从中可以看到，该地的政务已进一步制度化，地方法规编纂的规范性有了新的提高。

清代前期，地方立法的形式基本沿袭明代，但立法的数量大大超过了前代，许多地方政府和长官颁布了各种形式的地方法规，其内容之广泛，几乎涉及社会生活、行政和经济管理及民间事务管理的各个方面。《中国古代地方法律文献》乙编①收录的《到任条约通示》、《禁令百则》、《兴利除弊条约》、《严禁漕弊各款》、《弭盗安民条约》、《督院条约》、《守琼条约》、《抚浙条约》、《抚吴条约》、《总制浙闽文檄》、《刑名章程》、《学政条约》等，就是当时地方立法的重要成果。这一时期，清代地方法制建设较之明代的一个重要发展，就是自康熙四年（1665年）实行巡抚制始，又逐步在一些省区实行总督、巡抚双重领导的体制，巡抚受总督节制，总督权势渐崇。为了有效地加强一省地方

---

① 杨一凡、刘笃才编：《中国古代地方法律文献》乙编（15册），世界图书出版公司，2009，影印本。

事务的管理，通行全省的法规、政令统一由总督或巡抚批准和发布。康熙至乾隆年间，各地总督、巡抚颁行了大量的法规、政令，有些省区还通过编纂、修订法令政令发布了内容比较系统、规范的重要法规。这种做法，为以后省例的汇编提供了经验。

清乾隆九年（1744 年）起实行的由各省地方政府汇编、刊印朝廷定例的制度，也对省例的编纂产生了直接影响。是年，湖北省按察使石去浮向乾隆皇帝上疏："向来通行事件，各省接准部咨，有藩、臬并行者，有只行专管衙门者；行司之后，有转移知照者，亦有竟不移会者。于道员府佐，遗漏尤甚，即或得之邸抄，势难全备。"① 为了改变藩、臬及其他衙门之间互不通气、对朝廷下达的例文"见闻疏略"的状况，让各级地方衙门和官吏能够及时了解皇帝发布的谕旨及朝廷发布的定例，石去浮建议，凡中央下达的例文，由专人抄录汇总，作为地方政府处理各类事务的依据。乾隆皇帝对石去浮的建议表示支持，并于乾隆九年四月辛亥发布圣旨曰：

嗣后凡有关涉定例之部文，该督抚接到日，一概通行藩、臬。到司后，专管该司于行府外，分移各道。到府后，于行州县外，并分移丞倅等官。如此，则大小臣工，娴习律令，临事不致歧误。至称派拨专书经手，汇总齐全，入于新旧交盘内，亦应如（石去浮）所奏。倘有疏忽，将该管官照遗漏行文例参处；其典吏照"遗失官文书律"治罪。②

自此以后，各省辑录汇编朝廷定例遂成制度，并对各地编纂

① 《大清律例》卷一，清雍正三年刻本。
② 《大清律例》卷一，清雍正三年刻本。

和刊刻本省地方法规有很大的推动。由于朝廷部院准咨和督抚发布的地方政令、法规愈来愈多，有些省在编纂、刊刻中央部例的同时，也进行本省地方法规的编纂和刊行。据《治浙成规》载：

> 浙江按察使台会同布政使司富呈详……浙省一切详定章程，每有行之日久，官更吏易，未悉原委，以致不克遵循办理，违误比比皆是。查现在一切部议成案，俱由臬司衙门随时刊发。所有刊费，每年各府州县扣存备公银一两，除刊例案外，尚有余剩。应请嗣后一切议详、议禀事件可为永远章程者，即将余剩之银，亦一体刊布流传交代，俾有遵循，似于政务不无裨益。合并宪夺等情，于乾隆二十一年九月初三日详。奉巡抚部院杨批：均如详通饬遵行。①

这则记载表明，浙江省于乾隆二十一年（1756 年）九月，已决定全省各府、州、县每年在刊刻朝廷部议例案的同时，刊刻本省的"一切议详、议禀事件可为永远章程者"。

也有一些省在督抚首肯后，编纂和刊刻本省省例。从《福建省例》和《治浙成规》的记载看，至迟在乾隆朝中期，这两个省已运用"省例"这一法律文书的形式随时发布地方法规。关于福建省于乾隆三十七年（1772 年）刊行省例的记载，在本部分开头已经述及。浙江省运用省例颁布地方法规的情况似乎更早，只是不以"省例"而以"成规"为名称。其中时间最早的是乾隆二十六年（1761 年）经督抚批准刊入《成规》的《航船被失分别赔赃》这则成规：

---

① 《治浙成规》卷五《锢婢二十五岁以上照例治罪，并许亲属领回不追身价》。

乾隆二十六年七月十五日，奉巡抚部院庄批，如详饬著
叶绳武先赔一半，勒限半月内追给取领送查，毋任宕延羁
累。一面速饬勒捕严缉赃贼，务获究报。仍即通饬各县商
客，有银钱货物寄交船户。如有疏失，照议分别赔价。出示
晓谕，并刊入《成规》。并候督部堂批示缴。又奉部督部堂
杨批，如详饬遵。①

在《治浙成规》一书中，辑录了许多浙江省于乾隆、嘉庆、
道光年间，把该省制定的地方法规、政令刊入官方文件《治浙
成规》发布的文书，这种官方文书的称谓虽未以"省例"命名，
但就其内容、功能而言，与福建省的《省例》属于同一性质。

福建省的《省例》、浙江省的《治浙成规》这类当时用以刊
发法规、政令的官方文书的原件，目前尚未找到。据笔者推测，
此类官方文书应是类似现在政府公报的性质，主要是用于刊载省
级政府制定的法规、政令，随时或定期刊发给下级地方衙门。这
一时期，还有哪些省运用省例这类官方文书公布地方法规，因文
献阙失，有待详考。

清代中期，除浙江、福建采用官方文书形式发布通行于全省
的法规、政令外，也出现了辑录、汇编一省地方法规和其他法律
文件的情况。笔者看到的汇编乾隆朝及乾隆以前地方法规、政令
较多的文献有《湖南省例成案》和《乾隆朝山东宪规》②。《湖
南省例成案》收入的是湖南省于雍正、乾隆年间发布的例文及

---

① 《治浙成规》卷六《航船被失分别赔赃》。
② 《乾隆朝山东宪规》，清抄本，田涛先生收藏。齐钧整理的《乾隆朝山东宪规》，见《中
国珍稀法律典籍续编》第7册，黑龙江人民出版社，2002，第1～136页。

成规，编纂、刊刻时间不详。《乾隆朝山东宪规》系私人抄录，不是由省级长官首肯或官方组织编纂的省例汇集。鉴于该文献辑录的地方法规、政令对于研究清例的发展有重要的价值，故在这里作一简要介绍。

《乾隆朝山东宪规》2卷，6册，辑者不详，书前无序，田涛先生收藏有该书清抄本。依书中目录宪规为142件，并附录1件，正文中有数十件宪规未编入目录，实际上该书辑录宪规在200件以上。该书内容包括吏治、官员俸银、查造编审人丁、差役、征收钱粮、起解钱粮、官仓、社仓、田房税契、典当、筑城、河工、驿站、儒学、恩赏、军需造报、救济孤贫、灭蝗、救灾、《普济堂收养贫民章程》、《议解穷员回籍路费章程》、《山东人民航海至奉天立法查禁规条》、交代册式等。该《宪规》所收法律文件，大多是山东巡抚、藩台、臬台发布的政令，或户部等衙门咨准巡抚上报的法律文件，也有一些是关于山东事宜的皇帝上谕和朝廷通例。这些文件都具有通饬、通行一省的性质。其中最早的制定于乾隆四年（1739年）四月，最晚的为乾隆四十二年（1777年）六月二十二日。成书时间大约是乾隆朝后期。该文献的编纂体例，既未严格分类，也未按时间顺序排列，而是把各个法律文件编在一起。由此推断，《乾隆朝山东宪规》并未经过官方的精心纂修，很可能是由幕友和其他文人辑录的。

学界已发表的研究清代省例的论文及著述中，列举的清代省例文献有《湖南省例成案》、《湖南省例》、《乾隆朝山东宪规》、《东省通饬》、《山东通饬章程》、《治浙成规》、《粤东省例新纂》、《广东省例》、《江苏省例》、《豫省成例》、《豫省拟定成规》、《直隶现行通饬章程》、《福建省例》、《四川通饬章程》、《晋政辑要》、《西江政要》、《皖政辑要》等。在上述文献中，除官刻本外，也有一些是私家编辑刊印或者抄本。清代史籍中尚未查到朝廷有关省级政府颁布的法规被统一命名为"省例"的记载，也未见到有哪一种汇编性文献是被省级政府明确宣布该文献是经官方精心修订的全省综合性法规。另外，在清王朝辖属的 28 个省区中，现见的省例类汇编文献，涉及的省区是有限的，并不是清代所有的省区都进行过这类文献的编纂。清人辑录、刊印地方法规类文献的目的，主要是为了方便各级地方衙门和官吏查阅，供执法时使用。就法律效力而言，地方法规类汇编文献本身虽不是一省制定的综合法规，但收入该文献的每一法规、政令和其他规范性文献，则在官方发布后就具有其法律效力。基于上述理解，笔者认为，对于现存的清代地方性法规、政令汇编性文献，在界定其含义、性质、功能时，应持慎重和具体分析的态度，区分哪些文献属于官方首肯的省例汇编，哪些属于官刊政书，哪些属于私人编纂的公牍集；区分哪些文献属于省例汇编性质，哪些文献并不是严格意义上的省例。比如，《晋政辑要》、《西江政要》、《皖政辑要》等书虽收有大量地方性法规，但文献内容相当广泛，应属于政书性质。又如，《乾隆朝山东宪规》是由私家辑录而成，属于地方法律文献汇编性质，不是严格意义上的省例。

由于本文篇幅所限，加之我们对有关清代的一些地方法规、公牍汇编类文献还未来及深入研究，本部分仅对一些有代表性的省例和具有省例性质的文献作些初步介绍。

1.《湖南省例成案》

《湖南省例成案》，84 卷，辑者不详。全书 16 册，3860 叶，现藏日本东京大学东洋文化研究所。该书各册封面除刊有"湖南省例成案"书名外，书名右上方刊有"续增至嘉庆二十五年"

9字，左下方刊有"本衙藏版"4字。书首有总目2卷。正文为82卷，其中户部卷一缺文，卷二前8叶每叶上方文字脱落。该书收入雍正四年（1726年）至乾隆三十八年（1773年）间有关湖南省的省例成案805件，以名例、吏、户、礼、兵、刑、工七律为序分门编辑。其中名例律2卷，收入例案21件；吏律5卷，收入例案65件；户律34卷，收入案例275件；礼律2卷，收入例案28件；兵律17卷，收入例案150件；刑律20卷，收入例案250件；工律2卷，收入例案16件。在上述省例成案中，除58件属于雍正朝例案外，其他均系乾隆朝例案。最早的为雍正四年正月初九日该省发布的《特敕弭盗之法各条》、①《严禁假命图诈借尸抢抄各条》，② 最晚的是乾隆三十八年（1773年）十一月二十七日该省制定的《详派南省各府、厅、州、县按季捐解条例工本银两》。③ 为了使读者了解该书的基本内容，现将其内容结构列表述后（见表4-20）。

《湖南省例成案》虽然采用《大清律例》的编纂体例，其门次、目次名称也是沿用《大清律例》，但考察其内容，却与《大清律例》有很大的区别：①收入该书的例案，除《名例律》、《刑律》两部分外，《吏律》、《户律》、《礼律》、《兵律》、《工律》部分所收诸例，均属于行政类例案，内容占全书篇幅的三分之二以上。②该书未收律文，所设条目只是选用了《大清律例》中的部分条名。该书纂辑的大量行政类例案，分类附在相关条目之后，其条目名称的借用性质十分明显。③该书《刑律》部分收录的例案，多是司法行政管理方面的法律文件，这

---

① 《湖南省例成案》刑律卷一九。
② 《湖南省例成案》刑律卷一。
③ 《湖南省例成案》户律卷二七。

表 4 – 20 湖南省例成案内容构成一览表

部类·卷数·册次	卷次·叶数	门次及各门案例数	案例合计数	例案制定时间
总目 2 卷 （95 叶） 第 1 册	卷一（49 叶） 卷二（46 叶）			
名例 2 卷 （106 叶） 第 1 册	卷一（55 叶） 卷二（51 叶）	**五刑** 4 件 职官有犯（1 件） 流囚家属（1 件） 常赦所不原（1 件） 犯罪存留养亲（1 件） 化外人有犯（3 件） 流徒迁徙地方（10 件）	21	雍正七年十一月二十二日至乾隆三十五年五月二十一日 雍正朝 2 件 乾隆朝 19 件
吏律 5 卷 （277 叶） 第 2 册	卷一（73 叶） 卷二（53 叶） 卷三（47 叶） 卷四（46 叶） 卷五（58 叶）	**职制** 39 件 官员袭荫（4 件） 大臣专擅选官（13 件） 滥设官吏（10 件） 信牌（2 件） 贡举非其人（8 件，1 件缺文） 举用有过官吏（1 件） 擅离职役（1 件） **公式** 26 件 讲读律令（4 件） 制书有讳（1 件） 弃毁制书印信（3 件） 事应奏不奏（1 件） 官文书稽程（8 件） 照刷文卷（3 件） 同僚代判署文案（2 件） 增减官文书（1 件） 封掌印信（3 件）	65	雍正五年二月二十七日至乾隆三十八年十一月十二日 雍正朝 3 件 乾隆朝 62 件

部类·卷数·册次	卷次·叶数	门次及各门案例数	案例合计数	例案制定时间
户律 34 卷 （1685 叶） 第 3～9 册	卷一（缺文）	**户役** 28 件 脱漏户口（1 件） 人户以籍为定（4 件） 赋役不均（1 件） 丁夫差遣不平（1 件）点	275	雍正八年二月至乾隆三十八年十一月二十七日 雍正朝 11 件 乾隆朝 264 件
	卷二（37 叶）	差狱卒（1 件） 私役部民夫匠（1 件）		
	卷三（67 叶）	收养孤老（19 件）		
	卷四（47 叶）	**田宅** 34 件 欺隐田粮（4 件） 检踏灾伤田粮（5 件） 功臣田土（1 件） 盗卖田宅（1 件）		
	卷五、卷六（90 叶） 卷七、卷八（89 叶）	典买田宅（11 件） 荒芜田地（11 件） 弃毁器物稼穑等（1 件）		
	卷九（50 叶）	**婚姻** 12 件 男女婚姻（4 件） 典雇妻女（2 件）		
	卷十（38 叶）	居丧嫁娶（3 件） 娶亲属妻妾（1 件） 出妻（1 件） 嫁娶违律主婚媒人罪（1 件）		
	卷十一至卷十八（375 叶）	**仓库** 175 件 钱法（61 件）		
	卷十九（33 叶）	收粮违限（5 件）		
	卷二十、卷二十一（111 叶）	多收税粮斛面（19 件）		
	卷二十二至卷二十五（235 叶）	那移出纳（30 件）		
	卷二十六（69 叶，内有出纳官物有违 47 叶）	钱粮互相觉察（2 件）		
	卷二十七（54 叶）	出纳官物有违（23 件）		
	卷二十八（67 叶）	收支留难（12 件） 起解金银足色（2 件）		
	卷二十九至卷三十一（161 叶）	转解官物（21 件）		

续表 4-20

部类·卷数·册次	卷次·叶数	门次及各门案例数	案例合计数	例案制定时间
户律	卷三十二（53 叶）	**课程** 9 件 盐法（5 件） 人户亏兑课程（4 件）		
	卷三十三（28 叶）	**钱债** 6 件 违禁取利（5 件） 费用受寄财产（1 件）		
	卷三十四（74 叶）	**市廛** 11 件 私充牙行埠头（6 件） 把持行市（4 件） 私造斛斗秤尺（1 件）		
礼律 2 卷 （124 叶） 第 9 册	卷一（67 叶）	**祭祀** 14 件 祭享（3 件） 致祭祀典神祇（3 件） 禁止师巫邪术（8 件）	28	雍正八年三月二十一日至乾隆三十八年闰三月十六日
	卷二（59 叶）	**仪制** 14 件 御赐衣物（3 件） 朝见留难（1 件） 见任官辄自立碑（3 件） 禁止迎送（1 件） 服舍违式（1 件） 术士妄言祸福（1 件） 匿父母夫丧（3 件） 丧葬（1 件）		雍正朝 4 件 乾隆朝 24 件
兵律 17 卷 （553 叶） 第 10~12 册	卷一（49 叶）	**宫卫** 4 件 门禁锁钥（4 件） **军政** 8 件 不操练军士（1 件） 私藏应禁军器（2 件） 夜禁（5 件）	150	雍正四年正月十五日至乾隆三十七年十二月初五日
	卷二（42 叶）	**关津** 80 件 诈冒给路引（2 件） 关津留难（8 件）		雍正朝 6 件 乾隆朝 144 件

部类·卷数·册次	卷次·叶数	门次及各门案例数	案例合计数	例案制定时间
兵律	卷三至卷九（332叶） 卷十至卷十二（162叶） 卷十三（46叶） 卷十四、卷十五（93叶） 卷十六（59叶） 卷十七（63叶）	盘诘奸细（52件） 私出外境及违禁下海（18件） **厩牧** 15件 牧养畜产不如法（3件） 验畜产不以实（3件） 宰杀马牛（9件） **邮驿** 43件 递送公文（19件） 铺舍损坏（10件） 私役铺兵（3件） 驿使稽程（2件） 多乘驿马（2件） 多支廪给（2件） 公事应行稽程（1件） 私役民夫抬轿（1件） 病故官家属还乡（3件）		
刑律 20 卷 （896叶） 第13～16册	卷一（62叶，内有窃盗39叶） 卷二（43叶）、 卷三（39叶） 卷四（30叶） 卷五（38叶） 卷六（49叶，内有恐吓取财28叶） 卷七（38叶）	**贼盗** 62件 谋反大逆（1件） 强盗（1件） 白昼抢夺（3件） 窃盗（25件） 盗马牛畜产（4件） 恐吓取财（20件） 诈欺官私取财（1件） 略人略卖人（1件） 盗贼窝主（3件） 起除刺字（3件） **人命** 8件 谋杀人（1件）	250	雍正四年正月初九日至乾隆三十八年十一月十九日 雍正 32件 乾隆 218件

部类·卷数·册次	卷次·叶数	门次及各门案例数	案 例合计数	例案制定时 间
刑律		戏杀误杀过失杀伤人（1件）		
		杀子孙及奴婢图赖人（1件）		
		威逼人致死（5件）		
		斗殴 4件		
		斗殴（3件）		
		殴大功以下尊长（1件）		
	卷八（53叶）	**诉讼 41件**		
		越诉（1件）		
		告状不受理（20件）		
	卷九（36叶）	诬告（8件）		
	卷十（60叶）	教唆词讼（11件）		
		官吏词讼家人诉（1件）		
		受赃 4件		
		官吏受财（3件）		
		在官求索借贷人财物（1件）		
	卷十一（39叶）	**诈伪 5件**		
		对制上书诈不以实（1件）		
		伪造印信时宪书等（3件）		
		诈教诱人犯法（1件）		
		犯奸 2件		
		卖良为娼（2件）		
		杂犯 25件		
	卷十二至卷十三（101叶）	拆毁申明亭（4件）		
		赌博（8件）		
		失火（13件）		
	卷十四（36叶）	**捕亡 38件**		
		徒流人逃（4件）		
		稽流囚徒（3件）		
	卷十五（56叶）	主守不觉失囚（16件）		
		知情藏匿罪人（1件）		
	卷十六	盗贼捕限（14件）		

部类·卷数·册次	卷次·叶数	门次及各门案例数	案例合计数	例案制定时间
刑律	卷十七（55 叶）	**断狱　61 件** 囚应禁而不禁（4 件） 故禁故勘平人（1 件） 淹禁（3 件） 凌虐罪囚（14 件）		
	卷十八（45 叶）	狱囚衣粮（10 件） 依告状鞫狱（1 件） 原告人事毕不放回（1 件） 官司出入人罪（4 件） 有司决囚等第（1 件）		
	卷十九（53 叶，内有检验尸伤不以实35 叶）	检验尸伤不以实（17 件）		
	卷二十（43 叶）	断罪不当（3 件） 吏典代写招草（2 件）		
工律 2 卷 （125 叶） 第 16 册	卷一（59 叶，内有失时不修堤防40 叶） 卷二（66 叶）	**营造　4 件** 冒破物料（3 件） 修理仓库（1 件） **河防　12 件** 失时不修堤防（12 件）	16	乾隆二年十月十日至乾隆三十二年六月六日

也与《大清律例》有较大的不同。④从该书各条目所收例案的数量看，以《田宅》、《钱法》、《多收税粮斛面》、《那移出纳》、《转解官物》、《关津》、《厩牧》、《贼盗》、《诉讼》、《杂犯》为最多，反映了这些方面是当时湖南省地方立法的重点。

　　详查《湖南省例成案》全文，并没有收入嘉庆朝案例，与该书封面题"续增至嘉庆二十五年"不符，笔者推测很可能该书还有续编。在本书即将付印前半月，胡震先生告知，北京大学图书馆藏有《湖南省例》一书。经初步将两书核对，《湖南省例》确实是《湖南省例成案》补编后续刻。《湖南省例成案》所载例案基本都收入《湖南省例》，续刻时仍使用的是前书的原板，条目的排列顺序、文字内容、字体与《湖南省例成案》一致，只是改动了卷次。《湖南省例》136 卷，收入雍正三年（1725 年）至嘉庆五年（1800 年）湖南省的省例、成案 1440 余件，其中名例律 4 卷，例案 41 件；吏律 7 卷，例案 118 件；户律 50 卷，例案 435 件；礼律 4 卷，例案 51 件；兵律 40 卷，例案 435 件；刑律 25 卷，例案 333 件；工律 3 卷，例案 30 件。书首有总目 3 卷。该书前有湖广总督吴达善等监刻官员名单，说明该书为官修本。《湖南省例成案》与《湖南省例》的性质和编纂体例是完全一致的，只是前者书名有"成案"二字，后者所载例案的件数较多、内容更为丰富而已。然《湖南省例》所载例案截止嘉庆五年，很可能其后还有续集的存在。

《湖南省例成案》、《湖南省例》是清代较早以"省例"称谓汇编的全省性法规文献。其所收法规的内容，以地方行政事务管理方面的法规为主体。两书采用以吏、户、礼、兵、刑、工分类编纂的体例，为道光年间编纂的《粤东省例新纂》所沿袭。

2.《治浙成规》

浙江省成规的编纂始于乾隆年间。在现知的该书乾隆、道光、清末等几种刊本中，以道光十七年（1837 年）刻本收录成规较多、内容精良而备受世人关注。道光刻本《治浙成规》8 卷，8 册，无序。该书纂辑高宗乾隆二十一年（1756 年）至宣宗道光十二年（1832 年）近 80 年间浙江省制定的成规 162 件，其中乾隆朝成规 90 件，嘉庆 52 件，道光 20 件。分为藩政、臬政两类分别编纂。藩政 4 卷，收入成规 82 件，其中乾隆成规 30 件，嘉庆成规 35 件，道光成规 17 件，内有《省仓收放南米章程》、《开垦田地滋扰四款》、《申明署员食俸定例》、《各属积习应行整饬》、《盗署人员扣俸章程》、《举报老农酌定章程》、《派拨匠粮章程》、《佐杂回籍请给路费章程》、《兵童应试章程》、《酌给佐杂勘合路费章程》、《各属教杂请修衙署章程》、《就近派拨月粮》、《新沙民灶分管章程》等目；臬政 4 卷，收入成规 80 件，其中乾隆成规 60 件，嘉庆成规 17 件，道光成规 3 件，内有《查缉逆匪马朝柱等各犯规条》、《案犯报病章程》、《稽查渔匪各事宜》、《办现盐案章程》、《办理积匪章程》、《许参疏防章程》、《办案规则》、《闽浙办理洋面捕盗事宜各条章程》、《严肃吏治各条》、《缉捕章程》、《粮船归次防范水手滋事章程》、《海洋偷抢匪犯分别拟罪条议》、《浙省办理海口营务缉捕各条章程》等目。收入《藩政》、《臬政》之内的成规，以制定时间的先后为序排列。《藩政》中收入制定时间最早的文件是乾隆三十五年（1770年）五月通过的《浙江省仓收放南米章程》，最晚的是道光十二年（1832 年）通过的《详同通缺出插委盐属如有本省差使调回署理》。《臬政》中收入制定时间最早的文件，是乾隆二十一年（1756 年）六月通过的《店铺窃赃先行查起给主于犯属名下追还当本》，最晚的是道光四年（1824 年）六月通过的《零星贩私再犯三犯分别治罪》。

阅读《治浙成规》一书可知：①该书所收成规，系按原文书全文辑录。这些文书的内容均为浙江省事务管理的法规、政令。文书的结构，一般都是由拟定文件机关、文件议题、制定成规的缘由和法律依据，成规草案、草案的批准等部分组成。就文书的形式而言，有详文、禀文、告示、章程、檄文等，其中绝大多数为藩、臬两司请示报告督抚的详文。②该书收录的 162 件文书中，《省仓粜余米小户改折色》、《耗粮分别支用归公煮赈》、

《省乍二仓归公耗米按时价出粜》、《浙省办理海口营务缉捕各条章程》、《闽浙办理洋面捕盗事宜各条章程》5 件是皇帝钦准的有关浙江事务管理的定例,《偷窃盐斤照贩私问拟仍刺字》1 件是由盐驿道报请宪台拟定的,其他 158 件是浙江省藩、臬两司奉督抚指示或根据地方治理的实际需要拟定的,最后由督抚审核批准。也有少数成规是督抚咨请朝廷部院后颁布的,还有一些是以督抚名义发布的檄文。③道光刊本《治浙成规》一书所收成规中,有 42 件明确记载曾"刊入《治浙成规》",下发各衙门遵行。这说明乾隆、嘉庆、道光年间,《治浙成规》是浙江省发布本省成规的一种官方文书形式。④浙江省藩、臬两司制定的成规,都有"如详通饬遵照"、"如详饬遵"、"一体饬遵"等一类督抚批示。浙江省是清代较早编纂该省制定的法规、政令的省区之一。《治浙成规》虽未以"省例"命名,但收入该书的每一成规与通常的成案不同,具有在全省通行的效力,实际上属于省例的性质。该书的编纂方式,体现了清代省例编纂的起始阶段的特色。

3.《粤东省例新纂》

《粤东省例新纂》,清道光年间广东即补同知宁立悌、候补布政司经历陶复谦、候补从九品王锡章辑。4 册,8 卷。书前有清宣宗道光二十六年(1846 年)两广总督耆英、广东巡抚黄恩彤序。该书《凡例》就编书的动因及编纂原则作了这样的说明:"粤东向无省例,一切外办事宜屡有更改。历年既久,卷帙繁多,未能悉照原案录叙。兹就现办章程,按、吏、户、礼、兵、刑、工六科分门别类,纂辑成例,共得八卷。繁词概行节删,仍将详议年月、原委注明。其原议或有格碍难行,及与现办未符者，逐条加以按语，备资查考。"① 中国社会科学院法学研究所图书馆藏有该书清道光二十六年刻本。

本书纂辑乾隆至宣宗道光二十五年（1845 年）粤东（广东）省内各官司办事章程、案例及为因地制宜而变通部院定例或部院颁行各省通行事项的若干规定。全书共收文书198 件，分为吏例、户例、礼例、兵例、刑例、工例六类编辑。其中：吏例 1 卷，内有赴任、委署、调补、功过、造送、考吏等门，收入文书23 件；户例 2 卷，内有蠲恤、钱粮、田赋、仓谷、交代、役食、税羡、解饷、铜铅、廉俸、私盐、筹补、税饷等门，收入文书56 件；礼例 1 卷，内有典礼、书院、宪书、例贡、文闱、武场等门，收入文书 28 件；兵例 2 卷，内有缉捕、黎徭、承袭、驿传、船政、操防等门，收入文书43 件；刑例 1 卷，内有承缉、盗贼、到配、监狱、检验、秋审、审断、赃罚、赦免等门，收入文书 37 件；工例 1 卷，内有祠宇、营房、水利、救火、硝磺等门，收入文书 11 件。

该书所辑文书，大多为本省外办章程和经详明两院或经咨准通行的成例；也有一些是州、县议详文件，这类文件未经批准通行；还有一些是虽经通行而系一时一事、并非永为定例者，或者其事足为程式，方便日后稽查的事件。因此，本书虽名曰《广东省例新纂》，实际上有一些法律文件并不是严格意义上的省例。

4.《江苏省例》

《江苏省例》，辑者不详，于清同治、光绪年间，先后四次由江苏书局汇编刊印。清穆宗同治八年（1869 年）由江苏书局刊印的《江苏省例》，是该书的首次汇编，其内容是纂辑清穆宗

---

① （清）宁立悌等辑：《粤东省例新纂》书首《凡例》，中国社会科学院法学研究所图书馆藏清道光二十六年刻本。

同治二年（1863 年）至七年（1868 年）间，两江总督、江苏巡抚及江苏藩司、臬司发布的有关江苏省吏治、民生、风俗方面的法规、政令。清德宗光绪元年（1875 年）由江苏书局刊印的《江苏省例续编》，是该书的第二次汇编，其内容是续辑清同治八年至光绪元年颁布的法规、政令。清光绪九年（1883 年），由江苏书局刊印的《江苏省例三编》，是该书的第三次汇编，其内容是续辑清光绪元年至八年（1882 年）的有关治理江苏的法规、政令。清光绪十六年（1890 年）出江苏书局刊印的《江苏省例四编》是该书的第四次汇编，其内容是续辑清光绪九年至三十三年（1904 年）间有关治理江苏的法规、政令。

《江苏省例》卷首《凡例》曰："凡院司各衙门通饬新定章程以及裁除陋规等件，均关吏治民生。现从同治二年（1863 年）克复省城起，分年编辑，名曰《江苏省例》。俾各属遵守奉行，免致歧误。"由此可知，这是清朝平定太平天国起义后，江苏省对于适用全省通行的法规的汇编。其编纂方法仿效《治浙成规》，不分卷次，"按饬行月日先后为序"，以后的"通饬事件再行接续编刊"。该书按性质分为藩政、臬政两大类，"以钱粮、款项及升迁调补等事为藩政，其事关命盗、杂案、监狱、释传等件为臬政"。同治八年刊行的《江苏省例》初编，"原为外办事件遵引而设"，即其法律效力仅及于省属各州县，是各州县办事的规章，并"仿照条例，摘叙紧要以免冗繁而资考证"，对原始公文、案例做了文字的删节。但是，编纂《江苏省例续编》、《江苏省例三编》、《江苏省例四编》时，编者基于"如详通叙，裨读者因端竟委一目了然"[①] 的考虑，改变了原来的删繁就简的

[①] 《江苏省例续编》书首《凡例》，清光绪六年江苏书局刻本。

编纂方法，注重保持原文的面貌，不再对其删节。故这三编均为按原来法律文件全文辑录，行文显得繁琐。两种编纂方法，各有利弊。前者文字精炼，清晰明了，使人易于掌握；后者文字冗长，使人能够了解某项法律决定的来龙去脉。大概是编者感到采用后一种编辑方法更能忠实地反映法规的精神，因而做了改变。

5.《四川通饬章程》

清末钟庆熙等辑，2卷，57篇。清光绪二十七年（1901年）四川谳局刊本。书前有光绪二十七年四川按察使夏时和成都知府阿麟序及辑者自序，书末附有《成都发审局匾对》、《成都官廨题壁记》和《成都发审局藏书目录》。夏时为该书所作《序》云："川省章程从无汇刻专集，调卷考索，每苦挂漏放失。法家私钞又多，珍为枕秘，论者不无缺憾。孙玉轩司马锵由都筮仕来川，购携《刑部通行章程》，始自道光十八年迄光绪二十四年，其间多有未经纂入刑例者。时出与谳局同事钟幼卿大合，庆熙就事考证，获益滋多。特鸠同志醵金付梓，用公同好。复以钟大合钞藏省章五十二篇，编为二卷，继刑部通行续刻，便于观摩，以咨遵守。"① 辑者钟庆熙《自序》云："乾、嘉以降，时势日艰，情伪日幻，于是大部有通行部章，川中各上宪有通饬省章，皆以达律例之未赅，准情法之持平，求合乎大中至正之归，诚哀矜苦心也。庆熙学殖浅薄，治懵然无所知。迨筮仕逐谳局，遇疑难案牍，饬吏胥检阅档存通行通饬者，往往残缺遗漏，心窃憾焉。适孙玉仙司马由都来，示所购通行善本，与庆熙曩日钞存通饬若干条，互相讨论，以谳大小庶狱，颇少检查之劳。同人茹蔚亭刺

---

① （清）钟庆熙等辑：《四川通饬章程》卷首夏时《序》，清光绪二十七年刻本。

史、叶仲屏明府谓宜合刊一帙，公诸寅好，遂醵资付手民，不数月而书成。"① 夏时《序》和钟庆熙《自序》，清晰地介绍了该书编纂的起因和过程。从两序可知：一是在《四川通饬章程》纂辑之前，四川省尚未有这类汇编类章程问世；二是辑者是有感于历年通饬残缺遗漏，为方便官吏掌握川省所颁法规而编辑此书的；三是该书的编纂参考了《刑部通行章程》。

《四川通饬章程》辑四川各牧令发布的历年通饬章程 57 篇，其中：同治七年（1868 年）1 篇，制定于光绪三年（1877 年）至光绪二十七年（1901 年）间且有具体日期者 46 篇，制定于"光绪"年间但未标明具体日期者 1 篇，未标明制定时间者 9 篇。在未标明制定时间的 9 篇中，正文中有"近年"、"发审局"、"四川谳局"者 3 篇，当系清末制定无疑。由此可知，收入该书的通饬章程，基本上是光绪年间四川省制定和发布的条规。

6.《福建省例》

《福建省例》是一部按照事项性质分目的公牍汇编。全书分为公式、仓库、钱粮、奏销、交代、税课、解支、俸禄、养廉、捐款、平粜、社仓、户口、田宅、劝垦、当税、恤赏、兵饷、科场、盐政、钱法、铁政、船政、海防、修造、邮政、刑政、捐输、差务、铨政、征收、缉匪、杂例等 33 类，收入例文 484 件，大部分文件是公牍原文及其摘录。这种编纂方式的优点是把有关每一例案如何形成的原始文件都原原本本地全部录出，能够使人们了解省例的形成情况，有关省例的拟定、批准、修改及其效力也在《福建省例》中得到充分反映。原书为台湾大学戴炎辉教

---

① （清）钟庆熙等辑：《四川通饬章程》卷首作者《自序》，清光绪二十七年刻本。

授珍藏。"全书总共载了484件，年代早的是乾隆十七年（1752年）、晚的是同治十一年（1872年）。书前虽无序文、凡例和刊刻年月，但可推知这部'省例'大约是在同治十二、三年间编刻成书的。在此以前，可能已经汇刻过几次，这部书也许是最后的一个汇刻本。"①

从上述6个文献及现见的清代地方法规、章程汇编类文献看，无论是编纂的形式还是内容，各个文献之间都有较大的差别。

第一，这类文献没有一个统一的名称。尽管当今的研究者将其称之为"省例"，但是由于省例并不是清廷规定的法定名称，在"省例"称谓之外，还有"宪规"、"成规"、"通饬"、"通饬章程"、"成例"、"成案"等各种称呼，甚不规范。

第二，编纂体例不同。这类文献内容的编排方式大致有3种，有的文献分为"藩政"和"臬政"两类编辑，有的采用六部分类法，即仿照《大清律例》的门类，以吏、户、礼、兵、刑、工六部为序编排，有的按照所规范、调整的事项分为不同的类别，并无统一的体例形式。

第三，文字表述形式不同。有将所收录的文件加以概括使之抽象化为条例形态者，也有仍然保留了文件的原生态，一字不加删减改易者。

第四，编者或刊印者不同。这类文献的辑者既有官方衙门，也有官员和其他人员；其版本既有官刻本，也有书坊刻本和抄本。如《晋政辑要》和《西江政要》系官刊本，前者由兵部侍郎、都察院右副都御史、巡抚山西太原等处地方提督军务兼管盐政海宁领衔编纂，山西布政使司于清乾隆五十四年（1789年）

① 见台湾银行经济研究室辑《福建省例》书首百吉撰《弁言》，《台湾文献丛书》第199种，台湾大通书局，1964，第1页。

刊印；后者系清光绪后期江西按察司衙门辑刊，属于官刻本。《四川通饬章程》是四川谳局刻本，书前有臬司之《序》。谳局即发审局，是清朝中后期各省地方政府设立的专门负责审理案件的机构。《治浙成规》、《江苏省例》等的辑者不详。它们究竟属于官方作品，还是半官方作品，抑或是私人行为，需经审慎的研究后方能得出结论。

清代地方法规、政令汇编类文献彼此间存在的差别，反映了当时朝廷并没有对地方立法形式作出统一的规定。省例的出现是省级地方政府治理一省事务的客观需要，又是其积极主动加强地方法制建设的举措。这种做法没有妨害国家法制的统一，又利于朝廷法律、政令的实施，所以得到了中央政府的默许。由于省例的制定和编纂并不是在朝廷的统一部署下进行的，有些省制定或编纂省例的时间较早，有的省则较晚；有的省审批程序比较严格，有的省则相对差一些。省例汇编的情况更是参差不齐。如四川省在光绪二十七年（1901 年）前，官方并未编辑出版过省例类文献，该省较之福建省编纂省例的时间，至少晚了 120 年之久。清代各省地方法规的颁行，虽然从顺治朝起到清末从未间断，但从"省例"作为一省刊布、汇编地方法规、政令这个意义上讲，我们还不能说省例在其他各省份都普遍存在。

省例汇编类文献与以往地方法律文献的不同之处是，它们不再是某一地方长官在某地任职期间就这一地区或某一方面专门事务所发布的文檄的合集，而是某一省区在较长的时间内有关各类事务管理的规范性文件的汇编。省例较之以往地方长官发布的法规、政令及批示等，编纂体例更加规范，内容更为系统，其收入的地方法规、政令也一般是经过了选编，更加具有因地制宜和法律效力相对稳定的特点。

　　需要指出的是，一些省区的地方长官为了确保自己主持制定的地方法规、政令具有稳定性和连续性，使之不仅在其任职期间得到实施，而且在其离任后也能继续保持其效力，明确要求把有关法规、政令刊入省例，反映了这些地方长官在健全和完善地方法制建设方面已有比较自觉的立法意识。这一点在《治浙成规》和《福建省例》中得到了充分表现。《治浙成规》中有不少布、按二司长官请求督抚把成规刊入《治浙成规》的词语。如乾隆三十五年（1770 年）四月初浙江布政司拟定的《浙江省仓收放南米章程》，在报请巡抚核示时就建议："伏维宪台核示遵行，倘蒙俯允，除通饬外，并请刊入《治浙成规》册内，俾得永远查照办理。"该年同月初五日，巡抚部院批示："仓收一项，向有黏同批回呈送本部院衙门备核之例，仍令照旧办理。余如详通饬，遵照实力奉行，并刊入《治浙成规》册内，永远遵守。"同年五月五日，总督批示："所议各条，均属妥协，仰即通饬遵照，并刊入《治浙成规》册内查照办理。"① 在该书中，还有很多被督抚批准把省级衙门拟定的法规、政令列入《治浙成规》向全省各地颁发的记载，现列表于后（见表 4 – 21）。

　　在《福建省例》一书中，也记载了大量的布、按二司衙门和长官要求把其主持制定的法规、政令刊入《省例》的记载。据初步统计，该省在乾隆、嘉庆、道光年间，运用《省例》这一官方文书的形式发布了大量的地方法规、政令和其他规范性文件。《福建省例》收入的 484 件文书中，标题中带有"省例"字

---

① 以上均见《治浙成规》卷一《浙江省仓收放南米章程》，中国社会科学院法学研究所图书馆藏清道光二十七年刻本。

表4－21　浙江督抚批示成规刊入《治浙成规》一览表

类别	成 规 名 称	督抚批示刊入《治浙成规》时间	该成规在《治浙成规》中的卷次
藩政	浙江省仓收放南米章程	乾隆三十五年五月	卷一
	武职兵丁廉饷不准摊扣	嘉庆元年正月十九日	卷二
	降革留任处分无碍销试案	嘉庆六年二月二十九日	卷二
	交代仓谷粞米照全米作收	嘉庆六年三月二十六日	卷二
	咨署人员扣俸章程	嘉庆六年九月初五日	卷二
	详派佐杂扣廉津贴饷差	嘉庆七年二月初五日	卷二
	给咨限期	嘉庆七年三月初七日	卷二
	商捐同安船只仍责成宁波府承修	嘉庆七年十二月初六日	卷三
	停止常山、开化二县清补人丁	嘉庆七年七月初三日	卷三
	孤贫铎户口粮会同教官城守营当堂散给	嘉庆七年三月三十日	卷三
	商渔各船照票分别核验造册	嘉庆七年七月十一日	卷三
	沿海商渔船只给照稽查	嘉庆八年五月十八日	卷三
	酌议外办省会城垣保固十五年为限	嘉庆八年九月十一日	卷三
	外结贼赃毋庸半价回赎	嘉庆九年五月二十九日	卷三
	试用官员禁用私刊木戳	嘉庆十一年四月十七日	卷三
	举报老农酌定章程	嘉庆十二年十二月二十九日	卷三
	派拨匠粮章程	嘉庆十三年三月初七日	卷三
	丞倅州县回籍停给路费	嘉庆十九年九月十一日	卷三
	失察小伙私盐州县外结记过	嘉庆十六年闰三月二十七日	卷三
	丞倅州县到任未及半年事故仍给路费	嘉庆十六年五月十二日	卷三

类别	成 规 名 称	督抚批示刊入《治浙成规》时间	该成规在《治浙成规》中的卷次
藩 政	教杂有俸无廉各员修署由县借给	嘉庆十七年三月初四日	卷三
	丞倅州县病故在到任半年内者，分别远近给发路费	嘉庆十九年九月十一日	卷四
	酌给佐杂勘合路费章程	嘉庆二十二年九月十三日	卷四
	金州营战船仍归佐杂管解	道光二年闰三月十日	卷四
	捐纳丞倅州县倘遇丁忧不给路费	道光二年五月九日	卷四
	营厂交收驾厂船只章程	道光二年闰三月初十日	卷四
	各属教杂请修衙署章程	道光三年七月八日	卷四
	盐属场所则例各书概行停发	道光五年七月初三日	卷四
	沿江沿海天涨沙涂各按民灶升科	道光五年七月二十九日	卷四
	积欠乍月耗米分别划清饬县补解	道光十年九月二十日	卷四
	就近派拨月粮	道光十一年十一月初七日	卷四
	同通缺出仍照原章用同通间委司首领插委盐属人员	道光十二年三月二十一日	卷四
臬 政	军流遣犯在配妻氏病故毫无别情者概免报官	乾隆二十四年十一月初五日	卷六
	航船被失分别赔赃	乾隆二十六年七月十五日	卷六
	浙省仿照江南改定办理积匪章程	乾隆三十三年七月初九日	卷七
	窃盗再犯毋庸统计前犯之案，以现犯案数赃数分别遣徒	乾隆四十四年八月二十五日	卷七
	盗案俱归上盗地方参缉船户再别邑呈报者就近讯供移解	嘉庆五年三月初九日	卷七

类别	成 规 名 称	督抚批示刊入《治浙成规》时间	该成规在《治浙成规》中的卷次
臬 政	赦前犯事逃亡罪止杖徒者免其缉拿，如自行投到交保通详议结毋庸禁押	嘉庆五年四月初一日	卷八
	挑夫中途换担窃逃押令牙店及原保夫根寻逾限不获，先著全赔重大货物，著牙行添雇夫头跟随	嘉庆六年五月二十二日	卷八
	盗贼当赃不许典铺揩留拖累事主	嘉庆二十二年六月十九日	卷八
	粮船归次防范水手滋事章程	道光元年十二月二十九日	卷八
	零星贩私再犯三犯分别治罪	道光四年六月二十五日	卷八

样的 4 件，正文中明确记述"刊入省例遵行"、"刊入省例颁送"、"刊入省例在册"以及"著为省例"的文书为 138 件。占总数 484 件的 29.3%（详见表 4 - 22）。

现见的省例汇编性文献，虽然文献称谓、编纂体例、内容存在差别，但收入这些文献的法规、政令和其他规范性文件的拟定、批准、颁行程序大体是相同的。下面我们以《福建省例》作为分析的文本，对于省例的拟定、批准、颁行程序等作进一步探讨。

第一，关于省例的制定程序。

省例制定的主体是省布政使司与提刑按察使司。根据清代省一级制定官文书草拟、审查、批准的流程方式，可以把省例的制定程序区分为三种类型。

第一种是自上而下的产生方式，即布、按二司把所奉到的督抚指示直接转化为省例。如"交代例"中一件题为《闽省州县凡

表 4 –22　　《福建省例》记载法规、政令刊入《省例》和
文内有"省例"字样条目一览表

序　号	类　别	条　数	内有"省例"字样的条数	序　号	类　别	条　数	内有"省例"字样的条数
1	公式例	16	2	19	科场例	2	2
2	仓库例	25	3	20	盐政例	7	1
3	钱粮例	4	2	21	钱法例	3	1
4	奏销例	3	3	22	铁政例	2	1
5	交代例	23	11	23	船政例	36	9
6	税课例	6	1	24	海防例	9	2
7	解支例	4	1	25	修造例	2	1
8	俸禄例	11	7	26	邮政例	45	11
9	养廉例	21	12	27	刑政例上	63	0
10	捐款例	14	7	28	刑政例下	58	19
11	平粜例	4	0	29	捐输例	8	0
12	社仓例	4	0	30	差务例	5	3
13	户口例	13	1	31	铨政例	18	12
14	田宅例	9	0	32	征收例	17	5
15	劝垦例	3	1	33	缉匪例	4	3
16	当税例	6	1	34	杂　例	16	5
17	恤赏例	10	5				
18	兵饷例	14	6		总　计	484	138

遇接任交代，仓库钱粮前官如有侵亏，即行据实结报；倘任内正
项无亏，后官不得复以杂项匀捐，多方抑勒》[①] 的文书，它是福
建布政司于嘉庆三年（1798 年）七月十五日奉到巡抚部院汪宪

[①] 台湾银行经济研究室辑：《福建省例》，见《台湾文献丛书》第 199 种，台湾大通书局，1964，第 173 ~ 175 页。

的札饬，该札在申明现任与去任官员接交仓库钱粮应遵循的规程的同时，明确要求把此札"刊入《省例》颁送，永远遵行。并饬各属将此札用本牌裱挂二堂，永远遵照办理，毋得藏匿，故违干咎"。对此，布政司表示遵照办理："奉此，除移饬遵照，并刊入《省例》，永远遵行在案。"这是地方立法中通常采取的方式之一。清代时，地方长官发布政令，往往以札、牌等通饬的形式自上而下颁行。福建巡抚在发布札饬时，明确指示把治理地方事务的规定"刊入《省例》"，反映了其具有比较自觉的立法意识。

第二种是自下而上的产生方式，即布政使司、按察司等衙门的请示报告，经过督抚审核批准后成为省例。如"捐款例"中一则题为《闽省公捐资助照原定章程分别办理，从前所办与例未符之案，概不准其援照，一律查销》的文书就是如此。嘉庆二十四年（1819 年）九月十六日，福建布政使司呈上请示报告，认为"闽省议立公捐资助一款"，原定省例的规定"缘历年既久，法弛弊生，迨后复借有办过准给成案，一任相沿给领，殊与省例不符"；建议"应请通饬各府州遵照，自嘉庆二十四年九月为始，悉照原定章程分别办理。其从前所办与例未符之案，概不准其援照，一律查销，仍刊入《省例》颁行，俾期永远遵循"。这一请示报告得到总督的批准："奉批：仰候抚部院衙门批示饬遵，录报。缴。"在此之后，同月九月二十日，奉兼署巡抚部院董批："如详饬遵，仍刊入例册颁送。并候督部堂衙门批示。缴各等因。奉此，刊入《省例》通颁遵照。"①

---

① 台湾银行经济研究室辑：《福建省例》，见《台湾文献丛书》第 199 种，台湾大通书局，1964，第 367～368 页。

第三种是上下结合的产生方式。省例的制定大多采用这种方式，其运转的一般程序是：先是布政使司提出请示报告，得到督抚的批示以后，根据督抚的要求，再由布政使司会同有关机构进行讨论，制定出相应规范，最后经督抚批准。如"交代例"中一件题为《严杜各属亏缺章程拟定规条》的文书①，是福建等处布政使司"为议立章程事"，把拟定的 10 条规定，向督抚禀呈，请示"是否可行，仰祈裁示，以便刊刷成帙，分颁各属奉为省例"，结果是得到了总督的同意："奉批：据禀所拟各规条切中州县亏挪弊端，仰即照议刊刷通行，分颁立案，俾各属咸知遵守。"但是，巡抚批示中却对拟议的有些条款持不同看法，指出有的"与定例不符"，有的会产生"致滋弊窦"的不良后果，并对文件的修改提出了具体意见。之后，布政司再次向巡抚写了请示报告，对其提出的问题作出解释，建议："可否俯如原议，抑遵宪批更正，刊刻通颁，均祈大人察核示遵。"经巡抚批准后，这则文书才刊入《省例》。② 这种上下结合的方式有时会几上几下，增多了讨论的环节，使得所制定的规范性文件凝聚了多人的智慧，突显了政府的职能作用，减少了长官个人意旨的成分，使法规、政令更加符合当地的实际，因而更具有稳定性和连续性。

在前述《大清律中的附例》中，我们曾论述了清律附例产生的三种方式，即：一是皇帝的上谕直接转化为条例；二是奏准，即臣工的条奏经过皇帝批准成为条例；三是议准，即臣工条

---

① 台湾银行经济研究室辑：《福建省例》，见《台湾文献丛书》第 199 种，台湾大通书局，1964，第 183~189 页。
② 台湾银行经济研究室辑：《福建省例》，见《台湾文献丛书》第 199 种，台湾大通书局，1964，第 183~189 页。

奏经过皇帝谕示，由相关机构合议定例，皇帝批准后成为条例。福建省在制定地方法规、政令的过程中，其批准程序恰好分别对应了中央条例这三种产生方式。由此似可推论说，省例的制定程序的规范化可能是地方效仿中央立法的结果。

第二，关于省例的批准程序。

省例的形成和发布，必须经一省最高长官的批准。在清代，不是所有的省份都是既设总督又设巡抚的。只设总督或者只设巡抚的省份，省例的生效由该省的总督或者巡抚批准。凡是既设巡抚又受总督管辖的省份，布政司和按察司面对的是总督和巡抚的双层领导，两司制定的规范性文件要分别请示总督和巡抚。福建省由闽浙总督管辖，故该省省例的制定要由总督、巡抚分头批示。在《福建省例》中收入的省例文书，其文本的行文方式是：先录总督的批示："奉批：如详通饬遵照，刊入《省例》。仍候抚部院批示"；后录巡按的批示："如详通饬遵照，刊入《省例》，并候督部堂批示"；结语："奉此，刊入《省例》通颁遵照。"

在制定省例的过程中，有时因督抚意见不同，在批准文件时会出现反复审议、修改的情况。《福建省例》中的记载表明，这一审议的环节一般都是比较认真和慎重的。如"铨政例"中一件题为《凡告病人员毋论州县丞倅以及教杂等官，文报到司五日内详咨开缺》[①]的文书，是布政司于嘉庆十九年（1814年）四月初四日起草的关于"妥议章程"的请示报告。总督批示同意刊入《省例》："据详已悉。仍候抚部院批示，刊入《省例》遵行，通颁呈送。此缴。"然巡抚的批示中指出了其中尚存在的

① 台湾银行经济研究室辑：《福建省例》，见《台湾文献丛书》第199种，台湾大通书局，1964，第1134~1136页。

问题："据详告病之员，以文报到司五日内，由司将患病缘由先行详咨开缺，是否专指佐杂等官？其州县以上告病，是否亦于五日内详请具题？并是否以该员文报到司之日为开缺日期？抑以司中详请题咨之日为开缺日期？均未据议及。仰即查明详覆。"于是，布政司按照巡抚提出的意见，又再次集议、修订、上报，才终获批准。同月十八日奉总督部堂汪批："仰候抚部院批示遵行录报。缴。"后又奉巡抚部院张批："据详已悉。仍刊入《省例》遵行。并候督部堂批示。"类似这样经过反复审议才完成某一省例文书制作的情况，在《福建省例》一书中还有多处记载。

在《福建省例》辑录的官方文书中，标明刊入《省例》的文书，一般都录有总督、巡抚的批示，说明这些文书是经督、抚双重批准才生效的。但也有一些文书只有督抚批示，而未见巡抚的批示，也有的文书未辑录督、抚的批示。据笔者分析，出现这种情况的原因，有些可能是由于原批示件阙失，也有些可能是在督抚兼任巡抚或巡抚未在任的情况下出现的。还有一种是前面已经说到的情况，即在由上而下根据总督的明确要求将其通告和指示（札饬）刊入《省例》时，如果总督没有特别提出，则无需巡抚批准，布政司也不便再请示巡抚。除此之外，也有因为其他种种不明原因造成的批示缺省。看来，省例生效的条件是否必须督抚批示齐备，缺一不可，尚有待研究。

第三，省例的颁行程序：例册和汇编。

例册是省例颁行的一种方式。"例册"之名，宋代已有之。①清代的例册与宋代的用途不完全一致。从《福建省例》中节录

① 南宋高宗绍兴三十二年，吏部侍郎凌景夏言："今吏部七司宜置例册，凡经申请，或堂白，或取旨者，每一事已，命郎官以次拟定，而长贰书之于册，永以为例。"见清人顾炎武撰《日知录》卷八《铨选之害》。

的语句,可以帮助我们了解其性质与功能(见表4-23)。序号2
"节语节录"栏中所谓"刊刷成帙",表明例册是刊版印刷装订
成册的。序号1、4、5"节语节录"栏中的印刷数量"一百五十
本"、"二十本"、"十本"等,表明了例册是根据需要决定印制
的。序号3、9"节语节录"栏中所说的"颁送",颁是"通
颁",是对下级衙门发布(见序号4、8、9)。送是"呈送",是
送上级衙门"备查"(见序号4)。按照《福建省例·弁言》作
者的推测:省例制定之后,"随时由藩台衙门刊刷若干份,发交
各级机关,以便当时或日后遵照办理"。① 其形式就是这种例册
(见序号6、7、8、9、10)。

诚如《福建省例·弁言》所说:"岁月久了,例案太多,又
不得不按其性质加以分类,刊刻成书,以便检阅。"② 这就出现
了省例汇编的形式。《福建省例》是官方还是私人汇编成书的,
尚难考定。就现存的省例汇编性文献而论,虽然不一定都是由
布、按二司精心修订编纂的,但若编者不具有一定的官场身份,
就很难登堂入室,充分利用官僚衙门中的文件资源。这类文献的
编者一般应是官场中人,其出身品级未必很高,或由于委任,或
得到授权,从事此项编辑工作。其编纂的最终成果,就有可能得
到地方长官的首肯,以"省例"之名印行。

省例汇编性文献,其功能除了便于官吏检阅外,还可以通过
汇编,使那些原来非省例的规范性文件具有省例的效力。在
《福建省例》全书中,属于"通饬"、"通详"性质类文书,三分

---

① 见台湾银行经济研究室辑《福建省例》书首百吉撰《弁言》,《台湾文献丛书》第199
种,台湾大通书局,1964,第1页。

② 见台湾银行经济研究室辑《福建省例》书首百吉撰《弁言》,《台湾文献丛书》第199
种,台湾大通书局,1964,第1页。

表 4 - 23　　《福建省例》中有关例册部分条目摘抄

序号	细目	原书页码	篇题	结 语 节 录
1	奏销例	151~155	议覆各营造报兵米奏册迟延限期章程	仰即移会藩司通移遵照,并抄详录批,札饬布经历刊入《省例》,印刷一百五十本,刻日送由该道转送本部院衙门,通颁各镇标协营遵照,以垂久远,毋迟
2	交代例	183~189	严杜各属亏缺章程拟定规条	拟定十条,禀呈钧览,是否可行,仰祈裁示,以便刊刷成帙,分颁各属奉为省例,遇有初到人员陆续交给,庶几遵循可久,或于仓库不无裨益。为此肃禀,伏乞慈照,恭请勋祺等由。奉批:据禀所拟各规条切中州县亏挪弊端,仰即照议刊刷通行,分颁立案,俾各属咸知遵守
3	交代例	193~196	嗣后该管府州凡遇所属厅县丞交代,应就近督令会同监盘上紧核算	详覆宪台察夺批示,以便移饬遵照,并刊入《省例》颁送等由。奉批:仰候抚部院批示移饬遵照,并刊入《省例》颁送。缴 又奉巡抚部院王批:如详移遵,并刊入《省例》颁送。并候督部堂批示
4	交代例	201~206	各属交代盘收清楚,责令卸事之员取具后任官印结报文方准赴省	仰即查照前指,通饬遵办,仍刊入《省例》通颁,毋再仍前泄玩,致干特参。所有从前咨追无着银两,应如何分别银数,责成后任分年摊补,该司再行悉心查议,详覆察夺,另行汇册办理。并将现颁《省例》刊刷二十本呈送备查,俱勿迟延,切切。仍候督部堂批示,缴等因。奉此,业经通行遵照在案
5	交代例	206~208	严饬各属革除小交代名目	除遵批先行通饬遵照外,理合具文详明,是否伏候宪台察核批示,以便刊例移行通饬遵照等由。奉批:仰候抚部院批示,移行通饬遵照。缴 又于七月二十七日,奉巡抚部院吴批:如详刊入《省例》,移行通饬遵照,仍照刷十本呈送备查,毋迟。并候督部堂批示,缴

序号	细目	原书页码	篇 题	结 语 节 录
6	俸禄例	277～279	参革卸事失守城池延误军务不准支食开复以前得项	……是否有当，理合查明具文详请，伏候宪台察核批示，以便另刊例册，通移饬遵，实为公便等由。奉批：如详办理，仰即另刊例册，通颁移饬遵照，仍呈送本部堂衙门备查。并候抚部院批示。缴。又于五月二十六日，奉巡抚部院瑞批：如详办理。仰即分别通移遵照。仍候督部堂批示。缴各等因。奉此，除通饬遵照办理外，相应刊入《省例》颁行
7	俸禄例	291～302	武职食俸简明例册	查武职大小员弁支食俸薪、干廉等项，本有户部原定则例、同改议新例及续刊《省例》可循，然条款既属繁多，且有例所不载，必须兼引成案之处，各营备识未能通晓，以致办理每多歧错，殊非慎重度支之道。兹经由司，按照户部原定则例并改议新例、同续刊《省例》以及办过成案，逐一摘开简明例册，呈奉两院宪核明，饬发刊刷通颁
8	捐款例	367～368	闽省公捐资助照原定章程分别办理，从前所办与例未符之案概不准其援照，一律查销	其从前所办与例未符之案，概不准其援照，一律查销，仍刊入《省例》颁行，俾期永远遵循，庶足以昭公允，而杜冒滥。……又于九月二十日，奉兼署巡抚部院董批：如详饬遵，仍刊入例册颁送。并候督部堂衙门批示。缴各等因。奉此，刊入《省例》通颁遵照
9	盐政例	576～577	各属报获私盐变价银两分别充赏	伏候宪台察核，批示只遵，以便通行各属，并移藩司刊入《省例》遵行，实为公便等由。奉批：如详通饬遵照，并移藩司刊入例册颁送。仍候督部堂衙门批示。缴。又奉兼署总督部堂刘批：如详通饬遵照办理，并移福藩司刊入《省例》，通颁呈送，毋延。仍候抚部院衙门批示。缴等因。奉此，除移行遵照，并刊入《省例》通行办理
10	刑政例	1006～1007	各省有将关系生死出入大案审出实情着督抚核实题奏	将此通谕知之。钦此。钦遵抄出到部，相应抄录上谕，通行各省一体遵照可也等因到本部堂。准此，合就行知。备札到司，即便会同臬司移行钦遵，仍刊入例册通颁呈送毋违等因。奉此，除移行钦遵外，合就饬行，遵刊入《省例》，通颁遵照

之二以上的文书原文没有"刊入省例"等字样。这些"通饬"、"通详",由于也是督抚的指示,或者经过督抚批准颁行的,在当时的法律效力和具有"刊入省例"字样的文件没有多少区别。省级政府制定的这类文书,如果没有被遴选进入《省例》的文本之中,就意味着将被淘汰或者已经被淘汰。构成《省例》文本的各个文件,是经过汰选的程序从大量的公牍中挑选出来的。《福建省例》辑录的乾隆十七年(1752 年)至同治十一年(1872 年)120 年间形成的诸例,就是从福建省这一时期制定的众多法律文件中,选择能够较长期在全省通行的法规、政令汇编成书的。

(四) 清代成案的性质

　　清代的成案是否具有判例的功能,可否被援引作为其他案件的判决依据,这是讨论中国古代判例制度无法回避的问题。《大清律例》第 415 条附例规定:"除正律、正例而外,凡属成案,未经通行著为定例,一概严禁。毋庸得混行牵引,致罪有出入。如督抚办理案件,果有与旧案相合,可援为例者,许于本内声明,刑部详加查核,附请著为定例。"① 这一严禁援引成案的规定,是否得到了切实的实行? 是否表明成案不具有判例的性质? 有些著述依据清代文献中存在司法活动中引用成案的记录,断定清代的成案具有判例的性质,这一论断是否能够成立? 要回答这些疑义,就有必要对清代成案的性质作进一步深入探讨。

---

① 《大清律例》卷三七《刑律·断狱下》"断罪引律令"条。

1. 成案的定义

要正确地表述成案的性质，首先应对它的含义做出准确的界定。成案一词，清代以前已经存在。《宋史·慎知礼传》：其子从吉"判刑部，颇留意法律，条上便宜，天下所奏成案率多纠驳……"①《宋史·张九成传》："兼权刑部侍郎，法寺以大辟成案上，九成阅始末得其情，因请覆实，囚果诬服者。"②《元史·奕赫抵雅尔丁传》："刑部尝有狱事，上谳既论决，已而丞相知其失，以谴右司主者。奕赫抵雅尔丁初未尝署其案，因取成案阅之，窃署其名于下。"③《元史·许有壬传》："冤狱虽有成案，皆平翻而释其罪，州遂大治。"④《明史·刑法志》云："三法司视成案，有所出入轻重，俱视中官意，不敢忤也。"⑤又云："弘治十三年诏法司：'凡所送囚犯，从公审究，有枉即与辨理，勿拘厂成案。'"⑥

按照古代的司法审级和诉讼程序，比较重大的刑事案件要经县、府州、省到中央司法机构的层层审理。古代司法文书中，"成案"一词在不同时期的文献中的含义也有所不同。上述文献记载的"成案"，大多是经过审判并已完成案卷的整理、等待终审司法机构或皇帝批准和结案的案件。这些记载意在说明，刑案在诉讼过程中，无论是处于哪一级审理阶段，只要案件未终审判决并执行，都可以纠正平反。这些记载所说的"成案"，均是未经皇帝批准执行的案件，其判决本身不具有法律效力，不存在被

① 《宋史》卷二七七《慎知礼传》，中华书局，1997，第 9445 页。
② 《宋史》卷三七四《张九成传》，中华书局，1997，第 11578 页。
③ 《元史》卷一三七《奕赫抵雅尔丁传》，中华书局，1983，第 3318 页。
④ 《元史》卷一八二《许有壬传》，中华书局，1983，第 4199 页。
⑤ 《明史》卷九五《刑法三》，中华书局，1974，第 2341 页。
⑥ 《明史》卷九五《刑法三》，中华书局，1974，第 2336 页。

各级司法机构援引的问题，因而不属于本文讨论的范畴。

清代的成案，除司法成案外，还有大量的行政和经济管理等方面的成案，如保举、超擢、采办、报销、治河及外交诸方面的成案等。在朝廷处理各项事务形成的成案之外，各省还有大量的治理地方事务的成案。清代文献中有关行政类成案的记载甚多。清人师范《征安南纪略》说：

> 凡封疆有事，须稽考古来之前成案，谋乃出于万全，制驭蛮荒乃得其胜算。……故制蛮之道，使两家互牵制，不使势归于一家。此皆在成案中，未有检而察之者耳。①

曾国藩《应诏陈言疏》说：

> 嘉庆四年十八年两次令部院各保司员，此保举之成案也。雍正年间，甘汝来以主事而赏人参放知府；嘉庆年间，黄钺以主事而充翰林，此超擢之成案也。②

欧阳云《敬陈管见疏》说：

> 臣前供职户部，伏见上月内务府奏请，令四川采办锦紬绉绸等件二千九百余疋。查此项向由江浙三织造办理，四川并无办过成案。③

---

① （清）师范撰：《征安南纪略》，见（清）贺长龄辑《皇朝经世文编》卷八七《兵政十八·蛮防下》。
② （清）曾国藩撰：《应诏陈言疏》，见饶玉成辑《皇朝经世文续编》卷一三《治体七·用人》。
③ （清）欧阳云撰：《敬陈管见疏》，见饶玉成辑《皇朝经世文续编》卷一二《治体六·治法下》。

张作楠《上魏中丞议浚刘河书》说：

> 查娄江为震泽迤北尾闾，横贯州境，若得疏通，不特旱潦
> 无虞，农田利赖；即估舶往来，穷黎亦藉资生计。自淤塞以来，
> 腴壤变为斥卤。……职若遵饬勘估。自有上届成案可循。①

这些行政类成案的妥当性经过了朝廷的审查，有的还经过了
实践的检验，它在各种约束条件没有太大变化的情况下，可以反
复适用，为政府行政节约了成本。清代行政类成案适用的范围相
当广泛，然因官场腐败，以成案代法、坏法的问题十分突出。针
对行政领域援用成案出现的弊端，许多清人提出了尖锐的批评。
乔远焕《请杜书吏舞文疏》说：

> 其已经登垂则例者，自系可以通行之案。若已经续纂不
> 登则例者，即系不通行之案。显而易见，岂有舍定例近例不
> 遵；而远摭十数年成案，转足依据之理。况例外求案，部中
> 或援成案议驳；而外间亦可援成案邀准。往返究诘，究致部
> 驳无辞，违例议准，殊属不成事体。此则无论准驳，皆中猾
> 吏舞文之弊。不可不大为之防。②

需要指出的是，即使司法成案，其含义也有广义、狭义之
分。《大清律例》所云"凡属成案，未经通行，著为定例，一概
严禁"中的"成案"，是一个广义的概念。凡是经中央最高司法

① （清）张作楠撰：《上魏中丞议浚刘河书》，见（清）贺长龄辑《皇朝经世文编》卷一一
三。
② （清）乔远焕撰：《请杜书吏舞文疏》，见（清）贺长龄辑《皇朝经世文编》卷二四。

机关核准的案件，无论它是否著为定例，都属于成案的范畴。狭义的成案的内涵，则是指案情在没有律、例正文援引的情况下，以比附的方式判决并经皇帝批准的案件，且这类案件尚属于"未经通行，著为定例"者。

本文以狭义性质的成案为研究对象。这是因为学界关于成案是否具有判例性质的争议，其焦点是狭义类成案能不能被援引作为其他案件判决的依据。如果某一案件是依据律、例条款判决的，那么在审判其他类似案件时，可以直接引用律例条款，没有必要再引用案例作为判决的依据。如果某一案件判决后，朝廷把该案例"著为定例"或确认为"通行"，那么在审判其他类似案件时，可以直接援引据此案例确认的"通行"或者"定例"，也没有必要再引用该案例作为依据。因此，在前述两种情况下审理的案件，只是援引律、例或"通行"，而不存在援引成案的问题。要正确回答成案是否具有判例性质这一疑义，实际上是探讨未被确认为"通行"或"著为定例"的案例，在司法审判中可否被援引使用。

2. 乾隆三年前统治者对待成案的态度

以往的著述在论证清代成案是否具有判例性质这一命题时，持不同观点者都曾引用案例资料作为支持自己论点的依据。应该说，他们各自引用的资料也是有史可查的。但是，由于论者忽略了清代成案的适用有一个变化的过程，以统治者某一时期对待成案的态度，笼统地去论证和概括整个清代成案的性质，就难免产生歧义，形不成共识。

《大清律例》第415条附例关于司法审判中禁止适用成案的规定，制定于乾隆三年（1738年），乾隆五年（1740年）颁布《大清律例》时经修订成为附例。以乾隆三年为分界线，清代统

治者对于司法审判中适用成案的态度是截然不同的。在此之前，
朝廷对成案的适用采取的是放任态度。康熙时期制定的《刑部
现行则例》中，就有不少把成案作为判例的记载。如：

> 僧人化乘杀伊师父传智一案，刑部议查律内凡僧尼若杀
> 其受业师，与叔伯同等语。据此，化乘合依凡谋杀期亲尊长
> 已杀者皆凌迟处死律，应即凌迟处死。具题。奉旨：化乘著
> 改为即处斩，永著为例。①

> 刑部等衙门题，为遵旨再审具奏事，具题奉旨，据奏徐
> 元善寇乱纵出，贼去遵法投监，情有可矜，着免流徒，杖一
> 百发落。以后重囚有这等因变逸出投归者，俱免死，照此例
> 发落，永著为例。②

> （康熙四十八年）三月，刑部议覆宁古塔将军杨疏
> 称，镶黄旗传柱佐领下，发遣犯人骚达子，在配所又打
> 死齐兰宝一案，但充发人犯，仍不改恶，在配所又行打
> 死人。不便照旧例拟以轻罪，应将骚达子在众人前即行
> 立决正法。俟命下之日，仍行文宁古塔黑龙江将军，著
> 为新例可也。奉旨：骚达子著该将军照新例即行正法，
> 永为例，余依议。③

---

① （清）陈梦雷原编、（清）蒋廷锡等校勘重编：《古今图书集成》第770册，上海中华书局，1934，影印本，第31叶。
② （清）陈梦雷原编、（清）蒋廷锡等校勘重编：《古今图书集成》第770册，上海中华书局，1934，影印本，第3叶。
③ （清）陈梦雷原编、（清）蒋廷锡等校勘重编：《古今图书集成》第772册，上海中华书局，1934，影印本，第4叶。

　　编刊于康熙后期的《定例成案合镌》一书，对于研究清代前期成案的适用问题也有重要的参考价值。该书现存康熙四十六年（1707年）、五十二年（1713年）、六十年（1721年）等多种刊本，收入的均是康熙朝的定例和成案。其"成案"部分包括内部议定成案、三法司疑驳、比照、援引、改正诸案，即中央司法机构在审理和复核案件过程中形成的成案、比案、驳案、改案、援案。现按照当时刑部对各类案件的处理结果分类，综合统计列表于后（见表4-24）。

表4-24　《定例成案合镌》案例分类

单位：件

罪名 ＼ 类目	成案	比案	驳案	改案	援案	卷次
盗贼	23	3	7	14	1	卷18
人命	23	4	6	8	0	卷19
斗殴	9	8	3	4	1	卷20
骂詈	1	1	0	1	0	卷21
诉讼	11	2	1	1	0	卷22
受赃	18	2	0	7	0	卷23
诈伪	9	2	0	0	0	卷24
犯奸	4	0	0	0	0	卷25
杂犯	7	1	0	0	0	卷26
捕亡	66	10	7	3	0	卷27
断狱	49	5	2	0	0	卷28
合计	222	38	26	38	2	

　　表4-24据康熙四十六年（1707年）前编纂的该书正编部分统计。下面把康熙四十六年至康熙五十八年（1719年）间编纂的《定例成案续增》中，收入的刑部对各类案件的处理结果，按该书的门类分别列表统计于后（见表4-25）。

表 4 - 25　　《定例成案续增》案例分类

单位：件

类目 部别	成　案	比　案	驳　案	改　案	援　案
吏　部	24	0	2	0	0
户　部	31	0	1	0	2
礼　部	6	0	0	0	0
兵　部	4	1	0	1	0
刑　部	52	0	8	4	1
工　部	0	0	0	0	0

　　关于成案的法律效力问题，刑部尚书王掞为《定例成案合镌》所作的序中，给予肯定回答。他说："余观其书，盖法与事相为表里者也。以定例广律法，以成案实定例。夫定例，法也。成案，事也。由定例而观，则知律中之法有尽；而法外之意无穷。由成案而观，则知以法断事而事有不符，以事拟事而法无尽。合而观之，始终条理灿然备具，吏治之书斯其至矣。"① 可见，所谓"以事拟事"，就是以成案为判决的依据。

　　《定例成案合镌·凡例》第 2 条："部颁各例已极详明，然不多阅成案，未免引断无据。是集特取钱谷刑名旧案，与例合刻，以资印证。"第 8 条："凡断狱及处分官员公私罪名，必遵律例。然或情事非常，律例未载者，则须依类援引，毋失重轻，故凡遇比依援照之案，无不采入，俾览者有所折衷。"说明成案不仅可与律、例相互印证，而且可以在"情事非常"时"比依援照"。

　　《定例成案合镌》中辑录的以成案为判例的案例表明，康熙时期在司法审判中，对于如何处理律无明文规定的案情时，往往

---

　　①　（清）孙纶辑：《定例成案合镌》，书首王掞《序》清康熙六十年刻本。

是定例与成案不分。如该书卷一八"饥寒为盗援案"条载，康熙二十一年（1682年）四月刑部议，民人韩汝权等因舟中无米，误听潘兆玉之言，谓金竹滩泊有米船，共谋扒枪，同伙七人各执柴棍，劫去蔡顺和船内枕箱、被褥、银两等物。刑部拟定判处韩汝权等斩立决，上报皇帝请求批准。康熙皇帝认为该案中犯人未曾执有凶器，命刑部再次复议具奏。为此，刑部查出康熙十八年（1679年）九月内山东巡抚赵题益都县强盗张明山一案。时张明山等同伙十二人为盗，法司以此案系"穷民饥寒所迫"、情有可矜为由，判处"张明山等俱免死减等，照例并妻及未分家之子安插于乌喇地方"。刑部比照张明山一案，对韩汝权进行了另行判决："今韩汝权等……此案情节与张明山等情事相符，应将韩汝权等俱免死减等，并妻及未分家之子，解部到日，交于户部，安插于乌喇地方，各责四十板，余仍照前议"。刑部拟定的改判韩汝权案的奏章，得到了康熙皇帝的批准。

又如，该书记载的民人潘必基听从母命殴死胞兄一案，[①] 也是比照先前的成案判决的。此案的案情和判决过程是：潘必登不养其母徐氏，反行屡次詈骂，徐氏忿怒，把刀交给另一个儿子潘必基，命其杀死其兄，声称"杀死有我"。潘必基听从母命，刺杀潘必登身死。在此之前，曾发生过一起与潘比基案情类似的刘国良案，刘国良也是听从母命殴死胞兄刘国栋。康熙二十九年（1690年）九月，经九卿会审，判决刘国良免死减等，枷号两个月，责四十板。刑部先是比照刘国良案，提出了对潘比基处刑的初拟意见："将潘必基免死减等，枷责发落"。康熙四十一年（1702年）四月，刑部经过复议，认为："今潘必基虽与刘国良

---

① （清）孙纶辑：《定例成案合镌》卷二〇《刑部·断狱》"奉母命刺死胞兄援案"条，清康熙六十年刻本。

之案相符，但刘国良免死减等，出自皇上特恩，律内并无听从母命殴兄致死者减等发落之条"，提出对原拟判处潘必基"免死减等，枷责发落"的意见不予考虑，仍将潘必基依律拟斩立决。该案上报康熙皇帝后，皇帝下旨："潘必基从宽免死。"最后，刑部仍依刘国良案为判例，对潘必基作了"免死减等，枷责发落"的判决。

在清代的其他文献中，也记载有清代前期比照成案判决的案例。

据《古今图书集成》载，民人康幸发与康健系同父异母兄弟，素来和睦无嫌。康熙四十八年（1709年）二月二十三日，两人因祖传房地契卷阙失六张一事发生纠纷，康幸发扎死亲兄康健。先是山西巡抚苏审理后拟判康幸发斩罪。同年八月，经刑部等衙门议覆，依照"弟殴同胞兄死者律"，将康幸发改判斩立决。该案上报康熙皇帝后，皇帝命九卿、詹事、科道会同议奏。会审中查原审官山西巡抚苏题奏，内称："康健、幸发俱无子嗣，一死一抵，后嗣灭绝，且伊父柩现在暴露，情有可原，照王子重存留养亲之例枷责发落"。所谓"王子重存留养亲之例"，是指康熙三十三年（1694年）经刑部复核的王子重殴死胞兄王九一案。王子重案的判决结果是："缘子重兄弟俱无子嗣，且伊父母骸骨暴露未葬，将王子重比照留养之例，枷号两个月，责四十板。"对于康幸发一案，九卿会审议定，比照王子重案判决："今康幸发杀死伊兄康健一案，与已结王子重情事相符，应将康幸发照王子重之例，枷号两个月，责四十板，余仍照前议可也。"① 康幸发一案，是康熙年间在司法审判中可以比照成案判决的又一例证。

① （清）陈梦雷原编、（清）蒋廷锡等校勘重编：《古今图书集成》第772册，上海中华书局，1934，影印本，第5叶。

　　台湾"中央研究院"近代史研究所藏《内阁汉文题本专题档案：刑科婚姻类》，内有一则刑部大臣徐本的题本。该题本的内容是：某地方督抚审理周显正杀死伊妻向氏、贺氏二命一案，拟判为绞刑，似为不妥，应比照先前判决的曾而一成案判决。所谓"曾而一案"，是雍正二年（1724 年）十一月，广东人曾而一殴死无服族祖曾美祖、复故杀大功服弟曾亚四，该案也是连杀二命，被判以斩监候。刑部复议认为，周显正虽然依律应判处绞刑，但"周显正连杀二妻，凶暴已极"，拟绞刑未免过轻。与曾而一案比较，"周显正故杀二妻，情罪相等"，应把周显正判处斩监候秋后处决。① 这一题本得到了皇帝的批准。

　　《刑部驳案汇钞》中记有乾隆三年（1738 年）郑四眼儿听从伊父郑傻子毒死伊兄郑成儿一案。督抚依"谋杀期亲尊长已杀律"，把郑四眼儿拟判为凌迟处死。经刑部查明，被害人郑成儿八次行窃，酗酒游荡，无所不为，以致其父亲忿恨难堪，顿萌杀意，把郑成儿毒死。刑部以"始而造意，继而下手，俱系其父所为。被告郑四眼儿只是被其父逼迫为之购买毒药而已"，把此案驳回重审。"题驳去后，续据该督将郑四眼儿援照潘必基等案，免死减等枷责发落。"这是乾隆三年五月内议覆结案的一个案件。该案改判时所比照的"潘必基等案"，也是先前经刑部覆核的一件成案。②

　　从上述记载可知，乾隆三年（1738 年）前，司法审判中确实存在着成案被援引作为处理案件依据的情况。这类被援引的成

---

① 台湾"中央研究院"近代史研究所藏《内阁汉文题本专题档案》"刑科婚姻类"，全宗第 42 卷 8 号"乾隆二年六月二十二日"。
② （清）丁人可辑：《刑部驳案汇钞》卷四《谋杀期亲尊长》，见《历代判例判牍》第 6 册，中国社会科学出版社，2005，第 113 页。此时虽然已经是乾隆三年五月，但是离定例时间十月还差五个月。

案，实际上发挥了判例的作用。这表明在禁止援用成案的定例颁布前，统治者对成案的适用采取的是放任的态度。

3. 禁止援引成案条款的修订及其效力考

乾隆三年颁布的禁止援引成案的定例被收入《大清律例》后，在实施过程中曾经过几次修订，因而存在着不同的法律文本。这些不同文本文字表述存在差异，其法律效力有没有发生变化，这是首先需要弄清楚的问题。

清代禁止援用成案的相关定例，是乾隆三年根据御史王柯的建言确定的。《清实录》载：

> （乾隆三年十月乙巳）刑部议准，御史王柯奏称：刑部定拟罪名，除正律、正例外，凡成案未著为定例者，嗣后概不准混行牵引。如督抚办理，果有与旧例相合，可援为例者，令于本内声明，由部详核奏请审定。从之。①

为行文方便，我们把这一定例称为"乾隆三年定例"。从《清实录》的记述看，"乾隆三年定例"内容主要是两个方面，一是前半部分的表述，是禁止刑部定拟罪名援引成案："凡成案未著为定例者，嗣后概不准混行牵引。"其限制对象是刑部，针对的是"刑部定拟罪名"。二是后半部分的表述，对督抚办理案件则留有余地："如督抚办理，果有与旧例相合，可援为例者，令于本内声明。""旧例"二字应是"旧案"之误。因为清代法律明文规定，各级法司在办案中可以援例作为判案的依据，用不着再特别提出允许督抚援例。后半句表述的实际意思是，允许督

---

① 《清高宗实录》卷七九。

抚在办案中引用旧案即成案，但必须在奏本内说明，以供刑部审核。

乾隆五年（1740 年）制定的《大清律例》，对"乾隆三年定例"进行了一些文字修改，把其作为"断罪引律令"条的附例，也就是人们所说的《大清律例》第 415 条附例。修改后的这条附例的全文是：

> 除正律、正例而外，凡属成案，未经通行，著为定例，一概严禁。毋庸得混行牵引，致罪有出入。如督抚办理案件，果有与旧案相合可援为例者，许于本内声明，刑部详加查核，附请著为定例。

为行文方便，我们把这条禁止援引成案的定例称为清律"附例"。

"附例"最引人注目的变化，是删除了原定例中的"刑部定拟罪名"六字，增加了"一概严禁"四字。这样，例文就由原定例针对刑部的限制，扩大为适用于全国各级司法机构。这一规定表面上并无特别的限制对象，其实主要的针对对象是拥有地方司法最高审理权的总督和巡抚。按照清朝的法律规定，重刑案件是"在外听督抚审录无冤，依律议拟"，然后由"法司覆勘定议奏闻"，报皇帝批准。① 各省督抚是在地方上报案件过程中拟定判决的最后关口。成案是否发挥作用，主要是在"议拟"这一环节，督抚能不能将其援引作为判案的依据。该定例规定："除正律正例而外，凡属成案，未经通行，著为定例，一概严禁"，

---

① 《大清律》"有司决囚等第"：凡狱囚鞫问明白，追勘完备，军流徒罪各从府州县决配。至死罪者，在内法司定议，在外听督抚审录无冤，依律议拟。法司覆勘定议奏闻。

实际意义就是堵死成案在此环节发挥作用的可能性。

有鉴于此，我们对"附例"的后半段的意义不能不加以辩证理解。清律"附例"表面上允许督抚援用旧案，但仔细玩味其文字，就会明白督抚援引旧案是有条件的："如督抚办理案件，果有与旧案相合可援为例者，许于本内声明，刑部详加查核，附请著为定例。"也就是说，督抚在拟定的案件判决中援引的旧案，必须经过刑部核准，这就使刑部由规制的对象变成了规制的主体；只有在这一旧案被认为可以提升为"定例"的情况下，旧案才能被援引作为判决案件的依据。

乾隆八年（1743 年），对于审判活动中援引成案的问题，情况又有变化。《大清会典事例》载：

> 八年奏准：前御史王柯条奏凡属成案，毋得援引，果有与旧案相合可援为例者，该督于本内声明，刑部著为定例等因，业经议准。惟司刑者倘引用律例意为低昂，其弊亦不可不防。嗣后如有轻重失平，律例未协之案，仍听该督抚援引成案，刑部详加察核，将应准应驳之处于疏内声明请旨。所有王柯条奏将成案著为定例之处，毋为遵守。①

如何理解这一规定呢？据《大清会典事例》编者的附注，"所有王柯条奏将成案著为定例之处，毋为遵守"一语，意味着清律第 415 条附例整体不再有效："谨案此条，乾隆三年定；八年奏准，无庸遵行。"如果这一说法成立，那么，禁止援引成案不过是从乾隆三年（1738 年）到乾隆八年（1743 年）的事情。

---

① （清）刘启端等纂修：《大清会典事例》卷八五二。

这短短的 5 年时间在清朝 200 多年的统治中只是一瞬，几乎不值得予以注意。一些著述把清代成案说成判例，有的就是依据《大清会典事例》的记载而来。

　　笔者认为，这种理解并不符合"八年奏准"的原意。① "八年奏准"的内容，一是对于特许督抚援引成案的重申；二是进一步放宽了适用成案的条件。清律"附例"与"八年奏准"的区别是：前者规定督抚援引的成案需由"刑部详加查核，附请著为定例"；后者则是由"刑部详加察核，应准应驳之处于疏内声明请旨"，即不再把成案是否著为定例作为审核的内容。应该说，"八年奏准"中"所有王柯条奏将成案著为定例之处，毋为遵守"一句，其意思是很明确的，它并没有废止第 415 条附例。我们这样说，根据有以下三条：

　　其一，《大清律例》中有关禁止援引成案的条款始终存在，没有删除。清律附例是定期修订的，如果这条附例作废的话，就应该删除，但并没有发生这样的事情。

　　其二，乾隆八年之后，刑部每遇到督抚引用成案，往往仍以"凡属成案，未经通行，著为定例，一概严禁"作为批驳的依据。在清代判牍文献中，有不少这类记载，这里仅列举《刑部驳案汇钞》一书中辑录的三个案例。

　　一件是乾隆十七年（1752 年）十月，刑部复议的山西孝义县民杨本生殴伤李二喜子中火毒身死一案。该省巡抚援照先前刑部复议的高作旺划伤薛典火毒身死一案，拟判杨本生流刑，受

---

① 据光绪《大清会典事例》卷八五二载："乾隆八年的奏准"是根据乾隆皇帝的上谕制定的，该上谕曰："司刑名者，倘引用律例意为低昂，其弊亦不可不防。嗣后如有轻重失平、律例未协之案，仍听该督抚援引成案，刑部详加查核，将应准应驳之处，于疏内声明请旨。"

到刑部的批驳。其驳语曰："夫刑名案件情伪万殊，非可执一。是以例载'成案未经通行者不许援引'，盖防流弊所以重民命也。"①

另一件是乾隆十八年（1753年）十一月，刑部复议的浙江嘉善县民史其传手推周张氏碰跌病孩周六宝受伤身死一案。浙抚以史其传过失杀人论罪。刑部的驳词强调："事关人命，未便滥引远年成案，以致情罪悬殊。应令该抚再行详审，妥拟到日再议。"②

第三件是乾隆二十四年（1759年）十二月，刑部复议的浙江德清县革兵徐明瑞巡盐放枪致伤民人徐元芳身死及张云友枪伤林君显一案。浙江巡抚援引"庄麟斗杀成案拟绞"，也被刑部驳回，其驳语曰："事关斩绞攸分，不便致滋轻纵。况牵引成案久经禁止，尤与定例不符。"③

这三个案件均发生在"八年奏准"颁布之后，它表明限制援用成案的条款在司法实践中仍然有效。刑部对地方官员援引成案的定拟采取驳回的态度，并不一定是这类案件的定拟有实质性错误，而是定拟在法律依据方面违背了"一概严禁"的规定。比如，乾隆五十三年（1788年）六月，江西广丰县民黄腾，"见父与叔争殴扯担，恐致受伤，上前解劝夺担，不期担头戳伤刚至背后赴劝之大功堂弟身死"。地方长官援引乾隆三十一年（1766年）广东阚经林"被妾李氏劝阻夺刀，阚经林缩手自行

---

① （清）丁人可辑：《刑部驳案汇钞》卷五《原殴伤轻改斗杀》，见《历代判例判牍》第6册，中国社会科学出版社，2005，第132～134页。
② （清）丁人可辑：《刑部驳案汇钞》卷五《原殴伤轻改斗杀》，见《历代判例判牍》第6册，中国社会科学出版社，2005，第138～140页。
③ （清）丁人可辑：《刑部驳案汇钞》卷五《原殴伤轻改斗杀》，见《历代判例判牍》第6册，中国社会科学出版社，2005，第155～156页。

划伤身死"一案，定拟黄腾"流罪收赎"，受到刑部驳批。刑部以"例载，除正律正例而外，凡属成案未经通行著为定例，一概严禁，毋得混行牵引，致罪有出入"为由，指出"广东阙经林一案，系未经通行之案，例禁混行牵引"，将黄藤"改拟实流"。①刑部对黄藤犯罪事实的认定及其应依"流罪"论处这一点，与江西巡抚的定拟并无实质性歧义，改判的结果是把"流刑收赎"改为"实流"。在该案的审理过程中，刑部曾几次驳回江西巡抚的咨文，主要原因是不允许比照成案判决。

如果说刑部对于黄腾案的判决，在刑罚认定方面与江西巡抚的定拟还有一些差别的话，那么对于江西巡抚呈报的沈林观案的定拟，刑部与该巡抚对罪情和刑罚的认定并无分歧，驳回重审的原因仅只是定拟把成案作为判决的依据。乾隆五十五年（1790年）七月，江苏长洲县民沈林观强奸沈沅观妻董氏未成，和息后董氏被其翁公训斥，悔忿自缢身死。江苏巡抚比照先前刑部十多年前核准的河南民刘大用、潘培图奸未成致使本妇自缢身死的两件成案，定拟判处沈林观"杖一百，流三千里，到配折责安置"。刑部认为，江西巡抚对沈林观的定罪量刑并无不妥，"系属酌量定拟，应如该抚所咨办理，仍令照例具题"。但在驳语中对江西巡抚援引成案的作法大加指责："至该抚引刘大用、潘培两案，比拟定罪之处，查例载，凡属成案未经通行，著为定例，一概严禁，毋得混行牵引，致罪有出入等语。盖以法制因时损益，而案情百出不齐，虽大端偶似，而细微之节目稍殊，即罪名之轻重以判。若不就案揆情，误行比拟，殊非所以照平允而慎刑章，故例禁不准援引未经通行之成案也。今该抚复于咨内援引刘

---

① （清）佚名辑：《刑事判例》卷下"父与叔争殴扯担夺担戳伤堂弟身死"条，见《历代判例判牍》第6册，中国社会科学出版社，2005，第588～592页。

大用等旧案，实属违例。嗣后应令该抚遵照定例办理，毋庸擅引成案，致滋牵混。"①

日本学者小口彦太所写的《清代中国刑事审判中成案的法源性》一文，也注意到刑部对于援引成案进行批驳的事实。他在引述清代刑部复议案件写的"虽有照复成案，并非通行定例，不得混行牵引"、"率引未经通行之旧案，殊属违例"、"照拟题复，究非通行定例，不应援以为据气"等驳语后，指出这类刑部驳语"虽然表达方式略为不同，但所有的意见似乎都贯穿着既非通行、条例，则不准援引的原则。"②

其三，在清代判牍中，有关督抚不同意刑部驳语要求维持原拟判决的咨准文书甚多。但查乾隆八年（1743 年）以后刑部驳案，尚未发现地方长官援引成案的做法受到刑部批驳后，有哪一位督抚援用"八年奏准"来为自己援引成案的行为辩解。如果禁止援引成案这一清律"附例"确实由于"八年奏准"失去效力的话，督抚怎么会轻易地地放弃以"八年奏准"为自己援引成案的定拟辩解呢？他们没有这么做，恰恰证明了禁止援引成案是符合"八年奏准"的基本精神的。

4. 成案的学理意义不等于法律效力

一些学者认为，"乾隆三年定例"颁行后，禁止援引成案的规定实际上没有完全得到执行，并由此推论说成案具有判例的效力。清代文献中确实存在审判活动中援引成案的记录。小口彦太的《清代中国刑事审判中成案的法源性》和王志强的《清代成

---

① （清）沈沾霖辑：《江苏成案》卷一二《图奸未成事经寝息，因被翁训斥自尽，奸夫拟流，部饬毋得擅引成案》，见《历代判例判牍》第 8 册，中国社会科学出版社，2005，第 139～141 页。

② 〔日〕小口彦太：《清代中国刑事审判中成案的法源性》，收入《中国法制史考证》丙编第 4 册，中国社会科学出版社，2005，第 298～299 页。

案的效力和其运用中的论证方式》，都是以《刑案汇览》为基本资料，列举了清代案件裁判中援引成案的事实。据王志强统计，《刑案汇览》中记载援引成案的案件为 367 件，"其中，明显依照所援引的成案为依据而非立足于对制定法及其文义解释作出裁决的案例共 173 件，占其中近二分之一"。① 据小口彦太统计，《刑案汇览》中记载援引成案的案件为 465 件。这是他们判断成案具有判例性质的基本论据。笔者认为，两位作者在分析论证中尚有疏忽之处，故有必要对《刑案汇览》辑录的与成案相关的案件做进一步的、比较细致的分析。

（1）《刑案汇览》所辑案件中，与成案相关的说帖数量不少，但其占刑案总数的比例并不大。已刊印的《刑案汇览》四编中，收入清高宗乾隆元年（1736 年）至德宗光绪十一年（1885 年）刑案 9200 余件，② 若按小口彦太统计的与成案相关的 465 件案件计算，这类案例尚不到刑案总数的 6%。即使其中援引成案作出裁决的案例真的达到二分之一，也不到刑案总数的 3%。

（2）有关引据成案的说帖不具有判例性质。《刑案汇览》所辑刑案资料，大部分是刑部各司以及律例馆的说帖，律例馆说帖的内容基本上是修订律例的事宜，其涉及的成案是供立法参阅，不存在法司以这类成案判决的问题。刑部说帖是该衙门内部的法律文书，其性质是咨询报告，而不是正式判决。它是审核、复议各省上报案件后形成的，是呈送部堂长官的建议书。说帖既不是对具体案件的有效判决，甚至也不是对各省定拟案件的正式批

① 王志强：《清代成案的效力和其运用中的论证方式——以刑案汇览为中心》，《法学研究》2003 年第 3 期。
② 见《刑案汇览》四编标点本（15 册）书首杨一凡、尤韶华撰《整理说明》，法律出版社，2007，第 1 页。

复，它只是对于各省案件定拟正确与否做出判断，并在法理上进行分析论证，供刑部堂官参阅。把其作为论证成案具有判例性质的直接论据，理由似不充分。

刑部官员之所以在说帖中频频引据成案，是由于刑部的工作性质是"覆勘定议"，即复核、讨论确定各省案件定拟是否妥当，形成复核意见，以便上报皇帝。在这一覆核案件的过程中，以案情相类似的成案作为参照，目的是使形成的定拟量刑准确，防止轻重失宜。刑部官员的这种做法，并不在法律禁止之列，甚至有时是依照皇帝的旨意进行的。譬如，嘉庆十五年（1810 年）刑部在复议张杨氏殴伤伊翁张昆予身死一案过程中，皇帝不满意江西巡抚对张杨氏之夫张青辉的拟判，下旨："着刑部详查律例，定拟具奏。如例无明文，即着通查成案，比照定拟，奏闻请旨。"① 据王志强的论文，这类事例颇多。他把其解释为是"通过这种方式，皇帝又显然在暗示性地肯定成案的参考价值"。这一解释指明了成案的作用。认为成案具有"参考价值"的观点无疑是正确的，但成案的参考价值并不等同于它具有法律效力。

司法判例的法律效力，主要体现在它在司法审判中可以援引作为案件判决的依据。传统观点在成案研究中的认识误区，是其把成案的"参考价值"误认为判决依据，从而混淆了成案的学理意义与定例具有法律效力二者之间的区别。

土志强论文统计的《刑案汇览》中援引成案的案件为 367件。应当说，该论文已把《刑案汇览》所载与成案相关的条目囊括殆尽。这里，我们以该论文注引的《刑案汇览》条目作为分析样本，逐一对这些案例是否具有判例性质进行考察。为了确

---

① （清）毋庸纂辑：《刑部各司判例》卷六《殴祖父母父母》，见《历代判例判牍》第 6 册，中国社会科学出版社，2005，第 403~409 页。

保分析的客观性，笔者没有进行任何剔除的工作，而是把全部样本一一检索，相信这样做比其他抽样方式更具说服力。

（1）对于各省督抚上报案件时的定拟依据的分析。笔者逐一考察分析这类案件后，综合和分类统计的结果是：在367件案件中，属于各省督抚上报的案件共70件。除无具体案情者3件（第39、41、68号）、依据不详者8件（第5、15、30、56、58、59、67、69号）外，在明确写有判决依据的59件案件中，依律定拟者为14件（第23、26、28、32、34、35、36、37、43、45、55、57、61、65号），占23%；照例科断者为13件（第6、9、10、15、16、21、24、29、31、40、51、54、64号），占21%；比附论罪者为15件（第7、11、13、19、20、27、38、42、46、48、49、50、53、60、70号），占25%；请旨和请示者14件（第1、2、3、8、12、18、22、25、33、44、47、62、63、66号），占23%（其中援案请旨和请示者5件）；纯粹引用成案作为判决依据的只有2件（第17、52号），占3%（详见附表）。由此可见，虽然督抚定拟中，引据成案作为依律、例判决时参考的情况不少，但把成案作为独立的判决依据的却极其罕见。

（2）关于说帖作者对待成案态度的分析。在刑部官员写的说帖中，其对成案的引用，基本上是限于法理层面。判决案件的最终结论，仍依律、例为法律依据。据笔者统计，说帖援引成案作为主要论据者为15件，其中援案驳改（即参考成案主张对原定拟驳令改正者）4件（第4、28、42、69号），援案准拟（即参考成案主张对原拟定意见予以肯定者）11件（5、6、17、21、38、40、44、48、63、65、70号）。还有4件（4、28、42、69号）属于原定拟援引的是成案，而被说帖作者予以批驳者（详

见附表）。在援案准拟的 11 个案件中，各省上报时依律定拟者 1
件，照例定拟者 3 件，比附定拟者 3 件，定拟依据未详者 1 件，
只有 2 件是援案定拟者。（以上列举 10 件，尚缺 1 件）这就是
说，在这 11 个案件中，说帖所引成案主要是供依律、照例比附
定拟时参阅；或是以成案说明依律定拟的正确，如说"该省将
该犯依为从拟流，核与成案及律均属相符，仍请照覆"；或是以
成案说明照例办理的正确，如说"核与例意及小过成案相符，
应请交司，将拟绞入实免勾成案于稿内声叙，并将成案附录"；
或是引用成案说明比附的正确，如说"该抚将刘学信依刃伤缌
麻尊属递加凡斗伤二等，于刃伤人徒二年上加二等，杖一百徒三
年，核与集解及成案相符，似可照覆"。①

　　假设在上述案件的复核程序中，说帖作者的观点被采用并
付诸实施，其结果将是：这 11 件援案准拟的案件，成案只是
证明了原定拟意见的正确，案件仍然是以律、例作为定罪量刑
或者比附论罪的依据；援案驳改的 4 件，成案只是证明原定拟
意见的错误，改拟后的新判决与这些成案也不再发生关系；在
原援案被驳的 4 件中，成案是被否定的对象，有的是从比较的
角度对以成案为依据的定拟进行批驳。如说："将金叙沅比照
登时殴死强奸未成罪人例，拟以满徒，核与成案同一拟徒，且比
例更觉允协，应请照覆"；如说："雷添印一犯既有听从纠往杀
奸，照擅杀科断之例可以比引，且被抢系堂甥女，较之习得进案
以不相干之邻右而听纠帮捕者更为亲切，又不虞成案两歧，似应
将该犯改拟擅杀为允"。有的则从维护法制统一的角度，对援引
成案的做法予以批驳，甚至提出要追究违制者的法律责任。如

---

①　见《刑案汇览三编》，北京古籍出版社，2004，第 1586、1541、1494～1495 页。

说："查远年成案，不准援引比照。该抚舍现行之正条，率引未经通行之旧案，殊属违例。黄老九一犯应改依法所难宥正法，并查取错拟及违例援引成案各职名，咨送吏部查议。"① 一言一蔽之，说帖作者是从参考的视角看待成案的，并没有把成案作为判案的法律依据。

当然，《刑案汇览》中也存在 2 件定拟、复议都以成案为依据的案例，这与全书收录的 9200 件案件相比，可以说是特殊的例外。在人治盛行的古代，制度外的操作是经常发生的。这些例外数量的多少，可以用来衡量实施法律制度严格程度，却不足以证明或者否定某一法律制度的存在。

5. 成案在清代不再具有判例效力的原因

薛允升在《读例存疑》一书中，认为乾隆三年定例"即律内特旨断罪临时处治不为定律者不得辄引之意"。② 这个说法大体不错。特旨断案是皇帝的特权，依法办案是官吏的职责。因此，明令不得辄引成案，还含有禁止僭越皇权的意思。禁止司法审判中援引成例这一自唐律以来就沿相未改的规定，是对司法中援引案例的制度性约束，它使得判例的产生和应用，一直被限制在一个狭小的空间。清代之前，并没有彻底废止判例的适用。到了清代，这一规定则成为成案具有判例效力的难以逾越的制度障碍。这反映了统治者更加注重维护法律的统一，同时也是各种制度因素相互配合的结果。

为了禁止司法审判中援引成案，清代对比附论罪方法作了严格规范。《大清律例·断罪无正条》规定："凡断罪皆须具引律例"，"若断罪无正条者，引律比附，应加应减，定拟罪名，

---

① 见《刑案汇览三编》，北京古籍出版社，2004，第 306～307、310、503 页。

② （清）薛允升撰：《读例存疑》卷四九。

议定奏闻"。该条附例称："其律例无可引用援引别条比附者,刑部会同三法司公同议定罪名,于疏内声明:'律无正条,今比照某律某例科断,或比照某律某例加一等、减一等科断'详细奏明,恭候谕旨遵行。"① 这就是比附加减定拟。由于《大清律例》对比附论罪的方法有明文规定,即使遇到案情无律、例正文可援引的情况,也不难找到相应的律、例作为判决的依据。

清代自乾隆五午（1740 年）起实行定期修定刑例,使得成案不断被吸收进《大清律例》之中,根据其是否具有典型性、代表性和普遍适用意义,成案有立即被著为定例者,有立即确定为通行者;有先确定为通行后来又成为定例者,也有后来直接上升为定例者。这样一来,嗣后出现的类似案件,可以按照这些新的定例或通行进行判决。那些没有上升为定例和没有被确定为通行的成案,在现实生活中重复出现的几率很小;即使重复出现,还可以通过比附论罪的方式,援引近似的律、例比附加减定拟。从而使禁止援引成案这一规定的实施,具备了现实的可行性,也使援引特旨论罪临时处分的正当性不复存在。

成案在清代之所以不再具有判例效力,这是清代法律体系发展变化的结果。由于例、律合编实现了律例的一体化,且例在司法审判中取得了优先于律的地位,从而使法律体系发生了结构性的调整。用比较容易理解的方式说,就是例已经升格,成为刑律的有机组成部分。律因条文简约留下的法律空白已经被例所弥补,判例的存在也就没有了正当的理由。②

清代的成案不再具有判例的性质,有助于国家法制不再重蹈历史的覆辙。在中国历史上,汉代的决事比曾经出现过有损法制

---

① 《大清律例》卷五《名例律下·断罪无正条》。
② 刘笃才:《中国古代判例考论》,《中国社会科学》2007 年第 4 期。

一统的弊端。如允许司法审判援引成案，无疑是汉之决事比的重演。乾隆四十六年（1781 年）山西道监察御史阮葵生所写《驳案新编序》说："颜师古述汉时决事，集为《令甲》三百余篇，意即今刑曹成案者是也。"① 汉代的死罪决事比最多时达到 13472 条，清代的成案在数量上也不稍逊。据《刑案汇览·凡例》言：自嘉庆十八年（1813 年）至道光三年（1823 年）10 年间，共得成案 1900 余案。平均每年 190 件。据《续增刑案汇览·凡例》言：自道光四年（1824 年）起至道光十四（1834 年）年止，除重复案件删去外，共计集入 1267 件。平均是每年 100 余件。如果取中计算，则是每年平均约 150 件左右。乾隆五年（1740 年）修律时刑例为 1049 条，同治九年（1870 年）时达到 1892 条，130 年间增加了 843 条。假如这 130 年间成案以每年 150 件的速度增长，总数将达到 19500 件，为同治年间定例的 10 倍还多。如果不"一概严禁"援引，势必会重蹈汉代的覆辙。正如阮葵生所说："顾援引成案例禁綦严者，诚恐移情附案，矜深覆以为聪明，务姑息以惠奸慝，致有覆盆漏网，开奇请他比之端，故大为之坊耳。"②

　　既然成案不能作为判案的依据，为什么清人还大量编印、广为流传呢？这与成案有助于人们对律例的理解和运用有关。《大清律例增修统纂集成》序说："成案与律例相为表里，虽未经通行之案不准引用。然其衡情断狱，立议折中，颇增学识，兹亦广为采辑，以便互证。"③ 所谓"颇增学识"，说的就是这

---

① （清）全士潮等纂辑：《驳案新编》卷首《驳案新编序》，收入《历代判例判牍》第 7 册，中国社会科学出版社，2005，第 1 页。

② （清）全士潮等纂辑：《驳案新编》卷首《驳案新编序》，收入《历代判例判牍》第 7 册，中国社会科学出版社，2005，第 1 页。

③ （清）姚润等辑：《大清律例增修统纂集成》序。

种作用。制度上的禁止援用和作为学习研究的材料是两不相妨的事情。汪辉祖《勿轻引成案》云："成案如程墨，然存其体裁而已。必授以为准，刻舟求剑，鲜有当者。"① 他把成案比喻为科举考试中的"成墨"，十分形象。成墨是他人考试用过的卷子，不可以抄袭照搬，但可以借以揣摩科举文章的做法。成案在司法中禁止援用而在社会上大量印行流传，与成墨的刊刻流行是同样的道理。

不过在秋审中，成案却具有重要的作用。《清史稿·刑法三》云："乾隆以前，各司随意定拟，每不画一。三十二年，始酌定《比对条款》四十则，刊分各司，并颁诸各省，以为勘拟之准绳。四十九年，复行增辑。嗣刑部侍郎阮葵生别辑《秋谳志略》，而后规矩略备，中外言秋勘者依之，并比附历年成案，故秋、朝审会议，其持异特奏者，每不胜焉。"② 吉同均著《新订秋审条款讲义》，对沈家本《秋审条款附案》一书给予高度评价，谓该书"备载历年成案，详细靡遗，尤为秋审秘钥"。他在《讲义》中再三强调成案的作用，说："若拘拘以条款为守，而不参考律例、成案，则多误矣。"吉同均如此评价成案也有其道理，因为秋审是法司集中对所有斩、绞监候案件进行甄别分类，需要反复比较平衡，以决定生死大限，确实是"毫厘之失，谬以千里。一发之牵，动关全体"。秋审中参阅成案，对于法司发现和纠正冤、错、假案有重要的作用。需要强调指出的是，秋审是刑案执行程序中的关键环节，是对已经判决的案件进行复核。虽然司法官在秋审中有时也需要参考成案对案件判决有无不当的问题进行判断，但复核的依据仍然是律、例"比对条款"而不是成案。

① （清）汪辉祖撰：《佐治药言》，清道光十二年重刊本。
② 《清史稿》卷一四四《刑法三》，中华书局，1996，第4208～4209页。

附表：《刑案汇览》中引用成案作为参考的案例之判决依据①

序号	原书卷次	原书条目名称	今本②页码	案情提要	各省原拟中的判决依据	原拟类型	审核意见及复议结果的判决依据	依据类别	原件出处
1	卷二	误伤父母拟斩改缓后请留养	42~44	龚奴才误伤其父龚加红，龚加红呈请将其留养	龚奴才依子殴父者斩律，拟斩立决。该犯能否留养，例无专条，奏请上裁	依律请旨	奉旨：着施恩准其留养。嗣后不得援以为例	特旨	浙江司传知
2	卷二	误伤父母拟斩随案声请承祧	44~45	翟小良误伤伊父翟玉阶。父声请承祧	照子殴父者斩律拟斩立决。援引成案，声请承祧	依律援案请旨	照留养例，准其存留承祧	照例	道光元年说帖
3	卷二	殴死胞兄未便随本声请留养	45~46	张禄长致死忤逆胞兄张幅长声请留养	依律拟以斩决。因例不准留养，声明恭候钦定	依律请旨	未便援照声请，仍照向来办理章程，俟情实二次改缓后再行留养	章程	道光二年说帖
4	卷三	发遣官犯亲老奏明准其留养	89~90	发遣新疆效力赎罪官犯陈琴亲老丁单	未详	不详	较前准予留养之案情节为重，自难准予留养	援案驳改	浙江司说帖
5	卷四	八十老人犯该斩绞俱准收赎	119	邵英年已八十，谋杀李文魁	未详	不详	自应照方鸣保减流收赎之案办理，邵英应依律奏闻，照律收赎	援案准拟	嘉庆九年说帖

---

① 以王志强论文《清代成案的效力和其运用中的论证方式——以刑案汇览为中心》注引《刑案汇览》全部条目为样本。王文见《法学研究》2003年第3期。

② 今本指北京古籍出版社2004年4月出版的《刑案汇览》标点本。

序号	原书卷次	原书条目名称	今本页码	案情提要	各省原拟中的判决依据	原拟类型	审核意见及复议结果的判决依据	依据类别	原件出处
6	卷六	瑶民夺犯杀差酌量迁徙家中	205～206	瑶民盘蒸锡夺犯杀差致黄林殒命	盘蒸民依夺犯杀差为首例，拟以斩决。从犯盘蒸锡依……例杖一百徒三年。系瑶人，应否同家口迁徙，例无明文，听候部议	照例	盘蒸锡与前办过成案之军犯李亚勤罪名稍有不同，而为从夺犯伤差则一，且均系一省之事，自应查照办理	援案准拟	道光七年说帖
7	卷八	娶未婚弟妇为妻系尊长主婚	255	刘七娶未婚弟妇为妻	比照嫁娶违律独坐主婚律，分别首从问拟流徒	比附	拟以流徒，尚属允协	比附	乾隆六十年说帖
8	卷八	强抢买休之妇与犯奸妇女同	262	李继周等伙抢李贵买休之妻许氏已成	该省以例无明文，咨部请示	请示	比照抢夺犯奸妇女例，分别首从问拟军流	照例	道光四年说帖
9	卷八	婢女系由父母嫁卖以良妇论	265～267	李占魁等伙窃衣物，并听从王幅智抢夺王大姐已成	将李占魁等依抢夺犯奸妇女例，拟流	照例	合依聚众伙谋抢夺妇女已成为从例，拟斩监候，秋后处决	照例	道光六年通行
10	卷九	强抢犯奸妇女刃伤事主雇工	310～313	周家恒纠抢犯奸之妇周氏，刃伤雇工刘万春	依聚众伙抢犯奸妇女本例，发回城为奴	照例	将此条首犯改发极边烟瘴充军，仍应照例加拒捕罪二等，应请于极边烟瘴本罪上改为发遣新疆为奴	比附	嘉庆二十二年说帖

续附表

序号	原书卷次	原书条目名称	今本页码	案情提要	各省原拟中的判决依据	原拟类型	审核意见及复议结果的判决依据	依据类别	原件出处
11	卷九	抢夺奸妇误抢良妇刃伤氏翁	未收	杨士信强抢奸妇李氏拒殴伤人	依强夺良家妇女奸占律绞罪上量减拟；流	比附论罪	改依凶恶棍徒行凶扰害例发极边足四千里	照例	成案备录
12	卷一〇	零星贩私未便援照成案拟笞	368	程小诺因听从逸犯刘玉陇贩运渔利，被巡役赵希有缉拿，刘玉陇等将赵希有拒伤身死	据益都县详道光十一年间奉到通饬，照江南现行成案，再犯四十斤以下笞五十……请示到部	援案请示	该抚所引江南现行成案，并非本部通行条例，未便循照办理	援案被驳	道光十三年说帖
13	卷一一	习教改悔复用教内音乐吹打	386~387	传习天主教犯张成善等于改悔后，仍用旧时邪教音乐收藏经卷	比照传习天主教仅止听从入教，不知悛改发回城为奴例上量减一等	比附	应比例加等定拟。均应于原拟杖一百徒三年罪上加一等，杖一百，流二千里	比附	道光八年直隶司案
14	卷一二	官军受伤被贼掳去乘间逃回	420~421	朱田赵因习天主教案内发往喀什噶尔为奴，被贼掳去乘间逃回	未详	不详	自应照被掳来归免罪之例，免其治罪。原系为奴人犯，应令该督仍发回城为奴	照例	道光十二年议奏说帖
15	卷一二	供出贩买鸦片之人在逃未获	427~428	张桂丰等买食鸦片烟	依军民人等买食鸦片烟例，拟以枷杖	照例	将贩卖烟土之人供出，查拿到案，尚可仍照原拟科断。否则，按照奏定章程，杖一百徒三年	章程	道光十三年通行

序号	原书卷次	原书条目名称	今本页码	案情提要	各省原拟中的判决依据	原拟类型	审核意见及复议结果的判决依据	依据类别	原件出处
16	卷一三	拒伤事主分居亲属与事主同	465~467	贼犯曾亚泷拒伤事主之叔黄汝云身死	依窃盗被事主追逐拒捕杀人伤人例，拟以斩绞	照例	先经该司驳令另行审拟。后经律例馆审核：该司检出……一案系远年成案，似难引以为据，所有曾亚泷一案应请毋庸驳查	援案被驳	道光七年说帖
17	卷一四	行劫衙署伙盗接赃免死发遣	489	侯三听从王大等行劫巨鹿县署内该犯在外等候接赃	情有可原，免死发遣	援案	核与例义及办过冯大成发遣成案相符，似可照覆。奉批：按例前后两条，似应俱行斩枭，但既有成案，只可照覆	援案准拟	乾隆六十年说帖
18	卷一四	投首洋盗滋事监禁亲老留养	515~516	投首洋盗滋事监禁之戴文松母老丁单	应否准其留养，咨请部示	请示	可将该犯戴文松准其留养	特旨	未详
19	卷一四	洋盗听从行劫四次闻拿投首	516~517	潘乌皮在洋听从叠劫闻拿投首	比照洋盗案内接赃了望已至二次投回自首例，发新疆为奴	比附	尚属允协，应请照覆。奉批：罪至外遣，无可再加，只可照覆	比附	道光四年说帖
20	卷一五	尊长率领夺犯杀差二命投首	532~533	赖茂畛被控差拘，拒捕伤差，复率领夺犯杀差二命投首	赖茂畛为首，在监病故。从犯赖沅畛等依斗杀律，拟绞监候，减等拟流	比附	比拟不伦，另行妥拟	驳令改拟	道光五年说帖

序号	原书卷次	原条目名称	今本页码	案情提要	各省原拟中的判决依据	原拟类型	审核意见及复议结果的判决依据	依据类别	原件出处
21	卷一六	广东抢窃凶诈勒赎分别并拟	568~570	陈亚茂、何亚枝、麦亚三、刘亚高等抢窃凶诈三案	依棍徒例定拟	照例	陈亚茂应令研审确情，按律妥拟。其他各犯照棍徒扰害例，拟军，核与历年办过成案相符，应请照覆	援案准拟	嘉庆十一年说帖
22	卷一六	行窃当铺衣服以中等物估价	584~585	丹巴等行窃当铺衣服	按晋省办过成案，照行窃逾贯律定拟，咨请部示	援案请示	所引成案既非现行常例，又非本部通行，不得援以为据。各按律例，分别定拟	援案被驳	道光元年山西司说帖
23	卷一八	亲属抢窃杀伤分别尊卑科断	未收	蓝庭芳将随从抢谷之无服族兄蓝宣殴伤身死	依同姓服尽亲属相殴至死以凡论其殴人致死下手伤重者律绞拟监候	依律	各依服制杀伤及同姓亲属相殴各本律问拟，均不得照凡人擅杀伤科断	依律	道光五年通行，已纂例
24	卷一八	偷窃蒙古伙同牧放马匹	625	张泥儿行窃伙同牧放马匹	依盗窃蒙古牲畜三匹至五匹例，拟发交驿当差	照例	合依盗窃蒙古牲畜一二匹例，拟发交驿充当苦差。仍面刺窃盗二字	照例	道光十二年说帖
25	卷一八	偷窃柴草故杀事主拟斩监候	631	济住儿偷窃柴草勒死事主	是判窃盗临时拒杀事主拟斩立决还是拒捕杀人斩监候，咨请部示	请示	该司议令依罪人拒捕杀人本律，问拟斩候。与律相符，应请照办	依律	嘉庆二十一年奉天司说帖

续附表

序号	原书卷次	原书条目名称	今本页码	案情提要	各省原拟中的判决依据	原拟类型	审核意见及复议结果的判决依据	依据类别	原件出处
26	卷二一	母舅偷刨外甥之妻坟冢见尸	747~749	张洛管因贫起意剥取尸衣，刨外甥之妻坟冢见尸	依发掘他人坟冢开棺见尸律拟绞监候	依律	改依尊长发掘缌麻卑幼坟冢开棺见尸律，杖一百，徒三年	依律	道光五年通行
27	卷二三	因奸致死养媳议复棘寺签商①	未收	李贾氏因奸殴打其子媳致死	比照因奸致死子女灭口系嫡母例拟绞监候。明系姑杀媳无庸永远监禁	比附	应照例拟绞监候入于缓决永远监禁	照例	道光二年题准通行，已纂例
28	卷二三	妻因病不欲生令夫将伊勒死	820~821	黄生榜勒死伊妻李氏	依故杀妻律拟绞	依律	似系照该省周景盟一案办理，固系例无正条，究与成案诸多窒碍，似应议驳	援案驳改	嘉庆二十三年说帖
29	卷二五	奸所杀奸分别登时	909~913	乔进玉因已故下功侄妻与朱全保通奸，将朱捉打致朱越日殒命	依本夫有服亲属非登时杀死奸夫例，拟绞监候	照例	改照有服亲属捉奸登时杀死奸夫例，拟以满徒	照例	嘉庆二十二年说帖
30	卷二六	忿激杀死母之奸夫量减拟徒	956~957	僧德见因见母张氏与僧文照通奸事后将文照杀死	未详	不详	似亦应照余诗成案，直引罪人不拒捕而擅杀律问拟	依律	乾隆五十七年说帖

① 此条内容系刑部和大理寺对其后"因奸致死子媳"条目所涉案件的讨论。故本表摘录本条目案情和定拟依据等根据的是其后的"因奸致死子媳"条目。

续附表

序号	原书卷次	原书条目名称	今本页码	案情提要	各省原拟中的判决依据	原拟类型	审核意见及复议结果的判决依据	依据类别	原件出处
31	卷二六	子提母奸杀死奸夫	957	刘老三戮死伊母奸夫	比照本夫有服亲属捉奸杀死奸夫例,拟徒	照例	应改照夜无故入人家已就拘执而擅杀律,杖一百徒三年	依律	嘉庆十年说帖
32	卷二六	母被逼嫁,其子捕殴奸夫致毙	958~959	刘五砍伤母之奸夫迟庭举身死	依子提母奸,照夜无故入人家已就拘执而擅杀律,拟徒	依律	照擅杀罪人律,拟绞	依律	道光五年说帖(此案最后仍照覆徒罪咨结)
33	卷二六	殴奸盗及放火凶徒成笃毋论	960~961	无具体案件	就殴伤奸夫及图奸罪人至折伤以上可否勿论问题,请部核示	请示	答复略		道光四年说帖(已纂例,载罪人拒捕条)
34	卷二七	疑贼殴死图奸伊妹未成罪人	966~967	陈房凡赘夜纠殴图奸伊妹未成之陈江身死	与夜无故入人家已就拘执而擅杀之律相符,拟以满徒	依律	查核情罪相符,应请照覆	依律	嘉庆二十三年说帖
35	卷二七	听从亲属纠邀杀奸以擅杀论	970~971	徐添荣主使徐添寿将与徐照英通奸之徐公举推河淹毙(外有斯明远一案)	依斗杀〔律〕,拟绞监候	依律	徐添荣、斯明远亦应改照擅杀律问拟	依律	嘉庆七年说帖

序号	原书卷次	原书条目名称	今本页码	案情提要	各省原拟中的判决依据	原拟类型	审核意见及复议结果的判决依据	依据类别	原件出处
36	卷三〇	故杀十岁以下幼孩仍拟斩候	1110~1112	马善殴烙黄七子身死	依故杀本律，拟斩监候	依律	应请照覆。栗癸伢之案系奉旨随案惩创，既未著为定例，未便援引	依律	嘉庆十九年说帖
37	卷三〇	欲殴其人闪开自跌内损身死	1122	宋大汉与李幅争斗，李幅自跌身死	宋大汉照不应重律，杖八十	依律	如该府尹所拟完结。并通行各省嗣后遇有此等案件俱照此办理	依律	嘉庆五年通行
38	卷三二	谋毒犯窃被押之子误毒旁人	1154~1157	刘曾氏因子犯窃经官羁押，起意致死，误毒旁人	量减拟流	比附	今刘曾氏若照温和之案问拟斩候，固属允当；该抚量减拟流援免，已属原情酌拟，似可照覆	援案准拟	嘉庆七年说帖，应与新例核参
39	卷三二	疯病之人毋论旗民均应锁锢	1195	无具体案件					嘉庆十一年说帖
40	卷三四	训责其子致姑痛孙气忿自尽	1244~1245	小何田氏训责其子致伊姑老何田氏痛惜幼孙气愤自缢身亡	与实在违犯教令较轻，依例拟绞，听候核议	照例	核与该省田宗保之案情节无二，该省将小何田氏依例拟绞，自亦查照成案办理。田宗保一案本亦系依例拟绞……既系该省成案，自应仿照办理	援案准拟	道光六年说帖

序号	原书卷次	原书条目名称	今本页码	案情提要	各省原拟中的判决依据	原拟类型	审核意见及复议结果的判决依据	依据类别	原件出处
41	卷三四	殴人内损照破骨伤保辜	1365	无具体案件					嘉庆二十年案
42	卷三九	婢女与人通奸家长被人谋杀	1442～1443	汪旺淋与缌麻叔汪德洋之婢春芽通奸，谋杀汪德洋	因例无明文，将春芽比照子孙犯奸致父母被人谋杀例，拟以绞决	比附	此案似应驳令量减，仍实发为奴。奉批：既有成案，自可遵照驳改	援案驳改	道光三年说帖
43	卷四〇	妻母与婿均属无耻未便凡论	1475～1476	方黄氏谋毒伊婿袁士发身死	照凡人谋杀律，拟以斩候	依律	殊未允协，应请驳令照律改拟	依律	嘉庆二十年说帖
44	卷四一	祖坟被刨殴死功尊准其夹签	1513～1514	况仕诰戮伤小功服叔况照美并况仕翰戮伤小功服弟况仕敏各身死	援照乾隆九年广东省林智之之案，听候部议	援案请示	既有办过成案，似可照办。奉批：交司照议办稿呈阅	援案准拟	嘉庆七年说帖
45	卷四二	疑贼误杀兄不得照犯时不知	1540	严久荣疑贼误伤大功兄严久条身死	系属犯时不知，照犯人斗杀律，问拟绞候	依律	既以斗杀论，即应照殴死尊长本律办理	依律	道光十一年说帖
46	卷四二	劝阻夺刀致兄拉脱刀柄跌毙	1544～1545	张世鹄过失杀胞兄张世武	张世鹄依减本杀罪二等律，于弟殴胞兄死者斩罪上减二等，拟以杖一百徒三年	比附	似属允协，应请照覆	比附	嘉庆二十五年说帖

序号	原书卷次	原书条目名称	今本页码	案情提要	各省原拟中的判决依据	原拟类型	审核意见及复议结果的判决依据	依据类别	原件出处
47	卷四三	勉从叠殴期尊至死应准夹签	1572～1574	任得让听从父命殴死胞兄任得恭	拟斩立决,夹签声请	请旨	自应循例夹签为允	照例	道光元年说帖
48	卷四三	听从伊父擦瞎胞叔眼睛	1585～1586	邢绍柄听从伊父邢训楷擦瞎胞叔邢训模两眼。	依殴期亲尊属瞎目绞决律上减等拟以满流	比附	核于成案及律均属相符,仍请照覆	援案准拟	嘉庆十五年说帖
49	卷四三	被弟拳殴一伤用刀回扎致毙	1598	张田被弟张忠拳殴伤,用刀回扎,适伤张忠致毙	于殴死本例流罪上减一等定拟	比附	照殴死胞弟本例拟流。	照例	嘉庆元年说帖
50	卷四三	因被胞弟刃伤夺刀还戳致毙	未收	戴才五因胞弟戴才六强欲索分黄豆,向其斥骂,被其弟砍伤,该犯夺刀戳伤戴才六小腹殒命	于殴死胞弟流罪上量减拟徒	比附	似属平允	比附	乾隆五十四年说帖
51	卷四四	致死前妻之子并非抚如己出	未收	孔张氏因前妻之子孔文元将水桶拉住戏要气愤推跌溺毙	依例拟以绞候	照例	核与定例相符,似可照覆	照例	
52	卷四四	逆伦凶犯病危不得率行杖毙	1618～1619	伍荣博奕殴伤伊母李氏身死,病危。韩淳青砍伤伊母韩冯氏。拒绝饮食	援照陕西省李仁美等之案,立予杖毙	援案	嗣后各案遇有逆伦之案,照例办理,不准率行由县杖毙	援案被驳	通行

序号	原书卷次	原书条目名称	今本页码	案情提要	各省原拟中的判决依据	原拟类型	审核意见及复议结果的判决依据	依据类别	原件出处
53	卷四七	诈骗不遂诬告被诬之子自尽	1712~1714	韩兆林诈骗王学仁不遂，诬告王学仁，致被诬之子王良付自尽	依诬告致死量减拟流。经部驳，改拟绞抵	比附	应改依诬告人因而致死随行有服亲属一人律，拟绞监候	依律	嘉庆九年题准案
54	卷四八	捕役误听人言诬良拷逼自尽	1770~1771	散役李禄等诬良拷打以至唐文林受伤后投井身死	照诬良为窃吓诈逼认因而致死例，拟绞监候	照例	情罪允协，应请照覆	照例	嘉庆十八年奉天司说帖
55	卷四八	诬告而又讹诈致弟自尽	1790~1791	李文诬告伊弟并串通陈癃讹诈，致伊弟自尽	照犯人威逼致死律，拟杖	依律	改照凡人诬告致死绞罪上减三等，拟杖九十，徒二年半	比附	嘉庆二十二年奉天司说帖
56	卷四九	父母纵子犯奸犯盗被人杀死	1814~1815	田文潮纵容伊妻与僧文瑞通奸，复听从文瑞行窃，致文瑞商同伊妻将伊母余氏搕毙	拟以发往黑龙江给披甲人为奴	不详	着改为绞监候，秋后处决，并着刑部纂入条例	特旨	通行已纂例
57	卷四九	子妇与人通奸翁被奸夫杀死	1823~1826	李得成因与田凤财之妻刘氏族通奸，拒伤氏翁田忠身死	李得成依罪人拒捕杀所捕人律，拟斩监候	依律	与例相符，应请照覆	照例	道光四年奉天司说帖

序号	原书卷次	原书条目名称	今本页码	案情提要	各省原拟中的判决依据	原拟类型	审核意见及复议结果的判决依据	依据类别	原件出处
58	卷四九	奸夫拒伤氏翁后因病身死	1825	吴文红与艾余氏通奸氏翁伤势平复后因病死		不详			道光四年奉天司说帖
59	卷四九	奸妇业已悔过奸夫拒杀氏翁	1825～1826	杨思魁与任氏通奸拒毙氏翁		不详			道光四年奉天司说帖
60	卷五一	假差酿命虽未得赃仍应拟绞	1920～1921	解得荣等假充捕役吓诈民人宋亿钱文致令自缢身死	赃未入手，与吓诈得赃致毙人命者不同，将解得荣量减拟流	比附	应按例分别首从科断，驳令另拟	照例	嘉庆二十一年说帖
61	卷五二	官员价买有夫之妇	1962	五品官侯廷权价买有夫之妇为妾	照不应轻私罪律议处	依律	照不应轻罚俸九个月	依律	邸抄
62	卷五三	翁媳通奸因夫被杀将翁谋毙	1977～1978	姜袁氏谋杀伊翁姜起顺身死	姜起顺先与子妇通奸，复将子致死。姜袁氏愤激将姜起顺致毙，若照他故逆伦大案凌迟，核与谋杀无辜尊长者似觉无所分别，候旨遵办	请旨	照谋杀夫之父母已杀律凌迟处死。惟此等之翁云云……可否即由凌迟量减为斩决之处，恭候钦定。奉旨改为斩决	特旨	说帖

序号	原书卷次	原书条目名称	今本页码	案情提要	各省原拟中的判决依据	原拟类型	审核意见及复议结果的判决依据	依据类别	原件出处
63	卷五四	夺犯杀伤并非官差请示	2052	何其典夺犯杀伤地保并非官差	何其典案遵驳改正,以前判决的类似案件是否一体改正,咨请部示	援案请示	既据该抚查明与何其典等事同一例,应改杖流,自未便一事两歧,应如所咨,即行更正	援案准拟	嘉庆十七年通行
64	卷五四	伙贼纠众夺犯杀死事主二命	2055~2057	贼犯周老八纠同周贵来夺犯拒捕,殴毙事主邻右赵临光、胥庭柞各身死	援照罪人拘捕本例分别首从科罪。周老八照律拟斩监候	照例	周老八起意夺犯聚众十六人之多,照律拟斩监候,似轻纵。应请旨即行正法	特旨	嘉庆二十四年说帖
65	卷五四	拒捕不论白日黑夜格杀勿论	2059	吴为善格伤窃贼黄学海身死	照律勿论	依律	自系比照该省向来成案办理,似未便遽行议驳	援案准拟	嘉庆二年说帖
66	卷五六	割辫误伤事主之贼亲老丁单	2144	张二行窃,误伤事主	亲老丁单,声请留养	请旨	有无避就事,应令研讯确情,妥拟报部	特旨	道光七年说帖
67	卷五七	蒙古免死盗犯与寻常遣犯同	2159	张明系蒙古贼犯发云贵两广烟瘴当差	未详	不详	按照……通行,应依寻常发遣人犯办理	通行	道光十二年说帖
68	卷五八	驻防解送人犯知会地方协解	未收	无具体案件					

序号	原书卷次	原书条目名称	今本页码	案情提要	各省原拟中的判决依据	原拟类型	审核意见及复议结果的判决依据	依据类别	原件出处
69	卷五九	直隶屯居包衣旗人死罪解部	2225	旗人齐清额用刀扎伤蔡三身死	系包衣旗人，毋庸解部监禁	不详	查历年屯居包衣旗人之案，向俱解部监禁，齐清额自应解部	援案驳改	嘉庆二十一年说帖
70	卷六〇	武弁棍责窝娼人犯致毙	2228~2229	把总郭文擅行棍责窝娼之李恭因伤致死	比依监临官因公事非法殴打致死律，拟杖一百，徒三年。听从下手之兵丁贾明金拟以不应重杖	比附	郭文情罪允协。听从下手之犯仅拟杖责，未免轻重失伦，且有办过拟徒成案，自应将贾明金仍照为从律减等拟徒	援案准拟	道光六年说帖

五　古代例的发展演变及其历史作用

在中国古代法律体系中，存在着多种法律形式，不同的法律形式各有其特定的功能。历朝因所处的历史条件和法律的发达程度存在差异，法律形式也有所变化，名称亦不尽相同。然而，无论历史上的法律形式如何演变，名称多么纷杂，律（包括律典）、令（包括令典）、例始终是贯穿中国古代法系的最基本的法律形式。随着社会文明的发展，愈是到古代社会后期，例在国家社会生活中的作用就愈突出。本书作为"例考"，我们已对不同历史时期例的制定情况及相关的一些重大疑义进行了考证，目的是厘清事实，还其本来面目。鉴于长期以来人们对例的评价问题上存疑和争论甚多，为了更加清晰地阐明古代例的发展脉络，正确地评价例的历史地位，本部分从总体上对例的演变过程及其作用作一概述。

（一）例的形成、发展和法律地位的变迁

古今中外任何一种法律形式有没有生命力，关键在于它是否具有其他法律形式不可替代的功能。一种法律形式能否被广泛使用，关键在于它在国家法律体系中是否能够发挥重要的作用，并

被统治者认同。法律形式的形成、发达程度及其在法律体系中的地位、历史命运，归根结底是由国家法制建设的实际需要决定的。因此，只有把例的功能、制例的历史背景和统治者对例的认识三者结合研究，才能正确地揭示古代例的演变和发展规律。

例作为古代法律的重要形式，就其内容而言，既包括刑例，也包括行政、经济、民事、军政诸例。行政例历来是例的主体。就其形态而言，它可以是具体的案例，也可以是抽象的条文。抽象形态的条例是例的主体。这是我们考察例的演变问题必须明了的前提。

从秦汉到明清，例的形成和发展经历了一个漫长的过程。从统治者对例的态度看，前后经历了三个不同的时期，即秦汉为司法例广泛适用的时期，两晋至隋唐为限制司法例适用的时期，宋至明清为注重多种形式例的制定和编纂的时期。如果从例的法律地位变迁的层面分析，明代以前，例在国家法律体系中处于补充法的地位；进入明代以后，例的法律地位逐渐提高，制例成为国家主要的立法活动；特别是明代中叶到清末，朝廷建立的律与刑例并重、会典与行政例并重的法律机制，使例实际上成为国家法律体系的主体。

为什么具有司法例性质的"决事比"在汉代曾得以广泛应用，而魏晋至隋唐时期包括司法例在内的例的发展十分缓慢并往往被加以排斥？为什么宋、元两代曾重视编例而例终究未成为与律并重的国家的基本法律？出现这种情况的原因是多方面的，但最主要的是与中国古代实行成文法制度和统治者对完善成文法体系的认识及其做法有关。

中国古代的成文法制度产生于先秦。秦在统一中国的过程中，出于富国强兵的需要，强调法制一统、严明法纪，初步建立了以律、令为核心的成文法体系。律、令之所以能够成为成文法体系的核心，这是由它们的法律功能决定的。律、令的功能主要是两个方面：一是从积极方面规范国家的基本制度和社会经济生活中的各种行为，二是从消极方面防范各种犯罪行为。以律、令为核心的成文法制度是与君主高度集权的政治体制相适应的，有利于实现国家法制划一，防止官吏任意用法，因而为汉代及汉以后各朝所沿袭。成文法制度是一把双刃剑。为了完善国家法律制度，统治者力图把国家的法律规范尽可能地都纳入律、令，其他法律形式只有在律令未备的情况下才允许存在，并始终处于辅助律、令而行的低层次的法律地位，而且还必须纳入成文法体系，这就极大地缩小了例生存的空间。中国古代之所以未能形成西方那样的判例法制度，这是实行君主集权体制的必然结果。

秦汉时期，成文法体系处于发育阶段，立法技术亦不成熟，法律形式比较纷杂。这一历史时期的法律形式，秦有律、命、令、制、诏、程、式、课、法律答问等；汉有律、令、科、品、比等。当时律的内涵，既包括刑事法律，也包括行政、经济、民事、军事诸方面的法律，与后代刑律的功能不完全相同。两汉时，律是最基本的立法形式，令是仅次于律的重要的法律载体，《汉书·宣帝纪》注引文颖曰："天子诏所增损，不在律上者为令。"①《汉书·杜周传》亦云："三尺（法）安在哉？前主所是著为律，后主所是疏为令。"② 说明当时令与律同存，令是比律更为灵活的法律形式。凡律未备者，可随时制令予以补充。汉代注重编令，有以甲、乙、丙为名的《令甲》、《令乙》、《令丙》，有以令的内容性质为名的《田令》、《金布令》等，有以地区为

---

① 《汉书》卷八《宣帝纪》，中华书局，1983，第253页。
② 《汉书》卷六〇《杜周传》，中华书局，1983，第2659页。

名的《北边挈令》、《乐浪挈令》等，有以官署为名的《廷尉挈令》、《光禄挈令》等，可谓"律令烦多而不约，自典文者不解分明"。由于汉代成文法体系尚不健全，审判、行政活动中需要处理的许多案件或事项仍无法可依，这就为司法判例"决事比"和行政活动中运用故事提供了舞台。据史载，汉代曾大量适用"决事比"，死罪"决事比"最多时达 13472 条。"故事"也是"奇请它比，日以益滋"。在这种情况下，统治者对于司法例的运用采取的是比较宽松的态度。有的学者说秦汉是成文法和判例法混合的时期，这一论断是否成立，可以继续讨论。但是可以肯定的是，这一时期法律虽无"例"之名，但例的前身"决事比"、"故事"已经出现。

魏晋是成文法走向成熟的时期。曹魏制定的《新律》和《郡令》、《尚书官令》、《军中令》，晋朝制定的《泰始律》、《晋令》，分别是这两代的主要法律，且律、令的功能已被明确区分，即："律以定罪名，令以存事制"。魏晋时期法制的一个重要发展，是立法中贯彻了"法贵简约"的精神。中国古代法律在秦汉时期走过了一段由简趋繁的路程，到制定魏律、晋律时，又开始了由繁至简的转折。魏晋法律的删繁就简，意味着面对无限广阔和极其复杂的社会现实，势必增加法律条文的不确定性和自由裁量的弹性空间，客观上存在例发挥作用的天地。但是，因这一时期已制定了相对完备的律典和令典，于律令之外，又有科、比、格、式等法律形式作为法典的辅助立法，这些法律形式大体可以适应治理国家的需要，加之当时的统治者推崇的是以传统的法律形式完善成文法制度，凡是与这一制度相悖的法律形式都被视为法制的对立物，从而对例的出现采取了排斥的态度。

唐代时，统治者以律、令、格、式为基本法律形式，建立了中国历史上空前完善的成文法制度。《唐六典》云："凡律以正刑定罪，令以设范立制，格以禁违止邪，式以轨物程事。"[①] 宋人进一步解释说："令者，尊卑贵贱之等数，国家之制度也；格者，百官有司之所常行之事也；式者，其所常守之法也。"[②] 这四种法律形式是互相分工与协作的关系。律是正刑定罪之法；令是关于国家组织编制及国家行政活动制度的法规；格源于皇帝的制敕，内容庞杂，以行政立法为主，是对律、令、式协调的法律；式是有关国家机关办事细则和公文格式的规定。其中，令、式的内容都是行政管理方面的立法。对于律无明文规定如何处理的案情，唐朝法律规定依律比附，要求按照"举重以明轻"、"举轻以明重"的类举制度验证判决是否轻重失宜。《唐律疏议》疏文曰："金科虽无节制，亦须比附论刑"；[③] 并规定："诸断罪而无正条，其应出罪者，则举重以明轻；其应入罪者，则举轻以明重。"[④] 比附一般是作为有罪的类比适用，是依据唐律中相近的罪名和刑罚的规定进行处罚。所谓"举重以明轻"、"举轻以明重"，是要求比照律文有关更重一些的罪例或更轻一些的罪例的规定，判断对案件性质的认定及量刑的幅度有无原则性错误。从实质上讲，唐律的比附制度、类举以明轻重的制度，都是要求严格依律定罪，不允许司法官员比照成案判决和随意行使刑罚权。唐代时，朝廷为防止官吏擅权用法，把所有的行为规范都纳入律、令、格、式这四种法律形式的范畴，对于其他法律形式采

① （唐）李林甫等撰：《大唐六典》卷六"刑部郎中员外郎"，三秦出版社，1991，影印本，第139页。
② 《新唐书》卷五六《刑法》，中华书局，1997，第1407页。
③ （唐）长孙无忌等撰、刘俊文点校：《唐律疏议》卷一七"亲属为人杀私和"，中华书局，1983，第334页。
④ （唐）长孙无忌等撰、刘俊文点校：《唐律疏议》卷六"断罪无正条"，中华书局，1983，第134页。

取排斥的态度。详刑少卿赵本仁曾编纂《法例》3卷，以期作为断狱的依据，"时议亦为折衷"。唐高宗认为，唐代的法律已经"条章备举，轨躅昭然"，将现实生活概括无余，"临事遵行，自不能尽"，没有必要"更须作例"，《法例》的存在只能是增加"烦文"，带来的只是"不便"，故明令废止《法例》。这里应该指出，唐代以令、格、式颁布的许多法律，实际上与明清时期的条例、则例、事例的功能并无多少区别，只是名称不同而已。

中国自古以来就是一个疆土辽阔、人口众多的大国，各地的地理和人文环境千差万别，社会矛盾极其纷杂。成文法的优点是以抽象概括的方法，明确人们的行为规范，有助于实现全国法制一统，防范官吏曲法为奸。然而，法律面对的是"事有无穷之变"的社会现实，有限的法律条文无法解决层出不断的新的问题，"法有限而情无穷"是法律发展始终面临的矛盾。

宋代时，随着土地私有制的发展，租佃制的普遍确立、手工业和商业的繁荣，生产关系发生了新的变化，各阶层的利益冲突日益增多，各种经济和民事纠纷大量涌现，原有的法律体系很难适应变化的社会状况。于是，在法制变革思潮的推动下，例这一法律形式逐渐得到统治者的青睐。朝廷除制定了若干条例以完善国家的行政法律制度外，还制定了大量的断例，用以处理律无明文规定的疑难案件。

例在宋代的发展经历了成案——成例——成册——成法的演化过程。其演变的趋势是：由法之外的自在形态进入到法律体系内部，从边缘地带逐步走向中心区域。起初，统治者没有自觉意识到所做的判决或裁定的行政事例对后来的影响，但下属官员或后人却认为其有一定的妥当性和典范意义，能够适用于类似的案件或事项的处理。这样，其判决或处理的行政事例就被视为先例进入行政或司法领域。后来，先例被挑选出来著录于法律文件，或被"著为例"，或明令以后"不得为例"。著为例者，具备了法律效力，可以在以后处理类似事项或案件时援用。例册的编修，使例的存在形式发生了从零碎到系统的变化。为了使前例与后例不自相矛盾，这就需要对现行法律进行清理和编纂，于是例册的编辑过程就成为对以往行政和司法的个例进行编选和重新修订的过程，例的编修方法方式也在变化和不断进步。如果说汉代的辞讼比和决事比多是由私人编纂，目的是为了方便法司和官员参考的话，宋代例的编纂和例册的修订则是逐步成为官方的行为，通常是把例与律法编辑在一起，篇章结构上与律典保持一致。

宋代在条例和断例的编纂方面取得了显著的立法成果。这一时期，颁布了《中书条例》、《吏部四选逐曹条例》、《国子监条例》、《提举保甲条例》、《都水条例》等多个条例，它们是国家机关活动的规则和行政、经济管理方面的法律规范，具有国家行政法律实施细则的性质。朝廷还编修了《庆历断例》、《嘉祐中书刑房断例》、《熙宁法寺断例》、《元丰断例》、《元祐法寺断例》、《绍圣断例》、《元符刑名断例》、《崇宁申明断例》、《崇宁刑名例》、《宣和断例》、《绍兴编修刑名疑难断例》、《乾道新编特旨断例》、《淳熙新编特旨断例》、《开禧刑名断例》等，这些断例是为解决法无正条可举的疑难案件而制定的。宋代突破了两晋、隋唐限制用例的格局，例在法律实践中的广泛运用，标志着例的发展进入了一个新的阶段。

宋代在适用例的过程中，对于如何处理例与法的冲突、旧例与现行例的矛盾还缺乏经验，加之官吏恃权弄法，"以例破法"的问题时有发生，统治集团内部对于例的运用也存在争议。对使用例持反对态度者认为："三省六曹，所守者法，法所不载然后用例。今顾引例而破法，此何理哉？且既用例矣，则当编类条目与法并行，今或藏之有司，吏得并缘引用任其私意，或至烦渎听聪，甚无谓也。"① 与此同时，也有人提出了采取引例入法的方式解决例与法冲突的思想。认为例虽然有其弊端，但又不可尽废："然终于不能革者，盖以法有所不及，则例也有不可得而废者。但欲尽去欲行之例，只守见行之法，未免拘滞而有碍。"② 这种观点实际上肯定了例对法的实施具有补充、辅助的作用。基于这一认识，他们认为解决问题的正确办法是："收可行之例归于通行之法，庶几公共而不胶"，即将处于法律体系之外的例吸收纳入法律体系之中。有宋一代，由于没有形成比较成熟的律例关系的思想，也没有制定出行之有效的处理例与律、例与其他法律形式相互关系的法律措施，因此，宋朝虽然注重编例，但最终未能建立起系统的例的体系。

蒙人入主中原，建立了元朝。元代在司法实践中广泛用例，刑事和民事案件的审理往往以例作为审判的依据，例在很大程度上取代了成文法。在立法方面，元代仿效南宋，把断例作为重要的法律形式，在《大元通制》、《至正条格》中就收有大量的断例。然而，蒙元统治者对于成文法制度的性质、功能和作用缺乏深入认识，没有继续就如何协调例与法关系的问题进行探索，对于例的运用采取了放任的态度。按照中国古代的成文法制度，司法判例须经皇帝批准，成文法的适用优先于判例，在没有成文法

---

① （清）徐松辑：《宋会要辑稿》第 164 册《刑法一》之二一，中华书局，1997，影印本，第 6472 页。

② （清）徐松辑：《宋会要辑稿》第 164 册《刑法一》之五五，中华书局，1997，影印本，第 6489 页。

条适用时才允许援引判例。只有元代是例外，没有严格限制判例的适用，一般是由"都省准拟"，判例即可成立。在汉法律文化影响较深的一些大臣的推动下，元代也制定有成文法典，但统治者对制定法典态度并不很积极，他们没有意识到例与法的区别及冲突，更不用说探索解决冲突的途径了。这样，宋人没有完成的处理法与例相互关系的任务，只能留待明、清两代去解决。

进入明代以后，以条例、则例、事例、榜例为内容的例的体系逐渐形成，制例、编例成为国家经常的、基本的立法活动。例这一法律形式之所以能够走上明代法律舞台的中心，是国家法制建设的实际需要和制例经验日趋成熟的必然产物。一方面，社会经济发展带来的无穷无尽的新的问题，迫切需要用一种形式相对简单但内涵极其丰富的法律形式，规范国家事务管理的细则和人们行为的准则，例的功能的多样性使它能够满足统治者的这一需求。另一方面，统治者在寻求建立更完善的法律体系的过程中逐步形成了比较成熟的律例关系思想，为明清以例为主体的法律体系的建立提供了明确的指导原则。

例的体系创立于明初。明太祖朱元璋在率领群臣立法定制的过程中，注重总结和吸收前代法制建设的经验，又根据明初的国情实际有所创新。为了建立起既"酌中制以垂后世"又"当适时宜"的法律机制，他提出了"当计远患"、"当适时宜"、"法贵简当"等一系列立法指导原则，并提出了律与刑例相互关系的思想。说："法令者，防民之具，辅治之术耳，有经有权。律者，常经也；条例者，一时之权宜也。"① 从"常经"与"权宜之法"并用的思想出发，洪武年间在刑事法律制度方面，曾几

---

① （明）吕本等辑：《明太祖宝训》卷三，中国国家图书馆藏明万历三十年春秋陵周氏大有堂刊《新镌官板皇明宝训》本。

次修订《大明律》，颁行了大量的作为"权宜之法"的刑例。为了健全国家的行政和各种法律制度，于刑事法律之外，颁行了《大明令》、《诸司职掌》、《宪纲》、《洪武礼制》等重要的"常经"之法及各类条例、则例、事例和榜例。洪武朝把例确认为重要的立法形式，在治国实践中广泛使用。

洪武朝是明代法制的开创时期，当时的法律形式和名称尚很杂乱，除律、令、例外，还以诰、式、榜文等法律形式，颁布了《御制大诰》、《学校格式》、《礼仪定式》、《教民榜文》等重要法律。如果按照明代中后期的法律形式分类，《学校格式》、《礼仪定式》属于条例性质，《教民榜文》后来被称为《教民榜例》，《御制大诰》则是峻令、事例、案例的合编。由此可见，明开国之初在立法实践中，虽然注重制例，并把条例、则例、事例、榜例确认为例的基本形式，但主要是用它们表示和区分各类权宜之法，还没有像明代中后期那样，把律典之外的包括"常经"之法在内的一切法律都纳入例的体系。这表明洪武朝君臣对于如何处理条例与其他法律形式的关系、对于如何构建简明而内涵丰富的法律形式，还处在探索阶段。

从明初到弘治《问刑条例》颁行前，明代君臣经过一百余年的立法和司法实践，进一步完善了制例和律例相互关系的理论。这一理论的主要内容是：在刑事立法方面，刑例的制定必须遵循"盖立例以辅律，贵依律定例"的原则，即立例的宗旨是"以例补律"，制例务须符合律意，不得与律文的规定相冲突；在司法领域内，实行刑例与律典并行、"以例辅律"的原则；在对待刑律与各类非刑事例的关系上，实行诸法并重、诸法并行的方针。为了完善国家的行政法律制度，明代统治者确立了以《会典》为纲、行政例为目的法律编纂原则。在修订《会典》的同时，发布了作为《会典》补充法的各类行政例。在上述立法思想的指导下，明代中后期先后三次修订《问刑条例》，两次颁布《会典》，颁行了《吏部条例》、《宗藩条例》，修订了《宪纲》和《军政条例》等，制定了大量的各类有关行政、经济、军事、民事、教育方面的例，又根据例的功能，把其区分为条例、事例、则例、榜例。这一时期朝廷制定的所有法律，除律典和皇帝发布的诏令外，其他法律全部纳入了例的体系。由于朝廷的基本法律制度和绝大多数法律都是以例的形式规定的，例成为法律体系的主体。明代的法律体系较之前代而言，法律形式更加简明和规范，其涵盖的领域更加宽广，法律规范的内容则更加丰富，从而把国家的法制建设提升到了一个新的高度。

明代建立的例的体系，为清代所继承，并较前代有所创新和发展。清朝在仿效明制、实行律例合编的基础上，从乾隆朝起，各朝坚持定期修订刑例，以补律之未备。为了完善行政法律制度，清代自康熙朝起，先后五次纂修《大清会典》。乾隆时，又将典、例分立，编纂了《乾隆会典》和《乾隆会典则例》。此体例为嘉靖、光绪两朝所沿袭，只是把"会典则例"改为"会典事例"。这两朝颁行的《嘉庆会典事例》、《光绪会典事例》，极大地完善了当时的行政法律制度。为了强化对国家行政、经济、刑事、民事、军事、教育的全面管理，清代以则例的形式颁行了数以百计的各种单行法规。则例作为规范国家机关的活动规则及一些重大事项的实施细则被广泛采用，成为行政立法的主体。与此同时，清代进一步健全了以则例、事例、条例为基本形式的例的体系，以例的形式颁行了许多旨在完善经济法律制度、民事法律制度、少数民族法律制度、秋审制度方面的单行法规，颁布了大量旨在规范地方行政和民间事务管理的地方法规，从各个方面空前完善了国家的法律制度。

（二）如何看待前人对例的批评

学界对于明、清例持否定评价者，大多是引用《明史·刑法志》和《清史稿·刑法志》为据。《明史·刑法志》云：

> 始，太祖惩元纵弛之后，刑用重典，然特取决一时，非以为则。后屡诏厘正，至三十年始申画一之制，所以斟酌损益之者，至纤至悉，令子孙守之。群臣有稍议更改，即坐以变乱祖制之罪。而后乃滋弊者，由于人不知律，妄意律举大纲，不足以尽情伪之变，于是因律起例，因例生例，例愈纷而弊愈无穷。……①

《清史稿·刑法志》对于清代例的评论，与《明史·刑法志》的说法颇为近似。其文曰：

> 盖清代定例，一如宋时之编敕，有例不用律，律既多成虚文，而例遂愈滋繁碎。其间前后牴触，或律外加重，或因例破律，或一事设一例，或一省一地方专一例，甚且因此例而生彼例，不惟与他部则例参差，即一例分载各门者，亦不无歧异。辗转纠纷，易滋高下。……②

正是根据这些议论，一些著述把明、清例的作用概述为

---

① 《明史》卷九三《刑法一》，中华书局，1974，第2279页。
② 《清史稿》卷一四二《刑法一》，中华书局，1996，第4186页。

"以例破律"、"以例坏法",给予负面的评价;也有些著述承认制例、用例有其必要性,但认为其产生的社会效果是"弊大于利"。我们认为,如不对有关记述明清例的制定、实施的文献进行全面考察,仅凭《刑法志》这两段论述去评价例的作用,这种治史的方法是不严谨的,也很难得出实事求是的结论。

长期以来,主张中华法系"以刑为主"的观点,在法史学界颇为流行。把《刑法志》的记述作为法史研究的基本依据,就是在这一观点支配下形成的研究方式。这一研究方式又进一步强化了"以刑为主"的观念,两者互为因果,形成了路径依赖,自然无法摆脱"以刑为主"的窠臼。例的研究也是如此。本来,例作为古代法律的重要形式之一,既包括刑例,也包括行政、经济、民事、军政诸例。行政例历来是例的主体。但是,受"以刑为主"思维模式的影响,在法史研究中,刑例受到重视,行政诸例则被忽视。这样造成的后果必然是以对刑例的评价代替对各类例的全面评价。

《刑法志》记一代刑法之概要,其对例的评论也仅限于刑例。一些著述把明、清《刑法志》作者对刑例的批评,扩大到了对所有例的评价是欠妥当的。以《明史·刑法志》为例。其所谓"因律起例,因例生例",意思是因律典而生刑例、因刑例又生刑例,记述的只是明代的刑例的产生和演变,并不包括占明例绝大多数的行政诸例在内。刑例与行政例彼此的内容和功能不同,即使《刑法志》作者对刑例的批评完全正确,也无法得出明、清制定的行政诸例发挥的是消极作用的结论。

史籍作者的思想观点和专业水准如何,决定了他记述的历史是否客观,也决定了其发表的见解有无价值和价值大小。因此,要正确地揭示古代法制的真相,必须在大量阅读文献的基础上进行综合考察。对于一些重要的史料，还应当考证文献的真伪及作者所述是否客观地反映了历史的真实。我们在援引明、清《刑法志》作者批评例的有关文字时，也应当坚持这种态度。

《明史》为清明史馆纂修，题张廷玉等撰，雍正十三年（1735 年）成书。据清初人王士祯记，《刑法志》的作者是姜宸英。姜宸英，清浙江慈溪人，字西溟，人称湛园先生。康熙三十六年（1697 年）中进士时，年已七十，两年后充顺天乡试副考官，以科场案牵连下狱，病死狱中。王士祯说："西溟先以诸生入史局，分修《明史·刑法志》，极言廷杖、诏狱、东厂、缇骑之害，淋漓痛切，不减司马子长。"① 姜宸英的特长是古文、书画艺术而不是法律，加之清初修《明史》时，不少明代法律史料作者未曾得见，故姜氏记《刑法志》不确处甚多。关于《明史·刑法志》记述《大明律》、《大诰》、《问刑条例》等法律典籍方面的失误，笔者曾有所考述。② 在记述明例方面，《刑法志》同样存在重大缺失。以《明史·刑法志》作者批评明代刑例的那段议论而言，就有两点令人费解。其一，作者先是简述洪武法制，接着以"而后"二字转折，叙述"因律起例，因例生例，例愈纷而弊无穷"，说这种弊端发生在太祖洪武朝之后，却未清楚说明是存在某一段时间内，还是明一代制例都存在此类问题。其二，《刑法志》作者批评明例的这段文字置于《刑法一》的篇首，似乎是对明一代法制弊端的概括。在此段之后，作者详述了明代律、例的制定过程，其中记述和评价《问刑条例》、《充军条例》、赎例的文字占很大篇幅。作者对于《问刑条例》和赎例，基本上给予正面的评价；对于充军例，也多是直述其事，兼

① （清）王士祯撰：《分甘馀话》卷四，清康熙四十八年刻本。
② 详见杨一凡著《明初重典考》、《明大诰研究》、《洪武法律典籍考证》。

有对其刑法苛重的批评。阅读《刑法志》论述明代制定律、例概况的全文，使人感到作者所说的"例愈纷而弊愈无穷"，又与其后的记述不相协调，似乎那段批评明例的文字又不是对刑例的总体评价。因此，研究者不可断章摘句，仅以这段话为据否定整个明代例的作用。

　　全面考察明人批评例的弊端的史料不难看出，这类批评基本上是针对因一时一事制定的事例而言。在明代例的形式中，通行全国的《问刑条例》、《会典》中收入的事例是经统治者精心修订而成，人们对此鲜有异议者。而各朝颁行的事例中，不少是"因一事之宜，或因一己之见"临时而就，日益积累，一事二三其例者有之，随事更张每年再变其例者有之，常常出现前例与后例矛盾。造成"以例破律"不良后果的，多是那些临时而就的事例。也应看到，明代颁行事例方面存在的弊端，主要发生在弘治《问刑条例》颁行以前。当时，许多朝臣纷纷上书陈述例的弊端，要求斟酌取舍，制定《问刑条例》。如成化十年（1474年）六月兵部给事中祝澜的奏疏、弘治元年（1488年）九月十四日刑部尚书何乔新等的奏疏、弘治五年（1492年）七月刑部尚书彭韶的奏议、弘治十三年（1500年）三月刑部尚书白昂撰《问刑条例题稿》等，都明确说到"近来条例太多，人难遵守"、"故事同而援引或异，罪易而议拟各殊"的情况。朝臣们在力陈例的弊端的同时，也充分肯定了例的作用，并就如何完善刑例的问题提出建议。如祝澜奏疏中云："然民生日繁，庶事百出，制书有未备载者，或朝廷有所施行，臣下有所建请，遂因之以为条例。"① 何乔新在奏议中说："一应条例虽出于臣下之所建明，实

---

① 《明宪宗实录》卷一二九。

本于先帝之所裁处，其间亦有深意焉。……一概革去，虑恐百弊重生。异时法不足以惩奸，言律者又复申明旧例，未免烦渎圣听，不可不详加斟酌也。"① 弘治七年（1494 年），刑部尚书彭韶在上书中指出，司法审判中出现援例审案不当的原因是："盖比例行于在京法司者多，而行于在外者少，故在外问刑多致轻重失宜。"他认为解决问题的办法不是废弃例不用，而是"宜选属官汇萃前后奏准事例，分类编集，会官裁定成编，通行内外，与《大明律》兼用。庶事例有定，情罪无遗"。② 显然，他们力陈例的弊端的目的，并不是否定例的作用，而是为了修订新的《问刑条例》，更好地发挥例的作用。

弘治《问刑条例》颁行后，由于明代君臣已确立了一整套制例的指导原则和措施，制例中出现的前例与后例的冲突的情况，能够较快地得到处理。史籍中有关明代中后期朝臣建言制定某一事例、变更或终止实施某一事例的记载较多，很少见到有否定例的作用的言论。

有明一代，各朝君臣对例的制定和实施都是很重视的。在《明实录》、《明史》、《皇明条法事类纂》、《条例备考》、《增修条例备考》诸书中，有关明代朝臣建言制例记载有数千处。如《明史·食货四》载："仁宗立，以钞法不通，议所以敛之之道。户部尚书夏元吉请令有钞之家中盐，遂定各盐司中盐则例。"③ 弘治十六年（1503 年），御史杨一清曾建议"召商买茶"，被皇帝采纳。"正德元年，一清又建议，商人不愿领价者，以半与

---

① 《皇明条法事类纂》附编《奏革幼军在逃等件重复不便事件》，见《中国珍稀法律典籍集成》乙编第 6 册，科学出版社，1994，第 110 页。

② 《明孝宗实录》卷六五。又，本段中所引几位朝臣的奏议中对例的作用及其弊端的陈述，详见本书《明代例考》中的《明代律例关系的演变与〈问刑条例〉的修订》部分。

③ 《明史》卷八〇《食货四》，中华书局，1974，第 1936 页。

商，令自卖。遂著为例永行焉。"① 通观明一代的立法活动，除明太祖洪武朝几次修律外，基本上都是围绕制例、编例进行的。明中后期两次颁布《大明会典》，实际上修典的工作重点是编例。可以说一部明代立法史，主要是以完善例的体系为内容的制例史。

《清史稿·刑法志》中那段批评清例的文字也值得分析。人所共知，《清史稿》的编纂无论是组织工作还是修史方法都难称成熟，故题为"史稿"，未能侧身于"二十四史"之列。《刑法志》更是如此。《清史稿》主修者赵尔巽说：《清史稿》为"急就之章"，"未臻完整"。② 金梁撰《清史稿校勘记》云："刑法为王君式通等分辑，后用许君受衡稿。"③ 许受衡，赣州府龙南人，字玑楼。光绪二十一年（1895 年）进士，历官刑部主事、大理院少卿。按理说他对清律基本上沿袭明律、刑法之变主要是修订刑例这一点应当是清楚的，然作者仍沿用历代修《刑法志》的传统做法，以记述修律为主，对包括批评例的这段文字在内的刑例的修订情况的记述，行文不到二千字，内容简略，且语焉不详。撇开《清史稿》对刑法记载的缺陷不谈，就作者对例的批评而言，有三点可以肯定：一是他对于清例的批评，只发表了议论，却没有用扎实的史料进行论证；二是他的观点基本是源于清末主张变法者批判律例的观点。对此，我们将在后面论述；三是他对清例的批评，也是针对刑例而言。行政例是清例的主体。即使许受衡的观点无可挑剔，也无法得出他全面否定清例的结论。

① 《明史》卷八〇《食货四》，中华书局，1974，第 1951 页。
② 赵尔巽撰：《清史稿发刊缀言》，该文附于《清史稿》书末，中华书局，1996，第 14731 页。
③ 金梁撰：《清史稿校勘记》，该文附于《清史稿》书末，中华书局，1996，第 14738 ~ 14739 页。

除明、清史《刑法志》外，两代史籍中还记载了不少批评例的言论。对于这类记述，都应该进行全面解读和具体分析，弄清楚是何人在什么背景下出于何种动机提出批评的，这些批评有无事实根据，从而得出恰如其分的结论。

笔者把搜集到的清人批评例的有关记载和言论做了初步梳理，发现这一历史时期人们对于例的批评，归纳起来主要是三种情况。

其一，清代前期和中期，清人批评例文繁杂弊端的言论，基本上是在肯定例的作用的前提下，为了健全国家法制和更好地制例，针对某一时期或某一地区实施例的过程中出现的问题，或针对例文本身存在的缺陷提出的。批评者在力陈例的弊端的同时，也不遗余力地推动朝廷定例的实施。

清初人徐旭龄说：

> 古者乐律曰律，法律亦曰律。其义一也。律差累黍，则声音即变。故立法者取之，言一定而不可移易也。后世法网益密，律不足以尽之，间增条例。夫例者，不得已而佐律之穷者也。律有一定，依以断罪，无可异同也。例则用比，比则可重可轻。事有近似者引而合之。酷吏贪胥，因以舞文弄法，致莫可诘矣。①

徐旭龄是顺治十二年（1655年）进士，后任刑部主事，康熙间任湖广道御史，累官漕运总督，卒于康熙二十六年（1687年）。他承认用例的必要性，说例是出于"佐律之穷"不得已而

① （清）徐旭龄撰：《引用律例疏》，见（清）贺长龄辑《皇朝经世文编》卷九一，清光绪二十二年扫叶山房刻本。

用之，只是认为"例则用比，比则可重可轻。事有近似者引而合之"，使官吏得以"舞文弄法"。很清楚，他对例的批评是针对"近日刑官决狱拟罪，所引律例或未详明"的现象提出的，欲解决的是司法审判活动中例的正确适用问题。如果引用清初徐旭龄说的这段话，否定连徐旭龄也不清楚的后世各朝例的发展实际，无疑是缺乏说服力的。

顺治朝任刑部主事和左副都御史、康熙朝任兵部尚书和礼部尚书的李之芳批评例的言论，也为世人瞩目。他说："则例纷纭，权总归于胥吏。欲轻则有轻条，欲重则有重拟。"① 李之芳的这段话，是他于康熙九年（1670 年）针对当时例的实施中存在的时弊有感而发的。清初法制草创，例的形式、体系尚未定型，统治集团内部对于如何处理律例关系、如何构建清王朝法律体系还未形成共识。李之芳是清初朝廷制例的积极参与者，曾上书为制定《吏部处分则例》建言，他在康熙十二年（1673 年）后任兵部侍郎总督浙江事务和任兵部尚书期间，主持制定了《条例禁约》，发布了多篇告示，强调军民必须讲读律例、依例行事，处处要求下属遇事照例参处。② 因此，不能因为李之芳有过批评例的言论，就得出他否定例的作用和反对用例的结论。

曾在雍正、乾隆年间任布政使和巡抚达 30 余年的陈弘谋，也发表过批评例的言论，但他任官期间，很重视例的制定和实施。其著作《培远堂偶存稿》48 卷，辑录了他在云南、天津、江苏、江西、陕西、湖北、河南、福建、甘肃、湖南、两广任上发布的大量文檄。这些文檄充分体现了他竭力维护朝廷定例的权威，要求下属依例行事的精神。

---

① （清）李之芳撰：《请除无益条例疏》，见（清）贺长龄辑《皇朝经世文编》卷一五。
② 杨一凡、王旭编：《古代榜文告示汇存》，社会科学文献出版社，2006，影印本，第 1~206 页。

　　类似徐旭龄、李之芳、陈弘谋这样既注重发挥例的作用又发表过批评例的言论的例子还很多。这些批评例的言论，都是有其特定的历史背景和针对性的。批评者的动机，一般也是为了维护国家法制的权威和更好地推动例的实施。我们在研读清人批评例的史料时，只有把其言论与发表这一言论的背景及相关文献结合研究，才能正确地阐述其对待例的态度和基本观点。

　　其一，许多批评例文繁杂者，其阐发问题的侧重点，是抨击官吏在例文繁多的情况下不习吏事，致使胥吏得以曲法为奸。

　　清代时，不少官府在例文繁多的情况下，司法审判活动中权归吏胥、舍例使用成案的问题十分突出。对此，一些关注国家法制建设的朝臣和文人痛加抨击，其中有些言辞相当激烈。道光年间，汤鹏写道："天下之政曷弊乎？曰弊于因意而用法。因法而用例，因例而用案。天下之权曷归乎？曰不归于君，不归于相，不归于有司百执事，而归于吏胥。曷为而权是归乎？曰用法则吏胥擅周内，用例则吏胥擅苛比，用案则吏胥擅强记。于是君臣上下逊谢弗如，不得不挈大权以予之。"①

　　然而，认真阅读一下这些批评文字就会发现，批评的重点是针对官场的腐败和官员的无能。《清稗类钞》中收入的《各部书吏主案牍》一文，对定例繁杂情况下官员不习吏事、胥吏借机售其奸的情况做了如此描述："各部司官，不习吏事，堂官无论已，一切案牍皆书吏主之。故每办一案，堂官委之司官，司官委之书吏，书吏检阅成案比照律，呈之司官，司官略加润色，呈之堂官，堂官若不驳斥，则此案定矣。……司官欲检一案，每以属书吏，必援例，必检例案。而例案之堆积，高与屋齐，非熟手，

────────

① （清）汤鹏撰：《训吏上》，见（清）盛康辑《皇朝经世文续编》卷二八。

未从得一纸。书吏皆世业，窟穴其中，牢不可拔，辄执例以制司官，司官未如之何，乃遂藉以售其奸，而皆得致富。"① 在该文作者看来，官府出现的事权落于吏手、法律被吏玩弄于股掌之间的弊端，这是因官吏"不习吏事"、不屑于学习律例而又逐级推诿造成的。

曾在嘉庆、道光、咸丰三朝为官的包世臣，对于造成官吏借例文繁多、曲法坏法的原因做了深入地分析，他指出："各部各司皆有则例，永为法守。司员果能悉心推究，何难通习？况遵例不遵案，叠奉大行皇帝明谕，尤为简约易循"，由于堂司各官"不欲剔除书吏之弊"，胥吏才得以"上下其手"。包世臣认为，要革除这一流弊，必须采取严明的奖罚措施，激励官僚认真学习则例，并把那些饱食终日无所用心的官僚撤职查办。具体办法是："应请饬部院大臣，转饬实缺及行走各司员，限三个月内，将本司则例详细讲求。三月之后，集而考校之。其能约记例文及通晓例意者，定为优等，酌量鼓励。其全不谙晓又不上紧学习者，分别撤任降俸，以观后效。如此一二年间，迭经数考，部中司员皆明例案，书吏自然无权，不能舞弊矣。外官知部书无权，一挂吏议，无可挽回，自必饬其廉隅。"② 旧的官僚体制是产生官场腐败、胥吏曲法为奸的土壤。受历史条件的局限，包世臣不可能认识到这一点。虽然他提出的办法是治标不治本，在当时仍是难能可贵的。

历朝统治者为了治世、防奸不断严密法网，法网过密又使贪官污吏得以曲法为奸。这是中国古代历史上各代都始终无法走出的怪圈。同历代一样，清代官场中存在的官吏不习吏事、胥吏曲

---

① 徐珂编撰：《清稗类钞》第11册《胥役类·各部书吏主案牍》，中华书局，2003。
② （清）包世臣撰：《齐民四术》卷七上《刑一上》。

法为奸的恶疾之所以屡禁不止，从根本上讲，是由于缺乏民主监督机制的官僚体制造成的，例文繁杂只是形成这种弊端的外部条件。把官场腐败的症结仅归结为例文繁杂，无疑是没有击中问题的要害。

其三，认为律与例处于两极对立状态，从律例关系角度对制例提出批评。这类言论虽不多见，但它出于对清代法制不满的有关人士之口，很值得关注。

清代注重制例、编例，特别是乾隆五年（1740 年）《大清律例》作为一代大法颁行后，各朝坚持律文恒存，制例成为国家立法的基本活动，这种做法与唐宋以来"律为常经，例为权宜之法"的立法原则和重律轻例的法律传统大相径庭。一些对于清代朝政不满的人士，把法律实践中出现的弊端归结为"重例轻律"四字，他们从论述律例关系的角度，采取扬律抑例的方式，表达自己的政见。

持扬律抑例观点者，以清代著名文学家袁枚最具代表性。袁枚，清浙江钱塘县人，乾隆四年（1739 年）进士，曾任溧水、江宁等县知县，40 岁辞官告归，一生喜好诗文，性通达不羁。他在《答金震方先生问律例书》中说：

　　盖律者，万世之法也；例者，一时之事也。万世之法，有伦有要，无所喜怒于其间；一时之事，则人君有宽严之不同，卿相有仁刻之互异，而且狃于爱憎，发于仓卒，难据为准。譬之律者衡也，度也，其取而拟之，则物至而权之度之也。部居别白，若网在纲。若夫例者，引彼物以肖此物，援甲事以配乙事也，其能无牵合影射之虞乎？律虽繁，一童子可诵而习。至于例，则朝例未刊，暮例复下，千条万端，藏

诸故府，聪强之官，不能省记。一旦援引，惟吏是循。或同
一事也，而轻重殊；或均一罪也，而先后异。或转语以抑扬
之，或深文以周内之。往往引律者多公，引例者多私。引律
者直举其词，引例者曲为之证。公卿大夫，张目拱手，受其
指挥。岂不可叹！①

　　从袁枚的论述可知，其批评的对象是刑例，故把刑例与律对
比，扬此抑彼。袁枚认为，用例的弊端有二：一是律为万世之
法，刑罚尺度不会因君主和长官的好恶而改变；例因一时之事而
立，立法、执法的尺度易以个人的爱憎和主观意志所左右。二是
律条文有限，人可诵习熟记；例则繁而无度，官员无法掌握和融
会贯通，致使胥吏得以专权，倚法为奸。袁枚的批评，淋漓尽致
地揭露了清代法制的弊病，应该说是有其道理的。但是，袁枚把
例视为律的对立物，却忽视了清律基本上是抄袭明律而成，数百
年不改的 459 条律文无法适应变化了的国情这一现实。他指责清
例"千条万端，藏诸故府"，也不完全符合清代刑例的制定和实
施的史实。所以，尽管袁枚批评例的言词激烈，却存在知其一不
知其二的缺陷，也没有为克服当时法制的弊端提出良方。
　　清末法学家薛允升对袁枚的见解表示赞赏，并将其引用于
《读例存疑》卷首。薛氏主张改良清末现行的法律制度，对于当
时行用的大清律、例多有不满，他通过撰写《唐明律合编》褒
唐律、贬明律表达对清律的批评，借用袁枚的言论表达对清例的
批评，其著述多有创见，但在评价古代律例方面存在故意抬高唐
律、贬低明清律例的偏颇。与袁枚不同的是，薛允升撰《读例

---

① （清）袁枚撰：《答金震方先生问律例书》，载《小仓山房文集》卷一五。

存疑》，对清代200余年间的定例进行了系统的编纂整理，考证了每一定例产生的年代、背景和原意，探讨了它与正律之间的实质联系、差异及演变过程，论证了各个定例的合理性、必要性或其不足与弊端，就定例的存废、修补、适用与正律之间的协调衔接等提出了很有见地的建议。从一定意义上讲，《读例存疑》就是为刑例的修订进行的材料准备。书中陈述的种种修改建议表明，薛允升并不是想否定刑例的作用，而是为进一步完善刑例而批评例的。

清代末期，朝政日趋腐败，经济濒于崩溃，列强乘机入侵和瓜分中国。为救国图强，要求进行国家政治体制和法律改革的呼声日益高涨。这一时期，一些仁人志士展开了对旧法制的批判，其矛头所向是包括律、例在内的整个清王朝的政治法律制度。当时批判旧法制的代表人物，因政治立场不同，观点也不尽一致。主张废除旧法统和司法改革者，对于清例持否定的态度；持对旧法制采取适当修正态度者，则往往是既揭露问题又主张修例。应当说，前一种主张具有革命的意义，后一种主张属于改良的性质。社会大变革时期对旧法制的批判，毕竟不是学术研究，也不是准确无误地评价历史，其目的是服务于法制变革。尤其是力主革占鼎新者对例的批判，难免出现"矫枉过正"和言辞激烈之处。因此，今人在阐述清代例的作用的时候，应当结合当时的历史条件对有关言论进行具体分析，既要正确地阐述当时批判清例的进步意义，又不能把前人对一个时期例的评价，扩大为对清一代例的评价，更不能把一些批判中的过激言辞作为评价例的作用的依据。

如果说清人对例的批评主要是上述三种情况的话，近人持否定例的观点者，除一些是未认真和全面阅读文献、人云亦云者外，还有一些则是未弄清成案与例的区别，因而误读文本的结果。清代的例、案，有时并称，所谓"省例案"的主张，就是把例与案相提并论。其实，清代中期以后，例与案是有明确区分的。例是指定例，案是指成案。关于司法中成案的性质与法律地位，我们在前面已有专门论述，兹不具论。行政中的成案，则是一些已经处理的事项或案例，由于它们属于例外处理的决定，故以相对独立的形态存在，被后人在无例可循时作为处理事务的依据。因成案数量甚多，成为胥吏营私舞弊的渊薮。诚如曾在清道光、咸丰年间为官的王庆云所说："夫案者何也？偶办一事而与例不符非斟酌尽善而奏明立案者也。故不特堂官不能周知，即司官亦何尝记忆？吏胥得以窟穴其中高下其手。夫外省胥吏舞文，犹有部臣驳正，各部胥吏舞文更谁复驳正者！此所谓城狐社鼠者也。"①

针对这种情况，清代人提出"省例案"的主张。"省例案"一词虽然例、案并称，其实有所偏重，侧重点是减省成案，具体办法是以案编入例，以例去案。

王庆云就提出了这样的改进办法：

　　　　窃计六部之案，散在各司。若由各堂官通饬司员将案卷尽数查明，凡为例之所无，而将来可以比照援引之案悉行检出，去其重复歧误者，则为数谅亦无多。每件盖用堂印，编册摘由，临用之时验对，不许吏胥以册外稿件率行援引，由是以一司之员，习一司之例，即管一司之案，庶几堂官易于

────────────

① （清）王庆云撰：《正本清源疏》，见（清）盛康辑《皇朝经世文续编》卷一〇《治体三·政本上》，清光绪二十三年刻本。

责成，而胥吏无从鬻法。①

清代时，不少朝臣向朝廷建言，力陈成案的弊端，反对舍例用案。曾在乾隆、嘉庆、道光间为官的乔远烷云：

> 其已经登垂则例者，自系可以通行之案。若已经续纂不登则例者，即系不通行之案。显而易见，岂有舍定例、近例不遵，而远摭十数年成案，转足依据之理！况例外求案，部中或援成案议驳，而外间亦可援成案邀准，往返究诘，究致部驳无辞。违例议准，殊属不成事体。此则无论准驳，皆中猾吏舞文之弊，不可不大为之防。臣愚以为，欲绝弊源，不如明申例禁。各部既有钦颁则例，无论准驳事件，皆宜援例遵行。除无例可援者，自应由部臣随时条议请旨遵办外，其一切远年成案，凡系原刊则例及续纂则例不行采入者，不许附会摭引，以杜书吏蒙混之弊。②

道光年间，御史朱鸿指出：

> 夫各衙门政治，载在则例。原为办事之准绳，所当悉心研究，熟习而遵行之。则职在司官乃平时视为具文，遇事茫无依据，反以例当若何问之书吏。书吏专倚例、案为弊端，畸轻畸重，惟利是图。明知司官不能指驳，则更无所顾忌。

---

① （清）王庆云撰：《正本清源疏》，见（清）盛康辑《皇朝经世文续编》卷一〇《治体三·政本上》，清光绪二十三年刻本。

② （清）乔远烷撰：《请杜书吏舞文疏》，见（清）贺长龄辑《皇朝经世文编》卷二四《吏政吏胥》，清光绪二十二年扫叶山房刻本。

甚至舍例言案，匿现在当行之例，而自变量十年前与例不符
之案，巧为蒙蔽。其尤甚者，于续修则例时，即代司官纂
辑。因而故为纠纷，故为含混，预留作弊地步。使则例愈修
愈晦，司官理会不明，不得不凭书吏检查，益倚之为左右得
力之人。殊不思若辈从中取利，无所不至。①

持"以例破法"、"以例坏法"观点者，在其著述中把成案
界定为例，又以清人否定成案的言论作为否定例的证据，显然是
张冠李戴，也是导致其得出错误结论的原因。

应当指出：明清时代不仅有批评例的言论，还有大量的肯定
例的作用的言论。在现存的清代上百种法律文献的序、跋中，凡
是言律、例者，基本上都是对例持正面评价的态度。《大清律集解
附例》"凡例"云："律后附例所以推广律意而尽其类，亦变通律
文而适于宜者也。故律一定而不可易，例则世轻世重，随时酌中
之道焉。"② 认为例的因时制宜，随时变通，符合"世轻世重，随
时酌中之道"。还有的指出："律有一定，例则随时损益。有于律
本重者，例或权其情节量为宽减；有于律本轻者，例特重其科。
皆体会律意，参酌变通。断罪者当以改定之例为准，不必拘泥律
文。"③ 例对律"随时损益"的功能，及其"参酌变通"的特点，
恰恰是例的长处，成为清代司法审判中"有例不用律"的理由。

清代不少律学家认为律与例具有各自的特点和功能，形成互
相配合的关系，从而对刑例的特点和功能给予了积极评价。

---

① （清）朱鸿撰：《筹杜书吏舞弊之源疏》，见饶玉成辑《皇朝经世文续编》卷二四，清光
　绪八年刻本。
② （清）常鼎、朱轼等纂修：《大清律集解附例》书首《凡例》，清雍正三年刻本。
③ 光绪《大清会典》卷五四，清光绪二十五年刻本。

《大清律讲义》的作者徐象先说:"惟律、例二者有体用之关系,律为体而例为用,凡鞫案决狱皆可依以为断。是其成立虽异而效力则同,不能秦越相视。惟条例概指一人一事而言,不若律文所包者广。"① 他将律例关系概括为体与用的关系,反对把两者对立起来。在承认例有其"不若律文所包者广"的局限性同时,肯定例有"可依以为断"的积极作用。

曾担任广东署韶州府知府的陆向荣在《瘦石山房笔记》中说:"律本无多,易于讲习,若例则随时变通,熟于律而参酌时事,例之精妙出矣。"② 文柱在《大清律例刑案汇纂集成·序》中指出:"夫律者垂一定之法,例者准无定之情。原情而不依于律,无以尽情中之理;执法而不参诸例,无以通法外之变也。"③ 他们均是从律例相辅相成的角度,指出两者在立法中相互补充、在执法中相互依存的关系。这些关于律例关系的论述,不能不说具有一定的说服力。

吴廷琛在为《大清律例增修统纂集成》所作《序》中说:"律尚简而例独尚繁,非简不足以统宗,非繁不足以征引。其条分缕析,秩然井然,乃能极万物之情伪,一皆有所附丽,而不容毫厘之差,盖若是其至纤至悉也。"④

《大清律例根源》的编者张澧中说:"故律简而例不得不繁,势也。要惟明其根源,自无虞枝叶之丛生。"⑤ 这里所说的"势"

---

① (清)徐象先撰:《大清律讲义》序,清光绪三十三年京华书局刻本。
② (清)陆向荣撰:《瘦石山房笔记》,引自(清)徐栋撰《牧令书》卷一七《刑名上》,清道光二十八年刻本。
③ 《大清律例刑案汇纂集成》书首文柱《序》。
④ (清)吴廷琛撰:《大清律例增修统纂集成》序,见《大清律例增修统纂集成》卷首,国图藏清光绪三十三年刻本。
⑤ (清)张澧中撰:《律例根源序》,见张澧中续辑《大清律例根源》卷首,清道光二十七年木活字刻本。

是指事物发展的趋势。在张澧中看来，清代法律编纂中形成律文简要、例文繁杂的格局，这是与社会发展的趋势相适应的。社会生活的多元化和社会事务的多样化，是出现例文繁多的根源。只有懂得这一点，才能够客观地看待清代例繁这一历史现象，并对其做出公正的评价。

综合考察史籍中有关明清人论述例的记载可知，当时人们对待例的态度的基本情况是：其一，明、清人对于例的评价，总体来说是肯定者甚多，批评者较少，且对例的批评基本上是限于刑事事例方面。批评者的出发点多是为了革除制例中出现的弊端以求更好的制例，很少有人否定例的这一法律形式，也没有任何君主否定例的作用。其二，尽管明清时期围绕着如何制例曾经有这样那样的争论，由于例在健全国家法制中的作用已普遍为人们认同，从明初到清末，朝廷从未中断过制例和编例，随着时间的推移，统治者愈来愈重视例的制定。其三，在现存的清代法律典籍中，有关例的文献占总数的 70% 以上。明清两代制例数量之多，为历朝所无法比拟。因此，后人在评价历史上例的作用时，必须坚持实事求是的态度，要对不同历史时期制例、例的实施的积极方面和消极方面做出具体的、恰如其分的分析。只有这样，才能科学地阐述中国法律发展史。

（三）例的历史作用

关于例在历史上的积极作用，概括而言是：在法律不健全的时候，是对法律的补充。当法律相对健全的时候，着眼于情理，照顾到特殊，力求实现"情法适中"。例对于古代法律体系的形成、完善和推动法律的发展，都曾发挥了其他法律形式不可替代的作用。具体地讲，例在下述三个方面对于古代法制建设产生了重大影响。

1. 例的产生及其体系的形成，使古代的法律功能和法律形式更加规范和完善

任何国家的法制建设，都必须构建法律体系，以不同的法律形式区分不同的法律功能，并密切结合国情实际，确定内涵各异且名实相符的名称及其规范。法律形式的区分是否科学和法律体系是否完善，是衡量一个国家法制建设水平的重要标准。

中国古代的法律形式和法律体系的建立及完善，经历了长达2000 余年的历史进程。在明代之前的相当长的历史时期内，例虽然未被确认为国家法律体系中的主要法律形式，但在当时成文法体系尚存在缺陷的情况下，例的形成不仅弥补了法律体系的不足，并对法律的实施发挥了应有的作用。比如，事例的形成，解决了因事适时立法的问题；则例作为法律的实施细则，使法律的实施能够更为准确和便于操作；条例的编纂，有利于克服同一类法律规定前后冲突的弊端，使得法律得以整齐划一，在较长的时间内实施；断例的使用，填补了宋、元两代法律的空缺，使国家的法网更加严密。明清时期，古代法制经历了法律形式由繁杂到简明、法律体系从纷乱到规范的变革，例作为法律形式为推进这一进程有其不可磨灭的贡献。

明代以前，历朝的法律形式繁杂。以宋、元两代为例。宋代是一个法律形式名目繁多且多变的王朝。北宋中叶之前，除《刑统》外，又有各类不同效力的编敕、编令、编格、编式、敕式、令式、格式及条贯、条例、条制、条式、条约、断例等。自宋神宗朝始，采用以事为经、敕令格式为纬的统类合编的立法体例，于"申明刑统"外，尚有各类敕令格式、敕令格、敕令式、敕令、敕式、令式、令格、格式及诏令、条令、条制、条贯、条例、断例等。南宋孝宗朝时，又把现行敕令格式及申明以事分门编纂为条法事类。宋人夏𬣙论及宋朝法律形式的繁杂及其弊端时说："律、令、格、式之科，《刑统》、《编敕》之条，分类相杂，矛盾不同。奸吏有市法之门，丹笔有误书之罪。"① 元代的法律形式也很冗杂，《元史·刑法志》把元代的法律形式概括为诏制、条格、断例三类。② 其实，元代的法律形式远非这三种所能概括。如《元典章》中的条目，仅"例"一类的法律形式就有通例、总例、体例、格例、条例、断例、禁例、罪例、定例、则例、分例、杂例等。各类法律形式的功能，彼此交叉，含混不清。官吏用法之际，非周查各篇不能知其内容，给法律的行用带来很大不便。明王朝按照"法贵简当"的原则，为使民知所遵守，大刀阔斧地进行了法律形式和编纂体例的改革，坚持律例并重，以修刑例补充律典之不足，以修行政例补充《会典》之未备。于律典、会典之外，把律外的各种法律规范纳入例的体系，以事例表述因时因事的临时立法，以则例表述与钱、物有关的法律的实施细则，以条例表述经统治者精心修订的法规，以榜例表述用榜文公布的诸例，从而使法律形式由繁变简，内容更具包容性。明代创立的以条例、则例、事例、榜例为基本内容的例的体系，使古代法律形式为之大变，进一步走向规范化、科学化。清代在沿袭明制的基础上，进一步扩大了则例的功能，把中央机构的行事规则和重大事项的单行法规以则例定名。明清两代建立的例的体系；使法律的分类更加科学，法律的功能更加明确，法律

---

① （明）黄淮、杨士奇辑：《历代名臣奏议》卷二一○《法令》，上海古籍出版社，1989，影印本。
② 《元史》卷一○二《刑法一》，中华书局，1983，第2603页。

的内容更加完善。

2. 刑例的制定和修订，使律典在保持长期稳定的情况下，刑事法律能够适应司法实践的需要

律典是刑法典，是古代司法审判活动的法律依据。律典具有相对的稳定性，在较长时间内保持不变，随着时间的推移和新的问题不断出现，案情也千变万化，审判活动中常常发生律无正文援引的情况。刑例的制定和修订，成为解决立法与司法不相适应的问题的有效法律措施。秦汉时期，律是各种法律的总称，刑律尚未从法中明确分离出来，刑事法律也很不完善。这一时期，作为例的前身决事比的形成和运用，使得许多法无明文的规定的案件特别是死刑案件，能够运用决事比进行判决。宋代制定的断例，为当时处理疑难案件提供了法律依据。明清时期，《大明律》自洪武三十年（1397年）颁布后，直至明末未改；《大清律例》自乾隆五年（1740年）颁行后，直至清末一直沿用。明、清律之所以能够长期保持稳定不变，是这两朝统治者采取修例不修律方针的结果。明代于弘治、嘉靖、万历年间，通过三次修订《问刑条例》，适时补充了大量的新的刑事条款，修订了《大明律》不适应案情变化的条款，使刑事法律能够适应司法审判活动的需要。清代仿效明制，曾多次修刑例以补律之未备，使刑事法律更加严密。明代中后期和清代由于实行了律例并重、修例不修律的立法原则，这就既保持了律典的稳定性，又使刑例在司法审判中发挥了突出的作用。

3. 行政类例的制定和编纂，不断完善了行政法制，使行政、经济、民事、军政、文化教育等法律制度的实施有章可循

在中国古代，国家行政、经济、民事、军政、文化教育等方面的管理及其制度，主要是通过行政类法律确认和规范的。与刑事法律相比较，行政类法律涉及的领域更加广泛，立法数量也大得多。中国古代在建立和完善行政法律制度的过程中，例发挥了重要的功能。早在秦汉时期，作为行政事例的比就已出现，用之于论功行赏。汉代时，具有先例意义的故事，在礼仪活动、职官管理、赏功罚过等领域成为对行为的正当性论证的依据。魏晋以降，各种用于规范行政事务的例逐渐进入国家的法律体系。如唐、五代时期制定了不少规范官吏的选任、升迁、考核方面的格例，宋代颁行了许多用于规范经济事务的则例，唐、宋、元各代还制定了很多有关吏治和国计民务管理方面的条例等，弥补了当时行政、经济和社会管理法律制度不够健全的缺陷。明代时，朝廷制定了《军政条例》、《宪纲事类》、《吏部条例》等多种法律法规，并采用纂修《大明会典》和以例入会典的办法，规范国家的典章制度。清代颁行的则例类单行法规有数百种，其中最有代表性的有《六部则例》、《六部处分则例》、《宗人府则例》、《宫中现行则例》、《王公处分则例》、《内务府现行则例》、《理藩院则例》、《都察院则例》、《台规》、《国子监则例》、《中枢政考》、《军需则例》、《军器则例》等。这些则例对于清代的行政、军政、民事、教育诸方面的法律制度作了详尽的规定，是国家各级衙门和臣民必须遵守的行为规范。同时，清代还注重各类行政例的编纂，以方便官吏阅读，提高行政效率。在地方法制建设方面，清代后期，《湖南省例成案》、《江苏省例》、《福建省例》、《广东省例》等省例汇编文献相继问世。省例以地方性事务为规范对象，以地方行政法规为主体，在一省范围内具有普遍的法律约束力。省例的制定和实施，标志着中国古代地方立法已进入成熟阶段。

　　例在完善古代法制中的一个突出作用，就是面对社会经济千变万化，能够为推行国家的基本经济法律制度提供保障。古代中国各地的自然条件存在很大差异，土地瘠肥不一，丰年与凶年收入相殊，加之不同时期粮食和各类物产价格多变，钱法和税法等也随之累更，这就给统治者制定相对长期稳定的经济法规造成困难。在中国历史上，许多朝代都制定和颁行有通行全国的行政、刑事、军政、学校管理方面的法律，但却未颁行称得上国家大法的、系统规范各项社会经济事务的经济法律。之所以出现这种情况，是因为社会经济发展过程中的多样性和多变性，无法由一部或几部内容长期稳定不变的法律进行调整。正是在这种情况下，则例作为国家法律的实施细则，发挥了它能够及时规范经济活动行为、调整各阶层经济利益冲突的功能。比如，为了严密朝廷的财政管理，宋代颁行了《役钱则例》、《税钱则例》、《锄田客户则例》、《收纳则例》等，元代颁行了《工粮则例》、《抽分则例》、《祗应酒面则例》、《盐法则例》等。明代时，则例作为国家各项事务管理中与钱物和财政收入、支给、运作相关的法律实施细则，在经济管理领域内也被广泛适用。明代的则例种类甚多，有赋役则例、商税则例、开中则例、捐纳则例及钱法、钞法、漕运、救荒等方面的则例。清代时，则例在经济管理中的作用进一步提高，朝廷除适时制定和颁布了大量的经济类则例外，还很重视则例的汇编，《漕运则例纂》、清代匠作则例等就是这方面立法的代表性成果。中国古代历朝的经济法律制度之所以能够得到推行，则例发挥了重要的作用。

我们在研究和阐述古代例的时候，既要看到它在历史上法制建设中的积极作用，也要正确认识它的局限性及产生的弊端。由于事例、具有判例性质的决事比和部分断例是因事或为处理某一案件制定的，日积月累，有些前例与后例的内容相互矛盾，就会影响法律体系的内部和谐，这是宋、元、明、清各代都曾遇到过的问题。特别是那些由君主"因人而异"发布的特例和恩例，是为了一时彰显皇恩作出的决定，有很大的随意性。尽管立法者申明"下不为例"，不允许比附援引，但这类例却往往被一些奸吏援例攀比，使法制受到干扰和破坏。中国古代在制例和实施例的过程中，始终存在着如何处理刑例与律典的矛盾，存在着如何解决例文浩瀚、贪官污吏乘机营私舞弊的问题。一般地说，在吏治比较严明的时期，这类弊端相对较少，而在吏治松弛的时期，这类弊端比较严重。从根本上讲，这种现象是官僚体制弊端的反映，不应不加分析地完全归罪于例。

在中华法律文明发展史上，任何有生命力的法律形式都是适应当时法制建设的需要产生的，又是伴随着社会的发展和法制的变革不断有所完善。古代的例也是沿着这一历史轨迹发展变化的。虽然在某一历史时期，在某些例的制定和实施过程中出现过这样那样的弊端，但总体而言，例作为国家的重要法律形式，对于推动中国古代的法制变革、完善法律体系和法律制度发挥了巨大的影响和积极作用。

以现代法学观点研究中国法制史始于清末，从那时起至今已有百余年之久。长期以来，传统的"以刑为主"、"以例破法"等认识上的误区，不注重史料和"以论代史"的研究方法及急功近利的学风，导致在例的研究方面出现了不少臆造的论断。历史的经验教训告诉我们，坚持实事求是的认识论，是研究法史必须遵循的治学原则和研究方法。只有坚持运用全面的而不是片面的、辩证的而不是形而上学的思想方法论研究中国法律史，才能科学地阐述古代例的发展史，正确的评价例的历史地位。

主要参考文献

综合类

1. 《史记》，（西汉）司马迁撰，中华书局，1999。

2. 《通典》，（唐）杜佑撰，中华书局，影印本，1984。

3. 《册府元龟》，（北宋）王钦若等编，中华书局，影印本，1994。

4. 《太平御览》，（北宋）李昉等撰，中华书局，影印本，1985。

5. 《资治通鉴》，（北宋）司马光撰，（元）胡三省音注，中华书局，1987。

6. 《文献通考》，（元）马端临撰，浙江古籍出版社，影印本，2000。

7. 《续文献通考》，（明）王圻撰，中国科学院情报资料中心图书馆（以下简称科图）藏明万历三十年松江府刻本。

8. 《永乐大典》，（明）解缙、姚广孝等编纂，中华书局，影印本，1986。

9. 《十三经注疏》，（清）阮元校刻，中华书局，影印本，1996。

10. 《续通典》，（清）嵇璜、曹仁虎纂修，浙江古籍出版社，影印本，2000。

11. 《古今图书集成》，（清）陈梦雷原编，（清）蒋廷锡等校勘重编，上海中华书局，影印本，1934。

12. 《历代刑法考》，（清）沈家本撰，邓经元、骈宇骞点校，中华书局，1985。

13. 《中国珍稀法律典籍集成》，刘海年、杨一凡主编，科学出版社，1994。

14. 《中国珍稀法律典籍续编》，杨一凡、田涛主编，黑龙江人民出版社，2002。

15. 《官箴书集成》，官箴书集成编委会编，黄山书社，影印本，1997。

16. 《历代判例判牍》，杨一凡、徐立志主编，中国社会科学出版社，2005。

17. 《中国古代地方法律文献》甲编，杨一凡、刘笃才编，世界图书出版公司北京公司，影印本，2006。

18. 《中国古代地方法律文献》乙编，杨一凡、刘笃才编，世界图书出版公司北京公司，影印本，2009。

19. 《古代榜文告示汇存》，杨一凡、王旭编，社会科学文献出版社，影印本，2006。

秦至元

1. 《睡虎地秦墓竹简》，睡虎地秦墓竹简整理小组整理，文物出版社，1978。

2. 《汉书》，（东汉）班固撰，（唐）颜师古注，中华书局，1983。

3. 《后汉书》，（南朝宋）范晔撰，（唐）李贤等注，中华书局，1982。

4. 《三国志》，（西晋）陈寿撰，中华书局，1982。

5. 《晋书》，（唐）房玄龄等撰，中华书局，1982。

6. 《南史》，（唐）李延寿撰，中华书局，1997。

7. 《北史》，（唐）李延寿撰，中华书局，1997。

8. 《宋书》，（南朝梁）沈约撰，中华书局，2006。

9. 《南齐书》，（南朝梁）萧子显撰，中华书局，1983。

10. 《梁书》，（唐）姚思廉撰，中华书局，1983。

11. 《陈书》，（唐）姚思廉撰，中华书局，1982。

12. 《魏书》，（北齐）魏收撰，中华书局，1984。

13. 《北齐书》，（唐）李百药撰，中华书局，1983。

14. 《周书》，（唐）令狐德棻等撰，中华书局，1983。

15. 《隋书》，（唐）魏征、令狐德棻撰，中华书局，1982。

16. 《唐律疏议》,（唐）长孙无忌等撰,刘俊文点校,中华书局,1983。

17. 《大唐六典》,（唐）李林甫等撰,三秦出版社,影印本,1991。

18. 《旧唐书》,（后晋）刘昫等撰,中华书局,1997。

19. 《新唐书》,（北宋）欧阳修、宋祁撰,中华书局,1997。

20. 《唐会要》,（宋）王溥撰,中华书局,影印本,1990。

21. 《全唐文》,（清）董浩、阮元等奉敕编,清内府刻本。

22. 《旧五代史》,（北宋）薛居正等撰,中华书局,1997。

23. 《新五代史》,（北宋）欧阳修撰,（宋）徐无党注,中华书局,1997。

24. 《辽史》,（元）脱脱等撰,中华书局,1983。

25. 《宋刑统》,（宋）窦仪等撰,吴翊如点校,中华书局,1984。

26. 《庆元条法事类》,（南宋）谢深甫等编纂,戴建国点校,收入《中国珍稀法律典籍续编》第 1 册,黑龙江人民出版社,2002。

27. 《宋史》,（元）脱脱等撰,中华书局,1997。

28. 《宋会要辑稿》,（清）徐松辑,中华书局,影印本,1997。

29. 《全宋文》,四川大学古籍整理研究室整理,巴蜀书社,1989。

30. 《天盛改旧新定律令》,史金波、聂鸿音、白滨译注,收入《中国珍稀法律典籍集成》甲编第 5 册,科学出版社,1994。

31. 《金史》,（元）脱脱等撰,中华书局,1983。

32. 《元史》,（明）宋濂等撰,中华书局,1983。

33. 《新元史》,柯劭忞撰,中国书店,影印本,1988。

34. 《通制条格》,黄时鉴点校,收入《中国珍稀法律典籍续编》第 2 册,黑龙江人民出版社,2005。

35. 《元典章》,中国书店,影印本,1990。

明代

1. 《明实录》,台湾"中央研究院"历史语言研究所据原北平图书馆藏该书红格钞本微卷校印本。

2. 《大明会典》,（明）徐溥等纂修,（明）李东阳等重校,中国国家图书馆（以下简称国图）藏明正德六年司礼监刻本。

3.《明会典》，（明）申时行等重修，中华书局，影印本，1989。

4.《明经世文编》，（明）陈子龙等辑，中华书局，影印本，1987。

5.《明史》，（清）张廷玉等撰，中华书局，1974。

6.《明史纪事本末》，（清）谷应泰撰，中华书局，1977。

7.《明通鉴》，（清）夏燮撰，汉仲九标点，中华书局，1980。

8.《国榷》，（明）谈迁撰，张宗祥点校，中华书局，1988。

9.《明文海》，（清）黄宗羲编，中华书局，影印本，1987。

10.《春明梦余录》，（清）孙承泽撰，王剑英点校，北京古籍出版社，1992。

11.《大明律集解》，（明）胡琼集解，国图藏明正德十六年刻本。

12.《大明律例》，（明）舒化等纂修，南京图书馆藏明万历十三年刻本。

13.《诸司职掌》，明嘉靖镇江府丹徒县官刊《皇明制书》本；收入《中国珍稀法律典籍续编》第3册，黑龙江人民出版社，2002。

14.《教民榜文》，明嘉靖镇江府丹徒县官刊《皇明制书》本，收入《中国珍稀法律典籍集成》乙编第1册，科学出版社，1994。

15.《军政条例》，明嘉靖镇江府丹徒县官刊《皇明制书》本，收入《中国珍稀法律典籍集成》乙编第2册，科学出版社，1994。

16.《宪纲事类》，明嘉靖镇江府丹徒县官刊《皇明制书》本，收入《中国珍稀法律典籍集成》乙编第2册，科学出版社，1994。

17.《吏部条例》，明嘉靖镇江府丹徒县官刊《皇明制书》本，收入《中国珍稀法律典籍集成》乙编第2册，科学出版社，1994。

18.《节行事例》，明嘉靖镇江府丹徒县官刊《皇明制书》本，收入《中国珍稀法律典籍续编》第3册，黑龙江人民出版社，2002。

19.《皇明制书》，（明）张卤辑，大连图书馆藏明万历七年刻本。

20.《条例备考》，（明）佚名辑，日本内阁文库藏明嘉靖刻本。

21.《增修条例备考》，（明）翁遇汝等辑，（明）史继辰等校订，日本尊经阁文库藏明万历二十五年刻本。

22.《条例全文》，天一阁文物保管所（以下简称天一阁）藏明抄本。

23. 《皇明成化条例》，天一阁藏明抄本。

24. 《皇明成化二十三年条例》，国图藏明抄本，收入《中国珍稀法律典籍集成》乙编第 2 册，科学出版社，1994。

25. 《皇明条法事类纂》，日本东京大学总合图书馆藏明抄本，收入《中国珍稀法律典籍集成》乙编第 4、5、6 册，科学出版社，1994。

26. 弘治《问刑条例》，（明）白昂等删定，明嘉靖镇江府丹徒县官刊《皇明制书》本，收入《中国珍稀法律典籍集成》乙编第 2 册，科学出版社，1994。

27. 嘉靖《重修问刑条例》，（明）顾应祥等重修，台湾"中央图书馆"藏雷梦麟《读律琐言》明嘉靖四十二年歙县知县熊秉元刻本，收入《中国珍稀法律典籍集成》乙编第 2 册，科学出版社，1994。

28. 《嘉靖事例》，（明）范钦等辑，明抄本，收入《中国珍稀法律典籍集成》乙编第 2 册，科学出版社，1994。

29. 《嘉靖新例》，（明）萧世延、杨本仁、范钦辑，《玄览堂丛书》本，收入《中国珍稀法律典籍集成》乙编第 2 册，科学出版社，1994。

30. 《嘉靖各部新例》，台湾"中央研究院"历史语言研究所傅斯年图书馆（以卜简称傅斯年图书馆）藏明抄本。

31. 《嘉隆新例》，（明）张卤辑，明万历刻本，收入《中国珍稀法律典籍集成》乙编第 2 册，科学出版社，1994。

32. 《宗藩条例》，（明）李春芳等修订，明嘉靖礼部刻本，收入《中国珍稀法律典籍集成》乙编第 2 册，科学出版社，1994。

33. 《真犯死罪充军为民例》，明万历二十九年巡按直隶监察御史应朝卿校增本，收入《中国珍稀法律典籍集成》乙编第 2 册，科学出版社，1994。

34. 《六部条例》，中山大学图书馆藏明抄本。

35. 《六部纂修条例》，天津图书馆藏明抄本。

36. 《明六部条例各衙门条例》，国图藏明抄本。

37. 《六部事例》，中山大学图书馆藏明抄本。

38. 《大明九卿事例按例》,傅斯年图书馆藏明抄本。

39. 《吏部职掌》,(明)李默、黄养蒙等删定,上海图书馆藏明万历刻本。

40. 《吏部四司条例》,(明)蹇义辑,天一阁藏明抄本。

41. 《考功验封司条例》,国图藏明抄本。

42. 《盐法条例》,上海图书馆藏明嘉靖刊残卷本,大连图书馆藏清抄本。

43. 《催征钱粮降罚事例》,天一阁藏明万历五年福建布政司刻本。

44. 《重订赋役成规》,(明)熊尚文等辑,天一阁藏明万历刻本。

45. 《两院发刻司道酌议钱粮征解事宜》,国图藏明万历四十四年刻本。

46. 《洲课条例》,(明)王侹辑,傅斯年图书馆藏明抄本。

47. 《天津卫屯垦条款》,国图藏明天启刻本。

48. 《南京工部职掌条例》,(明)刘汝勉等纂,国图藏清抄本。

49. 《工部厂库须知》,(明)何士晋撰,国图藏明万历刻本。

50. 《工部新刊事例》,(明)冯梦龙辑,附于《甲申纪事》十三卷后,科图藏明弘光元年刻本。

51. 《军政条例类考》,(明)霍冀辑,明嘉靖三十一年刻本,收入《中国珍稀法律典籍续编》第4册,黑龙江人民出版社,2002。·

52. 《军政条例续集》,(明)孙联泉撰,天一阁藏明嘉靖三十一年江西臬司刊残卷本。

53. 《御倭军事条款》,(明)李遂纂,国图藏明嘉靖刻本。

54. 《军制条例》,(明)谭纶等辑,日本内阁文库藏明万历二年刻本。

55. 《军政事宜》,(明)庞尚鹏撰,国图藏明万历五年刻本。

56. 《御倭条款》,(明)王邦直辑,上海图书馆藏明万历四十五年刻本。

57. 《军政备例》,(明)赵堂辑,天津图书馆藏清抄本。

58. 《兵部武选司条例》,天一阁藏明抄本。

59. 《台规》,国图藏明刻本。

60. 《出巡条例》,重庆市图书馆藏明万历刻蓝印本。

61. 《南京都察院志》,(明)祁伯裕、施沛等纂辑,日本内阁文库藏明天启刻本。

62. 《四译馆增定馆则》，（明）吕维祺辑，（清）许三礼、霍维翰增辑，国图藏明崇祯刻清康熙袁懋德重修本。

63. 《西都杂例》，天一阁藏明抄本。

64. 《南京刑部志》，（明）曹栋撰，美国国会图书馆藏明嘉靖刻本。

65. 《新镌官板律例临民宝镜》，（明）苏茂相撰、郭万春注，中国社会科学院法学研究所图书馆（以下简称法学所）藏明金阊振叶堂刻本。

66. 《明代律例汇编》，黄彰健编著，台湾"中央研究院"史语所专刊之七十五，1979。

清代

1. 《清实录》，（清）清实录馆撰，中华书局，影印本，1988。

2. 《清史稿》，赵尔巽等撰，中华书局，1996。

3. 《东华录》，（清）蒋良骐撰，清乾隆刻本。

4. 《东华续录》，（清）王先谦撰，清光绪十年长沙王氏刻本。

5. 《清朝通典》，（清）乾隆官修，浙江古籍出版社，影印本，2000。

6. 《皇朝经世文编》，（清）贺长龄辑，清光绪二十二年扫叶山房刻本。

7. 《钦定大清会典》，（清）张廷玉等纂修，故宫博物院（以下简称故宫）藏清乾隆二十九年武英殿刻本。

8. 《钦定大清会典》，（清）崑冈等修，吴树梅等纂，清光绪二十五年上海书局石印本。

9. 《钦定大清会典则例》，（清）张廷玉等纂修，法学所藏清乾隆十三年刻本。

10. 《钦定大清会典事例》，（清）崑冈等修，（清）刘启端等纂，清光绪二十五年武英殿石印本。

11. 《大清律集解附例》，（清）刚林等纂修，故宫藏清初刻本。

12. 《大清律例硃注广汇全书》，（清）吴达海等辑，法学所藏清康熙四十五年重刻本。

13. 《大清律集解附例》，（清）常鼎、朱轼等纂修，法学所藏清雍正三年刻本。

14. 《大清律例》，（清）刘统勋等纂修，故宫藏清乾隆三十三年武英殿刻本。

15. 《大清律续纂条例》，（清）刑部修，国图藏清乾隆五十三年刻本。

16. 《大清律辑注》，（清）沈之奇辑注，法学所藏清康熙五十四年刻本。

17. 《大清律例全纂》，（清）黄忍斋等纂，法学所藏清嘉庆元年杭州铭新堂刻本。

18. 《大清律例全纂集成汇注》，（清）李观澜等纂，法学所藏清嘉庆六年友益斋刻本。

19. 《大清律例增修统纂集成》，（清）陶骏、陶念霖增修，国图藏清光绪三十三年刻本。

20. 《大清律例通考》，（清）吴坛撰，法学所藏清光绪十二年刻本。

21. 《读例存疑》，（清）薛允升撰，法学所藏清光绪三十二年律例馆刻本。

22. 《六部题定新例》，（清）龚鼎孳纂，法学所藏清康熙九年刻本。

23. 《钦定六部则例》，（清）对哈纳等纂，法学所藏清康熙十五年刻本。

24. 《六部则例》，法学所藏清康熙十五年抄本。

25. 《六部则例全书》，（清）鄂海纂辑，北京大学图书馆藏清康熙五十五年刻本。

26. 《六部考成现行则例》，北京大学图书馆藏清康残抄本。

27. 《六部则例新编》，法学所藏清雍正八年刻本。

28. 《钦定六部处分则例》，（清）文孚等纂修，科图藏清光绪十八年上海图书集成局石印本。

29. 《本朝则例类编》，（清）陆海辑，法学所藏清康熙云林书坊重刻本。

30. 《本朝续增则例类编》，（清）陆海辑，法学所藏清康熙五十二年刻本。

31. 《本朝则例全书》，（清）鄂海纂辑，法学所藏清康熙六十一年刻本。

32. 《定例全编》，（清）李珍璘辑，法学所藏清康熙五十四年刻本。

33. 《定例续编》，（清）梁懋修辑，法学所藏清乾隆十年刻本。

34. 《定例续编增补》，法学所藏清乾隆十三年刻本。

35. 《续增新例全编》，（清）李君泰辑，法学所藏清乾隆十八年江西布政司刻本。

36. 《条例汇编》，（清）梁国治、王琳等纂，法学所藏清乾隆三十六年刻本。

37. 《则例便览》，（清）沈书城辑，科图藏清乾隆五十六年刻本。

38. 《本朝题驳公案》，（清）李珍璘辑，法学所藏清康熙五十九年京都荣锦堂刻本。

39. 《定例成案合镌》，（清）孙纶辑，法学所藏清康熙六十年刻本。

40. 《刑部驳案汇钞》，（清）丁人可辑，清乾隆四十三年刻本，收入《历代判例判牍》第 6 册；中国社会科学出版社，2005。

41. 《驳案新编》，（清）全士潮纂辑，清乾隆刻本，收入《历代判例判牍》第 7 册，中国社会科学出版社，2005。

42. 《历年通行成案》，法学所藏清光绪抄本。

43. 《刑案汇览三编》，（清）祝庆祺等编，北京古籍出版社，点校本，2004。

44. 《刑案汇览全编》，（清）祝庆祺、鲍书芸、潘文舫等编，中国社会科学院法学研究所法制史研究室标点，法律出版社，2007。

45. 《钦定宗人府则例》，（清）宗人府纂，故宫藏清嘉庆七年内府抄本。

46. 《钦定宗人府则例》，（清）奕誴、钟泰等纂修，法学所藏清同治七年刻本。

47. 《总管内务府现行则例》，国图藏清乾隆内府抄本。

48. 《钦定总管内务府现行则例》，（清）内务府纂，故宫藏清道光二十年武英殿刻本。

49. 《钦定宫中现行则例》，故宫藏清嘉庆二十五年武英殿刻本。

50. 《钦定王公处分则例》，（清）理藩院纂，故宫藏清咸丰六年刻本。

51. 《钦定吏部则例》，国图藏清雍正三年内府刻本。

52. 《钦定吏部则例》，（清）吴嗣爵等纂修，法学所藏清乾隆七年刻本。

53. 《钦定吏部处分则例》，故宫藏清雍正十三年内府刻本。

54. 《钦定户部则例》，（清）于敏中等纂修，故宫藏清乾隆四十六年武英殿刻本。

55. 《钦定户部则例》，（清）依满泰等纂修，法学所藏清嘉庆十七年刻本。

56. 《浙海钞关征收税银则例》，故宫藏清雍正二年浙江提刑按察使司刻本。

57. 《常税则例》，北京大学图书馆藏清雍正五年古香斋刻本。

58. 《漕运则例》，（清）户部修，故宫藏清乾隆内府抄本。

59. 《漕运则例纂》，（清）杨锡绂纂辑，法学所藏清乾隆刻本。

60. 《钦定户部军需则例》，（清）阿桂等纂修，故宫藏清乾隆五十三年武英殿刻本。

61. 《钦定户兵工三部军需则例》，（清）阿桂等纂，法学所藏清乾隆五十年刻增修本。

62. 《钦定礼部则例》，（清）德保等纂修，故宫藏清乾隆四十九年武英殿刻本。

63. 《钦定礼部则例》，（清）特登额等纂修，故宫藏清道光二十四年官刻本。

64. 《礼部题准更定科场条例》，（清）礼部纂，清康熙刻本，收入《中国珍稀法律典籍续编》第 7 册，黑龙江人民出版社，2002。

65. 《钦定科场条例》，（清）杜受田等修，英汇等纂，南京图书馆藏清咸丰二年刻本。

66. 《钦定学政全书》，（清）礼部纂修，辽宁省图书馆藏清乾隆三十九年武英殿刻本。

67. 《钦定学政全书》，（清）恭阿拉、童璜等纂修，法学所藏清嘉庆十七年武英殿刻本。

68. 《兵部督捕则例》，（清）索额图等纂，国图藏清康熙刻本。

69. 《督捕则例》，（清）徐本、唐绍祖等纂修，辽宁省图书馆藏清乾隆八年武英殿刻本。

70. 《钦定兵部则例》，国图藏清乾隆刻本。

71. 《钦定兵部处分则例》，（清）伯麟、庆源等纂修，上海图书馆藏清道光三年兵部刻本。

72. 《钦定兵部续纂处分则例》，（清）长令、庆源等纂修，上海图书馆藏清道光九年兵部刻本。

73. 《钦定中枢政考》，（清）鄂尔泰等纂修，故宫藏清乾隆七年武英殿刻本。

74. 《钦定中枢政考》，（清）明亮、纳苏泰等纂修，辽宁省图书馆藏清道光五年兵部刻本。

75. 《钦定八旗则例》，（清）鄂尔泰等纂修，法学所藏清乾隆七年武英殿刻本。

76. 《钦定军器则例》，（清）董诰、特通保等纂修，浙江图书馆馆藏清嘉庆二十一年兵部刻本。

77. 《刑部新定现行则例》，（清）黄机等纂，北京大学图书馆藏清康熙二十九年刻本。

78. 《秋审则例》，法学所藏清乾隆刻本。

79. 《钦定工部则例》，（清）曹振镛等纂修，故宫藏清嘉庆二十年刻本。

80. 《钦定工部则例》，（清）文煜等纂修，故宫藏清光绪十年刻本。

81. 《工程做法则例》，（清）允礼、允禄等纂，国图藏清雍正十二年内府刻本。

82. 《清代匠作则例汇编》，王世襄编著，北京古籍出版社，2002。

83. 《理藩院则例》，国图藏清乾隆内府抄本。

84. 《钦定理藩部则例》，（清）松森等修，中国藏学出版社，1987。

85. 《蒙古律例》，清理藩院纂，故宫藏清乾隆三十一年武英殿刻本。

86. 《钦定回疆则例》，（清）寨尚阿、肇麟等纂修，国图藏清道光刻本。

87. 《新疆条例说略》，（清）吴翼先纂，清乾隆六十年刻本，收入《中国珍稀法律典籍续编》第7册，黑龙江人民出版社，2002。

88. 《钦定台规》，（清）杭奕禄等修、慧中等纂，法学所藏清乾隆刻本。

89. 《钦定台规》，（清）恭阿拉、多福等纂修，法学所藏清嘉庆九年刻本。

90. 《都察院则例》，国图藏清乾隆内府抄本。

91. 《通政使司则例》，国图藏清乾隆内府抄本。

92. 《大理寺则例》，国图藏清乾隆内府抄本。

93. 《翰林院则例》，国图藏清乾隆内府抄本。

94. 《詹事府则例》，国图藏清乾隆内府抄本。

95. 《钦定太常寺则例》，（清）观保等纂修，故宫藏清乾隆四十二年武英殿刻本。

96. 《光禄寺则例》，（清）德成等纂，故宫藏清乾隆四十年武英殿刻本。

97. 《鸿胪寺则例》，国图藏清乾隆内府抄本。

98. 《钦定国子监则例》，（清）蔡新等纂修，辽宁省图书馆藏清乾隆三十七年武英殿刻本。

99. 《钦定国子监则例》，（清）刘墉、承光等纂修，法学所藏清嘉庆二年刻本。

100. 《钦定国子监则例》，（清）汪廷珍等纂修，法学所藏清道光四年国子监刻本。

101. 《钦天监则例》，国图藏清乾隆内府抄本。

102. 《乾隆朝山东宪规》，齐钧点校，收入《中国珍稀法律典籍续编》第7册，黑龙江人民出版社，2002。

103. 《湖南省例成案》，日本东京大学东洋文化研究所藏清刻本。

104. 《粤东省例》，北京大学图书馆藏清抄本。

105. 《粤东省例新纂》，（清）宁立悌等辑，法学所藏清道光二十六年刻本。

106. 《治浙成规》，法学所藏清道光十七年家荫堂刻本。

107. 《福建省例》，清同治十三年福建藩台刻本，收入台湾银行经济研究室编《台湾文献史料丛刊》第199种，台湾大通书局，1964。

108. 《江苏省例初编》，法学所藏清同治八年江苏书局刻本。

109. 《江苏省例续编》，法学所藏清光绪六年江苏书局刻本。

110. 《江苏省例三编》，法学所藏清光绪九年江苏书局刻本。

112. 《江苏省例四编》，法学所藏清光绪十六年江苏书局刻本。

113. 《四川通饬章程》，（清）钟庆熙辑，清光绪二十七年四川谳局刻本，收入沈云龙主编《近代中国史料丛刊续编》第48辑，台北文海出版社，1977。

近人著述

1. 《九朝律考》，程树德著，中华书局，1988。

2. 《中国法制史研究》，〔日〕仁井田陞著，东京，1964。

3. 《中国法制史考证》，杨一凡主编，中国社会科学出版社，2003。

4. 《明清律典与条例》，苏亦工著，中国政法大学出版社，2000。

5. 《中国古代判例研究》，汪世荣著，中国政法大学出版社，1997。

6. 《王钟翰清史论集》，王钟翰著，中华书局，2004。

后　记

　　《历代例考》是司法部"法治建设与法学理论研究部级科研项目"。

　　我们在多年研究法史的过程中，深感要比较正确地阐述中国古代法律发展史，全面揭示古代法制的面貌，必须首先明了古代的法律体系和法律形式。律、令、例是中国古代最基本的法律形式，其中例又相对自成系统，多代相承，各有损益，称谓、种类和功能多变，内容纷杂，给今人了解古代法制带来不少困惑。我们撰写此书的愿望，是力图从有关记载例的浩瀚文献中，厘清历史上例的变迁及各类例的涵义、相互的联系及区别，以便对进一步研究中国古代法律体系有所助益。

　　本书题名"例考"，主要是考证例的研究中的疑义及前人未曾或较少涉及的领域。因篇幅有限，对于学界熟知的各代刑例和一些朝代的行政例的内容未作全面介绍，望读者见谅。也敬请读者对于本书论证中的不妥之处，多加指正。

　　本书是我们共同研究的结果。在写作中，对于一些重大疑义或学界存有争议的问题，两人在广泛阅读资料的基础上，多次探讨，力求得出实事求是的结论。对于我们各自以前有一定研究基础的领域，则分头写出初稿，共同修改定稿。如《魏晋至宋元

例的沿革考》及《清代例考》中的第 1、4 部分，由刘笃才撰
写，《明代例考》及《清代例考》的第 2、3 部分，由杨一凡撰
写。其他部分则由二人反复修改、几易其稿而成。

　　这本书也是我们长期友情合作的又一成果。1978 年，我们
同时进入中国社会科学院研究生院法学系学习，攻读同一专业，
同住一室，朝夕相处，切磋学问，是为至交。1981 年研究生毕
业后，两人虽不在一个单位，然合作研究从未中断，曾合写过
《中国的法律与道德》一书和《中国古代瓯函制度考略》等几篇
论文。2003 年后，我们又走到了一起，以北京法律文化研究中
心为科研平台，共同进行中国古代稀见法律文献的整理和《历
代例考》、《中国古代地方法制研究》（国家社科基金项目）的研
究和写作。我们自知学海无涯，学识和精力有限，对于中国法律
史学的继续开拓，我们只能做一点力所能及的事情。《历代例
考》正是在这种思想的支配下写成的，如果它能够为推动中国
古代法律形式研究起一点抛砖引玉作用的话，我们将感到欣慰。
在我们合作研究历时 30 年之际，写下这段文字，以作纪念。

杨一凡　刘笃才

2009 年 4 月 19 日

作者简介

杨一凡　男，1944年4月生，陕西省富平县人。现任中国社会科学院法学研究所研究员、博士生导师、中国社会科学院研究生院教授、中国法律史学会会长，兼任北京法律文化研究中心主任。长期从事法律史学研究，主要著作有：《明初重典考》、《明大诰研究》、《洪武法律典籍考证》等，合著有《明代法制考》、《中国法律思想通史·明代卷》等。主编有：《中国法制史考证》（15册）、《新编中国法制史》、《中华人民共和国法制史》、《中国珍稀法律典籍集成》（14册）、《中国珍稀法律典籍续编》（10册）、《中国律学文献》（19册）、《中国古代地方法律文献》（25册）、《历代判例判牍》（12册）、《古代榜文告示汇存》（10册）等。

近年来，其学术成果获三项国家级奖、五项省部级奖。其中，《中国珍稀法律典籍集成》1996年获中国社会科学院优秀科研成果荣誉奖；《中国珍稀法律典籍续编》2004年获中国社会科学院优秀科研成果二等奖；《中华人民共和国法制史》1998年获第十一届中国图书奖；《中华人民共和国法制史（修订本）》1999年获中宣部第七届"五个一工程"优秀图书奖。《中国法制史考证》甲编2006年获中国社会科学院优秀科研成果一等奖。

作 者 简 介

      刘笃才　男，山东省章丘县人，1943 年
9 月出生于黑龙江省肇东县。1981 年毕业于
中国社会科学院研究生院法学系，获法学硕
士学位。后任教于辽宁大学法学院，担任中
国法律史教授、法学院院长，现为中国法律
史学会常务理事。出版有《极权与特权》
（专著，辽宁大学出版社）、《中国法律思想史》（主编，北京大
学出版社）、《中国的法律与道德》（合著，黑龙江人民出版社）
等著作。与杨一凡合编了《中国古代地方法律文献》（甲、乙
编，共 25 册）等法律古籍图书。并在《中国社会科学》、《法学
研究》、《中国法学》以及《环球法律评论》等刊物发表学术论
文《中国古代判例考论》、《论不道及其发生学原理》、《秦简
"廷行事"考》（合作）、《中国古代民间规约引论》、《汉科考
略》、《中日近代宪政道路不同选择的约束条件》、《临时约法因
人立法说辨正》、《关于清末宪政运动的几个问题》。现正从事国
家社科基金重点课题"中国古代法制与民间规约"的研究。

中国法制史考证续编·第一册（全十三册）

历代例考

主　　编／杨一凡
著　　者／杨一凡　刘笃才

出 版 人／谢寿光
总 编 辑／邹东涛
出 版 者／社会科学文献出版社
地　　址／北京市西城区北三环中路甲 29 号院 3 号楼华龙大厦
邮政编码／100029
网　　址／http：//www.ssap.com.cn
网站支持／（010）59367077
责任部门／人文科学图书事业部　（010）59367215
电子信箱／bianjibu@ssap.cn
项目经理／宋月华
责任编辑／魏小薇
责任校对／吴小云

总 经 销／社会科学文献出版社发行部
　　　　　（010）59367080　59367097
经　　销／各地书店
读者服务／市场部　（010）59367028
印　　刷／三河市文通印刷包装有限公司

开　　本／787mm×1092mm　1/16
印　　张／35（全十三册共 365 印张）
字　　数／421 千字（全十三册共 4351 千字）
版　　次／2009 年 8 月第 1 版
印　　次／2009 年 8 月第 1 次印刷

书　　号／ISBN 978-7-5097-0821-7
定　　价／4600.00 元（全十三册）

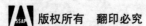